Grazer Projekt „Interdisziplinäre Frauenstudien“

Beate Frakele, Elisabeth List und Getrude Pauritsch (Hrsg.)

ÜBER FRAUENLEBEN, MÄNNERWELT UND WISSENSCHAFT

Österreichische Texte zur Frauenforschung

CIP-Kurztitelaufnahme der Deutschen Bibliothek

Über Frauenleben, Männerwelt und Wissenschaft :
österr. Texte zur Frauenforschung /
Beate Frakele . . . (Hg.). - Wien : Verlag
für Gesellschaftskritik, 1987.
(Österreichische Texte zur Gesellschafts-
kritik : Bd. 29)
ISBN 3-900351-69-4
NE: Frakele, Beate (Hrsg.): GT

ISBN 3-900351-69-4

Umschlagentwurf: Andrea Zeitlhuber
Druck: rema print, Neulerchenfelder Straße 35, 1160 Wien

Beate Frakele, Elisabeth List, Gertrude Pauritsch (Hg.)

ÜBER FRAUENLEBEN MÄNNERWELT UND WISSENSCHAFT

Österreichische Texte zur Frauenforschung

Verlag für Gesellschaftskritik

INHALT

Vorwort

Der vorliegende Band dokumentiert die erste interdisziplinäre Ringvorlesung aus dem Bereich der Frauenforschung an der Universität Graz. Anfang 1985, anläßlich eines Vorbereitungsgesprächs für das Symposion *Wissen macht Frauen stark*, zu dem die Vertreterinnen des Frauenreferats der Österreichischen Hochschülerschaft uns Assistentinnen eingeladen hatten, entstand der Plan, die bislang disparaten, oft auch fast geheimen Ansätze zu Frauenforschung von Grazer Kolleginnen im Rahmen einer fächerübergreifenden Vorlesungsreihe zu vereinigen und „ans Licht" zu bringen. Die Idee fand sehr viel Widerhall, und neunzehn Assistentinnen und Lektorinnen entschlossen sich zu einer aktiven Teilnahme; mit Beiträgen, in denen – wie sich zeigen sollte – aus der Perspektive verschiedener wissenschaftlicher Disziplinen und in vielfältiger Weise Fragen aufgegriffen werden, die sich im Spannungsfeld von weiblichem Lebenszusammenhang und wissenschaftlicher Analyse stellen.

Für uns alle bedeutete die Beteiligung an der Ringvorlesung einen ersten und wichtigen Schritt der interdisziplinären Orientierung und Kooperation in Sachen Frauenforschung. Daher verzichteten wir auf eine thematische Festlegung: jede der Referentinnen sollte ihre Forschungsergebnisse und Einsichten präsentieren. Interdisziplinarität versuchten wir so in doppelter Hinsicht zu erreichen, nicht nur methodisch in den jeweiligen Einzelbeiträgen, sondern auch durch die Summe dieser. Denn Frauenforschung muß aufgrund ihres ganzheitlichen Anspruchs notwendigerweise über die Enge eines Faches hinausgehen. Klar war uns auch, daß frau – insbesondere die Frau in der Wissenschaft – sich einer grundsätzlichen Reflexion auf das Verhältnis von Geschlechtlichkeit und Wissenschaft nicht entziehen kann.

Das außerordentlich große Interesse der Studierenden sowie anderer Kolleginnen und Kollegen an den Vorträgen zeigte einmal mehr, daß Frauenforschung an den österreichischen Universitäten einfach zu kurz kommt.

Da die Lehrveranstaltung für Hörer/innen aller Fakultäten konzipiert war, wurde kein besonderes Fachwissen vorausgesetzt. Die Referate sollten für alle verständlich sein. Und so sind sie – großteils – auch in Druck gegangen, vielfach unter Beibehaltung des kolloquialen Stils.

Weiblicher Lebenszusammenhang und Wissenschaft bilden die Klammer, innerhalb derer die Beiträge dieses Buches gruppiert sind.

Im *ersten Teil* wird die gesellschaftliche und damit auch geschlechtliche Bedingtheit sowohl des Wissenschaftsbetriebs als auch der Methoden, Theorien und Ergebnisse dieser (traditionell androzentrischen) Wissenschaft thematisiert.

Der *zweite Teil* ist historisch ausgerichtet. Lebensbedingungen und Ausdrucksmöglichkeiten von Frauen werden hier untersucht, ihre literarische Darstellung und Interpretation von der griechischen Antike bis zur Gegenwart.

Im *dritten Teil* geht es um die Lebensrealität heute – vor allem in Österreich –, die wiederum die Grundlage, den Lebenszusammenhang unseres wissenschaftlichen Tuns bildet.

Wir möchten jenen danken, die das Lehr- und Forschungsprojekt „Interdisziplinäre Frauenstudien" finanziell unterstützt und dadurch diese Publikation ermöglicht haben:

der Karl-Franzens-Universität Graz,
der Abteilung für Wissenschaft und Forschung der Steiermärkischen Landesregierung,
dem Kulturamt der Stadt Graz,
der ÖVP Steiermark,
dem Alfred Schachner Gedächtnis-Fonds.

Unser besonderer Dank gilt Herrn Univ.-Prof. Dr. Christian Brünner, der als Rektor der Universität Graz unser Projekt mit großem persönlichem Einsatz gefördert hat.

Beate Frakele, Elisabeth List, Gertrude Pauritsch
Graz, im November 1986

I. Das Wissenschaftsspiel

Hanna Bubeniček

Wissenschaftlerin auf Umwegen
Christine Touaillon, geb. Auspitz (1878–1928)
Versuch einer Annäherung (1)

„Das Denken schließlich (das wir außer Betracht gelassen haben, weil die gesamte Überlieferung, inclusive der Neuzeit, es niemals als eine Tätigkeit der Vita activa verstanden hat) hat, so möchte man hoffen, von der neuzeitlichen Entwicklung noch am wenigsten Schaden genommen. Es ist möglich, und sicher auch wirklich, wo immer Menschen unter den Bedingungen politischer Freiheit leben. Aber auch nur dort. Denn im Unterschied zu dem, was man sich gemeinhin unter der souveränen Unabhängigkeit der Denker vorstellt, vollzieht sich das Denken keineswegs in einem Wolkenkuckucksheim, und es ist, gerade was politische Bedingungen anlangt, vielleicht so verletzbar wie kaum ein anderes Vermögen. Jedenfalls ist es erheblich leichter, unter den Bedingungen tyrannischer Herrschaft zu handeln als zu denken."
Hannah Arendt: Der Sieg des Animal laborans. – In: Vita Activa oder Vom tätigen Leben (The human condition)

Am 10. Juli 1921 ergeht an das Dekanat der Philosophischen Fakultät der Universität Wien die Bestätigung des Beschlusses des Professorenkollegiums der betreffenden Fakultät „auf Zulassung der Dr. Christine Touaillon als Privatdozent für neuere deutsche Literaturgeschichte" von seiten des Bundesministeriums für Inneres und Unterricht. (2) Damit wurde auch nicht nur ein über zwei Jahre lang andauerndes Habilitationsverfahren abgeschlossen, das 1919 an der Universität Graz seinen Anfang genommen hatte (3), sondern Wiens Germanistik hatte damit seine erste und bis 1924 einzige Privatdozentin vorzuweisen; (4) Christine Touaillon, geb. Auspitz war außerdem nach Elise Richter die zweite habilitierte österreichische Literaturwissenschaftlerin und vor Charlotte Bühler auch die zweite habilitierte Frau an Österreichs Universitäten. (5)

Die Lehrtätigkeit von Frau Touaillon an der Wiener philosophischen Fakultät sollte allerdings nur knapp sieben Jahre dauern; ungefähr gleich lang bzw. gleich kurz unterrichtete die später in Germanistenkreisen bekannter gewordene Romantikspezialistin Marianne Thalmann. Sie folgte 1933 einer Berufung in die USA. „Aus den Quellen wird deutlich, daß sie der neue Ordinarius Nadler nicht besonders gefördert und ihr den jüngeren Hans Rupprich vorgezogen hat.“ (6) Eine personelle und politische Entscheidung Josef Nadlers, die allerdings sich für Marianne Thalmann nicht nur in den Jahren zwischen 1938 und 1945 letztlich als Glücksfall erwiesen haben dürfte.

Christine Touaillon blieb im Lande. Wie auch schon vor ihrem mit großer Zähigkeit und Energie durchgefochtenen Habilitationsverfahren engagierte sie sich weiterhin in der Frauenbewegung. – Dies übrigens im Gegensatz zu Elise Richter, die bekanntlich die Ansicht vertrat, daß durch direktes Engagement der Sache der Frauen auf universitärem Boden eher geschadet würde und daß Frauen sich nur durch überdurchschnittliche Leistungen im Betrieb beweisen könnten. (7) Christine Touaillon starb 1928 im fünfzigsten Lebensjahr, (8) Elise Richter 1943 in Theresienstadt, (9) Marianne Thalmann hatte 1933 Österreich verlassen.– Soweit die Szene, betreffend die weiblichen Dozenten der österreichischen Germanistik bzw. Sprach- und Literaturwissenschaften der Zwischenkriegszeit.

„Man sucht den Osten und findet den Westen“: (10) Spätestens im Dezember vergangenen Jahres gewinnt dieser Satz des Historikers Carlo Ginzburg in bezug auf meine Recherchen über Christine Touaillon immer mehr an Gültigkeit. Ich begebe mich mit detektivischer Neugier auf Spurensuche und lande unfreiwillig nach monatelangen oftmals vergeblichen Versuchen in konkreter Empirie in einer Konditorei in Stainz in der Steiermark. Ich habe zwar im dortigen Archiv des Bezirksgerichts weder den gesuchten Nachlaß und konkrete Hinweise auf dessen möglichen Verbleib gefunden, noch am Gemeindeamt irgendwelche Angaben oder Daten zu dem in Stainz ehemals wohnhaften Ehepaar Touaillon in Erfahrung bringen können; ich evoziere allerdings ein ungeplantes und unvorhersehbares oral-history-happening über den in Stainz vor dem Zweiten Weltkrieg amtierenden Notar Dr. Heinrich Touaillon und seine Gattin Christine. Nach einem Nachmittag und Abend in Stainz ist meine wissenschaftliche Neugier einer beklemmenden Ahnung gewichen; – man verzeihe mir hierorts die feuilletonistische Anspielung auf Auratisches, das abseits der ausgetretenen Pfade der Forschung präsent wird. (11) Ich erfahre fast nichts über den Alltag der Notarsgattin, von der man nicht einmal weiß, was sie in ihrer Freizeit getrieben hat (das Wenige, was eine siebzigjährige Bäuerin – eine von über zwanzig Auskunftspersonen – über die Frau, deren Namen man so schwer aussprechen konnte, in ihrer verklärenden Erinnerung zu berichten wußte, war, daß sie den Kindern des Ortes zu Weihnachten Puppenkleider genäht hat; sie, die Frau, habe auch Kontakt zu den Leuten gehabt, sonst habe das Ehepaar, das allgemein als überspannt gegolten hat, sehr zurückgezogen gelebt). – Wohl aber erfahre ich Allzugenaues über sog. Devianzen des Gatten.

Aus einer von Christine Touaillon verfaßten Vita, (12) sowie aus dem Nachlaß Walther Heydendorffs, eines Bruders der Wissenschaftlerin, den ich aufgrund seiner Namensänderung nur durch einen Zufall entdecke, (13) aus einem Gästebuch und Photographien, die sich bei einer Tochter der späteren Lebensgefährtin Heinrich Touaillons finden, und den Habilitationsakten fügt sich Mosaikstein um Mosaikstein zu Umrissen eines biographischen Hintergrundes, auch zur Kehrseite des Alltags der Wissenschaftlerin, zu Fragmenten ihrer politischen Entwicklung. Aus der „kurzgefaßten Familiengeschichte" (14) des Ahnenforschers aus Passion, Walther Heydendorff, der nach dem Ersten Weltkrieg den Namen der väterlichen Linie der Offiziersfamilie Auspitz ablegte und sich nach einer Ur-Ur-Großmutter Heydendorff nannte, läßt sich ein simples Kindheitsmuster einer vor der Jahrhundertwende in der österreichischen Monarchie aufgewachsenen Offizierstochter rekonstruieren: Christine wird am 27.2.1878 in der Garnisonsstadt Iglau in Mähren als Tochter des späteren k.u.k. Generalmajors Leopold Auspitz und seiner Gattin Henriette, geb. Eggenberg, geboren. Ihr Schicksal scheint das einer typischen Vatertochter gewesen zu sein; ihre Affinität zur Literatur war wohl ein Erbteil des Vaters, der sowohl selbst schriftstellerisch produktiv war, als auch als Herausgeber belletristischer Anthologien hervortrat, ein Gebiet, „das nach der Meinung der damals Maßgebenden vom Offizier besser nicht betreten werden sollte." (15) Unter anderem haben sich die literarischen Ambitionen negativ auf die militärische Karriere des Vaters ausgewirkt. Die Mutter Henriette stirbt 1895 mit 49 Jahren, als Christine 17 Jahre, ihr jüngerer Bruder Walther 7 Jahre alt ist. (16) Christine, die die Volksschule und Bürgerschule in St. Pölten absolviert hatte, befindet sich zu der Zeit zur Ausbildung in Wien. Nach der höheren Töchterschule durfte sie sich an der Lehrerinnenbildungsanstalt des k.u.k. Zivilmädchenpensionates zur Volksschullehrerin ausbilden; sie erwirbt dort 1897 die Lehrbefugnis zum Unterricht an öffentlichen Volksschulen. Neben ihrer Unterrichtstätigkeit als Lehrerin inskribierte Christine Auspitz im WS 1897/98 (17) als außerordentliche Hörerin, um – wie sie in ihrem curriculum vitae damals mit emotionaler Unbefangenheit und Selbstverständlichkeit noch schreiben konnte – „Literaturgeschichte zu studieren, was ich seit früher Kindheit leidenschaftlich gewünscht hatte". Daneben nimmt sie Privatunterricht, um „das Gymnasialstudium nachzuholen". Im Sommer 1902 maturiert sie am Staatsgymnasium in Salzburg und bezieht im Herbst des gleichen Jahres die Wiener Universität als ordentliche Hörerin. (18)

1904 heiratet Christine Auspitz den Juristen Dr. Heinrich Touaillon und zieht mit ihm nach Vorau in die Steiermark. Christine Touaillon ist allerdings keine Dunajew, die über ihr Leben mit dem Schriftsteller Sacher-Masoch in der Steiermark ihre „Lebensbeichte" ablegte. (19) Frau Touaillon verfaßt keine steirischen Provinzmemoiren; (20) ein Jahr nach ihrer Verehelichung und ihrer Übersiedlung nach Vorau promoviert sie bei Jakob Minor in Wien über „Zacharias Werners ‚Attila König der Hunnen'. Eine romantische Tragödie". (21) Mangels einer geeigneten Bibliothek betreibt sie in ihrer Vorauer Zeit Privatstudien anhand der ihr zugänglichen Literatur: sie beschäftigt sich mit damaliger Gegenwartsliteratur, mit der Geschichte der deutschen Kinderliteratur und schreibt für verschiedene Zeitschriften. Sie veröffentlicht unter anderem in „Wissen für Alle", in der „Zeitschrift für deutschen Unterricht", im „Kunstwart", in „Dokumente des Fortschritts", im „Musikalischen Morgenblatt" usw. und sie gibt zunächst gemeinsam mit Auguste Fickert die Zeitschrift „Neues Frauenleben" heraus. (22)

Nach ihrer Übersiedlung nach Stainz beginnt sie im Herbst 1910 an der ersten Gesamtdarstellung des deutschen Frauenromans des 18. Jahrhunderts zu arbeiten, die 1919 im Verlag Wilhelm Braumüller erscheint, (23) und die sie im gleichen Jahr erstmals an der philosophischen Fakultät in Graz als Habilitationsschrift vorlegt. (24) Sie selbst begründet in ihrer Vita die neun Jahre andauernde Beschäftigung mit diesem Thema, indem sie lakonisch sowohl auf die äußeren Bedingungen, durch die sie in ihrer Arbeit behindert wurde, als auch auf die praktischen und methodischen Schwierigkeiten eines innovatorischen Forschungsvorhabens hinweist:

> „Da der Stoff vorher noch nie behandelt worden war, bedurfte es langer Vorstudien u/ es dauerte einige Jahre, bis ich an die eigentliche Arbeit gehen konnte. Diese dauerte – auch durch den Krieg und seine sozialen Pflichten behindert – noch weitere sechs Jahre, denn ich konnte nicht wie die meisten anderen Verfasser zusammenfassender Werke, meine Ergebnisse aus bereits vorhandenen Arbeiten anderer gewinnen, sondern mußte mit ganz geringen Ausnahmen die sämtlichen Vorarbeiten selbst machen, in dem Buche dann aber nur ihre Ergebnisse benützen. Auch die äußeren Bedingungen meiner Arbeit verlangten sehr viel Tatkraft, da ich das gesamte sehr große Material erst in den verschiedensten Bibliotheken suchen mußte. 16 reichsdeutsche Bibliotheken stellten es mir schließlich in jahrelangen Zusendungen zur Verfügung, die Österreichischen Bibliotheken mußte ich meist selbst aufsuchen u/ das btf. (betreffende) Material, dessen ich bedurfte, studierte ich auf mehreren Bibliotheksreisen. So hielt ich mich einen Monat in Wien auf u/ benutzte die Hofbibliothek, Univ. Bibl. u/ Stadtbibliothek; einen weiteren Monat verbrachte ich in der btf. (betreffenden) Abteilung der Kön(iglichen) Bibl(iothek) Berlin; auch in Prag u/ in Graz hielt ich mich aus solchen Gründen auf.
> Ein weiteres Jahr ging mit dem Drucke meines Buches hin, der, ebenso wie die Papierbeschaffung durch die Kriegsverhältnisse sehr erschwert war." (25)

Die Notarsgattin aus Stainz ist also auch kein Fräulein von Sternheim, das dem geliebten Gatten aufs Land folgt und sich im Wolkenkuckucksheim ihres goldenen Käfigs schöngeistig betätigt und wohltätig wirkt: außer ihren wissenschaftlichen Ambitionen geht sie ihren politischen Interessen nach; unter anderem setzt sie sich auch damals bereits für die Schulreform Glöckels ein. (26) Sie versucht sich also viel eher in der Quadratur des Kreises, indem sie konventionell und unkonventionell zugleich, verschiedene Bedürfnisse, Wünsche und Konditionierungen unter einen Hut zu bringen versucht. – Konkret umgangssprachlich ausgedrückt: Sie zerspragelt sich. Das klassifizierende soziologische Vokabular von Doppelrolle und Reproduktionsleistung will mir dabei allerdings nicht aus dem fine-liner fließen bzw. nicht meiner Maschine entgleiten.

Mit relativ bescheidenen Mitteln organisiert sie den bürgerlichen Haushalt, sie kümmert sich um die Sorgen des relativ spärlichen Dienstpersonals, übernimmt auch während ihrer Arbeit an der Habilitation selbstverständlich die Pflege der schwer erkrankten Resi; sie erledigt oftmals die Korrespondenz des als Notar überlasteten Gatten, führt ein gastliches Haus, in dem die Wiener Freunde sich wohlfühlen und in dem viel musiziert wird, sie beherbergt im Sommer Ferienkinder und schreibt für sie eine Katzengeschichte (27) – vermutlich aus dem Leben gegriffen –, denn Katzen beherrschen die von den Touaillons in Stainz angemietete Villa. Dem jüngeren Bruder Walther gegenüber, der nach dem Tod der Mutter bei der Großmutter aufwächst und nach alter Familientradition die Offizierslaufbahn ergreift, fühlt sie sich verpflichtet, Mutter- und später auch Vaterstelle zu vertreten. Sie schreibt ihm fast täglich an die Front, unterstützt ihn materiell, muntert den durch den Zerfall der Monarchie beruflich und privat Gescheiterten auf, versucht dem Heimkehrer eine Stelle zu verschaffen und ihm die Brücke aus der für ihn als Offizier zusammengebrochenen Welt der Monarchie in die politische und gesellschaftliche Realität der Republik zu bauen. (28)

Aus den Briefen der 41-jährigen ehemaligen Offizierstochter an den Bruder spricht 1919 die mit der Sozialdemokratie sympathisierende Bürgerliche. Am 5. Mai dieses Jahres schreibt sie an Walther Auspitz:

> „Kränke Dich nicht zu sehr wegen der hiesigen Verhältnisse. Die Kommunistengefahr scheint sehr gering, die überwiegende Hauptmasse der Arbeiterschaft ist fest in den Händen der Sozialdemokratie u/ daher ruhig und gemässigt. Natürlich, das Elend, besonders in den grossen Städten ist gross, aber nach und nach beginnt es jetzt besser zu werden. (...) Es wird wieder werden, nur Geduld und Ruhe braucht alles.“ (29)

und am 1. August desselben Jahres:

> „Du bist 30 Jahre – so jung! ich fühle mich mit 41 noch jung genug, mit etwas Neuem zu beginnen (Dozentur), obwohl ich eine Frau bin!“ (30)

Der Elan und Enthusiasmus der Schwester sollten allerdings sehr bald einen gehörigen Dämpfer erhalten. Am 24. Juni 1919 reicht Frau Dr. Christine Touaillon-Auspitz an der Philosophischen Fakultät der Universität Graz ihr Habilitationsgesuch zur Erteilung der Lehrbefugnis für „Neuere deutsche Literaturgeschichte“ ein. (31) Daß man periphere Banalitäten als Vorwand für eine mögliche Ablehnung des Gesuchs in den Vordergrund spielen könnte, dürfte der Antragstellerin bekannt gewesen sein. Am 30. Juni 1919 ergeht an die philosophische Fakultät ein diesbezüglicher Nachtrag zum Habilitationsgesuch, in dem Frau Dr. Touaillon als Gattin des Notars Dr. Heinrich Touaillon ihre Zuständigkeit in Stainz rechtfertigt und das btf. Professorenkollegium über die geographische Lage ihres Wohnortes, Stainz bei Graz, informiert, indem sie in Punkt 2.) des Nachtrages nicht ganz ohne Sarkasmus darauf verweist,

> „daß die Tatsache meines Wohnortes außerhalb Graz den Bestimmungen der Habilitationsordnung nicht zuwiderläuft. Mein Wohnort, Stainz bei Graz, ist nur 26 km von Graz entfernt u/ besitzt täglich dreimalige Zugverbindung mit Graz (5h30, 9h47, 4h47). Ich wäre also sogar in der Lage täglich zu kommen u/ von einer Unmöglichkeit regelmäßige Vorlesungen abzuhalten, kann gar keine Rede sein." (32)

In der am 11. Juni 1919 abgehaltenen Sitzung des Professorenkollegiums, in der zum Abschluß Hofrat Meinong seiner Hoffnung Ausdruck verleiht, „dass deutsche Arbeitsfähigkeit und Arbeitsfreudigkeit sich auch in Zukunft in der Welt ihre Stelle behaupten werde" und darauf hinweist, daß es gelte aus den „oft schwierige(n) Reformvorschläge(n)" „das Gute herauszuholen", wird die Behandlung des Gesuches der Frau Dr. phil. Christine Touaillon um Zulassung zur Habilitation auf Antrag des Herrn Prodekan Prof. Heberdey bis zur definitiven Erlassung eines Privatdozentengesetzes vertagt. (33) Daß es sich hier allerdings um Kosmetik und Verschleppung des Verfahrens handelte, geht eindeutig aus einem Kommissionsbericht an das Rektorat der Universität Graz vom 2. XII. 1919 hervor, der sich mit der Zulassung von Frauen zum akademischen Lehramt beschäftigt und der am 5. XII. 1919 in der Fakultätssitzung mit 20 gegen 10 Stimmen angenommen wurde. (34)

Erich Leitner weist in seinem Beitrag zur Grazer Germanistik darauf hin, daß das Habilitationsgesuch der Frau Touaillon allen Anforderungen entsprochen habe, die das Gesetz für die Habilitierung von Privatdozenten vorschrieb, und daß ungeachtet des neuen in Ausarbeitung befindlichen Privatdozentengesetzes in Graz laufend Habilitationen von Männern durchgeführt wurden. (35) Der Konjunktiv in der Vermutung Leitners, daß die Bedenken gegen eine Habilitation Christine Touaillons vor allem darauf zurückzuführen gewesen sein „dürften", „daß sich ein Teil der Professoren der Zulassung von Frauen zum akademischen Lehramt widersetzte", (36) kann aufgrund der Lektüre des Kommissionsberichtes vom 2. XII. 1919 wohl in einen schlichten Indikativ umgewandelt werden: zwei Drittel der btf. Professoren haben sich aufgrund dieser Bedenken im allgemeinen und im besonderen Fall widersetzt und dies in einem Dokument konkreter Poesie verewigt. (37)

Die Argumentation bewegt sich durchaus auf der Ebene der Sachlichkeit und Objektivität, die in ihrer a-politischen Haltung allerdings politische Brisanz enthält. So könne, heißt es, „die im Zuge der modernen Entwicklung im politischen Leben durchgeführte Gleichstellung der Frau mit dem Manne (...) nicht ohne weiteres auf akademische Verhältnisse übertragen werden, denn sie habe Gleichheit der wissenschaftlichen Begabung bei beiden Geschlechtern zu ihrer Voraussetzung..." (38) Und weder diese noch andere Voraussetzungen seien erfahrungsgemäß gegeben, wie aus den folgenden zwei Seiten allgemeiner psychologisierender Plattitüden, wie sie aus dem bewußt und leider auch unbewußt zynisch-misogynen Diskurs nicht nur des akademischen Betriebs um die Jahrhundertwende hinlänglich bekannt sind, (39) offensichtlich wird: Studentinnen seien zwar fleißig, durchaus aufnahmefähig, verhalten sich aber eher rezeptiv und sind nicht originell und wenig durchsetzungsfähig etc. (40)

Prof. Cuntz fühlt sich eine Woche nach der Sitzung noch zu einem erklärenden Nachsatz bemüßigt, in dem er die mangelnde Autorität weiblicher Dozenten gegenüber männlichen Hörern psychologisch eingehendst erläutert, der der Kuriosität halber auch hier Erwähnung finden soll:

> „Das Kollegium trägt starke Bedenken, ob Frauen überhaupt im Stande sind, auf junge Männer im Alter von 18 bis 25 Jahren, in dem bestimmte spezifisch männliche Eigenschaften am stärksten hervortreten, den erforderlichen pädagogischen Einfluß zu nehmen." (41)

Ein Absatz scheint wohl direkt auf Christine Touaillon zugeschnitten gewesen zu sein, die in ihrer Arbeit über den Frauenroman des 18. Jahrhunderts auch kulturgeschichtliche Perspektiven miteinbezogen hat. Es heißt darin unter anderem:

> „So ist die Frage, ob die Beurteilung historischer Verhältnisse durch die Psyche der Frau von demselben Rang ist, wie die des Mannes, noch offen." (42)

Die Frage betreffend die Habilitierung von Frau Touaillon war damit allerdings indirekt beantwortet und konnte weder durch ihr wohlgesonnene Fachkollegen, wie etwa durch den Germanisten Seuffert (43), noch durch Interventionen der Betroffenen selbst beim zuständigen Ministerium (44) einer positiven Lösunge zugeführt werden. Am 3. 10. 1920 zieht Christine Touaillon ihr Habilitationsgesuch in Graz zurück, (45) nachdem sie bereits im Mai desselben Jahres an der Philosophischen Fakultät in Wien um die Erteilung der Lehrbefugnis angesucht hatte, die ihr auch, wie bereits erwähnt, im Juni des folgenden Jahres erteilt worden ist.

Das Wirken Christine Touaillons als Dozentin und ihre weitere Forschungstätigkeit waren nur von kurzer Dauer. Ihre Arbeit „Der Frauenroman des 18. Jahrhunderts", auf die ich hier nur am Rande noch eingehen möchte, war ihre umfangreichste und profilierteste Arbeit und blieb bis heute ihr bekanntestes und von verschiedenen Positionen aus auch meist kritisiertes Werk. In der „Deutsch-Österreichischen Literaturgeschichte" von Nagl-Zeidler-Castle, für die Christine Touaillon Beiträge über Bertha von Suttner und Ada Christen verfaßte, wird die Minor-Schülerin immerhin als „Kennerin des deutschen Frauenromans" apostrophiert. (46) Und der bekannte Germanist August Sauer widmet diesem Buch einer „gelehrten und gescheiten Frau" (47) 1921 in einer Fachzeitschrift mehrere Seiten einer wohlwollenden Rezension, (48) in der er sich allerdings in seinen Ambivalenzen pro und contra Weiblichkeit in bezug auf Literatur bzw. Wissenschaft gründlich verheddert und trotz vordergründiger Lobeshymnen der „Verf." den richtigen Weg in puncto Methode und Auswahlkriterien weisen zu müssen vermeint: So kreidet er der Autorin besonders die Wahl des Titels, des Themas und der Behandlung unbedeutender Autorinnen an und mißt dem Werk kulturgeschichtliche Bedeutung auf Kosten literaturwissenschaftlicher Kompetenz bei: (49)

> „so bedarf das Buch, wenn seine Ergebnisse in die Literaturgeschichte übergehen sollen, einer völlig kritischen Nachprüfung und Korrektur." (50)

In die kanonisierte Literaturwissenschaft fanden diese apokryphen Ergebnisse tatsächlich nur kurzfristig Eingang. Christine Touaillon verfaßte für das von Merker und Stammler herausgegebene Literaturlexikon – außer Artikeln wie z.B. über den Bildungsroman, den Briefroman, den Familienroman etc. – einen 13 Spalten umfassenden Beitrag zum Stichwort „Frauendichtung", genauer gesagt für die erste Auflage des Lexikons von 1925. (51) Denn nicht nur der Beitrag von Christine Touaillon zum Stichwort „Frauendichtung" wurde in der zweiten Auflage eliminiert – was aufgrund einer nicht mehr gegebenen Aktualität des Wissensstandes verständlich gewesen wäre – sondern auch der Begriff „Frauendichtung" bzw. „Frauenliteratur" wurde ab nun im Kanon des Reallexikons restlos gestrichen.

Christine Touaillon die Betonung „ausdrückliche(r) Parteilosigkeit" und die Legitimierung durch „explizite Wissenschaftlichkeit" in ihrem Vorwort zum Frauenroman heute posthum und indirekt zum Vorwurf zu machen, wie dies Renate Möhrmann in ihrer Abhandlung „Feministische Ansätze in der Germanistik" noch dazu mit nachsichtigem Gestus tut, (52) erscheint mir nicht nur angesichts der historischen Tatsachen überflüssig. Die Trennungslinien verliefen und verlaufen in anderen Regionen. Und sie werden auch weiterhin dort mitentscheiden, wo der wissenschaftliche Diskurs sich à la mode zurechtputzt, ohne die feinen Raster seiner eigenen Voraussetzungen und die seiner Väter in den Mühen der Ebenen zu suchen. Die Traditionen und Differenzen in der Analyse des Werkes von Christine Touaillon, die hier ausgespart blieb, aufzuspüren, ist mitunter auch ein vordringliches Anliegen. Ohne in die Lobeshymnen und in die idealisierenden Töne ihrer Verehrer miteinzustimmen, die nur vor den Kulissen als harmonisierende Akkorde erklingen, (53) sei es gestattet, der Wissenschaftlerin mit den Worten einer Schriftstellerin der Gegenwart, mit Christa Wolf, rückblickend Respekt zu erweisen:

„Sich selbst überlassen, ging sie eben, das hat sie an sich gehabt. In letzter Minute besinnt man sich darauf, Arbeit an sie zu wenden.
Etwas von Zwang ist unleugbar dabei. Zwingen, wen?
Sie? Und wozu? Zu bleiben? – Aber die Ausreden wollten wir hinter uns lassen.
Nein: daß sie sich zu erkennen gibt.
Und bloß nicht vorgeben, wir täten es ihretwegen.
Ein für allemal: Sie braucht uns nicht. Halten wir also fest, es ist unseretwegen, denn es scheint, wir brauchen sie.“ (54)

Christine Touaillon ging ihren Weg als Wissenschaftlerin mit manchmal fast skrupulanter Gewissenhaftigkeit. Sie versagte sich die politische Laufbahn, obwohl sie sich aus verschiedenen Anlässen immer wieder indirekt und direkt politisch engagierte, sei es in der Volksbildung, in der Frauenbewegung, in der Schulreform oder für den Pazifismus im Rahmen der ‚Liga für Frieden und Freiheit‘. Das ihr angebotene Landtagsmandat in der Steiermark lehnte sie mit der Begründung der Überlastung ab. In einem undatierten Brief, der vermutlich aus dem Jahre 1919 stammt, schreibt sie an den Bruder Walther:

„. . .: man hat mir zweimal ein Landtagsmandat angeboten, ich lehnte aber ab, weil ich nicht 3 Dinge leisten kann (Ehe, Wissenschaft u/ Politik).“ (55)

Sie vermeinte damals ihre Kräfte realistisch einzuschätzen. Daß sie über Erschöpfungszustände und Überlastung klagte, mag wohl nicht verwunderlich erscheinen; über die tatsächlichen Auswirkungen der Belastungen auf ihren Gesundheitszustand war sie sich offensichtlich nicht im klaren; in einem Brief vom 6. 10. 1927 an ihre Schwägerin Hilda erwähnt sie nur am Rande:

„Gearbeitet habe ich ganz fleißig, soweit es das Kopfweh erlaubt. M(eine) Vorl(esungen) fangen am 27.10. an. Englisch will ich in Wien auch betreiben;. . .“ (56)

Im Frühjahr 1928 wurde Christine Touaillon in die psychiatrische Abteilung der Landesnervenklinik Graz eingeliefert: Klimakterium lautete das damalige Urteil des einweisenden Arztes. Der Obduktionsbefund des pathologischen Instituts ergab, daß die im fünfzigsten Lebensjahr stehende Literaturwissenschaftlerin an den Folgen einer Endocarditis, einer Entzündung der Herzinnenwand, in deren Folge einer Hypertrophie des Herzens sowie Embolien im Gehirn auftraten, verstorben war. (57)

Der Germanist Robert F. Arnold, ein Lehrer und langjähriger Freund und späterer Kollege der Wissenschaftlerin schrieb in seinem Nachruf:

„Literatur und Literaturwissenschaft waren und blieben ihr Herzenssache...“, (58) und einer ihrer Lehrer gestattete sich sogar die poetische Sentimentalität, das Leben der Christine Touaillon, geb. Auspitz als „ein unvollendet' Lied“ zu bezeichnen. (59) – Zugegeben, auch mir fällt es als Wissenschaftlerin schwer, so manches an den vorgefundenen Tatsachen nicht als Metapher zu sehen: Ich habe nach dem Leben, dem Denken und dem Wirken einer Wissenschaftlerin gesucht und eine Todesart vorgefunden. (60)

Anmerkungen

(1) Dieser Essay ist eine Skizze und erste Bestandsaufnahme einer von mir im Rahmen des Ludwig-Boltzmann-Instituts für Geschichte der Gesellschaftswissenschaften durchgeführten umfangreicheren Forschungsarbeit zu Christine Touaillon. Er wurde erstmals am 13. November 1984 anläßlich des an der Universität Wien vom 12.–16. November abgehaltenen interdisziplinären Symposions „Geschichte und Zukunft der Universität" im Zusammenhang mit einem der Schwerpunktthemen, „Frauen und Universität", vorgetragen. Erstabdruck in: Unterdrückung und Emanzipation. Festschrift für Erika Weinzierl zum 60. Geburtstag. Hrsg. v. Rudolf G. Ardelt, Wolfgang J.A. Huber und Anton Staudinger. Wien, Salzburg 1985, S.69–81.

(2) Universitätsarchiv Wien (UAW) Habilitationsakt (HA) Touaillon, DZ. 939/1920-28, Schreiben des Unterrichtsamtes des Bundesministeriums für Inneres und Unterricht vom 10. Juli 1921 Zl.: 14978/I-Abt.2.

(3) Universitätsarchiv Graz (UAG) Phil. Fak. DZ. 1929/1918/19, Habilitationsgesuch Touaillon an das Professorenkollegium der philosophischen Fakultät in Graz vom 24. Juni 1919. Eine eingehende Darstellung des „Falles" Christine Touaillon und ihrer an der Universität Graz verhinderten Habilitation nahm erstmals Erich Leitner in seinen wissenschaftsgeschichtlichen Ausführungen zur Grazer Germanistik vor: Vgl. LEITNER, Erich: Die neuere deutsche Philologie an der Universität Graz. 1851–1954. Ein Beitrag zur Geschichte der Germanistik in Österreich.- Graz 1973 (= Publikationen aus dem Archiv der Universität Graz I), S. 166–169.

(4) Vgl. MEISSL, Sebastian: Germanistik in Österreich. Zu ihrer Geschichte und Politik 1918–1938. In: Aufbruch und Untergang. Österreichische Kultur zwischen 1918 und 1938. Hrsg. v. F. Kadrnoska.- Wien, München, Zürich 1981, S. 480, S. 492.

(5) Vgl. LIND, Anna: Das Frauenstudium in Österreich, Deutschland und in der Schweiz.- Diss. Wien 1961, S. 184.

(6) MEISSL, S. 480.

(7) Vgl. ANDRASCHKO, Elisabeth: Frauen im Lehrberuf. Aspekte einer Sozialgeschichte mit besonderer Berücksichtigung österreichischer Verhältnisse. In: Erziehung u. Unterricht (1982), 4, S. 295–309.

(8) Christine Touaillon starb am 15.4.1928 im allgem. Krankenhaus in Graz; Todfallsaufnahme Stmk. Landesarchiv Graz A 92/28/I.

(9) Vgl. CHRISTMANN, Hans Helmut: Frau und „Jüdin" an der Universität: Die Romanistin Elise Richter (Wien 1865–Theresienstadt 1943).- Wiesbaden 1980;
vgl. dazu: KERSCHBAUMER, Marie Thérèse: Helene und Elise. In: Dies.: Der weibliche Name des Widerstands. Sieben Berichte.- Olten, Freiburg/Breisgau 1980, S. 17–50.

(10) GINZBURG, Carlo: Geschichte und Geschichten. Über Archive, Marlene Dietrich und die Lust an der Geschichte. C.G. im Gespräch mit Adriano Sofri. In: Ders.: Spurensicherungen. Über verborgene Geschichte, Kunst und soziales Gedächtnis.- Berlin 1983, S. 11;
In seinem Gespräch mit A.S. unterhält sich C.G. über den Unterschied zwischen den Gesetzen des „Aufweisens" und denen des Beweisens und plädiert für die Präsentation des Gangs der Forschung und das Sichtbarmachen des Werkstattprozesses.

(11) In seinen bereits 1980 in deutscher Sprache erschienen Überlegungen zur „Spurensicherung" erläutert C. Ginzburg den Begriff der ‚firasa', „der im allgemeinen die Fähigkeit bezeichnete, auf der Basis von Indizien unmittelbar vom Bekannten zum Unbekannten vorzustoßen" und plädiert für diese „niedere Intuition" der

Spurensuche, die „in den Sinnen wurzelt“. Vgl. GINZBURG, Carlo: Spurensicherung. Der Jäger entziffert die Fährte, Sherlock Holmes nimmt die Lupe, Freud liest Morelle – Die Wissenschaft auf der Suche nach sich selbst. In: Freibeuter 4, 1980, S. 33f;
Vgl. In: ders., Spurensicherungen, S. 61–96.

(12) Christine Touaillon verfaßte sowohl für ihr Habilitationsgesuch in Graz als auch für das darauffolgende in Wien je einen handgeschriebenen Lebenslauf, der in den jeweiligen Akten enthalten ist: UAG' Phil. Fak. Dz. 1929/1918/19; UAW, HA Touaillon, DZ. 939/1920/28.

(13) Der Nachlaß Dr. Walther Heydendorffs, des Bruders von Christine Touaillon-Auspitz, wurde auf Wunsch des ehemaligen Offiziers der k.u.k. Monarchie Walther (Auspitz-)Heydendorff dem Österreichischen Kriegsarchiv übergeben. Vgl. Nachlaß Heydendorff ÖKA DZ. B/844.

(14) Ebda, „Kurzgefaßte Familiengeschichte“ maschinschriftl.

(15) Ebda, S. 6.

(16) Ebda, S. 9.

(17) Mit Verordnung des Kultur- und Unterrichtsministeriums vom 23. 3. 1897, Zl. 7155, RGBl. Nr. 84, MVBl. Nr. 19 wurden Frauen mit WS 1897/98 als ordentliche und außerordentliche Hörerinnen an den philosophischen Fakultäten der k.u.k. Universitäten zugelassen. Christine Touaillon inskribierte zunächst nur als außerordentliche Hörerin, weil sie kein vollgültiges Gymnasialstudium absolviert hatte und erst 1902 die Matura nachholen konnte. Zur Gleichstellung der Frau in der Rechtsordnung im universitären Bereich vgl.:
Frauenstudium und akademische Frauenarbeit in Österreich. Hrsg. v. Forkl, Martha und Elisabeth Koffmann.-Wien, Stuttgart 1968, S. 15f.

(18) UAW, HA Touaillon, DZ. 939/1920/28;
Vgl. ARNOLD, Robert F.: Christine Touaillon. In: Die Literatur. Monatsschrift für Literaturkunde 30 (1927/28), S. 643–644.

(19) DUNAJEW, Wanda v. (Ps. f. Angelika Aurora von Sacher-Masoch): Meine Lebensbeichte. Memoiren.- Berlin 1906;
dies.: Masochismus und Masochisten. Nachtrag zur Lebensbeichte.– Berlin 1908.

(20) Bezugnehmend auf die im Anschluß an den Vortrag aufgetretenen Fragen in bezug auf die Darstellung (auto-)biographischer Fakten im Zusammenhang mit A.A.v. Sacher-Masoch und Chr. Touaillon sei hier vor allem auf die Problematik eines voyeuristischen Bedürfnisses verwiesen, das im Zusammenhang mit der Vermarktung einer vermeintlich authentischen Darstellung des Privaten und Intimen steht. Ich bezweifle allerdings, ob die Art und Weise der Darstellung des Sadomasochismus in den Memoiren A.A.v. Sacher-Masochs, der sich Chr. Touaillon in dieser Form enthalten hat, einer individuellen und kollektiven Verdrängung von Sexualphantasien und-praktiken zuwiderläuft. Mit dem hier gezogenen Vergleich zwischen Sacher-Masoch und Touaillon sollte vor allem der Unterschied im Umgang mit „schicksalshaften“ Lebensgeschichten angedeutet werden. Für mich stellt sich die Frage nach diesem Unterschied allerdings vorrangig als Frage nach einem Prinzip „von Nicht-Identifikation“, wie Jutta Kolkenbrock-Netz und Marianne Schuller es für die gegenwärtige Situation einer ästhetisch-politischen Praxis formulierten, „das sich revolutionär gegen alle Herrschaftsverhältnisse wendet“. In der vordergründigen Authentizität, wie sie Wanda von Dunajew in ihren Memoiren vorgegeben hat, scheint ihr dieses Prinzip wohl eher nicht entsprochen zu haben. Inwieweit es Ch. Touaillon tatsächlich gelungen ist, diese Form der Nicht-Identifikation ohne intellektuelle Fluchtversuche und trotz bzw. wegen ihrer biographi-

schen Brüche zu realisieren, muß hier allerdings vorläufig noch offenbleiben.
Vgl. dazu: KOLKENBROCK-NETZ, Jutta und SCHULLER, Marianne: Frau im Spiegel. Zum Verhältnis von autobiographischer Schreibweise und feministischer Praxis. In: Entwürfe von Frauen in der Literatur des 20. Jahrhunderts. Hrsg. v. Irmela von der Lühe.- Berlin 1982, S. 54–174 (= Argument-Sonderband 92).

(21) AUSPITZ, Christine: Zacharias Werners „Attila, König der Hunnen". Eine romantische Tragödie.- Berlin 1908 – Diss. (handschriftlich) Wien 1905.

(22) Vgl. UAW, HA Touaillon, DZ. 939/1920-28.

(23) TOUAILLON, Christine: Der deutsche Frauenroman des 18. Jahrhunderts.- Wien, Leipzig 1919.

(24) Vgl. Anm. 3.

(25) Ebda, UAW.

(26) Otto Glöckel (1874–1935), der später Stadtschulrat von Wien wurde, war zur Zeit des in Graz laufenden Habilitationsverfahrens Christine Touaillons Unterstaatssekretär für Unterricht. Vermutlich hat sich Ch. Touaillon auch in bezug auf die schwierige Situation an der Grazer Universität während seiner Amtszeit (1919/20) im Unterrichtsministerium an ihn gewandt.

(27) TOUAILLON, Christine: Das Katzenbüchlein.- Wien, Leipzig o.J. (= Konegens Kinderbücher 52 a).

(28) Vgl. dazu: Briefwechsel zwischen Ch. Touaillon und ihrem Bruder Walther aus den Jahren 1914–1927 im Nachlaß Heydendorff ÖKA DZ. B/844.

(29) Ebda.

(30) Ebda.

(31) UAG, Phil. Fak. DZ. 1929/1918/19; vgl. Anm. 3.

(32) Ebda.

(33) Vgl. Protokoll über die am Freitag den 11. Juli 1919 abgehaltene VIII. ordentliche Sitzung des Professoren-Kollegiums der philosophischen Fakultät, UAG, Phil. Fak. DZ. 1640/1918/19.

(34) UAG, Phil. Fak. DZ. 558/1919/20.

(35) Vgl. LEITNER, S. 168.

(36) Ebda.

(37) UAG, Phil. Fak. DZ. 558/1919/20.

(38) Ebda.

(39) Vgl. dazu: SCHNEDL, Hanna: Von der Dame zur Bürgerin. Macht und Ohnmacht österreichischer Schriftstellerinnen um die Jahrhundertwende. In: Anatols Jahre. Beispiele aus der Zeit der Jahrhundertwende (Katalog).- Wien 1981, S. 74;
Unter anderem wurde in diesem Essay die weibliche Wissenschaftskritik österreichischer Essayistinnen, wie z.B. Rosa Mayreders und Bertha von Suttners, thematisiert, die bereits um die Jahrhundertwende mit logischem Scharfsinn jene Wesensphilosophie von der Weiblichkeit entlarvten, „die auch noch unter dem Deckmäntelchen der Objektivität wissenschaftlicher Aussagen ihr Unwesen trieb."

(40) Daß Frauen durchaus geneigt waren, sich mit den Aggressoren zu identifizieren, bewiesen unter anderem die Äußerungen einer Verehrerin Luegers, die im Schutze ihrer Dummheit den männlichen Diskurs spiegelt: „Nicht nur die damals weitverbreitete Ansicht, daß das weibliche Gehirn auf Grund seines geringeren Gewichtes im Hintertreffen sei, bereitete der Dame Kopfzerbrechen, sondern vor allem die Möglichkeit, daß die Unterschiede zwischen männlichem und weiblichem Gehirn abnehmen oder gar schwinden könnten. Dies würde – nach Adele Crepaz – nicht nur die natürliche Weltordnung aus den Angeln heben, sondern die Frau würde als ‚Rivalin' des Mannes dessen ‚Interessen schädigen'." Ebda, S. 74f.

(41) Am 8. Dezember vermerkt Prof. Cuntz eigenhändig: „Ich ersuche, dem Fakultätsentschluß entsprechend, diesen Zusatz hinter dem Wort ‚gegründet' (S. 2) einzufügen." UAG, Phil. Fak. DZ. 558/1919/20.

(42) Ebda.

(43) Erich LEITNER weist darauf hin, daß Christine Touaillon von Bernhard Seuffert, bei dem sie 1904/05 Vorlesungen und Übungen an der Universität Graz besucht hat, gefördert worden ist.
Vgl. LEITNER, S. 156.

(44) Unter anderem schreibt Ch. Touaillon am 25.5.1919 an ihren Bruder Walther: „Ich war wieder in Wien (...), um meine H.(abilitations)-Frage einzuleiten." Nachlaß Heydendorff ÖKA DZ. B/844; vgl. Anm. 26.

(45) Ch. Touaillon schreibt in ihrem Brief an das Dekanat der philosophischen Fakultät, wie folgt: „Die Unterzeichnete zieht hiermit ihr Habilitationsgesuch zurück, welches sie im Juni 1919 einreichte und welches bisher keine Erledigung fand." Vgl. UAG, Phil. Fak. DZ. 72/1920/21.

(46) NAGL, J.W. u. J. ZEIDLER: Deutsch-Österreichische Literaturgeschichte. Ein Handbuch zur Geschichte der deutschen Dichtung in Österreich-Ungarn, 3. Bd. Hrsg. v. E. CASTLE.- Wien 1930, S. 83.

(47) SAUER, August: Touaillon, Christine, Der deutsche Frauenroman des 18. Jahrhunderts, Wien, Leipzig 1919. In: Euphorion 23 (1921), S. 737.

(48) Ebda, S. 737–742.

(49) Ich danke an dieser Stelle Sebastian MEISSL für seinen Diskussionsbeitrag vom 13. 11.84 (vgl. Anm. 1), bei dem er darauf hingewiesen hat, daß August Sauer in der Rezension des Buches von Christine Touaillon gerade in diesem Punkt einen Ansatz kritisiert, für den er selbst bereits 1907 in seiner Rektoratsrede über „Literatursgeschichte und Volkskunde" eingetreten ist.

(50) SAUER, S. 739.

(51) Vgl. TOUAILLON, Christine: Frauendichtung. In: Reallexikon der deutschen Literaturgeschichte; Hrsg. v. P. Merker und W. Stammler, Bd. I.- Berlin 1925, S. 371–377.

(52) Vgl. MÖHRMANN, Renate: Feministische Ansätze in der Germanistik seit 1945. In: Frauen – Sprache – Literatur. Fachwissenschaftliche Forschungsansätze und didaktische Modelle und Erfahrungsberichte für den Deutschunterricht. Hrsg. v. M. Heuser.- Paderborn, München, Wien, Zürich 1982, S. 94.

(53) Vgl. dazu u.a. ARNOLD, S. 643–644.

(54) WOLF, Christa: Nachdenken über Christa T.- Neuwied, Berlin 1969, S. 8f.

(55) Nachlaß Heydendorff ÖKA DZ. B/844.

(56) Ebda.

(57) Archiv des med.path. Institutes d. Univ. Graz, Protokollnummer 446/1928.

(58) ARNOLD, S. 644.

(59) „Kurzgefaßte Familiengeschichte", S. 8.

(60) Vgl. BACHMANN, Ingeborg: Todesarten: Malina und unvollendete Romane. In: dies.: Werke. Bd. 3; vgl. dazu: SCHNEDL-BUBENIČEK, Hanna: Die andere Wirklichkeit. Traumsprache und Sprachkörper bei Ingeborg Bachmann. Vortrag gehalten beim „Kärntner Frühling 1984". In: eine frau ist eine frau ist eine frau. Autorinnen über Autorinnen. Hrsg. v. Elfriede Gerstl. Wien 1985. (Erstveröffentlichung in: Die schwarze Botin, 26, 1985).

Elisabeth List

Helden im Wissenschaftsspiel
Geschlechtsspezifische Implikationen der Wissenschaftskultur

Ein Prolog

Mein Beitrag zur Vorlesungsreihe „Weiblicher Lebenszusammenhang und Wissenschaft" hat einen Titel und einen Untertitel. Der Untertitel – „Geschlechtsspezifische Implikationen der Wissenschaftskultur" – verspricht die Darlegung eines sehr weitreichenden und komplexen Themas. Der Titel, den ich diesem schwer einlösbaren Versprechen vorangestellt habe, läßt erraten, wie ich versuchen werde, mich dem Thema anzunähern. Ich nehme Zuflucht zur Metapher des Spiels, um den tödlichen Ernst, den es verdient, erträglich zu machen. Und ich spreche von Wissenschaftlern als „Helden im Wissenschaftsspiel", in der Hoffnung, daß ein wenig Ironie uns hilft, von dem, was wir als Frauen in diesem Spiel erleben, Distanz zu nehmen – jenes Maß an Distanz, das notwendig ist, um nicht nur die Gründe für unsere eigene Betroffenheit zu verstehen, sondern darüber hinaus, was gesamtgesellschaftlich auf dem Spiel steht, wenn heute von Wissenschaft die Rede ist. Selbst die besonnenste Zeitdiagnose kann nicht darüber hinwegsehen, daß die Kosten und unerwarteten Nebenfolgen der wissenschaftlichen Zivilisation begonnen haben, ihre Errungenschaften zu gefährden. Zwischen diesem Sachverhalt und dem noch zu erläuternden (männlichen) Geschlechtscharakter der Wissenschaftskultur besteht ein Zusammenhang. Dies ist die These.

Ich beginne mit dem Untertitel. Die Erforschung der geschlechtsspezifischen Implikationen der Wissenschaftskultur ist nur möglich als ein interdisziplinäres Unternehmen. Sie wirft historische, soziologische, politologische und psychologische Fragen auf, und niemand kann erwarten, sie ließen sich in aller Kürze befriedigend beantworten. Ich muß mich mit einigen skizzenhaften Hinweisen begnügen.

Da ist zunächst die historische Frage, die sich stellt: Wo waren die Frauen, als die neuzeitliche Wissenschaft entstand, als die vielzitierte wissenschaftliche Revolution ihren Siegeszug antrat? Warum handelt es sich bei dem epochalen Geschehen, wie Francis Bacon, einer seiner Künder, sagt, um eine „männliche Geburt der Zeit"? (1)

In den letzten Jahren ist, z.T. im Rückgriff auf die Pionierarbeit Max Webers, der neuzeitliche Prozeß der Rationalisierung und Modernisierung, wie er sich im Bereich der industriellen Produktion, von Recht und Verwaltung und in der Herausbildung des modernen Sozialcharakters beobachten läßt, und dessen ausgeprägteste kulturelle Erscheinungsform eben die neuzeitliche Wissenschaft ist, Gegenstand umfassender historischer Forschung geworden. Nur wenige Sozialhistoriker haben indessen bemerkt, daß mit den großen Rationalisierungsschüben und den Entdeckungen des neuen wissenschaftlichen Geistes andere Umwälzungen Hand in Hand gingen: Die Entstehung der bürgerlichen Familie und die Entdeckung der Gefühlsnatur des „Weibes" – jenes „ewig weiblichen" Gegenstücks zur aufgeklärten Vernunft der Moderne.

Bacons Wort von der „männlichen Geburt der Zeit" nimmt vorweg, was die Geschichts- und Sozialforschung späterer Jahrhunderte verdrängt – daß die Logik der neuzeitlichen Modernisierung die einer halbierten Moderne ist. (2) Diese Halbheit und Widersprüchlichkeit, die sich in der feudal-traditionalen, das heißt, ungebrochen patriarchalen Sichtweise der Beziehung zwischen den Geschlechtern manifestiert, ist aber nicht, wie man annehmen könnte, ein archaisches und ausmerzbares Relikt aus vergangenen vormodernen Zeiten. Vielmehr scheint es, daß die zentralen Projekte der Moderne: Industrialisierung, Professionalisierung, Rationalisierung davon abhängig sind, daß bestimmte elementare Lebensbereiche, wie z.B. der der biosozialen Reproduktion, „vormodern", feudal-ständisch organisiert sind. Der damit gegebene „*Widerspruch* von Moderne und Vormoderne *in* der Industriegesellschaft" (3) macht sich in der Logik des Gesamtsystems historisch wie lebensgeschichtlich an der Differenz und der Beziehung der Geschlechter fest. Um es drastisch auszudrücken: Rationalisierung als männliches Kulturprojekt und „Feudalisierung" des weiblichen Lebenszusammenhanges sind die zwei Seiten der einen Medaille „Modernisierung". Seit Frauen ihrerseits durch Zugang zu Bildung und Erwerbsleben in den Sog der Modernisierung geraten, wird der Konflikt zwischen den Geschlechterlagen akuter, und, wie es aussieht, gibt es für diesen Konflikt keine Lösung über die Köpfe von Frauen hinweg.

Jedenfalls: Die Geschichte des weiblichen Lebenszusammenhangs in seiner neuzeitlichen Form und der Aufstieg der modernen Wissenschaft sind zwei Aspekte eines übergreifenden historischen Prozesses, deren Wechselwirkung mittlerweile gut erforscht ist. Sie sind der idealtypische Ausdruck der modernen Variante der Arbeitsteilung zwischen den Geschlechtern, durch die Frauen dem Primärbereich sozialen Lebens zugeordnet wurden, und durch die ihnen der Zugang zur Sphäre des Öffentlichen, sei es im Bereich der Wirtschaft, der Politik, des kulturellen Lebens, weitgehend verwehrt wurde.

Daß mit der Trennung von privater und öffentlicher Sphäre Frauen in den Binnenraum der Familie verwiesen wurden, war auf dem Hintergrund der modernen politischen Leitideen von Gleichheit und Freiheit nicht selbstverständlich. Bürgerliche Denker und Ideologen beeilten sich, in der neuen Sprache des aufgeklärten Zeitalters nachzuweisen, daß Frauen aufgrund ihrer natürlichen „weiblichen" Eigenschaften unfähig zu politischer und wissenschaftlicher Betätigung oder zu wirtschaftlicher Selbständigkeit seien. (4) So war die heute noch grassierende Metaphysik der Geschlechter die Kehrseite der großen Vernunfttheorien, die nur der männlichen Hälfte der Menschheit galten. Nachdem die Gelehrten des Bürgertums die „Gefühlsnatur" der Frau erfunden hatten und – was noch wichtiger ist – durch ihren Einfluß als Erzieher und Politiker auch in die Wirklichkeit umzusetzen vermochten, war das Schicksal intelligenter und wißbegieriger Frauen besiegelt. Frauen blieben aus dem ruhmreichen Projekt der Humboldtschen Universität ausgeschlossen. Die von den gelehrten Männern des Bürgertums verordnete Mädchenbildung orientierte sich an einem Kalkül, der den „Grenznutzen" weiblicher Bildung daran bemaß, daß Frauen gerade soviel, aber auch nicht mehr an Wissen und Ausbildung erhalten sollten, als für die Erfüllung ihrer Rolle als Hausfrauen und Mütter notwendig war. (5)

Im Laufe des 20. Jahrhunderts, seit der Zulassung von Frauen zum Universitätsstudium, hat sich die Situation entscheidend geändert, ohne allerdings optimistische Hoffnungen auf die Emanzipation der Frauen durch Bildung zu bestätigen. Das bürgerliche Ideal der Nur- Hausfrau, das schon bisher nur für eine schmale Schicht Realität besaß, wurde im Zuge der Integration eines steigenden Anteils von Frauen in den Prozeß außerhäuslicher Erwerbsarbeit ersetzt durch das Modell der „Doppelrolle" – eine Bezeichnung, die den Widerspruch der damit verknüpften Zumutungen an die Frau, im Beruf „ihren Mann zu stehen" und zugleich weiterhin die Familie zu versorgen, euphemistisch umschreibt.

Frauen, die sich für eine akademische Ausbildung oder gar für „Wissenschaft als Beruf" entscheiden, sind dem Widerspruch moderner professioneller und traditionell weiblicher Rollenanforderungen besonders stark ausgesetzt. Welche Bewältigungsformen sich für diesen Konflikt ergeben, läßt sich aus der Statistik ablesen. Zwar wird seit den Sechzigerjahren Chancengleichheit in der Bildung großgeschrieben, und es scheint, als hätten Frauen mittlerweile an den Universitäten gleichgezogen, zumindest was die Zahl der Inskriptionen betrifft. Allerdings trügt der Schein. Abgesehen davon, daß in den letzten Jahren der Anteil weiblicher Studierender rückläufig ist, ist der Frauenanteil in den höheren akademischen Graden und Positionen, speziell ihr Anteil an Professuren, in den letzten beiden Jahrzehnten kaum gestiegen. Zu sehen, daß fast die Hälfte aller Studierenden Frauen sind, aber nicht mehr als drei Prozent Professorinnen, heißt sehen, daß Frauen noch immer

„draußen" sind, vor den Toren der Wissenschaft.

Aber es ist mittlerweile weniger die Tatsache ihrer Marginalität, als die Realität des Wissenschaftsbetriebs selbst, die vielen Frauen ein grundlegendes „Unbehagen in der Wissenschaftskultur" bereitet. (6) Ich habe einige historische Hinweise gegeben, um die gesamtgesellschaftlichen Zusammenhänge und Entwicklungen sichtbar zu machen, auf deren Hintergrund sich die dichotomische Trennung der privaten und der öffentlichen Sphäre, mit ihrer Dynamik fortschreitender Rationalisierung einerseits und einem sich angeblich gleichbleibenden, „naturwüchsigen" Modus der Reproduktion andererseits durchsetzten. Um die Differenzen, die Konflikte, Wechselwirkungen zwischen diesen Bereichen, zwischen weiblichen und männlichen Lebenslagen zu erklären, bedürfte es einer systematischen Analyse ihrer ökonomischen, politisch-ideologischen und sozialpsychologischen Aspekte.

Es geht aber für Frauen in der Wissenschaft, Studierende und Lehrende, um mehr als um die Erhebung von Tatbeständen. Es geht konkret und persönlich auch darum, den Ambivalenzen auf den Grund zu gehen, die Frauen im Umgang mit Wissenschaft erleben. Ambivalenzen sind, schlicht gesagt, negativ besetzte Gefühle der Unentschiedenheit gegenüber einer Problemsituation. Sie resultieren für Frauen in bezug auf die Wissenschaft aus der Erfahrung des realen Widerspruchs zwischen der augenscheinlichen emanzipatorischen Kraft wissenschaftlicher Weltaneignung – z.B. in der kritischen Frauenforschung – und der ebenso unbestreitbaren Frauenfeindlichkeit der Wissenschaftstradition. Wir wissen, daß im Namen derselben Wissenschaft, die allenthalben als die reifste Frucht menschlicher Erkenntnisfähigkeit gefeiert wurde, männliche Wissenschaftler, Ärzte, Psychologen, Philosophen bis weit ins 20. Jahrhundert Frauen auf der Stufenleiter der Evolution einen entwürdigenden Platz zwischen den prähumanen Primaten und dem Homo Sapiens zugewiesen haben.

Das Wissenschaftsspiel

Die kritische und theoretische Auseinandersetzung mit dieser Situation hat das Bewußtsein um diese Widersprüche noch verschärft. Was also tun? Nichts ist verständlicher als der Wunsch, beunruhigende Ambivalenzen zu beseitigen und dort, wo sich Widersprüche zeigen, Eindeutigkeit herzustellen. Bevor ich darangehe, einige Thesen zum „Unbehagen in der Wissenschaftskultur" zu formulieren, eine Mahnung: Was wir aus wissenschaftlicher Analyse und persönlicher Erfahrung gewinnen können, ist sicher nicht die gewünschte „eindeutige Lösung", sondern die Einsicht, daß viele Widersprüche, die wir wahrnehmen, eben nicht aufhebbar sind, und so vermutlich auch nicht die Ambivalenz wissenschaftlichen Fortschritts. Trotzdem – oder gerade deshalb – bleibt es das Recht jedes Unternehmens der Kritik, auf die negativen Momente, auf die Schattenseite jener Sache zu verweisen, um die es geht. Die Thesen feministischer Wissenschaftskritik, wie sie in den letzten Jahren entwickelt wurden, lassen sich so zusammenfassen: „Im bis heute männlich dominierten Wissenschaftsbetrieb sind unbewußt und uneingestanden zwei Tendenzen wirksam, die sich nicht nur aus der Sicht von Frauen als problematisch erweisen: erstens eine im Namen „wissenschaftlicher Objektivität" kultivierte Abwehr alles Subjektiven im weitesten Sinn des Wortes, und zweitens ein im Namen des „wahren Wissens" und des „Erkenntnisfortschritts" ausgetragener Kampf um immer mehr Kontrolle und Macht."(7)

Dies sind also die Ausgangsthesen meiner Überlegungen. Wie bereits angedeutet, besteht kein Zweifel daran, daß die Untersuchung geschlechtsspezifischer Aspekte der Wissenschaftskultur in vielen Punkten wissenschaftlich, also ganz nach den Regeln akademischer Kunst erfolgen kann. Ebenso klar sollte aber sein, daß sich für die Fragen und Probleme, die sich an solche wie immer wissenschaftliche Diagnosen knüpfen, vor allem für die Frage nach möglichen Zukunftsperspektiven, keine im engeren Sinne wissenschaftliche Antwort geben läßt. Das zu behaupten oder zu fordern, wäre bestenfalls illusorisch, schlimmstenfalls szientistische Prophetie. Es ist also, methodisch gesehen, zugleich eine Not und eine Tugend, die mich bewog, das, was ich zum Thema sagen wollte, in die Sprache der Metapher zu kleiden. Ich bediene mich der Metaphorik des Theaters als Modell und zeichne ein Bild vom „wissenschaftlichen Welttheater", dessen Ablauf – in parodistischer Verkürzung – etwa so beschrieben werden könnte:

> Der Prolog ist gesprochen, der Vorhang hebt sich. Als Protagonisten erscheinen auf der Bühne: allerlei weltliche und geistliche Mächte, die Wissenschaft, das männliche und (etwas im Hintergrund) das weibliche Geschlecht. Der Held ist der männliche Charakter – im Kampf für die Wissenschaft. Diese erweist sich als die höhere Macht, besiegt ihrerseits die Natur, bezwingt die geistlichen und weltlichen Mächte. Die Weiblichkeit, kaum sichtbar im Schlachtengetümmel, tritt ab.

Freilich, ganz zeitgemäß ist diese Version des Wissenschaftstheaters nicht. Frauen, seit dem Ursprung abendländischer Wissenschaft im antiken Griechenland verbannt auf die private Hinterbühne des geistigen Weltgeschehens, späterhin identifiziert mit und projeziert in die Natur als Objekt wissenschaftlichen Forscherdrangs, haben indessen begonnen, das Spiel mitzuspielen. Anders als im wirklichen Theater, und hierin liegt die Grenze der Analogie, gibt es im wissenschaftlichen Welttheater keinen Standpunkt von außen, keinen unsichtbaren Regisseur, der heimlich die Fäden zieht, auch kein unbeteiligtes Publikum. Trotzdem ist die Rede vom Drama weit mehr als ein rhetorisches Hilfsmittel. Die Realität des Wissenschaftsgeschehens, und insbesondere die Geschichte seiner männlichen Inszenierungen, trägt tatsächlich in vielem die Züge eines Dramas. So schreibt Alfred North Whitehead:

„Die Wegbereiter der wissenschaftlichen Phantasie, wie sie heute existiert, sind die großen Tragödiendichter Athens: Äschylus, Sophokles und Euripides. Ihre Version eines unerbittlichen und gleichgültigen Schicksals, das einen tragischen Vorfall bis zu seinem Ende treibt, ist genau die Anschauung, von der die Wissenschaft Besitz ergriffen hat. Das Schicksal der griechischen Tragödie wird im modernen Denken zur Ordnung der Natur." (8)

Der Wissenschaftshistoriker Yehuda Elkana schlägt vor, die tragische Geschichtsauffassung, die die dramatischen Selbststilisierungen der modernen Wissenschaften – und übrigens auch Max Webers Sicht der fortschreitenden Rationalisierung als unausweichliches Schicksal der westlichen Kultur – kennzeichnet, durch die Vorstellung vom epischen Theater zu ersetzen, wie sie von Bertolt Brecht und Walter Benjamin entwickelt wurde: Wissenschaft als episches Theater, für das gemäß einer Formulierung Benjamins gilt: „Es kann so kommen, aber es kann auch ganz anders kommen". (9) Eine solche Sicht würde nicht nur eine heilsame Relativierung des heroischen Pathos bedeuten, mit dem sich die Hohepriester der Wissenschaftskultur gerne umgeben. Sie wäre auch eine gangbare Alternative jenseits von blindem Fortschrittsoptimismus und bodenlosem Pessimismus.

Ich möchte hier der interessanten Frage, wie weit und in welcher Form das dramaturgische Modell für die Soziologie und Geschichte der Wissenschaften anwendbar ist, nicht weiter nachgehen. Ich bediene mich dieses Modells hier nur dazu, um ein hinreichend komplexes und zugleich anschauliches Bild vom Zusammenhang zwischen Wissenschaft und Männlichkeit zu zeichnen, ein lebendigeres Bild, als es eine nüchterne Zusammenfassung der Ergebnisse interdisziplinärer und feministischer Wissenschaftsforschung ergeben würde. Dabei kann es auch nicht darum gehen, die Metaphorik des Theaters in allen ihren Momenten auszuschöpfen, wiewohl alles – das Geschehen der Handlung, die Akteure auf und hinter der Bühne, die Requisiten und Rituale, die Rhetorik der Dialoge und die Kulissen – einer genaueren Betrachtung wert wäre.

Das Drama menschlicher Selbstverwirklichung und Selbsterhaltung durch wissenschaftliche Erkenntnis – um beim *Geschehen der Handlung* zu beginnen –, ist das moderne Drama eines von seinen Fesseln befreiten Prometheus, der nun nicht mehr gegen die Launen unberechenbarer Götter, sondern gegen eine bedrohliche, aber letztlich beherrschbare Natur ums Überleben kämpft. Heute, da die Naturwissenschaften, aber nicht nur diese, ihr Heldenzeitalter hinter sich haben, hat diese Version der Wissenschaftsgeschichte, die den wissenschaftlichen Heros in eine Linie stellt mit den großen Eroberern, Pionieren und Kriegern vergangener Zeiten, viel an Glaubwürdigkeit verloren. Wenn sich die öffentliche Inszenierung wissenschaftlicher Rollen dennoch weiterhin an ihr orientiert, dann nicht zuletzt deshalb, weil sie die Machtpolitik wissenschaftlicher Wirklichkeitskonstruktion und Weltaneignung legitimiert und zugleich verschleiert.

In der Tat haben sich Wissenschaftler niemals bloß als Produzenten nützlichen Wissens verstanden, sondern in erster Linie als Diener der Wahrheit. Aber als *Akteur auf der Bühne des Wissenschaftsspiels* ist der Forscher und Gelehrte unweigerlich „in Geschichten verstrickt", auch wenn sie nicht seine eigenen sind. Die neue Wissenschaft, wie Francis Bacon sie fordert, ist nicht, wie die antike, eine Wissenschaft der „logoi", der Gedanken und Worte, sondern eine Wissenschaft der Taten. Und die Physiognomie des modernen homo rationalis, ebenso wie die des homo politicus und des homo oeconomicus, trägt unverkennbar männliche Züge.

Das wird heute von vielen Wissenschaftlern bestritten. Vor hundert Jahren, als die Zulassung von Frauen zu den Universitätsstudien zur Debatte stand, bediente sich die Mehrheit der Berufsgelehrten noch einer ganz anderen Sprache. 1897 erschien eine Sammlung von Gutachten über „die Befähigung der Frau zum wissenschaftlichen Studium und Berufe". In ihrer Analyse der 100 abgedruckten Gutachten stellt Karin Hausen fest, daß immerhin 45 % von ihnen das Frauenstudium ohne Einschränkung befürworten, 32 % es aber entschieden ablehnen. (10) Aufschlußreich sind die Gründe, die für die Ablehnung gegeben werden. „Deutsche Wissenschaft ist Männerwerk" – so der Vertreter der Fächer Psychologie/Philosophie Adolf Lasson. Noch deutlicher der Jurist Otto Gierke: „Unsere Universitäten sind Männeruniversitäten", sie sind „in ihrem ganzen inneren Leben dem männlichen Geiste angepaßt" – und sollten es auch bleiben. (11)

Die besonderen, dem Manne vorbehaltenen Qualitäten, die zum wissenschaftlichen Beruf prädestinieren, sind solcher Auffassung zufolge: „geistige Kraft, Verstand, Logik, Selbständigkeit, Sicherheit, produktive Leistungsfähigkeit, die Fähigkeit, Zusammenhänge zu erfassen, Klarheit des Urteils, rasche Entschlüsse, energisches Handeln, Verantwortung, vor allem das Schöpferische: geistige Produktivität, schöpferische Ideen, Originalität und nicht zuletzt Autorität". (12) Dagegen gebe es für die – durchaus positiv gewerteten – typisch weiblichen Eigenschaften: „Intuition, Liebestätigkeit, Mitleiden, Gefühlsinteressen, Rezeptivität, Hingabe, Nachahmung, Ausübung" (13) keine Verwendung in den Wissenschaften. Der Hauptgrund für die Vorbehalte gegen das Frauenstudium ist, so Karin Hausen, die Sorge um die Aufrechterhaltung der alten Geschlechterordnung:

> „Die Gegner des Frauenstudiums sind die glühendsten Befürworter und Beschützer des eigentlichen, des natürlichen Berufs der Frau, nämlich Hausfrau, Gattin und Mutter zu sein. Dieses Argument entfaltet keiner der Akademiker im eigenen Namen. Nein, gesprochen wird im Namen der Naturordnung, der Gesellschaftsordnung, der Weltordnung, die es zu erhalten und gegen die Individualrechte der an der Wissenschaft interessierten Frau durchzusetzen gelte." (14)

Die Stellungnahmen lassen an Deutlichkeit nichts zu wünschen übrig. Sie bestätigen nicht nur ausdrücklich, daß die Welt des wissenschaftlichen Geistes männerbündisch organisiert ist, sondern verweisen auch auf die Gründe für die Ausschließung von Frauen. Abgesehen von der moralischen Ungeheuerlichkeit, daß hier mit ungebrochen patriarchaler Geste den Frauen jedes Recht auf Selbstbestimmung abgesprochen wird, reflektieren die Äußerungen einen Status quo, der retrospektiv die Genese und Bedingungen einer männlichen Organisation von Wissenschaft als Beruf erkennen läßt. Sie beruht erstens auf der Ebene kultureller Symbolik auf der Stilisierung der zentralen Momente des modernen Menschenbildes – Aktivität, Autonomie und Vernunftfähigkeit – als exklusiv „männliche" Qualitäten, zweitens in der Organisation gesellschaftlicher Arbeit auf der Festlegung von Frauen auf Hausarbeit und auf reproduktive, abhängige Arbeit auch außer Hauses, und schließlich drittens auf der politischen Entmachtung und Entrechtung von Frauen.

So wie die Proletarisierung der besitzlosen ländlichen Bevölkerung vollzog sich die Domestizierung von Frauen am Beginn der Neuzeit zum Teil im Rückgriff auf alte patriarchal-feudale Traditionen, zum Teil durch manifeste Gewaltanwendung. Denen, die von ihr profitierten, erschien der Ausschluß der Frauen aus allen kulturell, ökonomisch und politisch bedeutsamen Bereichen des gesellschaftlichen Lebens mehrheitlich als Ausdruck einer „ewigen Naturordnung", obwohl sie gleichzeitig alle Bereitschaft zeigten, der solchermaßen beschworenen „Natur" tatkräftig nachzuhelfen. Alle männliche Logik reichte offenbar nicht aus, die Widersprüchlichkeit dieses Standpunkts zu bemerken.

Nun noch ein Wort zur *Kulisse*. Bühnenbild und Kulisse dienen dem herkömmlichen Theater dazu, die Phantasie und Vorstellungskraft des Publikums anzuregen, ihm die Illusion zu verschaffen, das Bühnengeschehen sei Wirklichkeit. Dem Wissenschaftsspiel, wie es sich real ereignet, dient die ganze Welt als Bühne. Der wissenschaftliche Forschergeist der Neuzeit richtet sich primär, aber nicht ausschließlich, auf die Natur; alles, was unter der Sonne ist, ist legitimes Objekt wissenschaftlicher Entdeckung, Erklärung, Ordnung. Legitim zunächst, weil der wissenschaftliche Pionier zu Newtons Zeiten tief davon überzeugt war, daß die wissenschaftliche Wahrheitssuche nicht allein menschlichen Bedürfnissen, sondern zuletzt der höheren Ehre Gottes dienen sollte. (15) Diese gottesfürchtige Haltung bedeutete aber keineswegs kontemplative Ehrfurcht vor der natürlichen Schöpfung. Die Natur wurde vielmehr zum Instrument für die Realisierung menschlicher Projekte, und die Berufung auf gottgewollte Zwecke verblaßte bald zur ideologischen Formel. So heißt es schon bei Kant, daß es der menschliche Verstand ist, der der Natur ihre Gesetze vorschreibt. Inzwischen haben die Naturwissenschaften durch Technik und Experiment eine artifizielle technische Umwelt hervorgebracht, und Natur im ursprünglichen Sinn des Wortes ist zur knappen Ressource geworden.

Die Frage ist berechtigt, welchen Ort die Frau und das ihr zugeschriebene Weibliche in dieser Welt wissenschaftlicher Männerphantasien haben. Die neuzeitliche Naturwissenschaft transformierte die anthropomorphe Naturbetrachtung vormoderner Zeiten in die Vision allmächtiger souveräner Naturbeherrschung, aber sie hat die Assoziation von Natur und Weiblichkeit nicht aufgelöst. Mythische Naturverehrung, antike Naturverachtung und moderne Naturbeherrschung sind die projektiven Muster, die den spekulativ-denkerischen Umgang mit dem Weiblichen bestimmen. (16) Dazu einige Äußerungen von Francis Bacon, dem schon erwähnten Propheten der neuzeitlichen Wissenschaft:

> „Laßt uns also eine keusche und rechtmäßige Ehe stiften zwischen Geist und Natur." (17)

Den Sinn dieser ehelichen Verbindung zwischen dem männlichen wissenschaftlichen Geist und der weiblich interpretierten Natur faßt Bacon in unmißverständlich klare Worte, wenn er seinen Schülern sagt:

> „In aller Wahrheit bin ich gekommen, um dich hinzuführen zur Natur und ihren Kindern, sie deinen Diensten zu unterwerfen, zu deiner Sklavin zu machen." (18)

Bacons Regieanweisungen entsprechend, ist der Sieg des wissenschaftlichen Heros der Sieg des Geistes über die Natur, der Sieg der Männlichkeit nicht nur über das Weibliche, sondern auch über den niederen Eros der sexuellen Begierden.

Damit komme ich zu dem Zusammenhang, der im Drama des wissenschaftlichen Geistes aus der Sicht von Frauen der interessanteste ist – der zwischen den öffentlichen Inszenierungen der Wissenschaftskultur und jenem Bereich des Lebens, der auf der Bühne nicht gezeigt wird: der *Hinterbühne* des privaten Lebenszusammenhangs. Hier hat sich lange Zeit das Leben von Frauen abgespielt, und hier manifestieren sich alle Momente jener Subjektivität, die sich der Wissenschaftler auf der Bühne verbietet.

Die dramaturgische Analogie von Bühne und Hinterbühne steht für die Beziehung von Privatheit und Öffentlichkeit, und sie ist ein ironischer Verweis auf die Fragwürdigkeit eines wissenschaftlichen Selbstverständnisses, das im Vollbewußtsein seiner Bedeutsamkeit im öffentlichen Diskurs seine Abhängigkeit vom reibungslosen Funktionieren seiner Privatexistenz verkennt. Allerdings hat in diesem Punkt die soziale Realität die Analogie weitgehend gegenstandslos gemacht. Das Erwerbsleben, der Markt und die Industrialisierung haben begonnen, traditionelle familiale Lebensformen aufzubrechen, und der Privatbereich ist in seiner Bedeutung für die Gesamtgesellschaft kritisch sichtbar geworden. Traditionelle Geschlechterrollen sind brüchig, die alte Metaphysik der dichotomischen Geschlechtscharaktere unglaubwürdig geworden. Kaum jemand würde noch behaupten, Verstand und

Gefühl, Aktivität und Passivität, Autonomie und Hingabefähigkeit stünden in einem natürlichen Zusammenhang mit dem biologischen Geschlecht. Geblieben sind freilich, wie Ulrich Beck es nennt, die charakteristischen, gesellschaftlich bestimmten unterschiedlichen Geschlechterlagen, die nach wie vor Frauen und Männern die herkömmlichen Rollen auferlegen, durch die jeweils ein Teil des Gesamtspektrums menschlicher Ausdrucks- und Verhaltens- und Erfahrungsformen stilisiert, der andere unterdrückt wird. (19)

Dieser geteilte Prozeß männlicher und weiblicher Persönlichkeitsentwicklung, für den die Weichen schon in der frühesten Kindheit gestellt werden, ist von der feministisch orientierten Psychoanalyse eingehend beschrieben worden. (20) Sie erklärt die Psychogenese männlicher und weiblicher Konzepte vom Selbst, die im übrigen genau jenen Vorstellungen entsprechen, aufgrund derer die Gelehrten des ausgehenden 19. Jahrhunderts meinten, Wissenschaft als eine männliche Angelegenheit verstehen und verteidigen zu müssen.

Die ersten Phasen ihrer Entwicklung erleben männliche und weibliche Kinder gleich – in engster Bindung an die primäre Bezugsperson, in der Regel die Mutter. Sie führen schrittweise heraus aus dem undifferenzierten symbiotischen Zustand, dessen Überwindung für die Selbstwerdung, das Selbständigwerden unerläßlich ist, aber mit Ängsten und emotionalen Konflikten einhergeht. Der (im traditionellen Sinn) männliche und der weibliche Entwicklungsweg verzweigen sich dort, wo der kleine Junge beginnt, sich vom mütterlich-weiblichen Lebenszusammenhang abzuwenden, um „zu werden wie der Vater". In dieser kritischen Phase seiner Selbst-, und das heißt: Mannwerdung gibt der Junge seine enge emotionale Bindung an die Mutter auf, er opfert seine erste Liebe, um in der Welt der Väter Anerkennung zu finden. Das Mädchen hingegen begreift in derselben Phase, daß es ihm aus eigenem Willen nicht möglich ist, zu dieser Welt einen Zugang zu finden. Es verharrt in der engen Bindung zur Mutter und bewahrt diese Form des Bezogenseins als prägendes Markmal weiblicher Identität.

Diese kurze Skizze läßt andeutungsweise erkennen, aufgrund welcher sozialisatorischer Faktoren es den Anschein haben konnte, daß sich zunächst undifferenzierte menschliche Wesen männlichen und weiblichen Geschlechts zu männlichen Verstandesmenschen und zu weiblichen Gefühlsmenschen entwickeln. Aber so wie Mädchen im wesentlichen dieselbe geistig-kognitive Entwicklung durchlaufen wie Jungen, erfordert der Erwerb des typisch „männlichen", distanzierten, kontrollierten Habitus die Bewältigung all der emotionalen Aspekte der Beziehung zwischen Selbst und Umwelt.

Wie schon angedeutet, bedeutet die Aufgabe der intensiven emotionalen Beziehung zur Mutter für das männliche Kind Versagung und Verzicht. Wichtig ist in diesem Zusammenhang die Beobachtung, daß das, was an die primären Lusterfahrungen der Symbiose mit dem mütterlich-weiblichen Körper erinnert, im Prozeß der männlichen Enkulturation häufig negativ besetzt wird, gewissermaßen als Verteidigungsstrategie des um Autonomie ringenden männlichen Selbst und als Abwehr gegen die Angst vor der Regression in einen ichlosen symbiotischen Zustand. Diese Abwehrhaltung wird späterhin zum Bestandteil „normalen" männlichen Verhaltens, nicht nur gegenüber Frauen, sondern gegenüber allem, dem gegenüber ein ähnliches Bedürfnis nach Abgrenzung und nach Kontrolle besteht: gegenüber dem Körper, gegenüber den eigenen Gefühlen, gegenüber der Natur:

> „Die Fähigkeit zu kontrollieren und selbst in Kontrolle zu sein wird auf diese Weise zum Bedürfnis und zugleich zum Symbol von Männlichkeit. Alle Beziehungen werden zu Formen des Kampfes um Macht und Durchsetzung. Aggressionen werden mobilisiert, um sich vom Objekt zu distanzieren und es dann zu überwältigen. Das Mädchen seinerseits sucht Beziehungen, Beziehungen auch um den Preis der eigenen Autonomie. Auf diese Weise kommen die beiden Geschlechter dazu, sich in einer grotesken Symmetrie zu ergänzen." (21)

Die psychoanalytische Deutung der Genese von Männlichkeit und Weiblichkeit ist in vieler Hinsicht kritikbedürftig. Sie reflektiert einseitig die familialen Verhältnisse in der weißen Mittelschicht, und sie läuft Gefahr, die materiellen und historischen Randbedingungen von Prozessen der Geschlechterdifferenzierung aus dem Blick zu verlieren. Sie liefert aber eine genaue Beschreibung jenes Bildungs- und Erziehungsprozesses, der die psychosozialen Voraussetzungen für die moderne Erscheinungsform geschlechtsspezifischer Arbeitsteilung darstellt. Sie macht auch deutlich, daß die Spezialisierung auf männliche (instrumentelle, öffentliche) und weibliche (expressive, private) Arbeitsvermögen und Rollen keineswegs so „naturwüchsig" ist, wie die Denker des 19. Jahrhunderts vermuteten, sondern das Ergebnis gezielter, oft schmerzlicher und lebenslanger Erziehungsarbeit. Michel Foucault spricht in diesem Zusammenhang zu Recht von Disziplinierung, obwohl er über das weibliche Schicksal, das nicht weniger begleitet ist von Überwachen und Strafen als das männliche, wenig zu sagen hat. (22)

Das Ziel männlicher Disziplinierung sind Unabhängigkeit, klare Ichgrenzen, Kontrolle des Subjektiven, der Spontaneität des eigenen Körpers und des Fühlens zugunsten erhöhter kontrollierter Handlungsfähigkeit in der Umwelt. Solche Eigenschaften sind notwendig, um in der kalten Welt industrialisierter Arbeit, des anonymen Marktes und unbeschränkter Konkurrenz bestehen zu können. Auch der Weg zur wissenschaftlichen Karriere führt über das harte Pflaster männlicher Disziplin. Gute Wissenschaften sind „harte" Wissenschaften – ein Indiz dafür, daß geschlechtsspezifische Konnotationen selbst in die Sprache der wissenschaftlichen Methodologien eindringen. Oft scheint es, als sei es die Kontrolle subjektiver Faktoren, die den Wissenschaftler erst ausmacht. So ergaben empirische Erhebungen und biographische Studien übereinstimmend folgende Merkmale als typisch für die Wissenschaftlerpersönlichkeit: Intelligenz, Dominanz, Fähigkeit zur Unabhängigkeit und zur sozialen Isolation, kritische Distanz gegenüber Meinungsautoritäten, Fähigkeit zur Affekthemmung, bei gleichzeitiger Bereitschaft zur Initiative. (23)

Obwohl die hier in Betracht gezogenen Forschungen zur Wissenschaftspsychologie Geschlecht als Persönlichkeitsvariable nicht diskutieren, ist der Zusammenhang zwischen den Persönlichkeitsmerkmalen von Wissenschaftlern und den Merkmalen von Männlichkeit offensichtlich. Einer anderen Untersuchung zufolge besteht das Alltagsstereotyp von Männlichkeit aus folgenden Eigenschaften: Kompetenz, Dominanz, Durchsetzungsvermögen, Selbständigkeit, Gefühlskontrolle; während Frauen typischerweise als unsicher, inkompetent, abhängig und emotional wahrgenommen werden. (24)

Was folgt aus all dem für Frauen in der Wissenschaft? Das eben angeführte Stereotyp des Weiblichen ist zwar ein negatives Stereotyp, aber, wie wir zugeben müssen, nicht ohne Realitätsgehalt. Selbst seine positiven Seiten, Beziehungsorientiertheit und ganzheitliches Denken, Eigenschaften, die die besonderen Stärken von Frauen in vielen sozialen Handlungsfeldern ausmachen, erschweren die wissenschaftliche Sozialisation von Frauen, ihren Umgang mit Wissenschaft, wo analytisches, isolierendes Denken die Erfolgsnorm ist und Vereinsamung und Konkurrenz den Alltag bestimmen. Das, was sie als Wissenschaftlerinnen zu gewinnen haben, Kompetenz und Selbstbewußtsein, fordert, zumindest unter den gegebenen Bedingungen, einen hohen Preis – die Hintanstellung ihrer traditionell weiblichen Orientierung an Beziehungen, an Nähe und Kooperation. (25) Das ist der reale Konflikt, der hinter den Ambivalenzerfahrungen von Frauen im Spannungsfeld von Lebenswelt und Wissenschaft steht. Ähnliche Ambivalenzerfahrungen bleiben allerdings auch männlichen Wissenschaftlern nicht erspart, vor allem dann nicht, wenn sie sich mit den althergebrachten Posen und Inszenierungen von Männlichkeit persönlich nicht identifizieren.

Es kann auch anders kommen

Die kulturellen Leitbilder von Männlichkeit und Weiblichkeit, von den Vordenkern der Moderne in einen Himmel ewiger metaphysischer Werte projiziert, sind, jedenfalls im Bereich des wissenschaftlichen Lebens, weitgehend Wirklichkeit geworden. Die Glücksversprechen für die ganze Menschheit, die Francis Bacon an seine berühmte Formel „Wissen ist Macht" knüpfte, haben sich freilich nicht erfüllt. Wissenschaftliche Objektivität und subjektive Lebenswelten verhalten sich zueinander nicht mehr komplementär, sondern antagonistisch. Die Eigendynamik des Verwissenschaftlichungs- und Industrialisierungsprozesses beginnt, die ökologische Umwelt zu zerstören und die privaten Rückzugsbereiche der psychisch-emotionalen und sozialen Reproduktion zu destabilisieren. Heute sind es nicht mehr nur die Frauen und die Armen, die die Kosten der Zivilisationsrisiken zu tragen haben. Diese Risiken sind mittlerweile global geworden, und Tschernobyl ist nur ein Vorgeschmack von dem, was noch kommen kann. (26)

Innerhalb weniger Jahrzehnte ist das jahrhundertealte Vertrauen in die Wissenschaft als Quelle allen Fortschritts geschwunden und hat in weiten Kreisen einer endzeitlichen Katastrophenstimmung Platz gemacht, die die Welt einem selbsterzeugten zivilisatorischen Holocaust zusteuern sieht. Dies ist der Punkt, an dem sich die Frage stellt, welche Rolle Frauen, die mittlerweile in den wissenschaftlichen Institutionen stärker präsent sind als je zuvor, in einem solchen Szenario übernehmen könnten oder sollten. Ohne die realen Bedrohungen zu entdramatisieren, sei hier an die Benjaminsche Formel des epischen Theaters erinnert. Es kann so schlimm kommen, wie es die Wissenschaftsskeptiker voraussagen, es kann aber auch anders kommen, wenn den beteiligten Akteur/inn/en sehr bald etwas Neues einfällt.

Eines ist jedenfalls auszuschließen: ein Aussteigen aus dem Wissenschaftsspiel gibt es nicht, auch nicht für Frauen. Welche Möglichkeiten bieten sich dann? Eine erste bestünde darin, die Hinterbühne des unheimeligen privaten Lebenszusammenhangs zu verlassen und in die männliche Rolle zu schlüpfen. Diesen Weg sind so manche Pionierinnen früherer Generationen gegangen. In manchen Fällen hat er sich gelohnt, meistens aber war er mit hohen psychischen Kosten und mit dem Verzicht auf die angenehmen Seiten des privaten und familialen Lebens verbunden. In der gegenwärtigen Situation, und auf dem Hintergrund der geschilderten Tendenzen, wäre er fatal.

Eine weitere, und angesichts der angespannten Lage auf dem akademischen Arbeitsmarkt vielleicht naheliegende Alternative wäre das Nein zur Wissenschaft, der Rückzug in eine Subkultur neuer Weiblichkeit, oder einfach die Rückkehr zur alten weiblichen Rolle. Manchen Frauen mag es auch gelingen, als Wissenschaftlerinnen die sogenannte Doppelrolle zu übernehmen: acht Stunden Wissenschaft, den Rest der Zeit Frau, Hausfrau, Mutter. Der Doppelbelastung standzuhalten und noch dazu konfliktfrei gewissermaßen zweierlei Leben zu führen – das ist sicher kein verallgemeinerbares Modell.

Alle drei Varianten sind bisher von Frauen praktiziert worden. Keine von ihnen ist im Normalfall persönlich wirklich befriedigend, keine ändert irgendetwas am Status quo in oder außerhalb der Wissenschaften. Gewünscht wäre demnach das, was wir Strategien der Einmischung nennen könnten. Einmischung hieße, die Regeln des Spieles zu ändern. Solche Strategien der Einmischung werden von Frauen mittlerweile weltweit erprobt, zum Beispiel am Thema der Reproduktionstechnologien.

Ich möchte abschließend zwei allgemeinere Überlegungen anstellen, um anzudeuten, wo es in der gegebenen Ordnung des wissenschaftlichen Diskurses reale Spielräume für Veränderung und Einmischung gibt. Die erste betrifft unsere Wissensideale und die herrschenden Vorstellungen von wissenschaftlicher Erkenntnis, die zweite ist politischer Natur.

Nach allem, was über Geschlechterstereotype gesagt wurde, scheint es, als hätten Frauen im allgemeinen tatsächlich die schlechteren Voraussetzungen für den wissenschaftlichen Beruf. Dies deshalb, weil wir selbst dazu neigen, die männlichen Inszenierungen von Wissenschaft für die ganze Wahrheit zu halten. Bei genauerem Hinsehen aber zeigt sich, daß die empririsch erhobenen Eigenschaften des „typischen", das heißt, des durchschnittlichen Wissenschaftlers nicht „Wissenschaft an sich", sondern lediglich gewisse Verhaltensmuster beschreiben, wie sie der Alltag wissenschaftlicher Institutionen hervorbringt. Für sich genommen vermag keine dieser Eigenschaften – Intelligenz, Dominanz, Unabhängigkeit, Affektkontrolle etc. –, noch eine ihrer Kombinationen gute Forschungsresultate zu garantieren. Im Gegenteil: Die Biographien hervorragender Wissenschafter und Untersuchungen über die Bedingungen von Kreativität legen nahe, daß Intuition, ganzheitliches Denken, Offenheit und Flexibilität als Formen produktiver Verunsicherung und die Fähigkeit zur ungeteilten Hingabe Eigenschaften sind, die gerade in den innovativen Phasen wissenschaftlicher Tätigkeit eine große Rolle spielen. (27) All das sind Momente, die nicht der Charaktermaske des „harten Wissenschaftlers" entsprechen, sondern eher den positiven Momenten kulturell definierter „Weiblichkeit".

Erfahrungsgemäß werden allerdings gerade Frauen im Wissenschaftsbetrieb dazu verhalten, sich durch die gewissenhafte Erledigung von Routinearbeit als „geeignet" zu erweisen, und nur selten wird ihnen von ihren männlichen Vorgesetzten, Mentoren, Doktorvätern die Gelegenheit gegeben, ihre Kreativität auf die Probe zu stellen. Da bekannt und auch durch empirische Untersuchungen nachgewiesen ist, in welch hohem Maß die Erwartungshaltung von Lehrenden die realen Leistungen der von ihnen Unterwiesenen beeinflußt, läßt sich der Schluß ziehen, daß das notorische Nichtbemerken und das Nichternstnehmen von Studentinnen und Wissenschaftlerinnen die Entfaltung ihres intellektuellen Potentials behindert und zu den subtilen Instrumenten der Ausschließung von Frauen aus der Republik der Gelehrten gehört.

Das führt zu meiner zweiten Überlegung. Ihre Situation als Einzelgängerinnen und Außenseiterinnen vermag Frauen einen kritischen Blick zu geben für die fragwürdigen und problematischen Seiten des Wissenschaftsbetriebs. Marginalität ist aber für sich genommen keine Tugend, und auf lange Sicht auch nicht erstrebenswert. Die Regeln des Wissenschaftsspiels können Frauen nur ändern, wenn sie gemeinsam und solidarisch handeln.

Feministischer Wissenschaftskritik wird oft entgegengehalten, die bloße

Anwesenheit von Frauen mache die Wissenschaftskultur nicht besser. Mit solchen Äußerungen, die natürlich in gewisser Hinsicht berechtigt sind, wird der aus feministischer Sicht entscheidende politische Sachverhalt verschleiert: daß die Ausschließung von Frauen, sei es aus der Wissenschaft, der Politik oder den Einflußbereichen der Wirtschaft, institutionelle Erscheinungsformen sexistischer Diskriminierung sind, Ausdruck eines fundamentalen Unrechts, gegen das einzutreten die Sache aller sein muß, die sich der moralischen und politischen Idee gleicher Rechte und Pflichten für alle Menschen verpflichtet fühlen.

Daß Frauen aufgrund ihrer realen Lebenssituation, ihrer alltäglichen Sorge für Kinder und Familie, für die elementaren Bedürfnisse kreatürlichen und psychischen Überlebens, ihre wissenschaftlichen Interessen mit dem Ethos konkreter Verantwortung verbinden und damit in die modernen Wissenschaftsfabriken ein sozialeres, menschenfreundlicheres Element einbringen könnten, diese Hoffnung ist zumindest nicht unberechtigt. Frauen haben die Chance, das in der Wissenschaftskultur Verdrängte – Subjektivität, Bedürftigkeit, Leiblichkeit, Kontingenz – wieder bewußt zu machen. Diese Momente der Conditio Humana glaubte eine Vision umfassender wissenschaftlicher und technischer Weltbeherrschung vernachlässigen zu können. Frauen haben diese Chance freilich nur, wenn sie sich nicht mit einer selbstgerechten Stilisierung als Opfer einer fremdverschuldeten Entwicklung begnügen, sondern bereit sind, ihren Beitrag zur Transformation der sozialen und wissenschaftlichen Welt zu leisten, die schließlich auch ihre eigene ist.

Anmerkungen

(1) FARRINGTON, Benjamin: Temporis Partus Masculus. An Untranslated Writing of Francis Bacon. In: Centaurus 1 (1951), S. 193–205.

(2) Vgl. dazu BECK, Ulrich: Risikogesellschaft. Auf dem Weg in eine andere Moderne. Frankfurt/M. 1986, S. 174–176.

(3) BECK, Ulrich, a.a.O., S. 177.

(4) Vgl. HAUSEN, Karin: Die Polarisierung der „Geschlechtscharaktere". Eine Spiegelung der Dissoziation von Erwerbs- und Familienleben. In: ROSENBAUM, Heidi (Hrsg.): Seminar: Familie und Gesellschaftsstruktur. Materialien zu den sozioökonomischen Bedingungen von Familienformen. Frankfurt/M. 1978, S. 161–191.

(5) Vgl. LIST, Elisabeth: Frauen in der Wissenschaft. In: Österreichische Zeitschrift für Politikwissenschaft 3 (1980), S. 307–319, bes. S. 310.

(6) Siehe dazu und zum folgenden meinen Artikel: Patriarchen und Pioniere: Helden im Wissenschaftsspiel. Gedanken über das Unbehagen in der Wissenschaftskultur. In: SCHÄFFER-HEGEL, Barbara und Brigitte WARTMANN (Hrsg.): Mythos Frau. Projektionen und Inszenierungen im Patriarchat. Berlin 1984, S. 14–35.

(7) Ebda, S. 14.
(8) Zitiert nach ELKANA, Yehuda: Anthropologie der Erkenntnis. Die Entwicklung des Wissens als episches Theater einer listigen Vernunft. Frankfurt/M. 1986, S. 119.
(9) ELKANA, Yehuda, a.a.O., S. 120.
(10) HAUSEN, Karin: Warum Männer Frauen zur Wissenschaft nicht zulassen wollten. In: NOWOTNY, Helga und Karin HAUSEN (Hrsg.): Wie männlich ist die Wissenschaft? Frankfurt/M. 1986, S. 31–40.
(11) Zit. nach HAUSEN, Karin, s. Anm. 10, a.a.O., S. 34.
(12) HAUSEN, Karin, s. Anm. 10, S. 35.
(13) Ebda.
(14) HAUSEN, Karin, s. Anm. 10, S. 37.
(15) Vgl. MERTON, Robert K.: Science, Technology and Society in Seventeenth Century England. New York 1970.
(16) Vgl. MERCHANT, Carolyn: The Death of Nature. Women, Ecology and the Scientific Revolution. Boston 1980.
(17) Zit. nach LEISS, William: The Domination of Nature. Boston 1974, S. 25.
(18) In FARRINGTON, Benjamin, s. Anm. 1, S. 197.
(19) Vgl. BECK, Ulrich, a.a.O., S. 162 f.
(20) Vgl. CHODOROW, Nancy: Das Erbe der Mütter. Psychoanalyse und Soziologie der Geschlechter. München 1985.
(21) FLAX, Jane: Political Philosophy and the Patriarchal Unconscious: A Psychoanalytic Perspective on Epistemology. In: HARDING, Sandra and Merril HINTIKKA (eds.): Discovering Reality. Feminist Perspectives on Epistemology, Metaphysics, Methodology and Philosophy of Science. Dordrecht/Boston/London 1983, S. 245–283, S. 53 (Zitat in eigener Übersetzung).
(22) FOUCAULT, Michel: Überwachen und Strafen. Frankfurt/M. 1974.
(23) Vgl. CATTELL, Raymond B.: The Personality and the Motivation of the Researcher from Measurement and from Biography. In: TAYLOR, Calvin W. and Frank BARRON (eds.): Scientific Creativity: Its Recognition and Development. New York 1963, S. 119–131; S. 126.
(24) Vgl. BIERHOFF-ALFERMANN, Dorothee: Psychologie der Geschlechtsunterschiede. Köln 1977.
(25) Vgl. WAGNER, Ina: Das Erfolgsmodell der Naturwissenschaften. Ambivalenzerfahrungen von Frauen. In: HAUSEN, Karin und Helga NOWOTNY (s. Anm. 10), S. 237–252.
(26) Vgl. BECK, Ulrich, a.a.O.
(27) BRUNNER, Jerome S.: The Conditions of Creativity. In: GRUBER, Howard, Glenn E. TERRELL, Michael WERTHEIMER (eds.): Contemporary Approaches to Creative Thinking. A Symposion held at the University of Colorado. New York 1964, S. 1–31.

Gertrude Pauritsch

Frauschaft durch Sprache: Sprachwandel aus feministischer Sicht

Der Hauptvorwurf, der Feminist/inn/en und insbesondere den feministisch engagierten Linguist/inn/en gemacht wird, ist, daß sie mit ihren „Richtlinien zur Vermeidung sexistischen Sprachgebrauchs“ (1) *Sprachlenkung*, eine *Steuerung* des Sprachgebrauchs – mithin von Sprachwandel – betreiben würden. Ein solches Vorgehen widerspreche dem Grundsatz der Deskriptivität, der heute in der Sprachwissenschaft allgemein anerkannt ist. D.h. die Linguistik habe Sprache und Sprachwandel nur zu *beschreiben*, ohne irgendwelche Wertungen abzugeben oder gar selbst in den Sprachgebrauch/-wandel einzugreifen, wie es die als „normativ“ apostrophierte (ältere) Sprachwissenschaft tat, indem sie bestimmte sprachliche Formen oder Entwicklungen als „richtig“, andere als „falsch“ bezeichnete und so Normen festlegte, die dann von der „gebildeten“ Schichte gern angenommen und vertreten wurden – zum Nachteil der „Nicht-Gebildeten“ allerdings, die mit diesen Normen immer Schwierigkeiten hatten und haben.

Aus diesem Grunde vertrete auch ich prinzipiell den deskriptiven Ansatz, der meines Erachtens jedoch durchaus mit dem feministischen Standpunkt vereinbar ist. Eine weitere Implikation dieses Vorwurfs ist, daß („natürlicher“) Sprachwandel *nicht gesteuert* sei, sondern im wesentlichen ein Reflex sozialen Wandels (2), womit wir bereits bei einem zweiten Gegenargument angelangt sind. (Ich werde auf diesen Punkt später noch zurückkommen.)

Zwischen Sprache und Gesellschaft bestehe zwar eine Interdependenz, aber die Abhängigkeit der Sprache von der Gesellschaft sei stärker ausgeprägt als umgekehrt: Nicht die Sprache könne die Realität verändern, sondern eine veränderte Realität verändere auch die Sprache. Daher seien die feministischen Änderungsvorschläge sinnlos, wenn nicht gar „schädlich“. (3) Die Änderungen müßten bei und in der Realität ansetzen, im gesellschaftlichen Bereich, dann würde auch die Sprache/der Sprachgebrauch nachziehen und die Sexismen einebnen. Dem ist Zweierlei entgegenzuhalten: (4)

1. Es versteht sich von selbst, daß die Gleichberechtigung der Frau im außersprachlichen, gesellschaftlichen Bereich angestrebt wird; aber ebenso auch im sprachlichen (sofern dies überhaupt so klar abgegrenzt werden kann!).

2. Die sozialen Veränderungen gehen – leider – nur sehr langsam vor sich. Da Sprache aber a) das zentrale Mittel sozialer Interaktion und b) auch von großer psychologischer Relevanz ist, wollen wir Frauen nicht bis zum nächsten Jahrhundert warten, sondern hier und jetzt explizit angesprochen und gemeint sein, kurz: auch sprachlich gleichberechtigt handeln und behandelt werden.

Ein dritter kontroversieller Punkt ist die Frage, ob *die Sprache* im Sinne von *langue* überhaupt sexistisch sein kann und daher zu verändern sei. Nach Meinung vieler Linguisten (5) ist diese Frage zu verneinen: Sexismus könne nur eine Angelegenheit der *parole* sein. Feminist/inn/en (einschließlich der linguistisch gebildeten) gehen hingegen davon aus, daß auch das sprachliche System sexistisch ist und so die Grundlage bzw. Voraussetzung für sexistischen Sprachgebrauch bildet. (6)

Als erstes ist hier für das Deutsche die sogen. *generische Funktion* von Substantiven und Pronomina mit *maskulinem Genus* zu nennen: *(der) Sprecher, Hörer, Professor, Assistent, Student, Steirer, Kärntner; jeder, einer, keiner etc.* sowie auch von *männlichen Personenbezeichnungen: Kaufmann* oder *Mann* überhaupt. Diese Formen haben in bestimmten Kontexten das semantische Merkmal ‚männlich', in anderen sei dieses Merkmal jedoch getilgt oder neutralisiert, was die Referenz auf männliche *und* weibliche Wesen ermöglicht. Generische Formen gelten als „unmarkiert", d.h. hinsichtlich einer bestimmten semantischen Dimension – wie z.B. ‚Geschlecht' – nicht spezifiziert. Deshalb können sie als Oberbegriffe (Hyperonyme), als Genus-Bezeichnungen (daher: „generisch") fungieren und dann die „markierte" (in der Dimension ‚Geschlecht' festgelegte) Spezies ‚weiblich' – *die Sprecherin, Hörerin, Professorin, Assistentin etc.* – miteinschließen wie *der Tag die Nacht* (in Kontexten wie *die Woche hat 7 Tage*, die Nächte sind da mitgemeint) oder *gut* die Bedeutung von *schlecht* (vgl. die Frage *Wie gut war der Film?)* oder aber die (wirklich) generische Bezeichnung *Kind* gegenüber den geschlechtsspezifischen Lexemen *Mädchen, Bub.*

Das Phänomen ist in der Sprache also durchaus geläufig – und daher sei dies auch kein Indiz oder gar Beweis für Sexismus. Und überhaupt habe die sprachliche Kategorie *Genus* nichts mit dem natürlichen Geschlecht *(Sexus)* der Referenzobjekte zu tun, was Frauen am besten wissen müßten, wo sie doch so häufig als Ne-utrum identifiziert werden: *das Mädchen, das Fräulein, das Weib, das Mensch, das Ding.* Eine überzeugende Bestätigung dieser Hypothese wurde meines Wissens bislang nicht erbracht. (7) Intuitiv wird das grammatische Geschlecht mit dem natürlichen gleichgesetzt, zumindest soweit es sich um Bezeichnungen für Lebewesen, insbesondere menschliche, handelt. Anders ausgedrückt: *maskuline* Formen werden primär mit *männlichen* Referenten assoziiert, und zwar auch in geschlechtsneutralen Kontexten. Zwei Beispiele mögen hier genügen:

Hans Hannappel und Hartmut Melenk beschreiben in ihrem Buch „Alltagssprache" ihre *Konnotationen* (in der Definition der Autoren sind das „typisierte Vorstellungen, allgemein verbreitete Assoziationen") zum Wort *Student:* „Hochschule, Professor, Numerus clausus, *langhaarig und bärtig,* Demonstration, *Korporation...*" (8). Student*innen* dürften sich da wohl kaum angesprochen fühlen.

In einer Tageszeitung beschreibt eine Journalistin „das Klischee vom typischen Steirer" unter anderm mit folgenden Worten: „Geradlinig, offen, willensstark und ein bißl wild, *meist mit einem Steireranzug (...) bekleidet*". (9) Sogar frau stellt sich den „typischen Steirer" männlich vor! Bei Hannappel/Melenk findet sich noch ein entscheidender Hinweis: Konnotationen sind „unverbindlich", „auch dann, wenn sie fest mit dem Wort verbunden sind. Man kann sie abstreiten". (10)

Es ist mir klar, daß diese Beispiele noch keine Beweise für die semantische Interpretation des Genus sind; anderseits ist ihnen eine gewisse Evidenz wohl nicht abzusprechen. Das eigentliche Problem besteht darin, daß diese (pseudo)generischen Formen zweideutig (ambig) sind: sie können generisch gemeint sein – oder auch nicht. Beispiele wie die eben zitierten zeigen, daß sie es nicht (immer) sind. Und diese Beispiele könnten auch nur die Spitze eines Eisbergs sein! Notwendig wären hier systematische empirische Untersuchungen, wie sie etwa zu engl. *man* und *he* bereits vorliegen. (11) In diesen wird die Vermutung resp. Befürchtung bestätigt, daß als generisch intendiertes *man* ('Mensch') und *he* überwiegend geschlechtsspezifisch – 'männlich' – interpretiert werden, vor allem von männlichen Sprechern/Hörern.

Im Unterschied zu engl. *man* ist bei nhd. *Mann* nach Auskunft der gegenwartssprachlichen Wörterbücher das Merkmal 'männlich' obligatorisch. Umso erstaunlicher, sprich: sexistischer, ist die (pseudo)generische Verwendung dieses Wortes, d.h. auch für weibliche Personen – vgl. *Bürokaufmann, Fachmann etc.* oder die Phraseologismen der *weiße Mann, der Mann von der Straße etc.* Üblicherweise wird diese Verwendung als historisches Relikt erklärt:

Das ältere Wort für 'menschliches Lebewesen' ist im Deutschen wie im Germanischen überhaupt *MANN* (ahd. mhd. *man,* mask.). Die sexusindifferente Bedeutung zeigt sich für das Germ. und auch noch das Ahd. darin, daß *man(a)/manna* als Grundwort zusammengesetzter männlicher *und* weiblicher Personenbezeichnungen fungieren konnte – vgl. engl. *wo-man* aus ags. *wîf-man* 'weiblicher Mensch: Frau' – sowie in der Existenz eigener Lexeme für 'Mann': got. ags. *guma,* ahd. *gomo;* got. *wair,* ahd. *wer.* Nicht zuletzt seien die vom Substantiv abgeleiteten Indefinitpronomina *man, jemand, niemand, jedermann* ein Beweis für die geschlechtsneutrale Bedeutung. (12) Die Herausbildung der geschlechtsspezifischen Variante 'männliche Person' habe sich im Ahd. vollzogen, parallel zur Ausbreitung der neuen Allgemeinbezeichnung *Mensch* (ahd. as. *mennisco,* mask., eine substantivierte Adjektivableitung von *man*); ab dem Mhd. dürfte auch das aus dem Lateinischen stammende Lehnwort *persôn(e)* mit eine Rolle gespielt haben.

Die Bedeutung ‚Mensch, Person' ist jedoch weiterhin belegt, nicht nur ahd. und mhd., sondern auch noch bei GR VI (1885)*). Für die ältere Zeit, insbesondere das Ahd., mag dies noch als eine „natürliche Begleiterscheinung" von Sprachwandel – Variation von „alt" und „neu" als Projektion der Diachronie in der Synchronie – anzusehen sein; weniger zwingend ist diese Erklärung für das Nhd. Als Belege finden sich bei GR VI (1885) hauptsächlich idiomatische Wendungen, in welchen archaische Formen bzw. Bedeutungen oft quasi „fossil" erhalten sind und daher auch nicht mehr im ursprünglichen Sinn verstanden werden: daß *Kegel* z.B. früher die Bedeutung ‚uneheliches Kind' hatte, ist den (etymologisch nicht gebildeten) Sprecher/inne/n nicht mehr bewußt, obwohl die Wendung *mit Kind und Kegel* (eigentlich: ‚mit ehelichem und unehelichem Kind') noch in Gebrauch ist. Die Interpretation erfolgt in solchen Fällen – wenn möglich – in Analogie zu einem „lebenden" Muster: bei *Mann* also im geschlechtsspezifischen Sinn. So gesehen ist die Bedeutungsangabe der gegenwartssprachlichen Wörterbücher konsequent; Wendungen wie *der Mann auf der Straße, die Kosten betragen pro Mann etc.* werden dann allerdings doch wieder mit *Durchschnittsbürger* bzw. *pro Person, für jeden* usw. paraphrasiert.

Nun zu *MENSCH* (mask.): Die wörtliche Bedeutung von ahd. as. *mennisco* ist ‚der Menschliche' oder ‚der Männliche' (so auch DGW 4, 1978), da *man* in ahd. Zeit mit Sicherheit auch schon ‚männliche Person' bedeutete und der etymologische Zusammenhang mit der substantivischen Ableitungsbasis bzw. dem Adjektiv *mennisc* ‚wie ein *man*' noch gegeben war; nicht zuletzt war das Genus maskulin. Parallel zur lautlichen Entwicklung zu mhd. *mensch(e)* sei dieser Zusammenhang verlorengegangen – offensichtlich aber nicht zur Gänze, denn GR VI (1885) gibt als eine Bedeutungsvariante von *der Mensch* ausdrücklich ‚erwachsene person *männlichen geschlechts*' an. Die Wörterbücher der Gegenwartssprache führen nur die geschlechtsneutrale Bedeutung an, was aber mit dem tatsächlichen Sprachgebrauch nicht ganz übereinzustimmen scheint, wie der folgende Ausspruch eines Fußballtrainers aus dem Jahre 1983 zeigt: „Kein gesunder Mensch kann drei oder sechs Wochen ohne Frau auskommen". (13) Auch wenn es sich hier um eine eher ungewöhnliche Verwendung handelt, so ist sie psychologisch aufschlußreich: *der Mensch* (schlechthin) ist selbstverständlich männlichen Geschlechts – und umgekehrt repräsentiert das männliche Geschlecht die gesamte Menschheit, wie die vorhin dargestellte Zweideutigkeit von *Mann* nahelegt.

Diese Befunde lassen auch Zweifel an der geläufigen Etymologie von *Mann* aufkommen, zumal schon got. *manna* sowohl ‚Mensch' als auch ‚Mann' bedeutete. Dasselbe gilt für das aus demselben Etymon stammende ai. *mánu-h* – und übrigens auch für lat. *hōmo* (womit das bereits erwähnte ahd. *gomo* verwandt ist, das aber nur die geschlechtsspezifische Bedeutung hatte). Die Schlußfolgerung ist: „offiziell" bedeutete *Mann* ursprünglich zwar ‚Mensch', aber darunter wurde in erster Linie der *männliche* Mensch verstanden – denn, so GR VI (1885):

> „da nach der altgermanischen rechtlichen anschauung nur der mann im vollbesitze des menschlichen wesens sich befindet, so liegt von uralter zeit her in dem worte bereits die heutige bedeutung [‚Mensch, männlich'] beschlossen." (Sp.1553)

Eine Erklärungsmöglichkeit für die bei *Mann* und *Mensch* dargestellten semantischen Funktionen und Veränderungen sowie für die (pseudo)generische Verwendung des Maskulinums überhaupt bieten die Sprachpsychologie bzw. psychologisch orientierte linguistische Theorien: (14) Hier wird davon ausgegangen, daß es nach dem Alltagsverständnis der Menschen „typische" und weniger bzw. „untypische" Repräsentanten einer Gattung gibt. Singvögel, z.B. das Rotkehlchen, oder Raubvögel wie der Adler gelten als typische Vögel, als „Prototypen" der Gattung Vogel, Hühner und Pinguine hingegen als völlig untypische Vögel – sofern sie überhaupt noch zu den Vögeln gezählt werden. (15) Linguistisch gesprochen heißt das, daß bei dem Wort *Vogel* die *stereotypischen Merkmale* (16) (oder Konnotationen) ‚können fliegen, haben einen musikalischen Ruf, sitzen auf Bäumen' dominanter, d.h. für die Sprecher/innen relevanter sind als die eigentlichen, *definierenden* Merkmale ‚gefiedert, eierlegend, zweibeinig, zweiflügelig, warmblütig'. Die Gattungsbezeichnung ist in solchen Fällen eng mit der Bezeichnung der „typischen" Art assoziiert; daher kann *ein* Lexem beide Funktionen haben resp. – historisch gesehen – übernehmen, zugleich Hyperonym (Oberbegriff) und Hyponym (Unterbegriff) sein.

Das Wort *Mann* – so meine Hypothese – hatte im Germ. die definierenden Merkmale ‚Lebewesen, menschlich'; als Konnotation oder besser: als (eigentlich relevantes) stereotypisches Merkmal aber ‚männlich'. Im Ahd. wird ‚männlich' dann in bestimmten Kontexten zu einem „verbindlichen", definierenden Merkmal (was die später bzw. heute gültige Variante ergibt); in anderen Kontexten – immer wenn „logisch" gesehen die Bedeutung ‚Mensch' vorliegt – bleibt ‚männlich' unverbindlich, eine „bloße" Konnotation; ein Zustand, der im Engl. noch erhalten ist. Und auch *Mensch* hatte wohl – wenngleich in geringerem Ausmaß vielleicht – von Anfang an die Konnotation ‚männlich': die Bedeutungsangabe bei GR VI (1885) ist nur eine Veröffentlichung dieser „geheimen" Bedeutung.

Stereotypische Merkmale oder Konnotationen beruhen auf Stereotypen (im Sinne der Sozialpsychologie), auf typisierten und innerhalb einer sozialen Gruppe verbreiteten Vorstellungen vom Referenzobjekt (genauer: einer Klasse von Referenzobjekten). (17)

Der „proto-typische Mensch" ist (in „unserer" Kultur) also männlich; er wird als *Norm* präsupponiert, wodurch das Weibliche als untypisch, als *Ab-*

weichung von der Norm erscheint. Daher ist „natürlich" auch der „prototypische Sprecher" männlichen Geschlechts, woraus sich nach der Natürlichkeitstheorie die Unmarkiertheit des Maskulinums erklärt:

> „Der [prototypische] Sprecher lebt in der realen Welt (INDIKATIV) und ist zumindest in europäisch geprägten Gesellschaften MASKULIN, oder anders gesagt: Ein weiblicher Sprecher ist in unseren Sozietäten zwar möglich, aber nicht prototypisch, bzw. semantisch markiert." (18)

Denn unmarkiert ist, was vom Standpunkt des Sprechers (in der Sprechsituation) aus gesehen „natürlich" ist, d.h. leichter wahrnehmbar, einfacher, naheliegender, selbst-verständlicher, eben norm-al und daher proto-bzw. stereotypisch. Das „Unnatürliche", nicht Norm-ale, das semantisch Markierte muß deshalb auch formal eigens zum Ausdruck gebracht, symbolisiert werden, etwa durch ein Suffix: *-in* oder das Adjektiv *weiblich* oder beides: *die weibliche Sprecherin.*

Das selbe Prinzip ist für die in vielen Sprachen, darunter Deutsch und Englisch, feststellbare *Reihenfolge* der Elemente in idiomatischen Wendungen verantwortlich. Nach John R. Ross (19) wird der „Prototyp, das typische Exemplar, der Normalfall" zuerst genannt („Ich-vor-allem-Regel"), so Naheliegendes vor Fernerliegendem *(dieses und jenes)*, Belebtes vor Nicht-Belebtem *(Mensch und Maschine)*, Mensch vor Nicht-Mensch *(Mann und Maus)*, Erwachsener vor Nicht-Erwachsenem *(Vater und Sohn)* und schließlich *männliches Lebewesen vor weiblichem (Bruder und Schwester, Mann und Frau).*

> „Dies alles deutet darauf hin, daß dieses Ich ein männlicher erwachsener Mensch ist, der sich in Hinsicht auf Raum und Zeit am Sprechereignis befindet." (20)

Die Reihenfolge ist daher das zweite, im sprachlichen System verankerte sexistische Prinzip. – Die Ausnahme, die bekanntlich die Regel bestätigt, *Damen und Herren* ist als Ausdruck „chauvialer" Verschleierungstaktik aufzufassen.

Ein dritter Bereich ist die *semantische Diskriminierung* des Weiblichen, die sich (im Deutschen) von lexikalischen Asymmetrien – *Frau/Fräulein/Dame* versus *Herr* als formelle Anrede etwa oder *Jungfrau/Jungfer*, wofür es keine männliche Entsprechung gibt, denn *Jüngling* und *Hagestolz* sind nur bedingt vergleichbar – bis hin zum reichen Repertoire an Schimpfwörtern (21) erstreckt.

Im folgenden möchte ich einen kleinen Ausschnitt aus einem „natürlichen" Sprachwandelprozeß bzw. aus der deutschen Sprachgeschichte skizzieren: die Bedeutungsentwicklung der geläufigsten Appellativa für weibliche und männliche (geschlechtsreife/erwachsene) Menschen. Dazu gehören – oder gehörten – die Wörter *Mann, Weib, Frau, Herr, Dame; Jungfrau/Jungfer, Junker(/junger Herr), Fräulein,* wobei ich hier nur die ersten vier ausführlicher darstellen werde. (22)

MANN: Ahd. mhd. *man* bezeichnet 1. eine ‚erwachsene bzw. geschlechtsreife männliche Person'; als Gattungsbegriff für ‚Mensch, männlich' eigentlich auch den Nicht-Erwachsenen; diese Bedeutung ist jedoch in LE nicht erwähnt. In einem spezielleren Sinn hat es 2. die Bedeutung ‚Partner einer Frau, Geliebter, Verlobter' und 3. schließlich ‚Ehemann'. Einen weiteren Bedeutungskomplex bilden jene Varianten, wo *man* implizit oder explizit wertend ist. Hier ist vor allem Variante 4 zu nennen: ‚(erwachsene) männliche Person mit (besonderer Ausprägung von) *positiv bewerteten menschlichen Eigenschaften*', die als „typisch" oder gar „spezifisch männlich" galten – wie körperliche Tüchtigkeit, Kraft allgemein und im Umgang mit Waffen, im Kampf und Krieg im besonderen; aktives (aggressives), furchtloses Verhalten („Kampfeslust") und Treue (hauptsächlich) gegenüber den Geschlechtsgenossen. In engem Zusammenhang damit steht die häufig positiv konnotierte Bedeutung 5.: ‚männliches Mitglied eines militärischen Verbandes', als Synonym für *Krieger* oder *Ritter*. Eine weitere Variante ist 6. ‚männliche Person im Dienste eines (Lehns)Herrn', also ‚Vasall, Dienst-, Lehnsmann'. Obgleich der *man* gegenüber dem *hêrren* die rangniedrigere Position einnahm und diesem auch zu Gehorsam verpflichtet war, ist damit keine negative (soziale) Wertung verbunden, denn durch die Leistung des Treueids war sein Dienst ein „Ehrendienst". Auch in dieser Lesart ist *man* also eine durchaus ehrenvolle Bezeichnung – schließlich waren nahezu alle männlichen Privilegierten der mittelalterlichen Gesellschaft (Adel, Klerus) durch die Einbindung in die Lehnshierarchie *Mannen*, zumindest des Königs, und anderseits war der Großteil dieser *Mannen* zugleich auch *Herr* über andere Dienstmannen, hörige Bauern/Bäuerinnen, Knechte und Mägde.

Diese letzte Variante spielt in der Neuzeit eine immer geringere Rolle, wie die Institution, an die sie gebunden ist, und gilt schließlich als veraltet; alle übrigen Varianten sind auch im jüngeren Nhd. noch erhalten. In bezug auf Variante 1 vermerkt GR VI (1885), daß *Mann* zwar üblicherweise eine ‚erwachsene und gereifte männliche Person' bezeichnet, als Oberbegriff jedoch auch den Knaben miteinschließt, während die gegenwartssprachlichen Wörterbücher das Merkmal ‚erwachsen' als obligatorisch angeben – was m.E. unzutreffend ist, um so mehr als mit *Mann* nicht selten auf einen Jugendlichen referiert wird, abgesehen von Verwendungen wie *kleiner Mann, junger Mann* für ein männliches Kind. Mit dem allgemeinen soziokulturellen Wandel ist bei Variante 4 eine – teilweise – Verschiebung der „Bewertungskategorien" eingetreten: Kampf, Krieg und körperliche Fähigkeiten sind zugunsten intellektueller und ethisch-moralischer Eigenschaften in den Hintergrund getreten (vgl. *ein Mann von Geist/Charakter)*. Im allgemeinen ist das Wort in diesem Sinne auch noch positiv wertend; in jüngster Zeit kann es jedoch auch *negative* Bewertung ausdrücken und – v.a. von Frauen – emotional negativ als Schimpfwort verwendet werden, besonders in der Verbindung *typisch Mann.* Variante 5 wird im Nhd. nicht nur im militärischen Bereich – als Synonym für *Soldat* –, sondern auch im Sport, in der Wirtschaft, Politik etc. verwendet (vgl. *der geeignete Mann für . . ., das ist unser Mann)* – häufig mit positiv wertender Konnotation.

Zusammenfassend läßt sich feststellen, daß sich beim Lexem *Mann* (im geschlechtsspezifischen Sinn) – abgesehen von der jüngsten feministischen Um- bzw. Abwertung und dem sachlich bedingten Schwund von Variante 6 – seit dem Mittelalter keine nennenswerten semantischen Änderungen ergeben haben.

WEIB: Die Etymologie des Wortes ist unsicher; vermutlich bedeutete es ursprünglich ‚Arbeitskraft, (eifrig) arbeitendes/dienendes Wesen (im Haus)', was auch das Genus – Neutrum – erklären würde. (23)

Ahd. *wîb*, mhd. *wîp* ist 1. die übliche allgemeine Gattungsbezeichnung für ‚Menschen weiblichen Geschlechts', wofür heute *Frau* steht; vor allem aber Bezeichnung für ‚die Geschlechtsreife, (körperlich) Erwachsene', was allen folgenden Bedeutungsvarianten – mit Ausnahme von 6. eventuell – zugrundeliegt. Am deutlichsten kommt dies zum Ausdruck in 2. ‚reifes weibliches Geschlechtswesen und (potentielle) „Partnerin" des Mannes', von männlichen Sprechern nicht selten emotional gebraucht bzw. mit positiv wertender Konnotation gegenüber *frouwa/vrouwe* (= nhd. *Frau):* der bekannteste Beleg stammt von Walther von der Vogelweide: „Wîp muoz iemer sîn der wîbe hôhste name/". (24) Weiters bezeichnet *wîb/wîp* 3. eine Frau mit sexueller Erfahrung, besonders im Sinne von ‚Gebärerin, (werdende) Mutter'. Daß es sich hierbei um eine Kernbedeutung handelt, zeigt sich unter anderem darin, daß (nach GR XIV/1/1, 1955) *Weib und Kind* die häufigste Verbindung ist, in der *Weib* vorkommt. Variante 4 ist ‚Ehefrau'. Ab dem Mhd. ist die Bedeutung 5. ‚geschlechtsreife weibliche Person in außerehelicher sexueller Beziehung zu einem Mann' belegt, was moralisch negative Wertung impliziert, so daß *wîp* zum Synonym für *Hure* oder *Kebse* (ahd. *kebisa* bedeutete ‚Nebenfau', ohne moralische Wertung) geworden ist. Analog zu *man* 4. wird auch *wîp* – allerdings mit umgekehrtem Vorzeichen – 6. zur Charakterisierung einer ‚Frau mit „typisch (spezifisch) weiblichen" Eigenschaften' verwendet, die zugleich *negativ bewertete menschliche Eigenschaften* darstellen. Diese Variante beginnt im Mhd. eine Rolle zu spielen und dürfte mit der ab dem 13. Jh. greifbar werdenden Herausbildung der nächsten Bedeutungsvariante zusammenhängen, nämlich: 7. ‚(geschlechtsreife) weibliche Person von niedrigem sozialem Rang' im Gegensatz zur sozial höherstehenden *vrouwe.*

Die drei zuletzt genannten Varianten, die ja bereits mehr oder weniger explizit negativ wertend sind, bilden den Ausgangspunkt für die im Nhd. zunehmende und alle Varianten – mit Ausnahme von 2.! – erfassende *pejorative* Entwicklung. Die Bedeutungen 1., 3. und 4. gelten in der Standardsprache bis ins 18. Jh., wo sie durch *Frau* ersetzt bzw. in den dia- und soziolektalen Sprachgebrauch „abgedrängt" werden. 7 ist – z.B. für eine Bäuerin oder ein „Bettelweib" – allerdings auch in der Standardsprache bis ins 19. Jh. üblich. Eine Ausnahme von diesem Trend bilden religiöse und teilweise fachsprachliche Textsorten sowie vereinzelt auch literarische Texte, wo *Weib* in neutralem oder gar positivem Sinne bis ins 20. Jh. vorkommt. Die positive Bewertung beruht entweder auf der mit *Weib* assoziierten ‚natürlichen körperlichen Schönheit' (25) oder – anknüpfend an die Varianten 3, 4 und wohl auch 7 – auf der dem *Weib* zugeschriebenen ‚Tugendhaftigkeit', also der Bescheidenheit, Züchtigkeit und Frömmigkeit des „einfachen" (Ehe) Weibes (das sich im Gegensatz zur *Frau* oder *Dame* „Extravaganzen" gar nicht hätte leisten können).

Im allgemeinen aber konstatiert GR XIV/1/1 (1955), daß *Weib* seit dem Mhd. häufiger mit abwertender Intention, also in tadelnden und beleidigenden Sprechakten verwendet wird; d.h. eine Dominanz der Varianten 5 und insbesondere 6, die schließlich zu einem „vielseitigen" *Schimpfwort* zusammenfließen. Die Kritik (des Mannes) bezieht sich einmal auf die physische und psychische „Schwäche" und die daraus resultierende Wehrlosigkeit (etwa im Krieg) und „Feigheit"; ferner werden ihr Wankelmütigkeit, Launenhaftigkeit, Unberechenbarkeit, emotionale Spontaneität, mangelnde Intelligenz, Schwatzhaftigkeit, Eitelkeit, Falschheit, Listigkeit, Streitsucht und sexuelle Ungehemmtheit vorgeworfen – kurz: alle erdenklichen negativen (nach der herrschenden Werteskala) Eigenschaften eines Menschen. Das *Weib ist die Verkörperung des Bösen* (Eva!) und somit eine ständige Bedrohung für den Mann (sprich: die Menschheit), was in den stabreimenden Formeln *Wein und Weib, Weib und Würfel, Weib und Wollust* besonders „ohrenfällig" wird (und einprägsam, damit man es ja nicht vergißt). Als negatives Spiegelbild des *Mannes* – *Weib* in diesem Sinne und *Mann* 4 sind im Grunde ja „nur" polar entgegengesetzte, negative bzw. positive Ausprägungen des Begriffs ‚Mensch' – kann *Weib* (ab dem 18. Jh.) auch als Schimpfwort für eine männliche Person fungieren, etwa im Sinne von ‚Feigling', ‚Schwächling'.

Die zuletzt skizzierte Bedeutung ist auch die primäre in der Standardsprache der Gegenwart – die Möglichkeit der Referenz auf männliche Personen ist in den einschlägigen Wörterbüchern allerdings nicht erwähnt. Dort gilt *Weib* als „abwertende Bezeichnung" für eine ‚(erwachsene) weibliche Person'. D.h. es enthält negativ wertende Merkmale, wobei der Wertung unterschiedliche Normen zugrundegelegt sein können – z. B. moralische (*charakterloses/liederliches Weib*) oder auch einfach die androzentrische, die „Geschlechtsnorm"; hinzu kommt die emotionale, d.h. gefühlsmäßige Beteiligung der sprechenden Person ausdrückende Komponente, wiederum in negativer Ausprägung. Daneben gibt es – männersprachlich – auch eine emotional „positive" (26) Verwendung für eine ‚erotisch bzw. sexuell attraktive

Frau' (vgl. *rassiges/tolles Weib, Klasseweib*). Die Entwicklung dieser *sexualisierten* Bedeutung erklärt Alfred Götze, der Bearbeiter des entsprechenden Wörterbuchartikels in GR XIV/1/1 (1955), so:

> „*weib* [ist] seit langem bezeichnung des geschlechtswesens und wird als solche leicht in hartem, einseitigem sinne verwendet, da bis in neue zeit der mann sprache und literatur fast allein beherrscht [und] im munde der männer ein derber, kecker, herausfordernder klang des namens [...] besonders ausgebildet" sei.
>
> (Sp. 336)

Zusammenfassend lassen sich folgende Tendenzen feststellen:
a) *Sexualisierung*, d.h. die (semantische) Reduktion auf den sexuellen Aspekt, mit moralisch negativer Wertung – vgl. die ab dem Mhd. belegte Variante 5 – oder ohne eine solche, wie in der zuletzt genannten Variante, weil das unterstellte und vom Mann durchaus erwartete „entsprechende" sexuelle Verhalten eine nicht nachweisbare Möglichkeit bleibt und somit nicht sanktioniert werden kann. Assoziativ sind beide Varianten aber eng verknüpft.
b) *pejorative Entwicklung* bis hin zum Schimpfwort, als Ausdruck von Diskriminierung aufgrund biologischer Faktoren bzw. androzentrischer Vorurteile und Misogynie (Projektion negativer menschlicher Eigenschaften auf das *Weib*) und vermutlich auch als Ausdruck sozialer Diskriminierung: soziale Schwäche bzw. „Niedrigkeit" impliziert aus der Sicht der sozial Mächtigeren, der sogen. „Besseren", moralische Minderwertigkeit.

FRAU ist von einem älteren Wort für ‚Herr, Herrscher, Gebieter' (vgl. ahd. *frô*) abgeleitet. Ahd. *frouwa*, mhd. *vrouwe, vrou* bezeichnet daher 1. eine ‚sozial hochstehende (meist erwachsene) weibliche Person mit Befehls- und Verfügungsgewalt': die adelige (Mit)Herrscherin, die Lehnsherrin oder auch eine geistliche, in der kirchlichen Hierarchie hochstehende Frau. Allgemeiner bedeutet es 2. ‚sozial hochstehende Frau', ist also Standesbezeichnung für weibliche Adelige. In diesem Sinne ist es 3. die höflich-respektvolle Anredeform, auch für überirdische/göttliche Wesen (vgl. *unser vrouwe* = nhd. *unsere (liebe) Frau* für Maria, vgl. auch *Frau Holle*). In der höfischen Literatur, zumal in der Minnedichtung, steht *vrouwe* 4. gelegentlich auch für die aus Pflicht oder Neigung, real oder bloß poetisch verehrte und umworbene ‚Geliebte', die ‚Dame des Herzens' (die oft die Gattin des Lehnsherrn war, in dessen Dienst der Sänger – meist Ritter – stand). Eine der Hauptbedeutungen von *frouwa/vrouwe* aber war von Anfang an 5. ‚(verheiratete) Gebieterin über Dienerschaft und Hausgesinde', denn „gleich der allwaltenden göttin waltet die *frau* im haus". (27) In Zusammenhang mit dieser Variante steht 6. ‚Ehefrau'. Wie *wîb/wîp* 3. hat auch *vrouwe* 7. die Bedeutung ‚geschlechtsreife weibliche Person mit sexueller Erfahrung', was sich „offiziell" nur auf eine Verheiratete oder Frau mit Kind beziehen kann.

In den Varianten 5, 6 und 7 ist das sonst bzw. ursprünglich obligatorische Merkmal ‚sozial hoch/adelig' nur mehr fakultativ oder als Konnotation vorhanden, wodurch *vrouwe* 6. und 7. zum (Quasi)Synonym für *wîp* geworden ist. Diese Entwicklung, die im 13. Jh. einsetzt, geht so weit, daß *vrouwe* bereits im Mhd. die Funktion von *wîp* 1. übernehmen kann, d.h. 8. als Gattungsbezeichnung für ‚Menschen weiblichen Geschlechts' fungiert. Die Explikation dieser Bedeutung in LE (S. 300) möchte ich nicht vorenthalten: „weibl[iches] wesen überh[aupt] *(heilige vrouwen* nonnen, *die gemeinen vrouwen* huren)".

Der *Verlust der Frau an sozialer Macht* manifestiert sich im 16. Jh. lexikalisch in der Neubildung *Herrin*. Lediglich im Hauswesen, als *Frau des Hauses* bleibt sie ‚Gebieterin' (über die Dienerschaft). Von den Bediensteten wird sie – wenn sie adeligen Standes ist bzw. später auch als Bürgerliche – mit *gnädige Frau* angesprochen (28); ein Usus, der schließlich in den allgemeinen Sprachgebrauch übergeht. Variante 2 und 3 bleiben bis ins 17. Jh. in Gebrauch, wo – zunächst an den Höfen – als Standesbezeichnung und Anredeform für Adelige das aus dem Frz. und Ital. stammende Lehnwort *Dame* in Mode kommt. Dieser lexikalische Zuwachs unterstützt die ohnehin vorhandene Tendenz zur Bedeutungserweiterung, so daß *Frau* auch auf eine Bürgerliche und im 19. Jh. schließlich auf jede weibliche Person, ungeachtet ihrer sozialen Herkunft, referieren kann.

In der Gegenwart bedeutet *Frau* 1. ‚weibliche (erwachsene) Person' – im Gegensatz zu den Wörterbüchern bin ich der Ansicht, daß das Merkmal ‚erwachsen' zwar meist vorhanden, aber nicht obligatorisch ist, da *Frau* ja das Archilexem darstellt. In Opposition zu *Jungfrau* hat es 2. das Merkmal ‚mit sexueller Erfahrung' und referiert so insbesondere auf eine Frau mit Kind bzw. (werdende) Mutter.

Die Bedeutung ‚Partnerin des Mannes: Freundin, Geliebte, Lebensgefährtin' ergibt Variante 3 und ‚Ehefrau' die Variante 4. Im Kontext von Haushalt, Hauswesen hat *Frau* 5. noch die Bedeutung ‚Vorgesetzte und Verfügungsberechtigte (über das Wirtschaftsgut)'. Eine Paraphrasierung mit „Gebieterin, Herrin" (so DGW 2, 1976) scheint mir nicht (mehr) adäquat. Einziger wirklicher Reflex der „hohen sozialen Herkunft" des Wortes ist 6. die – allerdings linguistisch und pragmatisch eingeschränkte (im Vergleich zu *Herr*) – Verwendung als formelle Anrede bzw. titelähnliche Bezeichnung.

Zusammenfassung: Die wichtigste Veränderung dieses Lexems ist – grob gesprochen – die Entwicklung von einer Standes- zur Gattungsbezeichnung oder anders gesagt: der Verlust der sozialen Bedeutungsdimension. Das soziale Merkmal war bzw. ist (wie ich mit der Umschreibung „sozial *hoch*" etc. anzudeuten versucht habe) aber nicht nur ein beschreibendes, sondern auch ein wertendes: soziale Macht impliziert (soziales) Prestige, also (positive) Wertschätzung. Von daher war *frouwa/vrouwe/Frau* grundsätzlich positiv konnotiert, auch dann noch, als das soziale Merkmal strukturell gesehen geschwunden war. Mit der Zeit schwächte sich diese positive Konnotation jedoch ab, so daß *Frau* heute eine „neutrale" Bezeichnung ist. Nur in Variante 6 ist die positiv wertende Komponente erhalten. Und daher spricht man auch nur eine Verheiratete (verheiratet Gewesene) oder aber unverheiratete Mutter/Berufstätige/ältere Person mit *Frau* an, weil eine weibliche Person an sich, auch wenn sie schon erwachsen ist, noch keine soziale Wertschätzung verdient.

HERR: Ahd. *hêrro* (aus *hêriro*) ist ursprünglich eine Komparativform zum Adjektiv *hêr* (= nhd. *hehr*) und bedeutet wörtlich ‚der Ältere, Ehrwürdigere, Erhabenere'. Die Substantivierung erfolgte in Anlehnung an das mittellat. Vorbild *senior*. (29) Daher bezeichnet *hêrro/hêrre* grundsätzlich den *‚Höheren' in der Alters-, Dienst-, Lehns- und Gesellschaftshierarchie* allgemein, ebenso wie in der *kirchlichen* und nicht zuletzt in der *Geschlechterhierarchie*, jeweils aus der Sicht der/des und in Relation zur/zum ‚Niedrigeren'.

Genauer sind nun für das Ahd.-Mhd. folgende Varianten zu unterscheiden: Im frühen Mittelalter ist *hêrro* 1. zunächst die Bezeichnung für den ‚Senior der Vasallen oder Gefolgsleute', dann aber auch für den ‚Lehnsherrn'. Zweitens entspricht *hêrro* 2 dem lat. *dominus*: ‚Herr des Hauses' – eine Bedeutung, die bis ins 18./19. Jh. gilt. Diese (personelle und sachliche) Hausherrschaft erstreckt sich nicht nur auf die Dienerschaft bzw. das Gesinde, sondern a) auch auf die (unmündigen) Kinder und b) die Ehefrau (vgl. dazu den Beitrag von Sonnleitner in diesem Band). Ehefrau und Kinder sprechen das „Familienoberhaupt" bis ins 19. Jh. mit *Herr* an; LE und GR VI/2 (1877) verzeichnen ‚Ehemann' als eigene Bedeutungsvariante. Als ‚Grundherr' ist der *hêrro/hêrre* 3. nahezu uneingeschränkter ‚Herrscher' über seine „Holden", die Personen, die auf seinem Besitz leben. In diesem Sinne gilt *hêrro/hêrre* 4. ab dem 10./11. Jh. auch für höchste weltliche und geistliche Herrscher: Könige, Fürsten, Papst, Gott und Christus. Im religiösen Bereich wird das Wort in der Bedeutung 5. ‚Schutzherr, Patron' auch auf Schutzheilige sowie deren irdische Stellvertreter (Bischof, Abt etc.) angewandt. Aufgrund der zunehmenden Feudalisierung, auch der Kirche, sowie der Tatsache, daß Lehnsherrschaft und Grundherrschaft in der Regel in der Person weltlicher und geistlicher Adeliger vereint waren, wird *hêrre* 6. zur Standesbezeichnung für männliche Adelige. Offiziell gehörten zum „Herrenstand" eigentlich nur Hohe Adelige (geistliche und weltliche Fürsten, Grafen und die „freien Herren"), während der Niedere Adel den „Ritterstand" (im engeren Sinn) bildete. Doch aus der gemeinsamen beruflichen Definition als Krieger bzw. Ritter und aus der Sicht der Nicht-Ritterbürtigen, der untergebenen bäuerlichen und bürgerlichen Bevölkerung, resultierte schließlich die umfassendere Bedeutung von *hêrre* als ständische Bezeichnung für alle männlichen Adeligen. Eine ähnliche Begriffsextension erfolgte auch in bezug auf Geistliche, die nun ebenfalls – unabhängig von ihrem Rang – als *hêrren* 7 galten. In ständischer Bedeutung kann sich 8. das Wort im Mhd. auch schon auf Bürgerliche beziehen, nämlich auf jene, die aufgrund ihres Vermögens als „sozial hoch" eingestuft werden und einen Sitz im Rat haben (vgl. mhd. *râtherre*) oder auch nicht: vgl. etwa mhd. *koufherre* ‚Großhändler, Handelsherr'. Schließlich ist auch die sozial nicht gebundene und auch hinsichtlich des Relatums eingeschränkte Bedeutung 9. ‚Besitzer einer Sache' bereits für das Mhd. belegt. Zu erwähnen wäre noch, daß ahd. *hêrro* bzw. mhd. *hêrre, her* 10. selbstverständlich auch in der Anrede, zunächst nur respektvoll gegenüber dem Höhergestellten, dann aber – besonders innerhalb der Ritterschaft – auch schon als Ausdruck von Höflichkeit gegenüber Gleichgestellten verwendet wurde.

Im Frühnhd. und älteren Nhd. bleibt das soziale Merkmal ‚hoch' (vgl. *Landesherr, Grund-, Gutsherr*) bzw. auch die ständische Bedeutung (vgl. *die Herren* als einer der „Landstände") einerseits noch erhalten; anderseits wird materieller Besitz, Vermögen und das daraus resultierende Aus- und Ansehen der bezeichneten Person zum eigentlich relevanten Kriterium. In diesem Sinn meint GR IV/2 (1877), daß die Bezeichnung *Herr* seit dem 18. Jh. jedem Mann zukomme, sofern sein äußeres Erscheinen entsprechend ist.

In der Gegenwart hat *Herr* 1. die Bedeutung ‚(erwachsene) (30) männliche Person mit bestimmten positiv bewerteten Eigenschaften' wie ‚gepflegt, gebildet, kultiviert'. Häufiger sind jedoch die beiden nächsten, üblicherweise positiv konnotierten Varianten. In formellen Situationen ist *Herr* 2. die ‚höfliche' Bezeichnung für eine ‚(erw.) (30) männliche Person', wobei die beiden pragmatischen Merkmale ‚formell' und ‚höflich' ein Reflex der früheren sozialen Bedeutung ‚hoch' und des damit verbundenen Anspruchs auf soziale Wertschätzung sind. In dieser Bedeutung ist *Herr* 3. schließlich die – einzige! – formelle Anredeform für ‚(erw.) (30) männliche Personen'. Das in allen älteren Bedeutungen enthaltene Merkmal ‚Macht (über Menschen/Tiere/Dinge) habend' bildet heute Variante 4. Daß *Herr* zum *Inbegriff von ‚herrschen, gebieten'* geworden ist, zeigt sich nicht zuletzt darin, daß das Merkmal ‚männlich' hier (wieder einmal) irrelevant ist: vgl. *Sie ist ihr eigener Herr*. Variante 4 kann auch *abwertend* gebraucht werden, und zwar von den „Beherrschten", als Ausdruck sozialer oder moralischer Kritik (vgl. etwa *die Herren (da oben)*).

Zusammenfassung: Was die evaluative Dimension betrifft, haben sich keine wesentlichen Änderungen ergeben. In älterer Zeit ist – wie bereits bei *Frau* dargelegt – die positive Wertung durch das soziale Merkmal ‚hoch' impliziert. Anders als bei *Frau* ist diese bei *Herr* jedoch in *allen* nhd. Varianten zumindest als Konnotation erhalten, „inoffiziell", im Sprachgebrauch der „Beherrschten", allerdings z.T. ins Negative verkehrt worden.

Zum Abschluß dieses Kapitels möchte ich nun die Gemeinsamkeiten bzw. Unterschiede in der Entwicklung der vier besprochenen Lexeme herausarbeiten sowie auf allfällige Parallelen bei den anderen Personenbezeichnungen verweisen. Gemeinsam ist die *„Demokratisierung"* der Bedeutung von *Frau* und *Herr*, die sich unschwer aus der Veränderung des Gesellschaftssystems erklären läßt: waren die Bezeichnungen einst exklusives Vorrecht einer privilegierten sozialen Gruppe, so darf sich heute im Prinzip jede Frau und jeder Mann so titulieren. Im Prinzip wohlgemerkt, denn für frau gibt es gewisse Restriktionen. Während bei einer männlichen Person nämlich die Geschlechtszugehörigkeit bereits hinreichendes „Statusmerkmal" für soziale Wertschätzung ist, d.h. um (in formellen Situationen) mit *Herr* angesprochen/bezeichnet zu werden, kommt *Frau*, wie schon erwähnt, nur einer *Verheirateten* (verheiratet Gewesenen) oder aber einer unverheirateten Frau zu, die entweder *Mutter* eines Kindes oder *erwachsen* (bzw. „älter") *und berufstätig* oder *zumindest älter als 30* ist (31) – so sehen resp. hören es jedenfalls die Wörterbuchredaktionen. In den anderen Fällen ist frau, wenngleich erwachsen, aber eben ohne diese „Statusmerkmale", *das Fräu-lein*; als Angestellte in Dienstleistungsberufen (z.B. als Kellnerin) sogar trotz dieser. Im übrigen erfüllt *Frau* die Funktion als formelle Anrede bzw. höfliche Bezeichnung nur mit adjektivischem Zusatz (*sehr geehrte, gnädige usw.*) oder mit Eigennamen, Titel u.ä. (*Frau X, Frau Dr. etc.*); eine Verwendung analog zu *mein Herr, der Herr* ist nicht möglich, hier muß *Dame* einspringen, die eigentliche weibliche Entsprechung zu *Herr* (in der Bedeutung 1.–3.), weil *Frau* primär ja Gattungsbezeichnung und damit Antonym zu *Mann* ist. Im Hinblick auf das Merkmal ‚Macht/Befehls- und Verfügungsgewalt', das die *frouwa* ursprünglich (angeblich) gleichermaßen besaß wie der *hêrro* (etymologisch gesehen sogar vor ihm) (32), zeigt sich bei *Frau* schon im Frühnhd. die *Einschränkung auf den häuslichen Bereich*, während dem *Herrn* nach wie vor die gesamte Schöpfung untertan sein kann. Zwar gibt es auch den *Herrn des Hauses*, aber sein Herrschaftsbereich beschränkt sich nicht auf Küche und u.U. Hauspersonal, sondern erstreckt sich auch auf die *Frau des Hauses.*

Anders als bei *Mann* war und ist (noch) (33) bei *Frau* und *Weib* ‚sexuelle Erfahrung' ein relevantes Kriterium, distinktives Merkmal, da in Opposition zu *Jungfrau/Jungfer* bzw. ahd. *magad*, mhd. *maget* (= nhd. *Magd*, bedeutete früher aber u.a. ‚Jungfrau') stehend. Bei *Mann* ist dieses Merkmal irrelevant bzw. höchstens als Konnotation vorhanden (das gehört schließlich zu einem „richtigen" Mann), aber es scheint für die Sprachgemeinschaft nicht besonders wichtig zu sein. Das *Sexualleben der Frau* hingegen ist *von „öffentlichem" Interesse* und unterliegt – wie wir gesehen haben – auch der Kontrolle durch die Öffentlichkeit, besonders solange frau nicht verheiratet ist (dann wacht ohnehin der Ehemann darüber). Ich fasse die Opposition *Frau (Weib) – Jungfrau* als Ausdruck dieses „öffentlichen" Interesses auf, auch die Differenzierung *Frau – Fräulein* hängt m.E. damit zusammen (allerdings liegen hier die Dinge etwas komplizierter, worauf ich nicht mehr eingehen kann). Denn Sprachen tendieren dazu, jene Phänomene der Realität zu lexikalisieren, die für die Sprachgemeinschaft wichtig sind. Im konkreten Fall stellt sich allerdings die (rhetorische) Frage, *für wen* das wichtig ist.

Vor diesem Hintergrund ist auch die *Tendenz zur Sexualisierung* weiblicher Personenbezeichnungen – und nur dieser! – und die damit verbundene *negative moralische* oder „*positive*" *emotionale Wertung* zu sehen. Beide Ausprägungen wurden bei *Weib* festgestellt; sie finden sich auch bei:

Fräulein: Mhd. *vrouwelîn*, eigentlich: ‚junge (unverheiratete) Adelige', ist auch sowohl in der „positiven" Variante ‚Geliebte' als auch in der negativen (‚Hure, Dirne') belegt; ähnliches gilt für das 20. Jh., vgl. etwa den (männersprachlichen) Gebrauch als Anrede auf der Straße u.ä. Orten bzw. die „zweideutige" Bedeutung ‚liederliches Mädchen' (so DGW 2, 1976). (34)

Dame hatte im Deutschen zunächst positive Bedeutung: ‚adelige Frau' allgemein und ‚adelige Geliebte', „Herzensdame" im speziellen, nahm aber bald auch moralisch negative Bedeutung (‚Prostituierte') an, die sich bis ins 20. Jh. gehalten hat.

das Mensch, anfangs – im Mhd. – noch synonym mit der maskulinen Form, bekommt es bereits in dieser Zeit auch die Bedeutung ‚Geliebte' und im Frühnhd. schließlich die von ‚Hure, Konkubine'.

Schließlich ist hier *Jungfrau(Jungfer)* zu nennen, ein Wort, das zunächst (ahd. mhd.) die ‚junge Adelige', unverheiratet oder verheiratet, bezeichnete und bis ins 18./19. Jh. ein durchaus „ehrender" Titel war, wie GR IV/2 (1877) versichert, anderseits aber schon im Hochmittelalter auch die heutige sexualisierte Bedeutung entwickelte. Hinsichtlich der Wertung fällt dieses Lexem allerdings aus dem Rahmen: moralisch sicherlich positiv, emotional aber ambivalent bzw. heute eher negativ.

Pejorisierung, worunter ich die Entwicklung zu emotional und/oder evaluativ negativer Bedeutung („Schimpfwort") verstehe, tritt auch unabhängig von Sexualisierung auf. Eine solche war bei *Weib* zu konstatieren; sie ist es auch bei *das Mensch*, das seit dem 17./18. Jh. eine ‚derbe, liederliche, faule weibliche Person' bezeichnen kann – und seither auch nur mehr auf weibliche Menschen referiert.

Weiters bei *Jungfer*: die *alte Jungfer* wird – anders als der *eingefleischte Junggeselle* oder *Hagestolz* und im Gegensatz zur (jungen) *Jungfrau* – verspottet und verachtet, weil sie eine Versagerin ist, die ihr Lebensziel nicht erreicht bzw. ihre primäre Lebensaufgabe nicht erfüllt hat und daher ein „überflüssiges Geschöpf" (TR 4, 1943) ist.

Eine umfassende pejorative Entwicklung weist von den männlichen Personenbezeichnungen nur *Junker* auf: ahd. *junchêrro*, mhd. *juncherre* bezeichnete den ‚jungen Herrn bzw. Adeligen'. Ab dem 16. und besonders 17.

Jh. wird das Wort bereits auch pejorativ, in sozialkritischer Absicht für ,hochnäsige, prasserische und herrische, repressive (junge) Adelige', besonders im deutschen Osten, einerseits oder verächtlich für ,verarmte Landadelige' anderseits gebraucht. Letztere Verwendung führt zur Bedeutung ,ungeschickte, tolpatschige männliche Person (vom Land)' und schließlich zum Schimpfwort im Sinne von ,Tölpel'. (35) Zur sozialkritischen Dimension kommt dann, v.a. im 19. Jh., die politische hinzu, aufgrund der Rolle, die die „Junker" in Preußen-Brandenburg in dieser Hinsicht spielten, d.h. *Junker* wird von den politischen Gegnern (v.a. den Liberalen) abwertend gebraucht. Pejorative Verwendung, ebenfalls mit sozialkritischer Intention, zeigte sich auch bei *Herr* 4. Bei den weiblichen Personenbezeichnungen beruht die negative Bewertung aber durchwegs auf „privaten", persönlich-menschlichen Eigenschaften, die man in negativer Ausprägung an der genannten Person feststellt oder feststellen zu können glaubt. Sie kann daher nicht von einer sozialen oder politischen Gegenseite ausgegangen sein, sondern nur von einer „privaten", dem „anderen" Geschlecht. Das wird nicht zuletzt durch die bei *Mann* 4 konstatierte Gegenreaktion – abwertende Verwendung von weiblicher Seite – bestätigt. Aber Pejorisierung in dieser Form und in dem Ausmaß, wie etwa bei *Weib*, ist wohl nicht mehr auf reale Erfahrungen mit dem Referenzobjekt, auf tatsächlich vorhandene Eigenschaften der Bezeichneten zurückzuführen, ebenso wenig wie die Sexualisierung. Es handelt sich hier vielmehr um subjektive (männliche) Sichtweisen, um Projektionen, Angstphantasien und „schlichten" männlichen Chauvinismus. Die Muster sind aus der Stereotypen- bzw. Vorurteilsforschung bekannt, worauf auch Muriel R. Schulz (36) hinweist.

Ich komme zu den theoretischen Schlußfolgerungen in bezug auf *Sprachwandel*. Die These lautet: Es gibt keinen „natürlichen", „ungesteuerten" Sprachwandel. Sprachgebrauch und seine Veränderung sind stets von den Interessen gesellschaftlich dominanter Personen bzw. Gruppen gesteuert. Und in einer patriarchalischen Gesellschaft sind diese männlichen Geschlechts.

Meine These scheint mir selbst in bestimmter Hinsicht fast trivial. Wenn wir nämlich von einer pragmatisch-soziolinguistisch orientierten Sprach(wandel)auffassung ausgehen, sind Veränderungen sprachlicher Konventionen oder Normen im wesentlichen sozial und sozialpsychologisch bedingt. Eine entscheidende Rolle spielt dabei der Faktor *Prestige*. Denn die Ausbreitung einer (neuen) sprachlichen Norm hängt weitgehend davon ab, ob die in Frage stehende Norm (eine bestimmte Aussprachevariante, eine Wortbedeutung z.B.) Prestige besitzt oder nicht. Dieses Prestige ist aber kein genuin sprachliches, sondern der Reflex des sozialen Prestiges der jeweiligen Sprachbenützer/innen und basiert seinerseits wiederum auf sozialer (ökonomischer, politischer etc.) Macht. Die größere Macht und das größere Prestige besaßen und besitzen in unserer (patriarchalischen) Gesellschaft aber allemal noch die

„Herren der Schöpfung“. Und daher haben sich die „männlichen“ Sprachnormen, als die prestigeträchtig(er)en, durchgesetzt, auch unter den Sprecherinnen. Daß „männliches“ Sprechen und „männliches“ Verhalten allgemein – noch immer – mehr Prestige besitzt (zum Leidwesen auch vieler Männer) und daher von Frauen vielfach nachgeahmt wird, mehr oder weniger reflektiert, zeigt sich auch in anderen Bereichen (Gesprächsverhalten, Kleidung etc.). Und sollte man versucht sein, angesichts dieser „freiwilligen“ Übernahme durch die nicht mächtigen (weiblichen) Sprecher/innen für die „Ungesteuertheit“ des Vorgangs zu plädieren, wäre dem entgegenzuhalten, daß diese „Freiwilligkeit“ eine sehr bedingte war bzw. ist und daß die Steuerung gar nicht bewußt wurde – wodurch Herrschaft bekanntlich umso besser funktioniert. (36a)

Anderseits enthält meine These die auf den ersten linguistischen Blick ziemlich abwegige Annahme, die Sprache sei von den („angesehenen“) Männern *absichtlich* und ganz *bewußt* so „gemacht“ bzw. verändert worden, etwa so wie Orwells „Neusprache“ oder jede *geplante* Sprach(re)form, was zumindest für das Deutsche, zumal der älteren Zeit, nicht nachweisbar ist und wohl auch tatsächlich nicht der Fall war. Aber ist sprachliche Kommunikation nicht stets intentional? Wird Sprache denn nicht immer ganz bewußt und absichtlich so verwendet, damit (im Idealfall) genau das zum Ausdruck kommt, was sich der/die Sprecher/in denkt und wie es der/die Hörer/in verstehen soll? Ist Sprachwandel bzw. Sprachgeschichte nicht das Ergebnis einzelner Sprech*handlungen*, die jede für sich per definitionem intentional ist? Und daß Sprecherintentionen sowie Einstellungen, (Wert)Urteile und Deutungen in bezug auf das „Besprochene“, die sogen. Wirklichkeit, sich im Sprachgebrauch und damit auch im Sprachwandel manifestieren, hoffe ich an den Beispielen gezeigt zu haben. (37)

Wesentlich scheint mir auch noch der folgende Aspekt zu sein: Die Begriffe „Sprachsteuerung“ oder „Sprachlenkung“ implizieren, daß es sich um einen *willkürlichen*, irgendwie *nicht gerechtfertigten* Akt handelt. Wenn aber Luther in seiner Bibelübersetzung eine Reihe neuer Wörter oder Formen verwendet, spricht man nicht von Sprachlenkung bzw. -steuerung. Dasselbe gilt für Schriftsteller(innen?). Auch Verfasser(inne?)n von Wörterbüchern oder Grammatiken wird solches nicht vorgeworfen, obwohl sie durch die Festschreibung normierend, sprich: lenkend, in das Sprachgeschehen eingreifen und obwohl gar nicht so selten auch Willkür im Spiel ist. All diese Normierungen sind eben „gerechtfertigt“ – da eine entsprechende individuelle oder institutionalisierte gesellschaftliche Macht dahintersteht. Sprachliche Normierungen werden dann zum Problem, d.h. zur „Lenkung“ erklärt, wenn es jemanden gibt, die/der die Legitimation der Normierung in Frage stellt. Die traditionellen „männlichen“ Sprachnormen und die „maskulinguistischen“ Normierungen wurden lange Zeit nicht in Frage gestellt und daher nicht als Steuerung/Lenkung betrachtet. Die Legitimation der feministischen Änderungsvorschläge bzw. der nicht-sexistischen Sprachnormen wird aber vehement angezweifelt, mit (scheinbar) wissenschaftlichen, „sachlichen" Argumenten. In Wirklichkeit ist es ein Machtkampf, und die Widerstände sind primär emotional begründet, nämlich in der Angst, daß der *Herr-schaft* durch *Frau-schaft* ein Ende gesetzt wird. (38)

Denn Sprache ist auch und auch Sprache ist ein Mittel *sozialer Kontrolle*, expliziter und impliziter, womit nach Peter Schröder (39) gemeint ist, daß auch Sprache dazu dient, gesellschaftliche Macht- und Herrschaftsverhältnisse sowie Bewertungsstandards und Vorurteilsstrukturen aufrechtzuerhalten. Und damit „ausnahmsweise" einmal nicht eine Frau das letzte Wort hat, schließe ich mit einem (längeren) Zitat von Peter Schröder:

> „Spezifische Sprachverwendungsweisen können interpretiert werden als institutionalisierte bzw. konventionalisierte Formen der (...) symbolischen Verschlüsselung von faktischen Ereignissen, Vorgängen, Zuständen, Interessen etc., die dann selbst, indem sie tradiert werden, wiederum bestimmte Urteile über die faktischen Verhältnisse bzw. Deutungsschemata von Wirklichkeit bestimmen und über einen längeren Zeitraum stabilisieren helfen." (40)

Anmerkungen

Fachspezifische Abkürzungen:

ags.	=	angelsächsisch	got.	=	gotisch
ahd.	=	althochdeutsch	idg.	=	indogermanisch
ai.	=	altindisch	ital.	=	italienisch
as.	=	altsächsisch	lat.	=	lateinisch
engl.	=	englisch	mask.	=	maskulin
frz.	=	französisch	mhd.	=	mittelhochdeutsch
germ.	=	germanisch	nhd.	=	neuhochdeutsch

*) Benützte Wörterbücher:

(Im Text mit Sigle, Bandzahl und Erscheinungsjahr des jeweiligen Bandes zitiert.)

AHL = ALTHOCHDEUTSCHES LESEBUCH. Zusammengest. und mit Wörterbuch versehen v. Wilhelm Braune. Fortgef. v. Karl Helm. 15. Aufl. bearb. v. Ernst A. Ebbinghaus. Tübingen 1969.

BRE = BRAUNE, Wilhelm: Gotische Grammatik. Mit Lesestücken u. Wörterverzeichnis. 18. Aufl. Neu bearb. v. Ernst A. Ebbinghaus. Tübingen 1973.

DB = DUDEN-BEDEUTUNGSWÖRTERBUCH. 24000 Wörter mit ihren Grundbedeutungen. Bearb. v. Paul Grebe u.a. Mannheim 1970. (= Duden.10.)

DE = DUDEN-ETYMOLOGIE. Herkunftswörterbuch der deutschen Sprache. Bearb. v. Günther Drosdowski u.a. Mannheim 1963. (= Duden.7.)

DGW = DUDEN. DAS GROßE WÖRTERBUCH DER DEUTSCHEN SPRACHE in 6 Bänden. Hrsg. u. bearb. v. Wissenschaftlichen Rat und den Mitarbeitern der Dudenredaktion unter Leitung von Günther Drosdowski. Mannheim 1976–1981.

GR = GRIMM, Jacob/GRIMM, Wilhelm: Deutsches Wörterbuch. Bd. 1–16. Leipzig 1854–1954.

HWG = HANDWÖRTERBUCH DER DEUTSCHEN GEGENWARTSSPRACHE. V. einem Autorenkollektiv unter d. Leitung v. Günter Kempcke. 2 Bde. Berlin/Ost 1984.

KL = KLUGE, Friedrich: Etymologisches Wörterbuch der deutschen Sprache. 21., unver. Aufl. Berlin 1975.

LE = LEXER, Matthias: Mittelhochdeutsches Taschenwörterbuch. 33. Aufl. (mit Nachtrag). Stuttgart 1972.

TR = TRÜBNERs Deutsches Wörterbuch. Im Auftrag d. Arbeitsgemeinschaft f. deutsche Wortforschung hrsg. v. Alfred Götze (Bd. 1–4) und Walther Mitzka (Bd. 5–8). Berlin 1939–1957.

WA = WAHRIG, Gerhard: Deutsches Wörterbuch. Völlig überarb. Neuaufl. Gütersloh 1979.

WBG = WÖRTERBUCH DER DEUTSCHEN GEGENWARTSSPRACHE. Hrsg. v. Ruth Klappenbach und Wolfgang Steinitz. 2., durchges. Aufl. 6 Bde. Berlin/Ost 1966–1978.

(1) GUENTHERODT, Ingrid/HELLINGER, Marlis/PUSCH, Luise F./TRÖMEL-PLÖTZ, Senta: Richtlinien zur Vermeidung sexistischen Sprachgebrauchs. In: Linguistische Berichte (1980), H. 69, S. 15–21, und (1981), H. 71, S. 1–7.

(2) Zumindest was die Ausbreitung eines sprachlichen Wandels betrifft, ist diese Auffassung ziemlich allgemein akzeptiert. Auf Details und die unterschiedlichen Sprachwandeltheorien bzw. Theorieansätze kann ich hier jedoch nicht näher eingehen. Einen ersten (und guten) Überblick vermittelt CHERUBIM, Dieter (Hrsg.): Sprachwandel. Reader zur diachronischen Sprachwissenschaft. Berlin 1975.

(3) Vgl. etwa GUTTE, Rolf: Mannomann – Ist das Deutsche eine Männersprache? In: Diskussion Deutsch 16 (1985), H. 86, S. 671–681. „Schädlich" seien die „Richtlinien" bzw. die (bloß) sprachliche Gleichberechtigung insofern, als dadurch die „reale" Benachteiligung der Frauen verschleiert würde.

(4) Hier wäre nahezu die gesamte Literatur zum Thema „Sexismus in der (deutschen) Sprache" zu zitieren. Ich verweise daher auf den Sammelbericht von SCHOENTHAL, Gisela: Sprache und Geschlecht. In: Deutsche Sprache 13 (1985), S. 143–185.

(5) Z.B. KALVERKÄMPER, Hartwig: Die Frauen und die Sprache. In: Linguistische Berichte (1979), H. 62, S. 55–71. Hier finden sich im übrigen die meisten der vorgebrachten „sachlichen" („maskulinguistischen") Einwände, auf die PUSCH, Luise F.: Der Mensch ist ein Gewohnheitstier, doch weiter kommt man ohne ihr. In: dies.: Das Deutsche als Männersprache. Aufsätze und Glossen zur feministischen Linguistik. Frankfurt/M. 1984 (= edition suhrkamp. N.F. 217.), S. 20–42, antwortet.

(6) Vgl. hierzu besonders McCONNELL-GINET, Sally: Linguistics and the Feminist Challenge. In: McCONNELL-GINET, Sally/BORKER, Ruth/FURMAN, Nelly (eds.): Women and Language in Literature and Society. New York 1980, S. 3–25.

(7) Auch nicht von FODOR, István: The origin of grammatical gender. In: Lingua 8 (1959), S. 1–41 und S. 186–214, der einen Zusammenhang zwischen Genus und Sexus zunächst vehement zurückweist und die Entstehung der idg. Genus-Kategorien Maskulinum, Femininum, Neutrum rein morphosyntaktisch zu erklären versucht, letztlich aber doch – wenngleich halbherzig – zugeben muß, daß das natürliche Geschlecht der Referenzobjekte bei der psychologischen Interpretation dieser Kategorien (worauf nicht zuletzt die Terminologie hindeutet) eine Rolle gespielt hat.

(8) HANNAPPEL, Hans/MELENK, Hartmut: Alltagssprache. Semantische Grundbegriffe und Analysebeispiele. 2., überarb. Aufl. München 1984 (= UTB. 800.), S. 128; Hervorhebung im Zitat von mir (G.P.).

(9) WELZIG, Elisabeth: Das Klischee vom wilden Bergvolk. In: KLEINE ZEITUNG (Graz) v. 16.3.1986, S. 12; Hervorhebung im Zitat von mir (G.P.). Hinzuzufügen wäre noch, daß nach der Volkszählung von 1981 der Anteil der männlichen Bevölkerung in der Steiermark nur 47,7 % beträgt!

(10) HANNAPPEL/MELENK, a.a.O., S. 131.

(11) Vgl. etwa SCHNEIDER, Joseph W./HACKER, Sally L.: Sex role imagery and use of the generic „man" in introductory texts: a case in the sociology of sociology. In: The American Sociologist 8 (1973), S. 12–18; MARTYNA, Wendy: The Psychology of the Generic Masculine. In: McCONNELL-GINET/BORKER/FURMAN (eds.), a.a.O., S. 69–78; SILVEIRA, Jeanette: Generic Masculine Words and Thinking. In: Women's Studies International Quarterly 3 (1980), S. 165–178.

(12) Ob und in welchem Ausmaß diese Pronomina heute mit *Mann* assoziiert werden, müßte m.E. empirisch bzw. auf breiter Basis untersucht werden, und zwar getrennt für die geschriebene und die gesprochene Sprache. Für mich ist nur *jedermann* eindeutig mit *Mann* verbunden; *man* v.a. in geschriebener Form; *jemand* und *niemand* nur aufgrund meines etymologischen Fachwissens.

(13) Diesen Beleg fand ich bei PUSCH, Luise F.: Frauen entpatrifizieren die Sprache: Feminisierungstendenzen im heutigen Deutsch. In: HELLINGER, Marlis (Hrsg.): Sprachwandel und feministische Sprachpolitik: Internationale Perspektiven. Opladen 1985, S. 23–47; hier S. 43.

(14) Vgl. etwa HÖRMANN, Hans: Meinen und Verstehen. Grundzüge einer psychologischen Semantik. Frankfurt/M. 1976, bes. Kap. 5, 6 (S. 78 ff.) und 13 (S. 394 ff.); ders.: Psychologie der Sprache. 2., überarb. Aufl. Berlin 1977, bes. S. 151 f.; und besonders auch SILVEIRA, a.a.O., S. 167.

(15) Ich war als Kind ziemlich überrascht, als ich in der Schule hörte, daß Hühner zur Gattung der Vögel gehören; und auch heute würde ich Hühner nicht als *Vögel* bezeichnen.

(16) In der Terminologie von WUNDERLICH, Dieter: Arbeitsbuch Semantik. Königstein/Ts. 1980 (= AT.2120), S. 126–129, von wo ich auch das Beispiel übernommen habe. Soweit ich sehe, entspricht dieser Terminus dem Begriff *Konnotation* von HANNAPPEL/MELENK (a.a.O.) – zumindest im vorliegenden Fall.

(17) HANNAPPEL/MELENK, a.a.O., S. 253 ff. verwenden den Begriff *Stereotyp* nur für „vorurteilshafte Wortbedeutungen", d.h. für vorurteilshafte Stereotype, die sprachlich verankert sind.

(18) MAYERTHALER, Willi: Ikonismus in der Morphologie. In: Zeitschrift für Semiotik 2 (1980), H. 1/2, S. 19–37, hier: S. 27; vgl. dazu auch: ders.: Morphologische Na-

türlichkeit. Wiesbaden 1980 (= Linguistische Forschungen. 28.).

(19) ROSS, John R.: Ikonismus in der Phraseologie. Der Ton macht die Bedeutung. In: Zeitschrift für Semiotik 2 (1980), H. 1/2, S. 39–56.

(20) Ebda, S. 48.

(21) Vgl. dazu die „objektive empirische Analyse" von BATLINER, Anton: Sexismus und Häufigkeit. In: Deutsche Sprache 9 (1981), S. 312–318; als Datenbasis dient BORNEMAN, Ernest: Sex im Volksmund. Der obszöne Wortschatz der Deutschen. Bd. 2: Wörterbuch nach Sachgruppen. Reinbek 1974 (= rororo. 6853.), wo allerdings einerseits nicht nur Schimpfwörter – im herkömmlichen Sinne – und anderseits auch nicht nur „obszöne" Ausdrücke enthalten sind.

(22) Die historische Analyse der Personenbezeichnungen beruht vor allem auf den Angaben und Belegen der Wörterbücher, die ich am Beginn des Anmerkungsteils angeführt habe. Um den gegebenen Rahmen nicht zu sprengen, habe ich mich auf die Entwicklungen in der Standardsprache bzw. Allgemeinsprache beschränkt und regional-, fach- oder sondersprachliche Varianten unberücksichtigt gelassen, ebenso wie seltene und metaphorische Verwendungen.

(23) Die Arbeitskraft wurde als „Besitz", als „Sache" aufgefaßt; GR XIV/1/1 (1955) führt als Parallele lat. *mancipium* an. Üblicherweise wird statt „Arbeitskraft" die euphemistische Umschreibung „Hausfrau" verwendet – vgl. etwa KL.

(24) Gedicht Nr. 15, IV, 1 nach Peter WAPNEWSKI. Vgl. WALTHER von der Vogelweide: Gedichte. Mhd. Text und Übertragung. Ausgew., übers. u.m. einem Kommentar versehen v. Peter Wapnewski. 14., überarb. Aufl. Frankfurt/M. 1978 (= ftb. 6052).

(25) Bereits im Mhd. ist die Wendung *daz reine wîp* häufig, wobei das Adjektiv ‚vollendet, vollkommen, makellos schön' bedeutet.

(26) Positiv (lobend, anerkennend) von der Sprecherintention her.

(27) GR IV/1/1 (1878), Sp. 73. Nach GR bedeutete *Frau* ursprünglich im Germ. ‚hehre Göttin', worauf Götternamen wie z.B. *Freyja* verweisen würden. Zu Bedeutung (5) vgl. mhd. *hûsvrouwe* ‚Herrin im Haus, Gattin'.

(28) Besonders im süddt.-österr. Raum.

(29) Komparativ zu *senex*; vgl. auch das Wort für ‚Herr' in den romanischen Sprachen, etwa ital. *signore*.

(30) Das Merkmal ‚erwachsen' ist obligatorisch nach WA, WBG 3 (1970) und HWG 1, nicht aber nach DGW 3 (1977), dem ich mich anschließen möchte.

(31) So nach SCHRÖDER, Peter: Einige soziologische und linguistische Aspekte von Sprachnormen und Sprachbarrieren. In: STEGER, Hugo (Hrsg.): Soziolinguistik. Ansätze zur soziolinguistischen Theoriebildung. Darmstadt 1982 (= Wege der Forschung. 344.), S. 385–449, hier: S. 425; in den Wörterbüchern heißt es immer nur „älter".

(32) Denn im Ahd. wird der (höchste) ‚Herrscher, Gebieter' zunächst noch als *frô* oder *truhtîn* bezeichnet; und *herrschen, Herrscher, Herrschaft etc.* leitet sich auch nicht direkt von *Herr* ab, wurde dann aber aufgrund der Bedeutungsentwicklung von *hêrro/hêrre* so aufgefaßt.

(33) Wenn wir vom lexikalischen System ausgehen; in der (Sprach)Wirklichkeit ist dieses Kriterium, glaube ich zumindest, in letzter Zeit wohl schon ziemlich irrelevant geworden.

(34) Nach BATLINER, a.a.O., S. 321, ist ‚liederlich' „eindeutig ambivalent, für gewisse Zwecke positiv bewertet, ansonsten aber negativ, nie neutral! Weibliche Liederlichkeit entspricht auf der einen Seite zwar dem männlichen Wunschtraum, es sollte aber bitte nicht zuviel davon sein".

(35) Das Wort *Tölpel* hat selbst eine ähnliche Entwicklung durchgemacht, es bedeutete ursprünglich ‚Dorfbewohner, Bauer'.

(36) SCHULZ, Muriel R.: The Semantic Derogation of Woman. In: THORNE, Barrie/ HENLEY, Nancy (eds.): Language and Sex: Difference and Dominance. Rowley/ Mass. 1975, S. 64–75. Barrie THORNE und Nancy HENLEY weisen in ihrem Einleitungsartikel: Difference and Dominance: An Overview of Language, Gender and Society, ebda, S. 5–42, darauf hin, daß die Tendenzen Sexualisierung und Pejorisierung in verschiedenen Sprachen festgestellt wurden. Zu meinen Schlußfolgerungen vgl. auch BATLINER, a.a.O.

(36a) Vgl. PUSCH, Luise F.: Frauen entpatrifizieren die Sprache: Feminisierungstendenzen im heutigen Deutsch, a.a.O., S. 27.

(37) Ich bin mir meiner manipulativen Argumentation bewußt: es ist nämlich auch für mich (noch) fraglich, ob die Generalisierung vom semantisch-lexikalischen Bereich auf die gesamte Sprache zulässig ist.

(38) Genauso sieht es auch Cheris KRAMARAE: Proprietors of Language. In: McCONNELL-GINET/BORKER/FURMAN (eds.), a.a.O., S. 58–68, hier S. 65: „When women take steps to change the language structure and their own uses of language, they are in fact acting to change their status in society; they are challenging the legitimacy of the dominant group. By calling the challengers and their proposals for language change silly, unnatural, irrational, and simplistic, the dominant group tries to reaffirm its threatened social identity."

(39) Vgl. SCHRÖDER, a.a.O., S. 420 ff.

(40) Ebda, S. 430.

Elisabeth Katschnig-Fasch

Frauenforschung in der Kulturwissenschaft — ein marginales Problem?

Assoziationen zum Begriff ‚Kultur' bringen noch immer die elitäre, von oben gesetzte, die verordnete, die sogenannte ‚hohe' und ‚schöne' Kultur. Und wären wir nicht in einer Veranstaltung zur Frauenforschung, so etwas wie ‚Frauenkultur' wäre kaum jemandem von uns in den Sinn gekommen. Da schon eher jenes Bild, das Elisabeth List in ihrer Vorlesung von der universitären Kultur gezeichnet hat, das Bild von der Bühne, auf der Männer für Männer inszenieren und spielen (1) — eine Metapher, die wohl nicht allein auf den Wissenschaftsbetrieb zutrifft.

Selbst dort, wo der Begriff Kultur einen demokratischen Bedeutungswandel erfahren hat, wo man den Alltag als Kultur entdeckt hat, wo man von der Bedeutung alltäglicher Lebenssituationen für die Kultur einer Gesellschaft spricht, selbst da gibt es noch immer keine definierte und wahrgenommene Frauenkultur. Den spätestens jetzt fälligen Einwand kenne ich: es gibt ja schließlich auch keine ‚Männerkultur'. Stimmt — leider.

Gäbe es sie im Bewußtsein, dann gäbe es eine im Vergleich erkannte Frauenkultur. Was aber unter Kultur verstanden wird, was unter Kultur läuft, was zur Kultur erklärt wird, das ist noch immer die Kultur einer von Männern dominierten Gesellschaft. Von Männern beherrscht und von ihnen erforscht. Während sich also Männerkultur quasi von selbst versteht und dabei restlos unter dem Begriff Kultur aufgeht, gibt es Frauenkultur nicht, oder zumindest nicht ausreichend im Bewußtsein — auch nicht ausreichend im Bewußtsein derer, die Kultur wissenschaftlich erforschen.

Der Gegenstandsbereich der Volkskunde, der europäischen Ethnologie und der empirischen Kulturanthropologie, ist heute, wie es heißt, vorwiegend in unteren Sozialschichten angesiedelt. Heute, sei betont, weil es noch nicht so lange her ist, daß der Forschungsbereich der Volkskunde, die man stets vom Gegenstand her zu definieren versuchte, in einer Zone beheimatet war, die man als ‚Volkskultur' bezeichnete, aber was darunter verstanden wurde, das entsprach einer vorherrschenden Vorstellung, einer Ideologie — abgehoben von Wirklichkeiten und realen Lebensverhältnissen; ein Konstrukt, das man ‚Mutterboden der Kulturnation‘ nannte – ein Mythos als Nährboden, verfügbar vorwiegend für nationalpolitische Vorstellungen.

So war es bis zu jenem Zeitpunkt, wo auch der Volkskunde klar werden sollte, daß diese Ideologie dem Anspruch einer objektiven Wissenschaft nicht standhält. Man verabschiedete sich von dieser Volkskultur – spät in den 60er Jahren – und wandte sich der Alltagskultur, dem Alltagsleben zu. Nun wollte man nicht mehr beschreiben allein, sondern Kulturprozesse analysieren. (2)

Obgleich die ältere Volkskunde die Frau nie ganz aus ihrem Blickfeld verloren hat, sie erwischte sie sozusagen gerade noch am Zipfel ihrer Trachtenschürze, an den Bändern und Stickereien – an den Attributen ihrer ‚volkskulturellen Weiblichkeit‘, so wurden sie doch in den seltensten Fällen auch mit der konkreten Lebenssituation der Frau in Zusammenhang gebracht. Wie sollte das auch sein, wenn die Beschreibung der weiblichen Kulturgegenstände doch in erster Linie dem Beweis und der Aufrechterhaltung eines Mythos dienen sollte, der von einer gottgewollten Ordnung ausging und bestehende Lebensverhältnisse nie zu hinterfragen gedachte.

An ganz bestimmten Lebensabschnitten taucht sie regelmäßig auf: Geburt, Hochzeit, Tod, Ehe, Krankheit – d.h. nicht die Frau, sondern ihre Eigenschaften und Merkmale: die aufopfernde Mutter, die treue und ergebene Gattin, die Hüterin des häuslichen Friedens, die Bewahrerin der guten Sitten und alten Bräuche: die Frau als Konstante, als Garant der bestehenden Ordnung, zeitlos, geschlechtslos, beziehungslos im sozialen Netz.

Hier ging es nicht um reale Existenzbedingungen, um den Anteil der Frauenkultur an der Gesamtkultur der Gesellschaft, hier ging es um eine „Naturgeschichte der Weiblichkeit“. Und wenn heute Kulturwissenschaftler behaupten, daß es in der Volkskunde um die Würdigung der weiblichen Eigenart und Fähigkeit gehe, die den Mann ergänzt, und daß es darum gehe, dem erhaltenden Prinzip der Frau nachzuspüren, jenem Prinzip, das sich etwa beim Tragen der Tracht so eindeutig und klar darstellt, wenn bei Männern schon längst die Volkstracht verlorengegangen ist, die Frauen aber noch gar häufig das ‚altmütterliche Kleid‘ tragen, wenn sie behaupten, daß es kein sozialer, sondern ein natürlicher Unterschied zwischen Mann und Frau ist, unterschiedlich in der Zusammensetzung des Blutes bis hin zur Entwicklung des Gehirnes, (3) dann verkehrt sich das anfängliche Aufatmen, die Volkskunde sei eine Wissenschaft, in der Frauenbelange wenigstens nicht ganz verkommen, ins Gegenteil.

Ich will aber hoffen, daß diese Äußerungen, auch wenn sie erst kürzlich anläßlich eines Kongresses zur Gegenwartsvolkskunde (!) gemacht wurden, bedeutungslos bleiben.

Gerade dieses Fach Volkskunde war in hohem Maß beteiligt an der Fixierung des Mythos Frau durch die Hochstilisierung von Ideologemen wie ‚Vätersitten' usw. und die Postulierung von Traditionsgläubigkeit. Hier war der Gegensatz der Geschlechter ein „natürlich" ungleicher.

Solche Prämissen einer Kulturforschung sind wohl noch Schatten einer Zeit, in der die Volkskunde ihre wissenschaftliche Existenzbestätigung in einem übereinstimmenden Chor anderer natur- und kulturwissenschaftlicher Fächer gefunden hat. Es war die Zeit, in der die Hoffnung, ein „kulturelles Ganzes" zu bleiben, endgültig schwand und man sich allgemein intensiv in patriarchalischer Offensive um die Rettung der Volkskultur, um das Volksgut bemühte.

Es war die Angst vor dem aufkommenden vierten Stand und die Bedrohung durch den Ruf einiger mutiger Frauen nach Unabhängigkeit und Gleichberechtigung, die die männlichen Forscher beflügelte und beseelte. Es ist jene Zeit, in der das Weibliche seine spezifische Prägung erhalten sollte: der Beginn des 19. Jahrhunderts. Die einstigen Standesdefinitionen, welche die Pflichten und die Tugenden von Männern und Frauen aus ihrer sozialen Position ableiteten, wurden durch Charakterdefinitionen ersetzt. Mann und Frau unterscheiden sich nun durch ihre komplementären Wesensmerkmale. Der Mann steht für Vernunft, Eigenständigkeit und Pflicht gegenüber den Untergebenen, er ist stark im Handeln, Befehlen und Befruchten, die Frau verkörpert Gefühl, Abhängigkeit und Sittlichkeit. Ihre Stärke liegt im „Dulden, Empfangen und Gebären", wie es in der „Allgemeinen deutschen Realenzyklopädie für gebildete Stände" heißt. Damit wird der Frau die häusliche Binnenwelt, dem Mann die feindliche Außenwelt zugeschrieben.

Die Universalierung des Weiblichen ist ab nun nicht mehr länger hinterfragbar. Die Frau ist auf ihren Fortpflanzungszweck festgeschrieben. Die Biologisierung bewirkt, daß jedes Zuwiderhandeln oder Zuwiderempfinden, jeder Verstoß gegen die Normen als ein Handeln gegen die Natur geahndet wird. Es ist eine Zeit, die die Gesellschaft teilt: in männliche Arbeitnehmer und unentgeltlich arbeitende, für die Reproduktion und Regeneration zuständige Frauen. Diese Konsolidierung beruht auf patriarchalischer Kontrolle und Fürsorge. Die Freiheit des Mannes wird nun nur noch von den heimlich Produktiven, den Frauen, garantiert.

Es ist jene Zeit, wo sich – wie es Ivan Illich sieht und als entscheidende anthropologische Bedingung erkennt – ein gebrochenes Genus endgültig zum ökonomischen Sexus wandelt, wo unter dem Durchbruch der kapitalistischen Produktionsweise eine neue Art von Lebewesen entsteht, ein vom Verbrauch abhängiger Produzent, der notwendigerweise sexistisch ist, wo eine neue Apartheid ‚Frau' entsteht. (4)

In diese Zeit fällt das Aufblühen einer Kulturwissenschaft, die wie durch einen Rückspiegel auf die Vergangenheit sieht und die in Verlust zu geratende Lebenswelt durch Aufsammeln ihrer Kulturattribute zu retten versucht, sublimierend Ordnungsvorstellungen fixieren, beweisen und bewahren will.

Nimmt man Illichs Modell auf und versucht man, damit das Werden einer Kulturwissenschaft zu erklären, so muß man zum Schluß kommen, daß dieses Fach, verkörpert von einigen maßgebenden Männern des geistigen Lebens, wohl am Zerbrechen des Genus sehr gelitten haben muß. Aber ganz offensichtlich betrauerten sie nur die eine Hälfte der Dualität, die andere Hälfte war schon längst einer männerdominierten Welt, die einer sexistischen Gesellschaft schnell in die Hände arbeiten sollte, geopfert. Und so sollte es bleiben, bis der ökonomische Sexus letztlich vollkommen war und im Wirtschaftswunder seinen beeindruckenden Höhepunkt fand.

Mit der großen inhaltlichen und theoretischen Wende der Volkskunde nach dem Zweiten Weltkrieg, wo man sich von alten ideologischen Konzepten verabschiedete und sich der Kulturanalyse zuwandte, den unteren Sozialschichten sein Augenmerk schenkte, wo man sich nach neuen Namen umschaute, weil man „Volkskunde“ als zu belastend empfand, und wo man sich in den Theorien und Methoden einer Kulturanthropologie übte, wo man kritisch Kultursysteme zu hinterfragen begann, da sollte mit dem neuen Interesse für das Unterdrückte und Unbeachtete auch das Interesse an der Erforschung des kulturellen Raums der Frau erwachen.

Immer häufiger tauchen nun Frauenthemen auf. Wenn es auch noch eine ganze Weile dauern sollte, bis sie einer dezidierten Frauenforschung entsprechen. Da konnte es schon geschehen, daß in der besten Absicht, vielleicht unter dem Deckmantel der Aufgeschlossenheit, in alten Bahnen und Gewohnheiten die ‚typisch weiblichen‘ Merkmale noch einmal fixiert wurden. Zu selbstverständlich arbeiteten die wenigen Frauen noch mit der gewohnten Brille eines männerdominierten akademischen Milieus.

Frauenkultur als Teil einer Gesamtkultur ist nicht für sich und an sich erfahrbar. Das wird sie erst in der Frage der Geschlechterbeziehung. So lange nicht begriffen wird, daß die Geschlechter zueinander ein soziokulturelles Merkmal sind, das alle anderen gesellschaftlichen Beziehungen durchdringt und so wie diese ständigen Veränderungen unterworfen ist, so lange bleibt der Zugang zur Frau und ihrer spezifischen Lebenswelt für eine Kulturwissenschaft verschlossen.

Vielleicht hat sich die Kulturforschung auch zu lange und mit zuviel Energie der schichtsspezifischen Untersuchung widmen müssen – wäre verständlich, da diese Erkenntnis die Bewältigung des Verlustes einer Einheit und Unteilbarkeit einer Ganzheit Kultur voraussetzen mußte.

Da wurden Subkulturen erforscht, Arbeiterkultur, Bürgerkultur, Jugendkulturen entdeckt, Stadtteilkulturen... Aber die ganze Anzahl neuentdeckter schicht-, religions-, alters- und regionsspezifischer Kulturfassungen verstellte sozusagen den Blick noch geraume Zeit für eine geschlechtsspezifische Betrachtung.

Eine explizite Frauenkulturforschung ist daher in der Volkskunde noch jung an Jahren. Sie entstand bezeichnenderweise an einem sozialwissenschaftlich orientierten Kulturinstitut, dem Institut f. empir. Kulturwissenschaft der Universität Tübingen, einem Institut, an dem auch heute ausschließlich Männer arbeiten. Wohl aus einem empfundenen Mangel an Identifikationsmöglichkeit der Studentinnen und der fertigen Volkskundlerinnen für das eigene Kulturempfinden. Mittlerweile ist die Frauenforschung aber institutionell organisiert und legt auf eigenen internationalen Tagungen bereits eine Reihe Ergebnisse vor. Um nur einige Themen zu nennen: Die soziale Bedingung des Mutterwerdens, Frauen und Film, Frauenerwerbsarbeit, Frauenbilder in der Trivialliteratur, Frauenleben auf dem Land, Frauen im Faschismus, politisches Verhalten nach 45, Vereine und Männerbünde, Projektionen im Kleidungsverhalten, Krebsvorstellungen im Alltagsbewußtsein. . . (5)

Die feministisch orientierte Volkskunde/Europ. Ethnologie geht davon aus, daß es keineswegs selbstverständlich ist, was genau ein Mann und eine Frau sind. Hier gibt es keine eindeutige Festlegung und Bestimmung, man beruft sich auf die Erkenntnis, daß selbst biologische Definitionen ideologische Konstrukte sind – verschieden in den jeweiligen Kulturen und Zeiten. Von dieser Plattform aus wird nicht ‚die Kultur der Frau' untersucht, sondern die Qualität der Beziehung zwischen den Geschlechtern, in der sich die jeweilige Kultur in Rollenzuschreibung und Geschlechterdifferenzierung entwickelt. Es soll aber nicht verschwiegen werden, daß die Frauenforschung innerhalb der Disziplin Volkskunde als ein besonders fragwürdiges Unternehmen eingestuft wird. Vom bloßen Bedenken über die subversive Tätigkeit bis zum diagnostizierten und prognostizierten Ende des Faches reichen die Ressentiments. Das erinnert mich an eine Stelle bei Carol Hagemann-White, die an patriarchalen Mythen und patriarchalen Männern ständige Angst und Abwehr konstatierte:

> „Sie scheinen immerfort etwas verleugnen und unterdrücken zu wollen, dessen Rache sie fürchten und wofür die Frau steht. (. . .) Die Frau steht für die Rache des Verleugneten, weil innerhalb des Systems der Zweigeschlechtlichkeit kein anderes Symbol antagonistisch zum Mann möglich ist. Die Frau, die ‚ihren' Platz in der Statushierarchie sprengt, ist das (. . .) Symbol für die Zerstörung des hierarchischen Gefüges der Zweigeschlechtlichkeit und (. . .) die Vernichtung des Mannes (die Auflösung der kulturellen Konstruktion der Männlichkeit). . ." (6)

Da alle theoretischen Modelle weitgehend unter Ausschluß von Wissenschaftlerinnen entstanden sind und somit Frauenkultur in ihnen auch keinen Ort hat, gibt es für die Frauenforschung in den Kulturwissenschaften zunächst keinen expliziten theoretischen Ansatz. Der Wert dieses Mangels ist aber nicht zu unterschätzen – er brachte uns die Chance, uns selbst wahrzunehmen, unsere eigene Person als einen nicht zu unterschätzenden Teil eines Kulturprozesses in der Feldforschung als auch in der Interpretation einzukalkulieren. Das heißt vor allem, bewußt Abstand nehmen von der berühmten Objektivität, die letztendlich stets der subjektiven Machtposition des Forschenden und seines kulturell-gesellschaftlichen Systems dient, das den Wissenschaftler vom „Fußvolk" trennt. (7)

Ein anschauliches Beispiel der Fragwürdigkeit des Objektivitätsanspruches lieferten die amerikanischen Anthropologinnen Ruby Rohrlich-Leavitt, Barbara Sykes und Elizabeth Weatherford, als sie die von den berühmten Forscher Durkheim und Lévi-Strauss bei Ureingeborenen Australiens von 1933–39 gesammelte Daten mit ihren eigenen Erfahrungen nach einem längeren Aufenthalt in diesem Forschungsfeld verglichen und dabei zu gänzlich verschiedenen Ergebnissen gekommen sind. Die Ursache: Durkheim und Lévi-Strauss haben nur mit Männern gesprochen und sich dabei nach dem Denkmodell ihrer eigenen patriarchalischen Sozialisation zu ihren Spekulationen über die Anfänge und strukturellen Bedingungen des menschlichen Zusammenseins inspirieren lassen. (8)

Hier hat die Forscherin zunächst die (vielleicht nicht ganz leichte) Erfahrung zu machen: ich empfinde anders. Sich bekennen zu seiner ganz spezifischen weiblichen Geschichte, seiner weiblichen Sozialisation heißt heraustreten aus den eingeschliffenen, anonymen Bahnen der wissenschaftlichen Objektivität und zu seiner subjektiven Erkenntnis stehen. Mit diesem Risiko, etwas Gewohntes aufzugeben, eröffnet sich die Möglichkeit, geschlechtsvergleichend Kulturprozesse und Zusammenhänge zu erkennen, Diskriminierungen, Verzerrungen und Ideologien in existierenden Lebenszusammenhängen sowie Theorien aufzuspüren. Damit fällt die Frage, die sich Maya Nadig, eine auch für die Kulturforschung Volkskunde/europ. Ethnologie, vor allem aber für die Frauenforschung interessante Ethnopsychoanalytikerin, stellt – die Frage nach der eigenen Beteiligung an Werten und Gefühlen der dominanten Kultur. Die Gefahr von Projektionen, Ethnozentrismus, Sexismus und anderen Abwehrmechanismen im Forschungs- und Erkenntnisprozeß verweist sowohl die Ethnologin, die Psychoanalytikerin und die feministische Wissenschaftlerin immer nachhaltiger auf die Bedeutung der eigenen Subjektivität. (9)

Da es mir schwerfällt, von Subjektivität zu sprechen, als sei das eine von mir abgehobene „Sache", möchte ich dem alten Mißtrauen, das hinter dem Anspruch nach wissenschaftlicher Objektivität steckt, gerecht werden und von meiner wissenschaftlichen Sozialisation reden. Ich meine jenes Mißtrauen, das ganz offensichtlich das forschende Subjekt als nicht ganz zurechnungsfähig durchschaut, das man durch scharfe methodisch-wachsame Beachtung verfolgen muß. Da mir das traditionell volkskundliche-ethnologische Interesse am konkreten Detail immer wieder zu eng erschien, nahm ich zunächst Zuflucht bei den Strukturalisten, die der Gültigkeit von allgemeinen Gesetzen auf der Spur sind. Hier geht es um Kultursysteme, die als synchrone Systeme von Zeichen verstanden werden – von Zeichen, die aus Objekten und ihrer Bedeutung zusammengesetzt sind. Sie bilden in sich geschlossene Strukturen, worin die einzelnen Teile in einer sinngebenden Funktion zueinander stehen. Der klassische Strukturalist Lévi-Strauss war zunächst mein Anhaltspunkt – bis zu jenem Tag, an dem mir bewußt wurde, daß des Meisters Darstellung der wechselseitigen Abhängigkeit innerhalb einer gesellschaftlichen Organisation, die er Interdependenz nannte, lediglich der Aufrechterhaltung und Erzeugung von Hierarchien dient. Aber statt sie zu hinterfragen, sind sie für ihn gegebene Größen, die aus seiner Position noch einmal anvisiert werden. Damit sind Frauen für ihn nicht Gesellschaftsmitglieder, sondern Tauschobjekte – Gegenstände, die über die männliche Ordnung und Ökonomie organisierbar werden: Frauen als passende Kategorie einer jeweiligen Struktur. (10) Das, was da produziert wurde, entlarvte auch Gisela Ecker, eine feministische Literaturwissenschaftlerin, als traditionelle metaphysische Erscheinung. M. Foucault wies schon darauf hin, daß mit solcher Kulturforschung Machtverhältnisse impliziert werden, die unweigerlich zum Ethnozentrismus führen. (11)

Die gängige wissenschaftliche Interpretation löste bei mir jene Betroffenheit aus, die mich dazu zwang, zu erkennen, daß meine Geschlechtszugehörigkeit meine Forschung maßgeblich beeinflussen kann. Jeder Versuch dies zu ignorieren schlug fehl. Zugegeben, ich habe mich noch eine Weile geweigert, die alten Bahnen zu verlassen, um mich dadurch nicht auch noch freiwillig aus einem für Frauen ohnedies nicht allzusicheren Gelände des wissenschaftlichen Betriebes hinauszukatapultieren. Aber immer deutlicher erkannte ich, daß ich damit eine wichtige kulturelle Dimension über Bord werfe – zudem: von nun an würde ich wissentlich oder vorsätzlich für mich nicht stimmige Interpretationen anstellen. Das hieß für mich Abstand halten von der formalistischen Untersuchung und mich auf eine individuelle ethnologische Beobachtung oder besser gesagt: Begegnung einlassen. Daß es sich dabei freilich um ein undiszipliniertes Verhalten handelte, sollte mich dabei weiter nicht stören, ganz im Gegenteil.

Einen entscheidenden Schritt, so glaube ich, konnte ich machen, als ich für mich die Ethnopsychoanalyse mit ihren wesentlichen Vertretern Devereux, Parin, Erdheim und Nadig entdeckte, die sich intensiv mit den Auswirkungen des Zusammenstoßes zweier Kulturen und zweier Subjekte beschäftigen. Das Interesse der Ethnopsychoanalyse gilt dabei vor allem den unbewußten Strukturen einer Kultur und ihren Auswirkungen auf das Verhalten der Menschen, wobei sie von wissenschaftlichen Machtstrategien dezidiert Abstand nimmt, nicht Gespräche ‚führt', sondern Informanten sprechen läßt. Zuhören, abwarten und verstehen, wobei die eigene Person in der Wechselwirkung zum Beobachtungsfeld nie außer acht gelassen wird.

Es war Devereux, der zeigte, wie unreflektierte Gegenübertragung und Angstgefühle dem Fremden gegenüber die Wahrnehmung beeinflussen. (12)

Mit dieser qualitativen Methode wird von der Forscherin/dem Forscher selbst eine hohe Kapazität an Wahrnehmung, Einfühlungsvermögen in die Lebenswelt des anderen und deren Reflexion verlangt. Das ist aber die einzige Chance, dem entgegenzuwirken, was M. Nadig und M. Erdheim mit „Kulturvernichtung" als Ergebnis vieler kulturwissenschaftlicher Arbeiten bezeichnen. Sie meinen damit, daß alle lebendigen Erfahrungen nach wissenschaftlichen Normen uminterpretiert werden. Das, was übrig bleibt, sei dann „nur noch die Asche der Erfahrung". (13)

Der Ethnopsychoanalyse ist es gelungen, eine fremde Kultur so darzustellen, daß sie in ihren Ritualen, Glaubensinhalten und Institutionen von ‚innen her' in ihrer Bedeutung für die Menschen dieser Kultur und für die Menschen anderer Kulturen verständlich wird.

Für die Volkskunde scheint mir dieser Aspekt um so wesentlicher, als die Erforschung der eigenen Kultur nur eine scheinbare Vertrautheit bedeutet, gerade sie aber die Sicht der vielen Kleinkulturen, die jeweils für sich eine ‚fremde Welt' sind, verstellen kann.

Gerade für eine Frauenforschung kommt noch die inhaltliche Nähe der Psychoanalyse zur Frau hinzu, die historisch gesehen sowohl von der Methode als auch von der Fragestellung zur Weiblichkeit hin den biologistischen Theorien anderer Wissenschaften weit voraus war.

Da eine Wissenschaft von Menschen nur von Menschen betrieben werden kann, die sich ihres Menschseins vollkommen bewußt sind – was vor allem bedeutet, daß dieses Bewußtsein in die Arbeit eingeht –, heißt das für die Ethnologin, ihre eigene Kultur stets im Auge zu behalten. Sich einzulassen auf Etabliertes einerseits, bei gleichzeitiger Distanzierung; Einfühlen und Abgrenzen; Zuhören, Fühlen und Denken. Nur so können etablierte Wert- und Relevanzhierarchien aufgebrochen werden. Bleibt die Forscherin in einer einseitigen Sicht der Gegenposition (was im ersten Sturm eines feministischen Engagements mitunter passierte), so setzt sie sich zwar diesem mühsamen Prozeß des sich Einlassens und Distanzierens nicht aus, sie übergeht aber die wesentliche und notwendige Erkenntnis, daß sie selber ein Teil des herrschenden Kultursystems ist. (14)

Wenn auch die Volkskunde die Innengeschichte der Kultur nicht mit der gleichen Differenziertheit nachzeichnen kann wie die Ethnopsychoanalyse, die es als einzige Wissenschaft vermag, verdrängte und unbewußte Erlebnisse zu erfassen, so kann sie sich doch methodisch sehr viel zu ihrem Nutzen aneignen, wie sie auch umgekehrt auf die Begleitumstände der Dingwelt hinweisen kann. Darüberhinaus bin ich überzeugt, daß interdisziplinäres Denken, das so oft gefordert wird und selten durchgeführt wird, gerade für eine Frauenforschung enorme Möglichkeiten bringt.

So wurden mit der neuen Frauenbewegung auch neue Themen an das wissenschaftliche Ufer geschwemmt – Themen, die in der etablierten Wissenschaft als zu wenig wesentlich weitgehend abgedrängt wurden. Es ist aber sicher, daß sie nicht einfach vergessen wurden, sondern wie das Thema „Körperlichkeit" als ein zu weiblicher Aspekt (Körper als Ausdruck der Natur und damit nicht denkbar als Ausdruck einer Kultur) einfach gründlich verdrängt wurden. Körperliche Bedürfnisse, Schmerz, Lust, Krankheit, Schönheit, Schamhaftigkeit, Altern, Sterben – kurz die ganze ‚Trivialität' des Lebens – sind Kategorien, die der traditionellen Kulturforschung fremd waren. Vielleicht nicht zuletzt deshalb, weil Macht als bestimmender Faktor der Kultur des Menschen nirgendwo deutlicher wird als hier an den Einfallstoren zivilisatorischer Ordnungskommandos. (15) Es war vor allem Mary Douglas, die mit Hilfe ethnologischen Materials belegt hat, daß gerade der Körper immer Abbild einer gesellschaftlichen Umgebung ist. (16)

Aber nicht nur das „Was", also neue Themen, brachte die Frauenforschung, sondern auch das „Wie". Mit der geschlechtsspezifischen Betrachtung kamen neue Einsichten in das Beziehungsgeflecht Kultur. Sie wurde durchsichtiger, sogar für Männer.

So hat jüngst Utz Jeggle am kulturellen Produkt Körper erkannt, daß der „weibliche Körper" als das schöne Eigentum eigentlich die abgespaltenen und unterdrückten Momente des männlichen Körpers repräsentiert, der sich von jeglicher Körperlichkeit – hinter einer Uniform aus Anzug und weißem Hemd versteckt – distanziert. (17)

Was also die Frauenforschung in die Kulturwissenschaft einzubringen imstande ist, ist zusammenfassend (ohne Anspruch auf Vollständigkeit) folgendes: Zunächst ist es die spezifische Position der Forscherin, d.h. indem man sich als Forscherin nicht hinter wissenschaftlichen Thesen oder feministischen Klischees versteckt, sondern die Betroffenheit als Chance, im Wunsch etwas verstehen zu wollen, wahrnimmt. Nur die persönliche Motivation und auch das Bewußtsein der Kulturbedingtheit dieser Motivation ermöglichen eine direkte und menschliche Beziehung zwischen der Forscherin und der Gesprächspartnerin. Nur diese Haltung kann, tendenziell wenigstens, den kulturimperialistischen Aspekt unserer Forschung mindern und die klassische Subjekt-Objektbeziehung auflösen.

Was mit einer konsequenten Frauenforschung erreicht werden kann, ist vor allem der Zugang zum Frauenleben, zu jener ‚anderen' Hälfte der Kultur, einem bisher weitgehend leeren, weiten Feld. Die Chance der Frauenforschung ist aber nicht nur, ‚die andere Hälfte' kennen zu lernen und dem ‚Kulturraum Frau' einen adäquaten Platz einzuräumen, sondern dann auch, die Hälfte ‚Männerkultur' zu durchschauen. So kann sich die Kulturforschung auch um die Not und die Unterdrückung kümmern, aber auch um die Stärke, die trotz Unterdrückung in jedem Kultursystem sichtbar wird.

Einen enormen Vorteil hat die Frauenforschung gegenüber der etablierten männlichen Forscherposition: Sie braucht sich nicht die schwere Rüstung der „Bewahrung der guten Vätersitten und Gebräuche" umzuhängen, ganz im

Gegenteil, sie kann ihre Position zur Kritik an bestehenden Kultursystemen nutzbar machen, Ideologien, Unterdrückungen und Unbewußtmachen in der Lebenswelt der Frauen in Praxis und Theorie aufspüren und aufzeigen.

Eines hat die Frauenforschung in den Kulturwissenschaften bis jetzt klar erkennen lassen: das Überprüfen der Theorien an der eigenen und persönlichen Erfahrung als Frau hat eine neue Sinninterpretation ermöglicht. Das mühselige Ringen um neue Paradigmen und neue Realitätsinterpretationen, das Erkennen anderer Werte hat die Wissenschaft bereichert. Kulturen sind dadurch durchsichtiger geworden, nicht zuletzt auch die des Wissenschaftssystems selbst.

Anmerkungen

(1) LIST, Elisabeth: Patriarchen und Pioniere. Helden im Wissenschaftsspiel. In: SCHÄFFER-HEGEL, Barbara und WARTMANN, Brigitte (Hrsg.): Mythos Frau. Projektionen und Inszenierungen im Patriarchat. Berlin 1984, S. 14–35.

(2) Vgl. dazu die Proklamationsschrift ABSCHIED VOM VOLKSLEBEN. Hrsg. v. Utz JEGGLE und Gottfried KORFF. Tübingen 1970 (= Volksleben. 27.).

(3) ILG, Karl: Gegenwartsvolkskunde seit W.H. Riehl. In: Probleme der Gegenwartsvolkskunde. Referate der Österreichischen Volkskundetagung in Mattersburg 1983. Wien 1985, S. 73–86.

(4) ILLICH, Ivan: Genus. Zu einer historischen Kritik der Gleichheit. München 1983 (Hier besonders das Kapitel „Vom gebrochenen Genus zum ökonomischen Sexus", S. 117–129).

(5) FRAUEN IN DER VOLKSKUNDE. Tübingen 1984 (= 1. Tagung der Kommission „Frauenforschung" in der Deutschen Gesellschaft für Volkskunde).

(6) HAGEMANN-WHITE, Carol: Thesen zur kulturellen Konstruktion der Zweigeschlechtlichkeit. In: SCHÄFFER-HEGEL/WARTMANN (Hrsg.): Mythos Frau, S. 137–139.

(7) Für die volkskundliche Forschung leistete vor allem SACKSTETTER, Susanne: „Wir sind doch alles Weiber". Gespräche unter Frauen und weibliche Lebensbedingungen. In: Feldforschung. Hrsg. von Utz Jeggle. Tübingen 1984, S. 159–176 (= Untersuchungen des Ludwig-Uhland-Institutes der Universität Tübingen. 62.) Pionierarbeit.

(8) Zit. Nach SCHÄFFER-HEGEL, Barbara: Feministische Wissenschaftskritik: Angriffe auf das Selbstverständliche in den Geisteswissenschaften. In: SCHÄFFER-HEGEL/WARTMANN (Hrsg.): Mythos Frau, S. 36–61.

(9) NADIG, Maya: Zur ethnopsychoanalytischen Erarbeitung des kulturellen Raums der Frau. In: Psyche 3 (1986), S. 193–219.

(10) Siehe LEVI-STRAUSS, Claude: Strukturale Anthropologie (Anthropologie Structurale). Paris 1958.

(11) FOUCAULT, Michel: Die Ordnung des Diskurses. Frankfurt/M. 1977.

(12) DEVEREUX, Georges: Angst und Methode in den Verhaltenswissenschaften. München 1973.

(13) NADIG, Maya/ERDHEIM, Mario: Die Zerstörung der wissenschaftlichen Erfahrung durch das akademische Milieu. In: Berliner Hefte 15 (1980), S. 35–52; hier S. 36.

(14) Wie Anm. 9.

(15) Mit Michel Foucault gewinnt die Körperlichkeit neues wissenschaftliches Interesse. Besonders: FOUCAULT, Michel: Sexualität und Wahrheit. Frankfurt 1977. Ders.: Überwachen und Strafen. Die Geburt des Gefängnisses. Frankfurt 1977. Vgl. auch KAMPER, Dietmar/WULF Christoph (Hrsg.): Die Wiederkehr des Körpers. Frankfurt 1982.

(16) DOUGLAS, Mary: Ritual, Tabu und Körpersymbolik. Frankfurt 1974.

(17) JEGGLE, Utz: Im Schatten des Körpers: In: Zeitschrift für Volkskunde 76 (1980), S. 169–188. Hier versucht der Autor in ersten Vorüberlegungen das Thema für die volkskundliche Forschung aufzubereiten.

Adelheid Schrutka-Rechtenstamm

Familie – Geschlechtsspezifische Untersuchungen zu einem traditionellen Modell des Alltags

Zu Beginn meines Referates möchte ich auf die Schwierigkeiten, die sich für mich – und sicher nicht nur für mich – bei der Beschäftigung mit dem Gegenstand ergeben, hinweisen. In unserer Zeitschrift „Kuckuck" thematisiert Brigitte Fries derartige Probleme als den Grenzgang zwischen wissenschaftlich und persönlich. (1) Konkret bedeutet das für mich: sowohl der Rahmen dieser Veranstaltung (weiblicher Lebenszusammenhang und Wissenschaft) als auch der von mir gewählte Sektor „Familie" lassen es nicht zu, daß wir uns als Person, als Frau, als Mann verstecken. Wir werden ganz im Gegenteil hineingezogen, als Betroffene, als Forschungssubjekt und Forschungsobjekt. Auf diese Bewußtheit und Betroffenheit – seien sie Chance oder Hemmnis – gehe ich im methodischen Abschnitt meines Referates noch genauer ein.

Warum Familie? Bei dieser Thematik sieht man sich einem unübersehbaren Wust von Literatur gegenüber, wobei allein schon die verschiedenen Zugänge und Schlußfolgerungen wert wären, als Quellen, als Zeitzeugen herangezogen zu werden, wie ich auch ansatzweise versuche, wobei hier das Verb „versuchen" sicher nicht zufällig verwendet wird. Nach den beiden ersten theoretischen Referaten soll hier nun exemplarisch aufgezeigt werden, wie eine „andere" Betrachtungsweise, wie andere Ansätze in der sogenannten Forschungspraxis neue Impulse bringen können.

Vorerst jedoch abrißartig einige für das weitere Verständnis wichtige Bemerkungen:

Schon 1855 setzte ein Nestor der Volkskunde (Wilhelm Heinrich Riehl) mit dem Erscheinen des 3. Bandes seiner „Naturgeschichte des Volkes als Grundlage einer deutschen Socialpolitik" mit dem Titel „Die Familie" einen Markstein. (2) Diese frühe Beschäftigung erfuhr von Seiten der Volkskunde jedoch lange keine Fortsetzung. Bei der Fülle an familienspezifischer Literatur verwundert diese große Absenz volkskundlicher Autoren bis heute – oder besser gesagt: verwundert sie?

Riehl als Repräsentant eines politischen und sozialen Konservativismus versteht die soziale Ungleichheit zwischen Mann und Frau als gottgewolltes Naturgesetz, aus der er auch eine demnach natürliche Ordnung der Gesellschaft ableitet.

Wissenschaftsgeschichtlich sehr stark verkürzt – fast sträflich verkürzt – möchte ich nun feststellen, daß sich die Volkskunde mit dieser Basis bis 1945 noch öfter die Finger verbrannte, weshalb dieselbe dann von gesellschaftspolitisch „heißen Eisen" (dazu gehört ja auch zweifellos die Familie) gebührenden Abstand hielt. Wenn von Familie die Rede war, so höchstens als Hintergrund für Objektivationen oder Bräuche, denen dann auch das Hauptinteresse galt, ohne ihren Stellenwert für soziokulturelle Binnenkontakte zu berücksichtigen. Motiv- und sachgeschichtliche Beschreibungen und Vergleiche ließen die Beziehung Ding und Mensch sekundär erscheinen. Um ein krasses Beispiel herauszugreifen, wurden bäuerliche Möbel zwar als Objekte einer sogenannten Volkskunst von ästhetischen und bautechnischen Gesichtspunkten aus betrachtet und untersucht, funktionale Momente, das Möbel als Indikator, ganz zu schweigen von geschlechtsspezifischen Projektionen, fehlen. Erst gegen Ende der 60er Jahre kam es zu Neuorientierungen des Faches, und andere Themen rückten ins Zentrum des Interesses: Weg von Bauernimage und Heimattümelei richtete die Volkskunde den Blick nun auf die Gegenwart, den Arbeiter, die Stadt etc. Ein neues Interesse an Familienkultur manifestierte sich in Marburg, wo mit Ingeborg Weber-Kellermann die Familie zu einem zentralen Thema avancierte. Sie charakterisiert 1974 ihre Zielsetzungen folgendermaßen:

> „So vollzieht sich die Sozialgeschichte der Familie einmal in der Form von Anpassung an gesellschaftliche Regeln, die sich in den verschiedenen geschichtlichen Epochen durch unterschiedliche kulturelle Norm- und Brauchsysteme verwirklichen. Dazu bewirkt die Familie als dynamische Primärform zum anderen auch selbst derartige Regeln und die sie darstellenden kulturellen Objektivationen. Und in einem dialektischen Prozeß werden diese Phänomene des Überbaus, vielleicht als mögliche Lösungen spezifischer sozialer Probleme, dann wiederum selbst zu sozialen Tatsachen, die auf die Basis der Sozialsysteme zurückwirken. Die Untersuchung solcher Prozesse gehört in den Arbeitsbereich der Europäischen Ethnologie." (3)

In ihrem wissenschaftlichen Dunstkreis entstanden weitere Arbeiten ähnlichen Sujets, so z.B. die Dissertation von Andreas Bimmer mit dem Titel: „Traditionelles Verhalten als Konstitutivum autoritärer Strukturen – dargestellt am Beispiel Marburger Studentenfamilien." (4) Nicht unerwähnt bleiben soll in diesem Zusammenhang auch Helmut Möller: „Die kleinbürgerliche Familie im 18. Jahrhundert. Verhalten und Gruppenkultur". (5) Prägenden Nachhall für die grundsätzliche Diskussion fanden diese Arbeiten jedoch nicht, worüber sich auch Andreas Bimmer verwundert äußert:

„Es ist schon erstaunlich, daß eine Wissenschaft, die den einfachen Menschen in seinem Alltagsverhalten als ihren Bezugspunkt versteht, den Bedingungen seines Familienlebens aber so wenig wissenschaftliche Relevanz beimißt und sich eher zufällig damit befaßt." (6)

Während also die Volkskunde die Familie für längere Zeit im Stich ließ, entdeckte sie die Soziologie bereits nach 1945. Heidi Rosenbaum erklärt die 1. Blüte familiensoziologischer Forschung (zu nennen sind hier die Arbeiten von Baumert, König, Schelsky und Wurzbacher) durch den Zusammenhang mit der Erschütterung der gesellschaftlichen Strukturen durch die Kriegs- und Nachkriegsereignisse: (7) Die Familie war oft als einzige intakte Stütze für den Einzelnen übrig geblieben und besaß von daher auch eine große politische Relevanz. Man hielt auch sozialpolitisch die Stärkung dieser Kleingruppe für absolut wichtig, hatte man doch erlebt, wie eine unüberschaubare Massengesellschaft besonders anfällig für politische Verführung gewesen war. Intention dieser Publikationen war demnach, Möglichkeiten zur Stabilisierung von Familie, zu einer Reform der Gesellschaft von der Familie her zu finden. (8)

Unser Interesse gilt nun vor allem den Inhalten, den Ansätzen dieser familiensoziologischen Arbeiten, die Rosenbaum in zwei Stränge trennt: zum einen wird Familie als Institution begriffen (Schelsky), zum anderen als Gruppe bzw. System (König (9), Claessens (10)). Auffällig erscheint in diesem Zusammenhang, daß Familie als ziemlich homogene Einheit begriffen wird und daß geschlechtsspezifische Fragen, eine, wenn überhaupt, sehr marginale Position einnehmen: z.B. ein Kapitel „Die Stellung der Frau in Familie und Beruf". Zitat Rosenbaum:

„Die Wahl eines spezifischen methodischen Zugangs zum Phänomen Familie spiegelt zugleich ein mehr oder weniger bewußtes familienpolitisches Interesse wider, d.h. der methodische Ansatz präformiert die Ergebnisse der Untersuchung." (11)

Auch der Volkskundler Andreas Bimmer, der sich als Schüler von Ingeborg Weber-Kellermann mit der Familienforschung in der europäischen Ethnologie beschäftigt, fordert, verstärktes Interesse der Situation der Frau und den Kindern angedeihen zu lassen. (12) Ein wichtiger Bestandteil der Kernfamilie, der zweifellos oft dazugerechnet wird, man spricht im Falle seines Fehlens gleich von einer „unvollständigen" Familie, findet jedoch erst in ganz wenigen Publikationen zu dieser Thematik Erwähnung.

In diesem Zusammenhang erscheinen mir die Erklärungsmuster von Silvia Bovenschen überlegenswert:

„Es gibt, strenggenommen, keine ‚Frauenfragen'. Schon in diesem Begriff steckt die ideelle Kasernierungsabsicht. Die Annahme, daß sich einzelne Bereiche des Lebens unter ihm erfassen und abhandeln ließen, während sich alle anderen Bereiche dem auf das Weibliche gerichteten Zugriff entzögen, verharmlost das Problem und macht überdies die Frauen zum Objekt eines Partialinteresses. Diese Auslagerung erzeugt gelegentlich eine feministische Trotzreaktion, die ihrerseits alle außerhalb der sogenannten ‚Frauenfrage' liegenden Probleme zu ‚Männerfragen' erklärt und deren Belanglosigkeit verkündet. Obgleich es sich hierbei zweifellos um eine hohle Inversion handelt, wird doch durch deren Absurdität die jener Auslegung sichtbar. Die Umkehrung hat eine polemische Qualität insofern, als sie darauf aufmerksam macht, daß Probleme, über deren Tragweite und Bedeutung wissenschaftlicher Konsens besteht, nur scheinbar frei sind von geschlechtsspezifischen Parteilichkeiten." (13)

Zögernd tauchen in den letzten Jahren nun Untersuchungen auf, die die Positionen und Rollen von Mann UND Frau in der Familie hinterfragen.

Einen wichtigen Teil des Referates sollen nun methodische Überlegungen zur Forschung und speziell zur Familienforschung einnehmen. Die Basis meiner Überlegungen bildet ein Seminar mit dem Titel „Familie – Ideologie und Wirklichkeit", eine Thematik, der wir, meine Co-Referentin Frau Dr. E. Katschnig-Fasch und ich, gemeinsam mit Studentinnen und Studenten, über zwei Semester auf die Spur zu kommen versuchten. Eine weiterführende Beschäftigung mit der Thematik ermöglicht mir ein Forschungsstipendium des Bundesministeriums für Wissenschaft und Forschung.

Da ich mich dem Ansatz von Helge Gerndt anschließe, der wiederholte Definitionsversuche in rein theoretischer Diskussion als unergiebig ablehnt und modellhafte Umschreibungen vorzieht, (14) sollen nur kurz zwei Termini präsentiert werden. Ideologie wird im Sinne Werner Hofmanns verwendet:

„Ideologien sind unzutreffende Auffassungen und Aussagen, an deren Entstehen, Verbreitung und Bewahrung sich gesellschaftliche Interessen – also nicht bloß das persönliche ‚Interesse' – etwa des lügenden Kindes – knüpfen. Von untergeordneter Bedeutung ist dabei, ob ein solches Interesse sowie die Beziehung zwischen diesem und der geäußerten Auffassung den jeweiligen Ideologieträgern bewußt ist oder nicht." (15)

In diesem Zusammenhang weist er auch auf den sozial konservierenden Charakter hin, der bei dieser spezifischen Thematik (Familie) noch von Interesse sein wird. Dem Familienbegriff wird mit Offenheit und Weite begegnet. Nicht nur Vater-Mutter-Kind, sondern auch Kombinationen, bei denen einer dieser Teile fehlt, sollen mit eingeschlossen werden. Auch im Seminar kam es schon beim Einstieg in die Thematik zu grundsätzlichen Diskussionen über die vielfältige Sichtweise von „Familie", die dazu überleiteten, eigene Positionen zu überdenken und sich selbst in die Forschung einzubringen, und zwar bewußt und nicht unbewußt, wie es bisher meist der Fall war. Freilich ist es der einfachere Weg, sich hinter einer scheinbaren Objektivität zu verstecken. Die Frauenforschung hat in den letzten Jahren aufgezeigt, daß diese Ergebnisse oft eindimensional sind. Hier interessieren vor allem geschlechtsspezifische Bilder, ausgehend von der Annahme, daß traditionellerweise nicht nur die Rolle eine unterschiedliche ist, sondern daß daraus auch unterschiedliche Bewertungen resultieren. Wie hier der Blick verschleiert werden kann, das heißt, wie stark also die Person des Forschers/der Forscherin die Wahl des Forschungsobjektes, Fragestellungen und schließlich auch Schlußfolgerungen beeinflußt, möge ein Beispiel aus der Ethnologie zeigen:

> „So erscheinen z.B. nach einem Bericht von Hart und Pilling (1960) über die Tiwi in Nordaustralien die Frauen dort primär als Objekte männlicher Prestigepolitik, nach einem Bericht über die gleiche Gruppe von Goodale (1971) hingegen, kommt den Frauen eine eher komplementäre, ebenbürtige Rolle zu. Wer hat nun recht: die beiden männlichen Ethnologen oder die Ethnologin? Und wenn der eine oder der andere, warum?
> Die billige Antwort wäre, weil sie schlechte Ethnologen waren. Im besagten Fall ist dies jedoch keine Lösung. Also besser: weil männlicher wie weiblicher Ethnograph von unterschiedlichen Perspektiven ausgehen, die sie aus ihrer eigenen Kultur mitgebracht haben. Die jeweiligen Voreinschätzungen des weiblichen Geschlechts verengen und dirigieren die Sichtweise." (16)

Als 2. Erklärungsmuster bietet Lorenz Löffler (Die Stellung der Frau als ethnologische Problematik) an, daß Ethnographen meist nur Männer befragen, Ethnographinnen jedoch Zugang zu beiden Geschlechtern haben.

Beide Merkmale müssen Berücksichtigung erhalten: der eigene subjektive Zugang des Betroffenen und zum zweiten die subjektive Einschätzung durch den Befragten. Zwei Momente, bei denen die Zugehörigkeit zu dem einen oder anderen Geschlecht bei dieser Thematik beachtenswert erscheint. Ich möchte jedoch hier nicht weiter vorgreifen: denn bei unserem Seminar stellte sich vorerst die Frage nach inhaltlichen Schwerpunkten bei der Feldforschung und damit verknüpft die Wahl methodischer Zugänge. Als Interviewform wurde das qualitative, offene Gespräch mit Leitfaden gewählt.

Schwierigkeiten und Chancen dieser Methode ließen sich oft erst im nachhinein feststellen, handelte es sich doch für viele um erste Versuche in dieser Richtung. Eine Methode, die immer mehr Eingang in die volkskundliche Forschung findet, deren Erlernen aber mindestens ebenso schwierig und kompliziert ist wie die Mathematik der Quantifizierung:

Frage: „Wie ist Ihr Rollenverhalten?"

Antwort: „Geteilt, wir haben auch keine sexuellen Probleme."

Folgende Hindernisse galt es zu überwinden: zum einen gibt es kein Lehrbuch – es kann wohl auch nur beschränkt eines geben –, das abgesehen von der Theorie den Umgang und die Praxis ausreichend beschreibt. Zum anderen fordern ein derartiges Gespräch und seine Interpretation neben großer Sensibilität für sein Gegenüber einen enormen zeitlichen Aufwand, Abstraktionsvermögen, Selbstvertrauen und die Bereitschaft zur Hinterfragung seines eigenen Standpunktes. Daß diese Schwierigkeiten für Frauen noch größer sind als für Männer, darauf weist die Tübinger Volkskundlerin Susanne Sackstetter hin:

„. . . da weder ihr Platz innerhalb der Wissenschaft so sicher und selbstverständlich ist wie der ihres Kollegen, noch das Hinausgehen in eine fremde Welt von ihrer Umgebung und von ihr selbst als normenkonform angesehen wird." (17)

Die Interviews, ergänzt durch Gedächtnisprotokolle, die mentale Beobachtungen und persönliche Eindrücke miteinfangen sollten, waren trotz vieler Mängel, oder vielleicht gerade deshalb, sehr aufschlußreich. Diese Methode entwickelt sich immer mehr zu DER Methode zur Erforschung soziokultureller Erscheinungen. Oft wird dem Interviewer Familienideologie präsentiert, um seine vermeintlichen Erwartungen zu erfüllen, um die Fassade aufrechtzuerhalten. Eine oft oberflächliche Beantwortung nach innerfamiliären Beziehungen kann Indikatorfunktion haben. Oft spiegeln Aussagen zu sog. „unverfänglichen" Themen wie Freizeit, Beruf, Erziehung deutlicher Familienrealität, familiäre Machtstrukturen wider als Antworten, die direkt Bezug auf das Rollenverhalten nehmen. Wenn auch Ehemänner und Ehefrauen von Mithilfe des Mannes im Haushalt als Selbstverständlichkeit und von einer partnerschaftlichen Beziehung sprechen, sind tatsächliche Positionen durch andere Beobachtungen, eben durch das Lesen zwischen den Zeilen, in Frage zu stellen.

Ein Beispiel: Frage an die Frau: „Sehen Sie ihn als gleichberechtigt an oder sehen Sie zu ihm auf?"

„Na ja aufschauen, schwer zu sagen, ich würd sagen, wir sind schon eher gleichberechtigt, ich könnt nicht sagen, daß er eine Respektperson für mich ist. Irgendwie dominiert er schon, weil er mehr Geld nach Hause bringt, aber ich hab dabei nicht das Gefühl, daß ich zu ihm aufschauen muß."

Obwohl unsere Befragung nicht auf Repräsentativität zielte, spiegeln auch diese Ergebnisse gesellschaftliche Prozesse wider, setzt man sie in Relation zu statistischem Material. Ich verweise hier auf den Bericht „Frauen in Österreich 1975–85" von Susanne Feigl. (18) Interessant für uns ist, wie derartige Akkulturationsvorgänge in der Praxis vor sich gehen, gemeint sind hier reziproke kulturelle Prozesse, die sich unter anderem auch in einer veränderten Gesetzeslage niederschlagen, die einer Diskriminierung der Frau entgegenwirken soll: zu nennen sind hier die Familienrechtsreform und auch ihr Umfeld, die von dem Grundsatz ausgeht, daß Mann und Frau in der Ehe gleiche Rechte und Pflichten haben. Grundsätze, die sich oft noch nicht einmal in der Familienideologie beobachten lassen.

Frage an einen Ehemann: „Gibt es bei Ihnen eine geschlechtsspezifische Rollenteilung?" Antwort: „Ich meine, daß der Führungsanspruch dem Mann zusteht, er soll die letzte Entscheidung fällen. Bei Differenzen möchte ich schon das letzte Wort haben."

Nicht nur die Gesprächsschwerpunkte waren je nach der Geschlechtszugehörigkeit unterschiedlich, auch die Reaktionen der Befragten auf eine Frau oder einen Mann, die/der mit ihnen über ihren Familienalltag sprechen wollte, waren anders gelagert, wobei sich bei Identität der Geschlechter die stärksten Kontakte entwickelten, d.h. Probleme und Kritik häufiger zur Sprache kamen und – wie es scheint – von beiden Seiten offener und vor allem anders. Eine große Bedeutung möchte ich in diesem Zusammenhang der Tatsache beimessen, daß Frauen am Thema weit mehr Interesse zeigten. Ihre Antworten fielen nicht nur ausführlicher aus, viele ergriffen (dankbar) die Möglichkeit, ihre familiäre Situation (endlich einmal) zu reflektieren. Abschließende Fragen über Eindrücke während des Interviews wurden von diesen auch mit Attributen wie „positiv", „anregend", „ich bin mir über vieles klar geworden" beantwortet. Wir stoßen hier also, unabhängig von Inhalten, ebenfalls auf traditionelle Muster: die Familie ist die Domäne der Frau.

Die Familie als Produzent und Produkt soll nun abschließend als primärer Sozialisationsfaktor auf ihr Entwickeln von weiblichen und männlichen Verhaltensweisen überprüft werden. Aussage von Herrn X: „Ich selber hatte schon richtiges Bubenspielzeug, spielte aber auch gerne mit einem Teddybär. Ja, ich finde das Rollenverhältnis Mädchen–Puppe, Bub–Eisenbahn richtig, aber ich glaube auch, daß die Gründe tiefer liegen, im Biologischen. Das weibliche Element ist nun einmal das bewahrende, schützende, während das männliche Element das aggressive ist. Daher bei Mädchen das Spiel mit der Puppe. Würde man einem Buben Puppen geben, würde das an seiner Aggressivität nichts ändern."

Hat sich also seit Riehl nichts verändert? Hinter dem reißerischen und vielversprechenden Titel „Der neue Mann. Was der Mann von heute wirklich will" verbirgt sich keine Anleitung für entschlußlose Männer oder eine Bedienungsanleitung für Frauen. Brigitta Kress versucht, die traditionelle Männerrolle zu analysieren, zu erklären und gleichzeitig die langsame Auflösung dieses Bildes zu dokumentieren. (19) Ebenso wie die Psychologin Ursula Scheu: „Wir werden nicht als Mädchen geboren, wir werden dazu gemacht" (20) versucht sie, die so gern als natürlich hingestellten Rollen der Geschlechter von ihren biologistischen Prämissen zu befreien:

> „Die Geschlechterrolle variiert zwischen den verschiedenen Kulturkreisen und dient in der Hauptsache dazu, bestehende traditionelle Verhaltensweisen zu bestätigen, zu bewahren und fortzuführen, um sowohl den einzelnen Menschen wie ihrem Zusammenleben psychologischen Halt und Sicherheit in ihren komplizierten Beziehungsgeflechten zu verleihen, ihnen eine „Sprache" zu vermitteln, die aus ihrer Kulturgeschichte entsprungen ist, und die auch auf non-verbalem Wege Sozialstrukturen aufzeigt, Hierarchien, Positionen und Statusse signalisiert und somit auch als Verständigungsmittel für die Kulturen untereinander dienen kann, die ähnliche Rollenstrukturen entwickelt haben. Die Sicherheit, die Rollen durch ihren festgelegten Charakter vermitteln, hat aber auch bedeutende Nachteile, d.h. Rollen fixieren Personen auf bestimmte Funktionen und Verhaltensweisen, sie legen fest, werden zum Zwang und können dadurch erforderliche Anpassungsleistungen an sozio-ökonomische Veränderungen und Innovationen verhindern, oder doch zumindest erschweren."

Was hier von der Soziologin angesprochen wird, sind eigentlich legitime Forschungsinteressen der Volkskunde, man denke an das sog. Leben in überlieferten Ordnungen in Verflechtung mit dem dynamischen Ansatz von Beharrung und Wandel.

Bezüglich der Bewertung der Geschlechterrollen merkt Brigitta Kress an, daß die Reduzierung auf die Hausfrauen-, Mutter- und Geliebtenrolle erst im Zeitalter der Industrialisierung als Einschränkung erfahren werden konnte (S. 58 f.). Zu einem ähnlichen Ergebnis kommt auch Ekkehard Kloehn (21):

> „Die Kleinfamilie ist keine von Gott geschenkte Naturgegebenheit, die da von linken Systemveränderern und kommunistischen Ideologen unterhöhlt und gefährdet wird. Sie ist ein recht kurzlebiges Zwischenprodukt der Industriegesellschaften und wird von diesen selbst gefährdet."

Nicht um die Frage nach Authentizität geht es mir bei diesen beiden Zitaten, sondern als Denkanstöße sollen sie die Dringlichkeit einer geschlechtsspezifischen Forschung unterstreichen, wobei der soziokulturelle Gesamtzusammenhang dazu beitragen kann, traditionelle Erklärungsmodelle wie die Abfolge von Promiskuität-Matriarchat-Patriarchat durch differenziertere Forschungen abzulösen.

Chance oder Hemmnis? Ich wollte keinem extremen Kulturrelativismus Vorschub leisten, halte aber, und damit möchte ich schließen, die Beachtung subjektiver und geschlechtsspezifischer Kriterien in einer Kulturwissenschaft nicht nur für legitim, sondern für unbedingt notwendig.

Anmerkungen

(1) FRIES, Brigitte: Ein Versuch, mich „freizudenken" oder Grenzgang zwischen „persönlich" und „wissenschaftlich". In: Kuckuck. Notizen zu Alltagskultur und Volkskunde 1 (1986), S. 4–6.

(2) RIEHL, Wilhelm Heinrich: Die Familie. Stuttgart und Augsburg 1855 (= Naturgeschichte des Volkes als Grundlage einer deutschen Socialpolitik. 3.).

(3) WEBER-KELLERMANN, Ingeborg: Die deutsche Familie. Versuch einer Sozialgeschichte. (3. Aufl.), Frankfurt/M. 1977, S. 7 f.

(4) BIMMER, Andreas C.: Traditionelles Verhalten als Konstitutivum autoritärer Strukturen – dargestellt am Beispiel Marburger Studentenfamilien. Diss. Marburg/L. 1972.

(5) MÖLLER, Helmut: Die kleinbürgerliche Familie im 18. Jahrhundert. Verhalten und Gruppenkultur. Berlin 1969.

(6) BIMMER, Andreas C.: Familienforschung in der Europäischen Ethnologie. Eine Bestandsaufnahme (1971–81). In: Sozialkultur der Familie. Hess.Blä.f. Volks- und Kulturforschung NF 13 (1982), S. 3–16 (hier S. 3).

(7) ROSENBAUM, Heidi: Familie als Gegenstruktur zur Gesellschaft. Kritik grundlegender theoretischer Ansätze der westdeutschen Familiensoziologie. (2. Aufl.), Stuttgart 1978, S. 1–4.
(8) SCHELSKY, Helmut: Wandlungen der deutschen Familie in der Gegenwart. Darstellung und Deutung einer empirisch-soziologischen Tatbestandsaufnahme. (4. Aufl.), Stuttgart 1960, S. 14.
(9) KÖNIG, René: Die Familie der Gegenwart. Ein interkultureller Vergleich. (3. Aufl.), München 1978.
(10) CLAESSENS, Dieter: Familie und Wertsystem. Eine Studie zur „zweiten, soziokulturellen Geburt" des Menschen und der Belastbarkeit der „Kernfamilie". (4. Aufl.), Berlin 1979 (= Soziologische Abhandlungen. 4.).
(11) ROSENBAUM, Heidi: Familie als Gegenstruktur zur Gesellschaft, S. 4.
(12) BIMMER, Andreas C.: Familienforschung, S. 5.
(13) BOVENSCHEN, Silvia: Schattenexistenz und Bilderreichtum. Zur Struktur kultureller Repräsentanzen des Weiblichen. In: edition suhrkamp. Ein Lesebuch. Frankfurt/M. 1984, S. 632–673 (hier S. 632).
(14) GERNDT, Helge: Kultur als Forschungsfeld. Über volkskundliches Denken und Arbeiten. München 1981, S. 11 f.
(15) HOFMANN, Werner: Wissenschaft und Ideologie. In: LIEBER, Hans-Joachim (Hrsg.): Ideologie, Wissenschaft und Gesellschaft. Neuere Beiträge zur Diskussion. Darmstadt 1976 (= Wege der Forschung. 142.), S. 230–255 (hier S. 245).
(16) LÖFFLER, Lorenz G.: Die Stellung der Frau als ethnologische Problematik. In: ECKERT, Roland (Hrsg.): Geschlechtsrollen und Arbeitsteilung. Mann und Frau in soziologischer Sicht. München 1979, S. 15–59 (hier S. 16 f.).
(17) SACKSTETTER, Susanne: „Wir sind doch alles Weiber". Gespräche unter Frauen und weibliche Lebensbedingungen. In: Feldforschung. Qualitative Methoden in der Kulturanalyse. Hrsg. v. Utz Jeggle. Tübingen 1984 (= Untersuchungen des Ludwig-Uhland-Instituts der Univ. Tübingen. 62.), S. 159–176 (hier S. 159).
(18) FEIGL, Susanne: Frauen in Österreich. 1975–85, Wien o.J.
(19) KRESS, Brigitta: Der neue Mann. Was der Mann von heute wirklich will. München 1983, S. 13 f.
(20) SCHEU, Ursula: Wir werden nicht als Mädchen geboren – wir werden dazu gemacht. Zur frühkindlichen Erziehung in unserer Gesellschaft. Frankfurt/M. 1977.
(21) KLOEHN, Ekkehard: Die neue Familie. Zeitgemäße Formen menschlichen Zusammenlebens. Hamburg 1982, S. 35.

II. Der Gang durch die Geschichte: Bilder und Wirklichkeiten

Renata Copony

Die Frau in der griechischen und römischen Literatur (1)

Um möglichen Mißverständnissen vorzubeugen, soll zu Beginn darauf hingewiesen werden, was durch diesen Vortrag *nicht* intendiert ist, nämlich den sozial- und kulturhistorischen Status der Frau in der Antike darzustellen. Untersuchungen zu dieser Thematik gibt es einige wenige, ihre Erkenntnisse sind zum größten Teil aus der Literatur bezogen, verständlicherweise mangels anderer Quellen, je weiter in die Zeit zurückreichend, desto ausschließlicher. Es wurde vielmehr beabsichtigt aufzusuchen, welche Rolle der Frau in einer Literatur zugeteilt ist, deren Kultur maßgeblich vom Patriarchat geprägt ist: Figuriert die Frau demnach nur am Rande, bildet sie lediglich Hintergrund für den handelnden Mann, wird ihr Eigenleben dargestellt, ist ihre Person überhaupt Konflikt- oder wenigstens Diskussionsstoff. Untersuchungen über diese Thematik aus diesem Aspekt scheint es noch kaum zu geben. Auch gebe ich noch zu bedenken, daß diese Untersuchung in Anbetracht der Fülle des Stoffes und der Kürze der zur Verfügung stehenden Zeit weder vollständig noch in geistige Tiefen schürfend sein kann, ich habe dementsprechend keine Reflexionen über Ursachen und Konsequenzen der dargestellten Phänomene angestellt. Im folgenden soll ein Abriß über die Darstellung der Frau im griech. und röm. Epos, in der griech. und röm. Lyrik sowie im griech. Drama geboten werden.

Beginnen wir mit dem ältesten europäischen Literaturwerk, das wir besitzen, mit den beiden Epen Ilias und Odyssee, die unter dem Namen Homers überliefert sind. Ihre Entstehung fällt ca. ins 8. Jh. v. Chr., doch ging ihnen jahrhundertelange mündliche Tradierung – oral poetry – voraus.

Zuerst zur Ilias.

Für das Verständnis der Frauenzeichnung im homerischen Heldenepos ist vorher die Lebensauffassung des *Helden* zu betrachten bzw. zu klären, was überhaupt der Held ist. Die Maxime des Handelns der homerischen Helden ist die *τιμή*, die Ehre. Sie manifestiert sich einerseits in Besitz und Machtstellung sowie Abstammung, andererseits in persönlicher Tapferkeit. Tapferkeit aber bedeutet Kampf, siegen wollen über einen Gegner, sich durchsetzen, und zwar ausschließlich mittels physischer Gewalt. Jeder Kampf inkludiert die Möglichkeit des eigenen Todes – daraus resultiert die Bewunderung für den Helden, er tut nämlich, was der Zuhörer nicht kann: er überwindet die Angst vor dem Tod. Der Tod wird allerdings nicht gesucht, er wird nur nicht vermieden, er wird in Kauf genommen. Der Besitz von Tapferkeit muß immer wieder erneut unter Beweis gestellt werden, die *τιμή*, die Ehre, bedarf der dauernden Bewährung und gegenseitigen Anerkennung der Helden untereinander. Es muß daher immer wieder Kampf geben – und Tod.

Die homerische Frau leitet ihre *τιμή* ab von der des Vaters und des Gatten sowie von ihrer eigenen Leistung in ihrer Umwelt, die sich hauptsächlich im Haus vollzieht. Sie ist keineswegs minderwertig, nur schwächer, da sie abhängig ist von der Leistung des Mannes. Denn es liegt in der Möglichkeit des Mannes, ihren Lebensraum zu zerstören.

Mit der Welt des Helden, der, um sich zu beweisen, die Gefahr des Todes auf sich nimmt, kommt die Frau in Konflikt durch ihre Liebe, die diesen Tod nicht hinnehmen will, die erhalten, bewahren will. Bewahren nicht zuletzt auch ihren eigenen Lebensraum, der dabei gefährdet wird und den sie für das Aufziehen des Kindes braucht. In dieser Situation des Konfliktes der beiden Bereiche zeigt Homer die Frau. Er zeigt sie als Mutter des Helden und als seine Gattin, die zugleich Mutter des künftigen Helden ist. Es sind dies Thetis, die Mutter Achills, des griech. Angreifers von Troia, – sie ist eine Meeresgöttin – und Andromache, die Gattin Hektors, des Verteidigers von Troia. Das Verhalten der beiden Frauen gegenüber dem Kampfeswillen der Männer zeigt die beiden möglichen Reaktionen: Anerkennung und Unterwerfung unter die männliche Ideologie, d.h. Resignation, oder Auflehnung und versuchter Ausbruch daraus.

Die Mutter Thetis möchte ihren Sohn in seinem nur kurzen Leben, das ihm, wie sie als Göttin weiß, beschieden ist, möglichst glücklich haben. Ihr Kind in Kummer zu sehen und in seiner Ehre schwer gekränkt, schmerzt sie zutiefst. Voller Liebe eilt sie, Achills Wunsch nachkommend, sich als Bittstellerin bei Zeus für ihn einzusetzen. Die mütterlichste, jedoch zugleich erstaunlichste Handlung aber setzt sie nach dem Tod des Patroklos, Achills geliebten Freundes, den Hektor getötet hat: Unaufgefordert, aus dem Begreifen seines Wesens heraus, besorgt sie dem waffenlosen Sohn neue Ausrüstung, damit er, wie es sein rasender Wunsch ist und wie seine *τιμή* es erfordert, den Freund rächen könne. Sie tut dies, obwohl sie – wie auch Achill – weiß, daß unmittelbar nach dem Tod Hektors ihm selbst der Untergang bestimmt ist. Die Mutter führt damit selbst den Zeitpunkt seines Todes herbei und gibt ihm wissend das Instrument zur Selbstvernichtung.

Gattin und Gatte, Andromache und Hektor, haben einander gleichzeitig aufgesucht; Hektor, um in Vorahnung seines Todes von ihr Abschied zu nehmen, Andromache, um ihn vom Kampf abzuhalten. Die Frau versucht, den Mann in ihre Welt zu bringen, er soll bei ihr bleiben, dem Tod ausweichen. Beide Vorstellungen prallen zuerst hart aufeinander, lösen sich durch gegenseitiges Verstehen für die Situation des anderen und gehen wieder auseinander – Hektor geht in die Schlacht, Andromache geht nach Hause. Die Szene endet, indem Hektor seiner Frau den kleinen Sohn in die Arme legt, er läßt sie zurück als Mutter, und sie nimmt ihr Schicksal auf sich. Andromache aber hat aus demselben Grund nachgegeben wie Thetis: aus dem Begreifen, dem Verstehen heraus, daß der Mann nicht anders kann, daß er so handeln muß um der Selbsterhaltung willen, weil er außerhalb des von den Männern künstlich geschaffenen ideologischen Systems des Heldentums nicht leben kann. Dieses System bildet gleichsam das Stützgerüst für seine Selbstachtung, ohne die er zugrunde ginge. So erweist sich die Frau, die zwar nachgibt und die dem Lebensanspruch des Mannes unterliegt, in Wahrheit als die Stärkere. In den Totenklagen der Frauen aber tritt die Sinnlosigkeit dieses Heldentums zutage. Fassungslos aber steht man freilich vor der Konstanz, mit der das Panier solchen heldischen Denkens über zweieinhalb Jahrtausende hinweg unverändert von den Männern hochgehalten wird, wenn da etwa im Jahre 1944 nach all dem Grauen eines Weltkrieges ein angesehener Philologe (2) von der „männlichen Haltung" und der „Größe" Hektors spricht, „den es zum Kampf hinaustreibt", während Andromache „im Unverstand ihrer Liebe" den Mann „nach dem Eigensinn ihrer Liebe leiten" möchte. Und ein anderer anerkannter Fachgelehrter (3) stellt 1972 fest: „It is the main poetic function of women in the Iliad to exercise consciously this restraining power over men, by trying to dissuade them from doing their duty as a warrior . . . regardless of the consequences", denn „women . . . by their nature live more impulsively".

Das zweite Epos, die *Odyssee*, ist die Geschichte von der Heimkehr des Mannes nach langer Irrfahrt und der Frau, die auf ihn wartete. Odysseus' Schicksal wird maßgeblich bestimmt durch vier Frauen, eigentlich sind es vier Frauentypen: Mädchen, Gattin, Geliebte, Zauberin. Ausgenommen die Gattin, die das Ziel ist, bilden sie Stationen seiner Irrfahrt. In den Gestalten der Zauberin Kirke und der Nymphe Kalypso ist die Aufspaltung einer ursprünglich homogenen Gestalt deutlich zu erkennen: Kirke verkörpert die unheimliche, bedrohliche, sogar grausame Seite, Kalypso bildet die erotische Komponente. Kirke, die den Mann zuerst abwehrt, Böses will, muß erst überwunden werden, danach gibt sie Odysseus nützliche Ratschläge, denn sie weiß die Zukunft, und sie ermöglicht ihm den Gang in die Unterwelt. Kalypso hat Odysseus schiffbrüchig gerettet, sie ist höchst reizvoll, aber undramatisch. Beiden Frauengestalten liegt dasselbe Motiv zugrunde: sie haben die Funktion, den Helden von der Heimkehr abzuhalten. Beide wollen Odysseus bei sich behalten, Kirke gibt ihn jedoch auf seinen Wunsch hin sofort frei, nach nur einem Jahr, Kalypso gelingt es, acht Jahre des Zusammenseins zu erreichen, und es bedarf erst eines Götterbefehls, Odysseus ziehen zu lassen. Bei der Phäakenprinzessin Nausikaa, dem unberührten jungen Mädchen, wird mehr angedeutet als direkt gesagt, wie erste, zarte Liebe in ihr aufkeimt. Anders als Kirke und Kalypso hält sie jedoch Odysseus nicht fest, sie stellt nur eine Möglichkeit des Bleibens dar, eine Verlockung. Nicht Typus, sondern genau charakterisiert ist Penelope, die Gattin. Sie wird gleichgewertet wie Odysseus, als Charakter zeigt sie völlige Entsprechung: Beide sind unverrückbar ausgerichtet auf ein Ziel, von dem doch keineswegs sicher ist, daß es jemals erreicht werden wird. Odysseus ist getrieben vom Willen heimzukehren, in allen Fährnissen setzt er seinen Intellekt ein, um zu überleben. Penelope hält unnachgiebig stand, auch sie wendet Klugheit an (so erfindet sie die List mit dem Weben des Tuches, das sie nachts immer wieder auftrennt), sie ist vorsichtig und mißtrauisch (selbst als Odysseus sich ihr zu erkennen gibt, gestattet sie sich nicht, sich Emotionen hinzugeben, bevor sie sich nicht durch eine Prüfung von seiner Identität überzeugt hat). Beiden Gatten bietet sich die verlockende Möglichkeit, sich mit Leichtigkeit der lastenden Mühsale zu entledigen, indem sie eine neue Ehe eingehen, beide jedoch bleiben beharrlich. Beide leben nicht in ihrer eigentlichen Welt: Odysseus in der Welt des Irrationalen, der Märchen, und innerhalb dieser im Bereich der Frauen. Umgekehrt befindet sich Penelope im Bereich des Mannes, sie hat das Königsamt inne, herrscht und verwaltet. Beide streben aufeinander zu, um durch das Dasein des anderen die eigene Identität zu verwirklichen und den wesenseigenen Bereich wiederzuerlangen, so wie jeder von beiden ohne das Ausharren des anderen verloren wäre. Das heißt, ihre Existenzen hängen wechselseitig voneinander ab, die des Odysseus sogar in höherem Maße von Penelope, da sie für ihn ja die Königsherrschaft erhält. Die Ausgewogenheit in der Bewertung von Mann und Frau tritt auch deutlich in der Komposition des Epos hervor: Der Beginn zeigt nacheinander jeden von beiden getrennt und in bedrängter Lage, der Mittelteil schildert die Abenteuer, die Odysseus besteht, der Schluß bringt die Vereinigung des Paares, mit der eingeschobenen Retardierung, daß Odysseus zwar schon am Ziel, jedoch in seinem Hause noch unerkannt ist. Aus dem Gesagten wird klar, daß es nicht sinnvoll ist, die Rolle der Penelope für sich allein zu sehen und zu beurteilen, beide Gestalten, Mann und Frau, bedingen einander, sind komplementär aufeinander zu komponiert.

Mit *Hesiod*, dem ersten namentlich faßbaren Dichter nach den homerischen Epen – seine Lebenszeit fällt ins 7. Jh. v. Chr. – fließt zum ersten Mal Misogynie, Frauenfeindlichkeit, in die griechische Literatur, sublimiert im Mythos von Pandora. Zeus läßt, um die Menschen zu bestrafen („Denen werd' ich verleihen ein Übel, das allen Freude bereitet im Herzen, wenn ihr eigenes Weh' sie umarmen") aus Lehm das Mädchen Pandora formen, dem verschiedene Göttinnen Schönheit verleihen. „Doch in die Brust gab ihr Hermes ein Täuschung und schmeichelnder Worte Gewalt und verschlagene Artung" und sendet sie dem Bruder des Prometheus, und der „nahm sie an, doch als er das Übel besaß, da bemerkt er's." „Nämlich zuvor, da lebten der Menschen Stämme auf Erden frei von allen den Übeln und frei von Leid und Mühsal und von quälenden Leiden, die Sterben bringen den Menschen. Doch als das Weib von dem Tonfaß den mächtigen Deckel emporhob, ließ es sie los; es brachte ihr Sinn viel Unheil den Menschen... Nämlich voll ist die Erde von Übeln, voll auch die Salzflut; Krankheiten kommen bei Tag zu den Menschen, andere zur Nachtzeit wie sie wollen, von selbst, und bringen den Sterblichen Schaden..." Die Frau gilt hier also als Urheberin für die im Menschenleben existierenden negativen Mächte – und nicht nur das, sie selbst wirken als negative Potenz: „Von ihr nämlich kommt das verderbliche Geschlecht, die Stämme der Frauen, die, ein großes Leid, unter den sterblichen Männern wohnen". Diese Geisteshaltung gegenüber der Frau ist jedoch nicht ursprünglich griechisches Gedankengut, das Motiv stammt wohl, wie auch andere Mythologien bei Hesiod, aus altorientalischen Vorlagen. Die Parallele zur Eva der Genesis beispielsweise ist offensichtlich. Hesiods misogyne Idee wirkt dennoch weiter in der unteren Gesellschaftsschicht, aus der er selbst wahrscheinlich stammt. Nach Hesiods Darstellung bedingt die irreversible Existenz der Frau, daß dem Mann auf ewig ein glückliches Dasein versagt ist. „Wenn einer die Ehe flieht und das schlimme Tun der Frauen und nicht heiraten möchte, zu einem schlimmen Alter kommt der, entbehrt der Alterspflege... Andererseits wem eine gute Ehe zuteil wurde und er besitzt eine rechte Gemahlin, auch dem hält von eh und je das Übel dem Guten die Waage". Semonides von Amorgos (7. Jh. v. Chr.) verarbeitet in seinem sogenannten Weiberjambos als volkstümliches Motiv die Idee, die Frau nicht als Partnerin zu betrachten, sondern nach ihrer Leistung und ihrem Nutzen zu bewerten, den sie für den Mann erbringt: Zeus hat aus acht verschiedenen Tieren sowie aus Erde und Meer die Typen von Frauen geschaffen, allesamt aber sind sie schlecht. Am besten fährt der Mann noch mit der Frau, die „aus der Biene ist".

„Eine aus der Borstensau;
der liegt im Hause alles dreckbeschmiert herum,
wild durcheinander, und fährt wüst am Boden hin.
Sie selber dreckig und in ungewaschnem Zeug
hockt in dem Dreckloch mittendrin und mästet sich.
Und die vom Hunde, frech und ganz der Mutter Art,
die immer horchen, immer alles wissen will,
und überallhin steckt sie ihren Kopf und streunt umher
und kläfft und belfert, auch wenn nirgends wer zu sehn;
und davon bringt sie schwerlich ab mit Drohn ihr Mann

noch wenn er wütend mit dem Stein die Zähne ihr
einschlägt noch redet er ihr sanft im Guten zu
und auch nicht, wenn sie neben lieben Gästen sitzt;
nein ständig, unentrinnbar geht ihr Kläffen fort. . ."

Eine direkte Linie von Pandora geht auch in die Erzählung des Xenophon (5./4. Jh. v. Chr.), die er Sokrates berichten läßt. Es ist die Geschichte von Herakles am Scheidewege, wo die schöne Frau die berückende Umhüllung des Lasters darstellt. Allerdings blieb solche ungriechische Misogynie, wenn sie blieb, nur in den unteren sozialen Schichten bestehen, die für uns stumm sind. In der griech. Literatur taucht Frauenfeindlichkeit nicht wieder auf, jedenfalls nicht bis zur Literatur des Christentums mit seiner Sinnenfeindlichkeit und allen daraus resultierenden Restriktionen.

Gänzlich anders als imfrühen griechischen Epos liegen die Verhältnisse im römischen Epos, der *Äneis* des Vergil, dem römischen Nationalepos. Die Gestalten Vergils sind kaum individuell charakterisiert, sie sind einfach Träger bestimmter Qualitäten. Es fällt auf, daß die Vater-Sohn-Beziehung deutlich herausgestellt wird, schwach jedoch die zur Mutter. (Das gilt am meisten für Äneas selbst, er ist der Sohn seines Vaters und Vater seines Sohnes, der Mutter kommt nur die jeweils für die Handlung erforderliche Funktion zu.) Diese generelle Charakterisierung gilt in vermehrtem Maße für die wenigen Frauengestalten der Äneis, die Vergil überdies alle im Verlauf seines Epos sterben läßt, mit Ausnahme des Mädchens Lavinia natürlich, die Äneas ja heiraten soll, damit sie Stammutter des römischen Volkes werde. Aber gerade sie bleibt erstaunlich bläßlich im Hintergrund. Die Ausnahme bildet die Königin Dido von Karthago, außer Äneas selbst die einzige Person von individueller Prägung. Die lange und exakt herausgearbeitete Episode mit ihr soll hier untersucht werden.

Äneas war mit seinen Leuten schiffbrüchig an den Hof der Königin gekommen, die sich in ihn verliebt. Dido und Äneas leben in der Folge wie ein Ehepaar zusammen, – „Sie nannte es Ehe", so wörtlich im Text – Äneas hat an der Herrschaft teil, ist Dido behilflich beim Bau der Stadt, bis das Idyll gestört wird durch eine Traumerscheinung, die Äneas den eindringlichen Befehl Jupiters mitteilt, Äneas möge unverzüglich Karthago verlassen und endlich Italien als seinen und seiner Nachkommen künftigen Besitz aufsuchen. Dem Folgenden ist nun breiter Raum gewidmet.

Äneas, der magnanimus, pius Äneas, bringt es nun nicht über sich, das Einfachste, Natürlichste zu tun, das man erwarten könnte, nämlich Dido von der Erscheinung zu erzählen und Abschied zu nehmen, da er eben muß; von seiner göttlichen Bestimmung, ein neues Reich zu gründen, weiß sie ja. Statt dessen rüstet er still und heimlich seine Schiffe zur Flucht – „fuga" heißt es wörtlich – was Dido natürlich nicht verborgen bleibt. Tief verletzt stellt sie ihn zur Rede. Die Zeichnung Didos bisher ist klar und psychologisch folgerichtig. Dido, seit langem Witwe, selbstbewußt und tatkräftig, gewohnt, auf sich gestellt zu sein, hat nach längerem innerem Kampf, im Widerstreben sich zu verlieren, ihre heftige, lang aufgestaute Liebe auf Äneas geworfen. Entsprechend heftig ist ihre Reaktion, als sie sich hintergangen sieht. Auch Schande fügt Vergil als Motiv hinzu. Dido hat frühere Eheanträge mächtiger Nachbarfürsten stolz abgewiesen und wird nun von dem besitz- und landlosen Flüchtling schmählich verlassen. Sie bietet Äneas ihr Königreich, möchte ein Kind von ihm als Ersatz – Äneas jedoch bleibt ungerührt, mit einer Eiche im Sturm wird er verglichen. Nun packt Dido rasender Haß, sie flucht auf Rom ewige Feindschaft herab, und, da sie den Mann nicht haben kann, ihn aber auch nicht zerstören kann, da Äneas sich ihr mittlerweile durch seine Abfahrt entzogen hat, zerstört sie sich selbst: mit Äneas' Schwert begeht sie am schon errichteten Scheiterhaufen auf der Spitze der Burg Selbstmord – eine theatralische Szene.

Vergil verfolgte mit dieser Geschichte ein reales, prosaisches Ziel: er wollte die tödliche Feindschaft zwischen Rom und Karthago begründen und dabei Karthago ins Unrecht setzen. Das war nicht einfach: einerseits durfte Äneas nicht schuldig werden, der Sohn der Göttin, der Stammvater Roms, ja, sogar des julischen Kaiserhauses. Andererseits mußte er irgendwie Anlaß geben, Haß auf sich zu laden. Die Lösung ist genial: Äneas hat Dido gegenüber keine Schuld, er ist ja keine rituelle Ehe mit ihr eingegangen, hat ihr nichts versprochen, so sein formalistischer Standpunkt; Dido war es, die ihn zum Bleiben verführte. Auch moralische Schuld lastet Vergil ihr noch an, da sie dem toten Gatten ewige Treue geschworen hatte. Aus dieser Perspektive nimmt sich die der Frau zugewiesene Rolle sehr negativ aus. Denn der Götterspruch, das fatum, das Äneas lenkt, ist zugleich Sinn der Weltgeschichte, denn Ziel ist über die Gründung Roms hinaus die Friedens- und Weltherrschaft des Augustus. Und diesen göttlichen Plan wollte die Karthagerin Dido, die Frau, stören, ja, sie hätte ihn verhindert, wenn es ihr geglückt wäre, Äneas zum Bleiben zu bewegen – durch ihr Unverständnis und ihre Gleichgültigkeit gegenüber der höheren Aufgabe des Mannes und durch ihren egoistischen weiblichen Anspruch auf persönliches Glück. Daß in poetologischer Hinsicht das homerische Motiv der Kalypso hinter der Episode steht, ist klar. Aber wie hat Vergil es modifiziert! Die daraus resultierende Folgerung aber lautet: Vergil war nicht am Charakter, am Wesen der Frau um ihrer selbst willen interessiert, er hat sie lediglich seinem poetischen Zweck dienstbar gemacht.

Ich gehe über zur Lyrik, zurück nach Griechenland, zu einer Frau, die sich selbst artikuliert, deren Denken und Fühlen nicht von einem männlichen Intellekt nachempfunden oder vermittelt wird, zu *Sappho*, der gefeierten Dichterin der Antike, der „zehnten Muse", wie ein griechisches Epigramm sie nennt. Sappho wurde die ganze Antike mit Ehrerbietung gelesen, erst das Christentum mit seiner allgemeinen Mißachtung gegenüber den Kunstwerken der „Heiden" und seinen Moralanschauungen brachte Sappho zum Schweigen und nahezu zum Verlust, gilt ihre Dichtung doch als lesbisch. Wir besitzen aus Sapphos umfangreichem Oeuvre ein einziges Gedicht ganz, alle übrigen mehr oder weniger fragmentarisch durch Papyrusfunde. Über ihr Leben haben wir nur spärliche Kenntnisse und diese entstammen ausschließlich ihrem Werk, woraus schon die antiken Biographen ihre Angaben entnahmen: Sappho entstammt einer aristokratischen Familie der Insel Lesbos, war verheiratet und hatte eine Tochter, wurde in politische Wirren verwickelt, mußte fliehen und ging für längere Zeit nach Sizilien. Wieder zurückgekehrt hatte sie in Mytilene in ihrem Haus junge Mädchen, die dort jeweils bis zu ihrer Verheiratung lebten, um von ihr in den verfeinerten Traditionen ihres Standes unterwiesen zu werden, wie das in jener Zeit und in jener Gesellschaft üblich war. Sapphos Gedichte sprechen von Freundschaft mit diesen Mädchen und von Liebe, von Beisammensein und Trennung, von Abschied, Sehnsucht und Erinnerung. Sie dichtet ganz aus dem Erlebnis, aus der subjektiven Erfahrung, entwickelt ihre Gedichte höchst einfach aus einem einzigen Gefühl heraus, dabei aber bleibt ihr Denken ganz im Anschaulichen. Zum vielleicht Schönsten gehören jene vier Zeilen über die Einsamkeit und das vergebliche Verrinnen der Zeit:

> Untergegangen ist der Mond
> und die Plejaden, es ist Mitte
> der Nacht, vorbei geht die Zeit –
> ich aber schlafe allein.

Mit *römischer* Poesie, der Liebeselegie im besonderen, müßten wir uns hier nicht befassen, reflektiert sie doch ausschließlich männliches Denken, spiegelt männliches Empfinden, wenn es sich bei der römischen Elegie nicht um ein geistesgeschichtliches Phänomen handelte, für das die Frau als Auslöserin betrachtet wird.

Mit echter Liebeslyrik, das heißt, in Dichtung umgesetztem Erleben, begann in Rom erst Catull (gest. 54 v. Chr.), den wir hier beiseite lassen, da wir ja das Bild der Frau in der Literatur zu fassen versuchen. Dieses scheint sich im Dichten zweier jungen Poeten zu konkretisieren (ca. 27/26 v. Chr.), *Tibull* und *Properz*, Intellektuelle aus gutem Haus, beide der oberen Mittelschicht angehörig. Sie nehmen in ihren Gedichten der Geliebten gegenüber den Status völliger Ergebenheit und Unterwürfigkeit ein: Der Dichter muß jede ihrer Launen ertragen, klagt nur, wenn sie ihn schlecht behandelt, sie ist ihm des öfteren untreu, meist mit einem reichen Nebenbuhler, während der „arme" Dichter von Eifersucht zerrissen immer wieder seine eigene, unverbrüchliche Treue schwört. (Die eingenommene Position der Schwäche wird psychologisch besonders deutlich, wenn der Dichter seinen eigenen Tod aus Kummer ankündigt, um sich auszumalen, wie die Geliebte dann reuevoll an seinem Grabe trauern werde.) Oftmals will er dieser Liebe entfliehen, umsonst, er ist ihr verfallen. Das bedeutet zum ersten: Der Dichter vollzieht eine Art Rollentausch, er kehrt das traditionelle Rollenverhalten der Geschlechter um. Unterwerfung des Mannes unter die Frau muß für den Durchschnittsrömer etwas Unerhörtes, Dekadentes gewesen sein. Das tatsächlich geforderte Rollenbild der Frau ist gut zu sehen an den Grabinschriften, die ausnahmslos Sittenreinheit als wichtigste Qualität nennen (casta et pudica). Eine dieser Inschriften als besonders schönes Beispiel sei zitiert: „Sie liebte ihren Mann von Herzen, gebar zwei Söhne, war auch von hübschem Gang und netter Unterhaltung, hütete das Haus und spann Wolle" – was kann ein Mann sich sonst noch wünschen! Diese Forderung an die Frau blieb bis in die Kaiserzeit der verbindliche Maßstab, an dem die jeweilige Sittlichkeit gemessen wurde, auch wenn die Realität sich oft weit davon entfernte.

Das zweite: Die Dichter postulieren Rückzug ins Private, in intimes Eigenleben als gültige Lebensform. Sie setzen Liebe anstelle von Kriegsdienst, die Geliebte anstelle der Patria – das ist provokante Abkehr von den gültigen Normen, Absage an die tradierten Lebensformen. Diese poetische Fiktion einer Daseinsform, die sich in Liebe und Dichtung erfüllt, bedeutet Schaffung eines Freiraums für ein Leben in geistiger Freiheit und Frieden – vielleicht auch Flucht, vergleichbar mit Vergils Arcadien, jener utopischen Landschaft geistiger Kreativität und Schönheit. Diese Dichtung ist dezidierte Ablehnung von Mitarbeit im Staatsmechanismus, den von innen her neu aufzubauen und zu reformieren Octavian-Augustus gerade zu dieser Zeit dabei war. Inwieweit diese Dichtung Ausdruck einer schon vorhandenen Strömung alternativen Denkens war oder ein solches erst evozierte, kann nicht entschieden werden. Fest steht jedenfalls, daß diese Gedichte beim römischen Publikum auf begeisterte Aufnahme stießen. Diese besondere Art der Dichtung war es nun, die die einzige poetische Äußerung einer Frau in der gesamten römischen Literatur hervorrief. Es sind nicht mehr als zwanzig Disticha, also vierzig Verse einer gewissen *Sulpicia*, Nichte eines römischen Ritters, in dessen literarischem Salon Tibull verkehrte. Wir finden ihre Gedichtchen im Anschluß und Zusammenhang mit den Elegien des Tibull. Es sind kleine, sensible Gedichtchen, epigrammhafte Kurzelegien, in denen sie rückhaltlos ihre Liebe ausdrückt, wie etwa dieses:

Endlich empfinde ich Liebe, die vor der Welt zu verbergen
Schmachvoller sei, als frei mich zu bekennen zu ihr.
Venus hat jetzt gewährt, was ich in Versen erbeten,
Denn ihn hat sie geführt in meinen bergenden Arm.
Was sie verhieß, ist erfüllt, daß ich meine Freuden genossen,

Mag verbreiten, wer nie eigene Freuden erlebt.
Auf versiegelte Tafeln will nie ein Geheimnis ich schreiben,
Fremdes Auge soll nicht vor dem Geliebten es sehn.
Heimlich Getanes ist Lust, ich kümmre mich nicht um Gerede:
Daß ich des Würdigen wert, sollen sie sagen von mir.

Es ist ein bemerkenswertes Phänomen, daß es erst einer solchen alternativen Geisteshaltung bedurfte, und es ist zugleich ein Beweis für deren Stärke, daß ein einziges Mal in Rom eine Frau imstande war, die konventionellen Schranken zu übersteigen und mit der Artikulation ihres Gefühlslebens an die Öffentlichkeit zu treten. Die Restaurationspolitik des Augustus jedoch, seine moralische Reformation, die die römische Liebeselegie überhaupt verstummen ließ, hat diese erste zarte Stimme jedoch sogleich wieder erstickt und damit für alle Zeit weibliches Dichten im römischen Kulturbereich unterbunden. Im griechischen Kulturraum hingegen gab es seit Sappho ganz selbstverständlich weibliches Poesieschaffen. Wir besitzen Gedichte, zumindest deren Reste, von einer nicht geringen Zahl griechischer Dichterinnen bis zum Ende des Hellenismus. Und wenn wir auch von einigen ihre Werke überhaupt nicht mehr besitzen – ein Schicksal, das sie mit vielen ihrer männlichen Kollegen teilen –, so wissen wir von ihrer Existenz und kennen ihre Namen, und zwar deshalb, weil sie von anderen antiken Autoren und Biographen genannt werden. Von ihrer hohen Einschätzung zeugt zum Beispiel die Überlieferung, daß eine Dichterin im Wettstreit mit dem großen Pindar fünfmal über ihn gesiegt habe. Niemals aber galten weibliche Dichter in Griechenland als Ausnahme, niemals wurden sie als etwas Außergewöhnliches betrachtet.

Den reichsten Ausdruck in der antiken Literatur erfährt weibliches Wesen jedoch im griechischen Drama. Die Tragödie entstand und entwickelte sich zu ihrem Höhepunkt innerhalb eines Zeitraums von rund siebzig Jahren – zwischen 472 und 406 v. Chr. – ein unglaubliches Phänomen. Dabei müssen wir uns vor Augen halten, daß wir auch hier, wie so oft in der antiken Literatur, nur zufällig Erhaltenes beurteilen, denn wir besitzen nur einen Bruchteil der Tragödien. So schrieben Aischylos, Sophokles und Euripides je rund hundert Tragödien, wir aber besitzen von Aischylos und Sophokles nur je sieben, von Euripides achtzehn Dramen.

Eine besondere Position für unser Thema nimmt die *Orestie* des Aischylos ein, eine Inhaltstrilogie, das sind drei inhaltlich zusammenhängende Stükke in Art einer Fortsetzung.

Die Orestie ist nicht nur die großartige Darstellung von Schuld und Strafe in unheilvoller Verkettung, sie kann auch betrachtet werden als ungeheure Konfrontation zwischen Mann und Frau, als Auseinandersetzung zwischen Mutterrecht und Vaterrecht, bei der das Recht der Frau zugunsten dessen des Mannes zunichte gemacht wird. Die Ehepartner Agamemnon und Klytaimestra treten einander gegenüber. Agamemnon, der große Heerführer vor Troia, ist nach zehnjähriger Abwesenheit zurückgekehrt. Der Heimgekehrte steht vor seiner Gattin mit dem selbstverständlichen Anspruch auf seine Herrscherposition, einem Anspruch, der sichtbar dokumentiert wird durch eine Frau, Kassandra, die er sich von der Eroberung Troias mitgebracht hat. Welch demütigendes Beiseiteschieben der Gattin! Agamemnon ist beladen mit dem Mord an seiner Tochter Iphigenie, die er der Göttin Artemis opfern ließ, damit die griechische Flotte, deren Anführer er war, auslaufen konnte, andernfalls der Feldzug nach Troia nicht stattgefunden hätte. Er hat Iphigenie geopfert am Altar seines Egoismus und seines Ehrgeizes, um sein Ansehen und damit seine Macht zu behalten, weil Agamemnon nicht einmal um seines Kindes willen aus dem wahnwitzigen System der *τιμή* ausbrechen konnte. Auf der anderen Seite steht Klytaimestra, ungefragt durch die Abwesenheit ihres Mannes in eine Rolle gezwungen, die nicht ihre ist, nämlich Verantwortung zu tragen, herrschen zu müssen, allein zu sein, gleich der Situation der Penelope in Homers Odyssee. Klytaimestra aber hat diese Rolle nicht angenommen, sie hat den Anspruch auf eigenes Glück durchgesetzt, sie hat einen neuen Partner, von dem sie all das bekommen hat, was ihr vom Gatten hätte gegeben werden müssen, ihn will sie behalten. Denn, daß sie mit Agamemnon, dem Mörder ihres Kindes, niemals mehr leben kann und daß Agamemnon diesen Mord büßen muß, er selbst einfach nicht weiter existieren darf, ist fraglos. Der mitgebrachten Kassandra bedarf es dazu gar nicht mehr. Denn das alles ist längst gedacht, längst entschieden, die Emotionen seit langem erstarrt. Es wird auch von ihr gar nicht ausgesprochen, der Chor ist es vielmehr, der die Vorgeschichte und Klytaimestras Gedanken reflektiert. „Der Schlächter wird geschlachtet", formulierte es Peter Stein in seiner denkwürdigen Inszenierung der Orestie an der Berliner Schaubühne 1982 – so wird Agamemnon von seiner Gattin unter Mithilfe ihres Partners erschlagen, in eisigem Haß, geradezu selbstverständlich. So liegt das natürliche Recht eigentlich bei Klytaimestra, der Frau, und der Zuschauer möchte auf ihrer Seite stehen, wenn sie nicht in so zynischem, lustvollem Triumph über der Leiche stünde. (4)

Das zweite Stück, Die Choephoren, läßt Orestes, den herangewachsenen Sohn, ins Vaterhaus zurückkommen. Am Grab des Vaters steigern sich Bruder und Schwester, Orestes und Elektra, in wahnwitzige Wut und Gier nach Rache, mit den Fäusten schlagen sie die Erde. Danach begeht Orestes das Ungeheuerliche: Er tötet die Mutter und wird dafür von den Erinyen, den Rächerinnen des Verwandtenmordes, bis zum Wahnsinn gehetzt. Der Gott Apollo aber war es, der dem Orest unter schwersten Drohungen befohlen hatte, den Vater an der Mutter zu rächen, Orestes hat nur gehorcht. Durch Eingreifen der Gottheit kommt es zu einer Gerichtsverhandlung. Ankläger sind die Erinyen, die Göttin Athene leitet die Verhandlung, Apoll ist Zeuge.

Orests Rechtfertigung ist: „Sie erschlug den Vater mir". Es steht somit Muttermord gegen Gattenmord. Für die Erinyen wiegt nur der Mord an Blutsverwandten, denn der Gattenmord traf nur einen durch die Ehe, eine zivilisatorische Einrichtung, Hinzugekommenen: „Nicht blutsverwandt war sie dem Mann, den sie erschlug." Diese Darstellung ist die exakte Wiedergabe der mutterrechtlichen Gesellschaft. In dieser kommt der Mann in den Clan der Frau, die Zugehörigkeit zum Clan wird durch die Abstammung bestimmt, ist ursprünglich matrilinear. Ist jemand getötet worden, müssen ihn die Angehörigen seiner Sippe rächen, eine unbedingte Verpflichtung. Die Sippe des Opfers tritt an die Sippe des Schuldigen heran zwecks Entschädigung, die materiell erfolgt – der Fall ist erledigt. Andernfalls töten die Sippengenossen des Opfers den Mörder oder einen anderen seines Clans, der wieder gerächt werden muß, und so entwickelt sich Blutrache über mehrere Generationen. Wird jedoch ein Angehöriger der eigenen Sippe getötet, fällt die Möglichkeit der Entschädigung weg, der Mörder wird ausgestoßen. In der nordischen Sippe wurde er vogelfrei und, da die Sippe allein seine Daseinsmöglichkeit bildete, verfiel er dem Hungertod oder dem Wahnsinn. In der griechischen Mythologie wird der Mörder gejagt von den Rachegeistern seines Opfers, den Erinyen, den furchtbaren Töchtern der Nacht, Töchter aber auch der Urmutter Gaia, der Erde. Sie sind blauschwarz, Schlangen ringeln sich im Haar. Die Schlange, die in der Erde wohnt und sich dadurch, daß sie sich die Haut abstreift, immer wieder zu erneuern scheint, ist Symbol für die Unaufhörlichkeit der Rache. Nach Ansicht der Erinyen also, der Rachegeister der Mutter, ist Orest bzw. Apoll, schuldig. Da aber folgt ein wahres Husarenstück von glatteisiger Spitzfindigkeit. Apoll stellt die ungeheuerliche Behauptung auf, Orest sei mit der Mutter nicht blutsverwandt! „Nicht ist die Mutter des Erzeugten, Kind genannt, Erzeugerin – Pflegerin nur des neugesäten Keims. Es zeugt der Gatte: Sie, dem Gast Gastgeberin, hütet den Sproß." Die Frau ist also nur der „Backofen" für das Kind! Als Beweis führt Apoll Athene an, die nicht von einer Frau geboren, sondern dem Haupt des Zeus entsprungen ist. Bei der Abstimmung legt Athene also den Stimmstein für Orest dazu, wodurch die Abzählung eine gleichgroße Zahl ergibt: Orest wird freigesprochen. Die gedemütigten Erinyen, die das Recht der Frau vertreten haben, werden, durch Athene überredet, zu Schützerinnen des Herds und der Familie gemacht – Eumeniden, „Wohlmeinende", werden sie nunmehr heißen.

Dieser Ausgang bedeutet die Festsetzung der sozialen Rollen von Frau und Mann, die Errichtung und Zementierung der Vorherrschaft des Mannes, des Patriarchats vor dem Matriarchat, bedeutet auch die Einsetzung des patrilinearen Erbrechts, das, was für das damalige Athen von Wichtigkeit war, die Frau weitgehend vom Erbrecht ausschloß. Durch Athenes Kopfgeburt ergeben sich dazu folgende Assoziationsreihen: Mann = Gedanke-Geist-Abstraktion. Frau = Gefühl-Emotion-reine Funktionalität.

Bei Sophokles findet sich nichts allein auf weibliche Welt oder auf die Auseinandersetzung der Geschlechter Bezogenes. Sophokles geht es um das Verhältnis zwischen Mensch und Gottheit: der gutgläubige Mensch, der von der Gottheit getäuscht wird. Dabei agieren Frau und Mann völlig gleich gewertet, beide sind in gleicher Weise Träger von Ideen.

Der für unser Thema überhaupt wichtigste Autor der Antike ist Euripides. Er hat die griechische Tragödie von der fast religiösen Gebundenheit an den Mythos gelöst, was die Voraussetzung war, daß sich aus der attischen Tragödie das europäische Schauspiel entwickeln konnte. Der Mensch stört nicht mehr die göttliche Ordnung, sondern das menschliche Zusammenleben. Euripides ist der Schöpfer der großen Frauentragödien, mit deren Stoffen sich auseinanderzusetzen die europäische Literatur bis heute nicht aufgehört hat. (5) Es ist in diesem Rahmen nicht möglich, diese Frauengestalten alle einzeln vorzustellen, es sollen lediglich die wichtigsten kurz genannt werden.

Da ist *Phaidra*, die ihren Stiefsohn liebt und verzweifelt gegen diese Liebe anzukämpfen versucht, da ist *Alkestis*, die anstelle ihres Gatten den Tod auf sich nimmt, das junge Mädchen *Iphigenie*, das seiner Opferung zustimmt, oder *Medea*, die für Jason ihre Heimat verraten hat, weil sie an seine Liebe glaubte, und – von ihm ins Nichts gestoßen und sogar des Letzten, das sie noch besitzt, ihrer Kinder, beraubt werden soll – zum Mord an den Kindern kommt, um diesem Jason, der auf ihre Kosten alles Glück für sich beansprucht, Gleiches mit Gleichem zu vergelten. Das für mich persönlich erschütterndste Drama des Euripides sind die *Troerinnen*, ein Stück, in dem Gewalt und Brutalität der Macht an den Schwächsten der Gesellschaft ausgeübt werden, an den Frauen und sogar am Kind. Nach der Zerstörung Troias werden die Frauen, die ihre Männer, Söhne, Väter verloren haben, auf die Schiffe der Sieger aufgeteilt wie Ware und abtransportiert. Das Erschütternde aber: der kleine Sohn Hektors, ein Kleinkind, soll getötet werden, weil er der Sohn seines Vaters ist und vielleicht den Siegern gefährlich werden könnte. Er wird der Mutter und der Großmutter, Andromache und Hekabe, aus den Armen gerissen, um von den Mauern von Troia herabgestürzt zu werden. Und die Mutter kann ihrem Kind nicht helfen, kann seinen Tod nicht verhindern, ja, sie wird in höchstem Zynismus noch unter Druck gesetzt: Wenn sie sich ruhig verhält, bekommt sie das Kind wenigstens zur Bestattung zurück, sonst nicht einmal dies. Die zerschmetterte kleine Leiche wird dann den Frauen zurückgebracht – zur Totenklage. All diese feige Grausamkeit der Sieger gegen Wehrlose aber läuft vor der Folie ihres eigenen, bevorstehenden Untergangs ab: Im Prolog haben die Götter wie ein Geschäft miteinander ausgehandelt, daß die Zerstörer Troias auf ihren Schiffen voll der Beute auf der Heimfahrt zugrundegehen sollen – Sinnlosigkeit des Mordens wie des Leidens, das die Sinnhaftigkeit der Weltordnung in Frage stellt. Vor allem aber ist dieses Drama ein Antikriegsstück, das gerade vor der Kulisse des troianischen Krieges die Entglorifizierung des Krieges durchführt, exemplifiziert am Los der Frau.

Ich bin unschlüssig, ob Euripides, wenn er Frauen den Männern gegenüber als die seelisch Stärkeren zeichnet, die Unmoral der Macht zeigen, das hohle Großtun des Heldentums demaskieren wollte, oder ob er Gewalt gegen Frauen darstellt, um ihre Diskriminierung und Unterdrückung zu zeigen, um der Frauen selbst willen, als erster „Feminist" sozusagen. Der Kulturprozeß der geistigen Emanzipation der Frau begann jedenfalls zur Zeit des Euripides.

Mit dieser tour d'horizon durch die antike Literatur hoffe ich ein wenig gezeigt zu haben, auf welche Weise und in welcher Intensität diese Literatur die seelischen Ansprüche der Frau zu Worte kommen läßt und die Frau als selbständige Persönlichkeit wertet.

Anmerkungen

(1) Um den Vortragscharakter beizubehalten, habe ich weitgehend auf detaillierte Stellenangaben und Literaturhinweise zu Einzelproblemen verzichtet. Zur Gewinnung eines Überblicks kann folgende allgemeine Literatur dienen:
WICKERT-MICKNAT, Gisela: Die Frau. Archaeologia Homerica. Bd. III, Kapitel R. Göttingen 1982.
POMEROY, Sarah B.: Goddesses, Whores, Wives and Slaves, Women in Classical Antiquity. New York 1976.
BURCK, Erich: Die Frau in der griechisch-römischen Antike. München 1969.
LESKY, Albin: Geschichte der Griechischen Literatur. Bern 1971.
BICKEL, Ernst: Geschichte der Römischen Literatur. Heidelberg 1961.
HOMEYER, Helene (Hrsg.): Dichterinnen des Altertums und des frühen Mittelalters. Paderborn 1979.

(2) SCHADEWALDT, Wolfgang: Von Homers Welt und Werk. Stuttgart 1944, S. 219.

(3) KAKRIDIS, Johannes Th.: Homer Reviseted. Lund 1971, S. 71.

(4) Die Tat der Klytaimestra erscheint in der antiken Literatur noch einmal, jedoch unter anderem Aspekt, dargestellt durch den römischen Philosophen Seneca (1. Jh. n. Chr.). In seiner Tragödie „Agamemnon" verlagert er die Schuld auf den Mann, den Klytaimestra sich genommen hat, Aigisthos. Als sie ihren Plan bereut, wodurch Seneca sie von Schuld freispricht („wer bereut gefehlt zu haben, ist fast ohne Schuld"), bringt Aigisthos sie hinterhältig mittels psychologischer Kunstgriffe wieder auf den Weg ihres Mordplans zurück („Die in gemeinsamer Schuld verbunden ist, schuldet der Schuld die Treue"). Es waren Senecas Nach- und Umgestaltungen griechischer Dramenstoffe, die die Vorlagen wurden für das klassische europäische Drama, im besonderen für Corneille, Racine und Shakespeare.

(5) Um ein Beispiel aus jüngster Zeit zu nennen:
LYSANDER, Per und OSTEN, Suzanne: Medeas Kinder. Uraufgeführt in Stockholm 1975, deutsche Erstauffrg. in Essen 1984 und
TABORI, George: M. Uraufgeführt in München 1985 (M für Mord, Medea, Mann, Mythos, Mißgeburt).

Käthe Sonnleitner

Die Frau im Mittelalter

Es ist natürlich nicht möglich, das Thema „Frau im Mittelalter“ in einem Vortrag von eineinhalb Stunden auch nur einigermaßen erschöpfend zu behandeln. Was hier geboten werden kann, sind Bilder zu verschiedenen Aspekten des Lebens der Frau im Mittelalter, die, aneinandergereiht und versuchsweise inhaltlich verknüpft, hoffentlich eine Vorstellung von dem vermitteln, was Frausein bedeutet hat oder haben könnte. Diese Vorstellung muß auch deshalb Stückwerk bleiben, weil die Forschungen zur Frauengeschichte erst in den letzten Jahrzehnten so richtig eingesetzt haben, daher in manchen Bereichen noch nicht sehr fortgeschritten sind, und sie muß es notgedrungen immer bleiben, da die Quellen, aus denen wir unser Wissen schöpfen, ganz einfach zu dürftig sind. Die Quellen des Mittelalters sind von Männern geschrieben, das ist hinlänglich bekannt, sie spiegeln fast ausschließlich die Perspektive des Mannes. Die Frau an sich war kein Thema der Geschichtsschreibung, sie war es nur, soweit sie im Bezug zum Mann stand, also reduzierte sich das Interesse auf Gebärfähigkeit und deren Kontrolle, in der Folge auf Ehe, Rollenverteilung in der Familie, Unterwerfung der Frau zur Sicherung der Reproduktion der Gesellschaftsstruktur. Die historische Forschung bleibt notgedrungen ebenfalls weitgehend im Rahmen der Sozialgeschichte, Gesellschaftsgeschichte, Alltagsgeschichte, sie befaßt sich mit dem „Privatleben“ und muß dafür auch die Quellen von Nachbardisziplinen wie Theologie, Literaturgeschichte und Volkskunde nutzen. Nur selten führt Frauengeschichte in das öffentlich-politische Leben hinaus. (1)

Damit sind wir schon bei einem Hauptmerkmal der Stellung der Frau im Mittelalter; ihr Platz war nicht in der Politik, mit einigen Ausnahmen, grundsätzlich gehörte sie nicht zu den Herrschenden, sondern zu den Beherrschten. Dieses Schicksal teilte sie zwar mit dem Großteil der männlichen Bevölkerung, die ja auch mehr oder weniger unfrei war, doch standen den Männern, wenn auch begrenzte, Möglichkeiten des Handelns und des sozialen Aufstiegs offen. Alle Männer aber, gleich welchen Standes, herrschten über Frauen und Kinder.

Träger der politischen Macht war der Adel, gekennzeichnet durch Waffenfähigkeit, und wie in allen Kriegerkulturen galt weitgehend das Recht des

Stärkeren. Selbsthilfe war die sicherste Möglichkeit, eigene Interessen zu verteidigen. Frauen war auf Grund ihres Geschlechtes der Gebrauch von Waffen verboten, sie brauchten daher einen männlichen Vormund, der ihre Rechte verteidigte, auch vor Gericht, sie waren dort nicht einmal zur Zeugenaussage zugelassen. Ihre Wehrlosigkeit bewirkte auch Vermögensunfähigkeit, Frauen waren also im vollen Sinne des Wortes unmündig. Die Herrschaft des Mannes wurde rechtlich begründet mit der Schutzbedürftigkeit der Frau, doch ging sie darüber hinaus, wenn sie auch Strafgewalt und Verheiratungsrecht umfaßte. (2) Diese Vormundschaft, die uns in den Rechtsquellen des Frühmittelalters so ausgeprägt entgegentritt, hat sich im Verlauf des Mittelalters vor allem in der Praxis etwas gelockert, die grundsätzliche Herrschaft des Mannes wurde allerdings nie in Frage gestellt. Die Gesellschaftsstruktur des Mittelalters war sicherlich durch Sexismus bestimmt.

Ich möchte mich nun der Frau im theoretischen Denken zuwenden, d.h. der Frage, wie die geistigen Größen der Zeit über Wert und Stellung der Frau urteilten und welcher Zusammenhang mit der minderen Stellung der Frau in der Gesellschaft bestand. Das geistige Leben des Mittelalters wurde von der Kirche beherrscht, und auch die seit dem Hochmittelalter allmählich aufkommende Laienbildung bewegte sich zunächst noch ganz in den Denkbahnen der Geistlichkeit. Ich könnte dieses Kapitel daher auch mit „die Frau in der Theologie" überschreiben. (3)

Die theologische Wertung der Frau war keine Erfindung des Mittelalters, sondern wurde im wesentlichen, wie so vieles, aus der Antike übernommen. Der Traditionsstrang der Frauenfeindlichkeit im christlichen Denken, das natürlich auch vom vorchristlichen beeinflußt wurde, reicht von Paulus über die Kirchenväter, vor allem Hieronymus und Augustinus, zu Gregor dem Gr. und zu den Gelehrten des Mittelalters.

Grundlage für alle Überlegungen über die Frau im allgemeinen und über ihr Verhältnis zum Mann war die Bibel, vor allem das Alte Testament. Als Wort Gottes waren ihre Aussagen unumstößlich, aber doch auslegbar, und daher am besten geeignet, allen theoretischen Spekulationen absoluten Wahrheitscharakter zu verleihen. Es sind zwei Bibelstellen, die immer im Zusammenhang mit der Frau zitiert werden. (4) Die eine ist die Geschichte vom Sündenfall, den Eva, das Urbild der Frau, verursacht hat, da sie auf die Einflüsterungen der Schlange hörte. Adam ist nur der Verführte, dessen Schuld darin besteht, daß er dem Willen der Frau nachgab, statt sie zu beherrschen. Alle Sünde geht also immer den Weg vom Teufel zur Frau und von ihr zum Mann. Eva wird zum Sinnbild der Verführung, und da der Sündenfall sexuell interpretiert wird, zum Sinnbild der fleischlichen Lust, die ihren Ursprung im Teufel, im Bösen hat. Adam, der den Geist versinnbildlicht, muß seit der Vertreibung aus dem Paradies gegen Eva kämpfen, um die ursprüngliche Herrschaft des Geistes über das Fleisch, die er durch den Biß in den Apfel verloren hat, wiederherzustellen. Von hier geht also eine Geisteshaltung aus, die das Verhältnis der Geschlechter als steten Kampf begreift. Die Herrschaft des Geistes, die allein zur Vollkommenheit und damit zum ewigen Leben führt, ist nur erreichbar durch Abtötung des Fleisches, der Sinnenlust, des Weiblichen, des Bösen. Was Wunder, daß der Frau alle nur erdenklichen schlechten Eigenschaften zugeschrieben wurden, von Geilheit und Unersättlichkeit bis zu Falschheit, Hinterlist und Zanklust, sie erleichterten wohl die Abtötung. Jungfräulichkeit und Keuschheit stellen in diesem religiösen Denken höchste Werte dar.

Die Minderwertigkeit der Frau wird erhärtet durch eine zweite Bibelstelle, die von der Erschaffung der Menschen. Da Adam zuerst geschaffen wurde, ist er der eigentliche Mensch, das Ebenbild Gottes. Evas nachträgliche Formung aus seiner Rippe wurde als gottgewollte Unterwerfung unter Adam ausgelegt. Dazu heißt es bei Thomas v. Aquin, dem vielverehrten Theologen des 13. Jahrhunderts:

> Es war sinnvoll, daß das Weib in der Urbegründung der Dinge aus dem Manne gebildet wurde, mehr als bei den anderen Sinnenwesen. Und zwar erstens, damit so dem ersten Menschen eine gewisse Würde vorbehalten bliebe, damit auch er gemäß der Ähnlichkeit mit Gott Ursprung seiner ganzen Art sei, wie Gott der Ursprung des Weltalls ist. (5)

Es ist klar, worum es hier geht. Die Macht, die durch das Gebären über das neue Leben entsteht, soll zumindest am Beginn allen menschlichen Lebens nicht der Frau zukommen, sondern dem Mann; er muß der Hervorbringer seines Geschlechtes sein, damit er unumschränkt herrschen kann. In bildlichen Darstellungen der Erschaffung Evas wird diese Tendenz noch viel deutlicher. Eva wird nicht aus der Rippe geformt, sondern schon als fertiges Weib von Gott aus der Seite Adams gezogen. Mit solchen Darstellungen in den Kirchen, die den Sinn einer biblia pauperum erfüllten, konnte etwaigen im Volk vorhandenen Vorstellungen von einer Muttergottheit und dem Vorrang der Frauen bei der Weitergabe menschlichen Lebens entgegengewirkt werden. Daß solche Vorstellungen tatsächlich vorhanden waren, läßt die über ganz Europa verbreitete Schwankerzählung vom schwangeren Mann vermuten, die sich über die eingebildete Schwangerschaft und Geburt lustig macht. (6)

Die Herrschaft des Mannes über die Frau, gottgewollt und naturgesetzlich, darf allerdings keine willkürliche sein; dazu Thomas von Aquin:

> Die Bildung des Weibes aus der Rippe Adams war sinnvoll. Und zwar erstens, um anzudeuten, daß zwischen Mann und Weib eine Gemeinschaft bestehen muß. Denn weder soll das Weib den Mann beherrschen, und darum wurde es nicht aus dem Haupte gebildet; noch darf der Mann das Weib als ein ihm sklavisch unterworfenes Wesen verachten, darum wurde es nicht aus den Füßen gebildet. (7)

Eine Art Liebespatriarchat also, in dem vielleicht auch Einflüsse aus dem Neuen Testament mit seiner Forderung nach Nächstenliebe zum Tragen kommen. Die Lehre Christi dürfte auch dafür verantwortlich sein, daß nicht alle Theologen des Mittelalters die Frau nur negativ sehen, sondern daß es mitunter auch erfreulichere Denkansätze gibt, ein ferner Abglanz sozusagen des eher partnerschaftlichen Verhaltens Jesu zu den Frauen und seiner Lehre von der Gleichheit der Geschlechter in der Erlösung. Zu nennen ist hier Abaelard, einer der bedeutendsten Scholastiker des 12. Jahrhunderts. Er rühmt die Liebesdienste, die die Frauen Christus erwiesen haben, ihr Ausharren unter dem Kreuz, weshalb sie auch als erste den Auferstandenen sehen durften. Außer in der Marienverehrung hat sich das Lob der Frauen allerdings nicht sehr durchgesetzt. Zu einer positiven Bewertung der Sexualität konnte sich auch Abaelard nicht entschließen und keiner seiner Standesgenossen, sie ist bestenfalls eine Krankheit.

Damit wird deutlich, daß Verehrung nur fromme Frauen verdienen, die wie Maria jungfräulich leben, die sozusagen das weibliche Fleisch ablegen und den männlichen Geist annehmen. Die Marienverehrung nimmt in der Frömmigkeit des Mittelalters eine hervorragende Stellung ein. (8) Durch ihren absoluten Gehorsam hat Maria den Ungehorsam der Eva ausgeglichen und durch ihre jungfräuliche Geburt, der keine sündhafte Fleischeslust anhaftet, die Sinnlichkeit der Eva. Maria ist Gehilfin Christi beim Erlösungswerk, sie bringt das Leben, wie Eva den Tod gebracht hat. Hier stoßen wir auf die eigentliche Ambivalenz im Frauenbild des Mittelalters: die Frau ist Tod oder Leben, Sünderin oder Heilige, verehrungswürdig oder verächtlich, aber das alles nicht nur entweder-oder, sondern sowohl-als auch. In jeder einzelnen Frau konnte beides enthalten sein, Hure und Heilige, Eva und Maria. Es ist verständlich, daß „man" der Frau nicht traute, daß er sie fürchtete, er konnte sie nicht einordnen. Die Frau war schon im Mittelalter ein schillerndes Wesen.

Marienverehrung ist sicher nicht gleichzusetzen mit Frauenverehrung, vielleicht ist sie eher ein Ersatz für letztere, vielleicht spiegelt sich in ihr das gestörte Verhältnis von Männern zu den normalen, den weltlichen Frauen, von Männern die auf Grund ihres geistlichen Amtes gar kein ungestörtes Verhältnis haben konnten, weder zu ihrer Mutter, denn meist wurden sie bereits im Kindesalter einem Kloster zur Erziehung übergeben, noch zu einer Partnerin, denn die wurde ihnen seit dem 11. Jahrhundert immer vehementer verboten. Waren an der Entwicklung der Marienverehrung also sexuelle Verdrängungen der Männer beteiligt, wie feministische Theologinnen meinen? (9)

Wir haben uns die Frage zu stellen, was Marienverehrung für die Frau bedeutet hat, für die Frau, der Maria in der Kirche, in der Predigt, im Kloster immer wieder als Spiegel vorgehalten wurde. Die Frau sollte Maria nacheifern, ihre Eigenschaften annehmen, Keuschheit, Demut, Gehorsam, Selbstlosigkeit, Verzicht auf weltliche Freuden und seit dem Hochmittelalter in zunehmendem Maß auch Mütterlichkeit und Fürsorge. Durch ihre jungfräuliche Geburt und ihr Freisein von jeglicher Sünde war Maria letztlich aber für jede Frau unerreichbar, auch für die Klosterfrau. Hat die Marienverehrung nun die Wertung der Frau verbessert oder hat sie durch die Sichtbarmachung der Diskrepanz zwischen Maria und Eva dazu geführt, daß man die Frau als Tochter Evas noch mehr verachtete? Mußte dies nicht dazu führen, daß das Klosterleben die einzige geachtete Lebensform für Frauen wurde? Nun, auch die asketischen und jenseitsorientierten Theologen des Mittelalters mußten zugeben, daß es nicht möglich war, alle Frauen zu einem klösterlichen Leben anzuhalten, der Wunsch nach Erlöschen des Menschengeschlechtes ist wohl bei einigen ketzerischen Gruppen aufgetaucht, nicht aber in der rechtgläubigen Kirche.

Welcher Lebensinhalt war nun weltlichen Frauen zuzuweisen? Die einzige Antwort darauf war die Ehe. Allen Überlegungen zum Thema Frau sind daher Spekulationen über Sinn und Zweck von Ehe und Familie angeschlossen. Es ist festzustellen, daß es keine einheitliche Wertung der Ehe gibt, daß sich die Eheauffassung immer wieder verändert hat, wobei allerdings einige grundlegende Lehren erhalten blieben. Dazu gehört die Überzeugung von der Sündhaftigkeit der Fleischeslust, die man aber trotzdem auf irgendeine Weise in den Ehebegriff einbauen mußte. Die mittelalterlichen Theologen zitieren natürlich wieder die Autoritäten der Vergangenheit. Das Pauluswort, daß die, die zu schwach sind, um sich zu enthalten, heiraten sollen, diente als Basis für die Tolerierung der Ehe. Bei Augustinus fand man die Wertung des Geschlechtsverkehrs: er ist gut, wenn er der Erzeugung von Kindern dient, er wird geduldet zur Vermeidung von Unzucht außerhalb der Ehe, aber er ist sündhaft, wenn er darüber hinaus aus dem Verlangen nach Lust betrieben wird. Das höchste Ziel und größte Verdienst aber ist Enthaltsamkeit, auch in der Ehe. Wegen der Minderwertigkeit der Frau gibt es in der Ehe keine gleichberechtigte Partnerschaft, sondern der Mann muß über seine Frau herrschen, nur so ist für beide das ewige Heil erreichbar. Dieser Grundsatz zieht sich durch alle Ehelehren des Mittelalters.

Eine gewisse Aufwertung erhielt die Stellung der Frau durch die Lehre von der Ehe als Sakrament, die sich im Hochmittelalter durchsetzte. Wenn Hugo von St. Viktor im 11. Jahrhundert den Sinn der Ehe in einer vergeistigten, vollkommenen Einheit von Mann und Frau sieht, die durch die Liebe der beiden zueinander entsteht, dann ist die Rolle der Frau in diesem geistigen Bereich doch recht gleichwertig. Mann und Frau stellen in ihrer liebenden Gemeinschaft ein Abbild der reinen Liebe zwischen Gott und der Seele dar:

> Aber folglich ist es ein großes Geheimnis: beide werden in einem Fleische sein, in Christus und der Kirche. Größer aber ist das Geheimnis, beide werden in einem

Herzen, in einer Liebe sein, in Gott und der Seele. Siehst du nun, wohin meine Erörterung geht? Sieh die beiden Paare der Liebe, auf der Erde Mann und Weib, im Himmel Gott und Seele. (10)

Es ist schon ein sehr hoher religiöser und geistiger Anspruch, der hier an die Ehe gestellt wird. Bei der Umsetzung dieses Anspruches in die Realität ist die Frau aber keineswegs gleichberechtigt.

Gott hat Frau und Mann geschaffen und vom Mann die Frau: und weil sie aus jenem gemacht ist, ist sie jenem untergeordnet. Jenem ist gegeben, daß er an Intelligenz und Körperkräften überlegen ist: für diese ist es so eingerichtet, daß sie nicht allein aus Gehorsam, sondern von Natur aus untergeordnet ist. Es wollte also Gott, daß diese bei jenem Stärke, Fürsorge und Ruhe fände und daß ihre Schwäche bei jenem Liebe wecke, so daß der Mann die Frau gewissermaßen aus Güte liebt, die Frau den Mann aus Notwendigkeit. Wenn also der Mann die Frau liebt, ist das in gewisser Weise eine gute Tat, weil er von seiner Güte besiegt wird, die Schwächere nicht im Stich zu lassen. Wenn aber die Frau den Mann liebt, ist es mehr ein Muß, weil sie durch natürliche Notwendigkeit dazu gebracht wird, den Schutz zu suchen. (11)

Dieses spiritualisierte Liebesverständnis ist natürlich abgehoben von der Sexualität, wenngleich diese auch nicht gänzlich verurteilt wird.

Die gefühlsmäßige Übereinstimmung begründet die Ehe. Sie spricht den einen zu Lebzeiten des anderen nicht von den Verpflichtungen frei. Und noch eine Übereinstimmung: die der gegenseitigen Erfüllung des Geschlechtsverkehrs: als Begleiter und nicht als Ziel der Ehe, als Pflicht, nicht als Fessel. (. . .) Doch wenn diese Pflicht aufhört, darf man nicht glauben, daß die Wahrheit und Tugend der Ehe aufhöre; nein, vielmehr ist eine Ehe um so wahrer und heiliger als sie allein aus Liebe und nicht aus Fleischeslust geschlossen worden ist. (12)

Im frühscholastischen Menschenbild sind durchaus Ansätze zu einer Gleichwertung der Geschlechter vorhanden, doch die Traditionen des frauenfeindlichen Hierarchiedenkens, die man aus der Patristik übernahm, erwiesen sich als stärker. (13) Sie wurden verschärft durch die Rezeption der Aristotelesschriften mit ihrer naturwissenschaftlichen Begründung von der Minderwertigkeit der Frau. So finden wir bei dem schon zitierten Thomas von Aquin zwar weiterhin die Lehre vom Sakrament der Ehe – sie war offizielle Kirchenlehre –, andererseits aber folgende Ansicht über die Lebensberechtigung der Frau:

Es war notwendig, daß das Weib ins Dasein trat, wie die Schrift sagt, als die Gehilfin des Mannes; zwar nicht als Gehilfin zu einem andern Werke als dem der Zeugung, wie einige behaupten, da ja der Mann zu jedem sonstigen Werke eine bessere Hilfe im anderen Mann findet als im Weibe, sondern es war notwendig als Gehilfin beim Werke der Zeugung. (14)

Die Übermacht des männlichen Prinzips wird noch stärker betont, dagegen der Anteil der Frau an der Fortsetzung des menschlichen Geschlechtes auf ein Minimum reduziert.

Hinsichtlich der Einzelnatur ist das Weib etwas Mangelhaftes und eine Zufallserscheinung; denn die im männlichen Samen sich vorfindende wirkende Kraft zielt darauf ab, ein dem männlichen Geschlechte vollkommen Ähnliches hervorzubringen. Die Zeugung des Weibes aber geschieht aufgrund einer Schwäche der wirkenden Kraft wegen schlechter Verfassung des Stoffes oder auch wegen einer von außen bewirkten Veränderung z.B. den feuchten Südwinden. Aber mit Bezug auf die Gesamtnatur ist das Weib keine Zufallserscheinung, sondern nach der Absicht der Natur deren Zeugungsakt zugeordnet. (15)

Die endgültige Erhebung der Ehe zum Sakrament, die auf dem Laterankonzil 1139 erfolgte, hat das kirchliche Ehemodell auch in rechtlicher Hinsicht fixiert. Unauflöslichkeit, Einehe, Treue wurden gefordert. Ehebruch und Inzest – darunter fielen damals Verwandtenehen bis zum 7. Grad – waren die einzigen Scheidungsgründe. Der mündliche Konsens beider Brautleute galt als Bedingung für eine gültige Eheschließung.

Wenn ich von einem kirchlichen Ehemodell spreche, dann stellt sich die Frage nach einem weltlichen Gegenstück. Selbstverständlich gab es auch ein solches, doch ist es schwerer zu rekonstruieren, da es sich weniger deutlich in schriftlichen Quellen niedergeschlagen hat. Einigermaßen sichere Aussagen lassen sich bis zum Hochmittelalter nur für den Adel treffen. (16)

Aus der germanisch-fränkischen Zeit sind mehrere Formen von Ehe ins Mittelalter tradiert worden, die Vollehe (Muntehe), die Dauer haben sollte, Brautgaben und Mitgift verlangte und erbberechtigte Kinder hervorbrachte, und die Friedelehe, die nicht von Dauer sein mußte, durch eine Muntehe beendet werden konnte und den Kindern kein Erbrecht gewährte. Es versteht sich von selbst, daß die Kirche diese Form der Ehe bekämpfte, ebenso das Konkubinat, das in karolingischer Zeit üblich war, aber auch späterhin, wenn auch weniger öffentlich.

Die Ehe diente dem Adel vor allem zur Produktion von Erben, besonders männlichen, die die Familie, das Haus fortsetzen sollten. „Haus“ bedeutete in der Vorstellung des Adels seit dem 10. Jahrhundert nicht mehr den Verband aller Blutsverwandten, sondern eine ununterbrochene Folge von Männern, von Vätern und deren ältesten Söhnen. Die besonderen Vorzüge und Vorrechte des Adels hafteten am Blut, dem ein mystisch-sakraler Aspekt eigen war, besonders im Königtum. Deshalb maß man der Ebenbürtigkeit der Frau große Bedeutung zu, denn nur sie gewährleistete, daß Kühnheit, Mut, Kraft, Potenz und alle adeligen Führungsqualitäten sich auf die nächste Generation übertrugen. Noch besser war es, wenn die Frau aus einer höheren sozialen Schicht stammte, denn dann bedeutete die Heirat eine blutmäßige und soziale Aufwertung. Die Frau sollte also ein möglichst vornehmer, kostbarer Nährboden sein für den männlichen Wunsch nach eigener Reproduktion in künftigen Generationen, eine Gehilfin bei der Zeugung – wie im theologischen Ehemodell. Darüber hinaus beachtete man bei der Wahl der Ehefrau, was sie an wirtschaftlichen und politischen Vorteilen einbrachte. Wieviel Heiratsgut bekam sie mit, war sie vielleicht gar eine Erbtochter, die den ganzen Besitz einer in männlicher Linie aussterbenden Familie erhielt, konnten Waffenbrüder gewonnen oder bestehende Fehden beendet werden, mit einer Frau als Friedenspfand, diente die Heirat dem Machtgewinn – das waren die Motive, nach denen der Heiratsmarkt durchforscht wurde, persönliche Zuneigung spielte selten eine Rolle. Deshalb war es auch nicht Sache des einzelnen, sich einen Partner zu wählen, sondern die der ganzen Familien, die in den Eheverhandlungen ihre Interessen möglichst gut zu wahren suchten. Der Mann hatte den Vorzug, daß er Verhandlungspartner war, während die Frau es geschehen lassen mußte, daß über ihren Kopf hinweg bestimmt wurde. Nur wenn beide zukünftigen Eheleute noch unmündig waren, was gar nicht so selten der Fall war, dann waren sie in ihrer Passivität sozusagen gleichrangig.

Die Form der Eheschließung war diesem Eheverständnis angepaßt. (17) Es erfolgte zunächst die Verlobung, ein Familienkontrakt, bei dem auch der wirtschaftliche Teil der Ehe ausgehandelt wurde, und dann häufig in großem zeitlichem Abstand das Hochzeitsfest und der körperliche Vollzug der Ehe. Die ausschlaggebende Person in diesem Ritual war der Brautvater, der dem Bräutigam die Tochter übergab, die damit aus der Munt des Vaters in die des Ehemanns überging.

In diese Bräuche hat die Kirche schon früh einzudringen versucht, um Vorstellungen ihres Ehemodells durchzusetzen und damit den Adel unter Kontrolle zu nehmen. Sie hat eine Konsenserklärung beider Partner, also auch der Braut, bei der Verlobung verlangt, die außerdem vor einem Priester erfolgen sollte. Die Hochzeitsfeier sollte mit einer kirchlichen Zeremonie beginnen, in der das Ja-Wort eine zentrale Stelle einnahm. Die Forderung der kirchlichen Trauung als Voraussetzung für die Gültigkeit der Ehe setzte sich allerdings erst am Ausgang des Mittelalters durch. Der Konsens wurde schon im Hochmittelalter üblich, wenn er auch sicherlich oft ein Scheinkonsens war. Auch der Anspruch der Kirche auf die Ehegerichtsbarkeit, also die Entscheidung über die Gültigkeit der Ehen, wurde teilweise schon im 12. Jahrhundert verwirklicht.

Aus den überlieferten Streitfällen zwischen Kirche und Adel können wir erschließen, wie der Ehealltag, das Leben der Frau nach der Hochzeit aussah. War eine Frau unfruchtbar, mußte sie damit rechnen, verstoßen zu werden, außer die kirchliche Gerichtsbarkeit setzte ihre Forderung nach Unauflöslichkeit der Ehe durch, was vor dem 12. Jahrhundert kaum der Fall war. Häufig diente das Inzestverbot dazu, die zu nahe Verwandtschaft einer unliebsamen Ehegattin als Scheidungsgrund zu benutzen. In der quantitativ doch recht kleinen Adelsschicht ließ sich Verwandtschaft bis zum siebten Grad meist ohne Schwierigkeiten nachweisen, wenn nicht, ließ man einen entsprechenden Stammbaum erstellen und von Zeugen bestätigen. Sich ändernde politische Machtverhältnisse waren ebenfalls Anlaß zur Verstoßung der Frau, um Platz zu machen für eine neue, günstigere Partie, ebenso persönliche Abneigung des Mannes. Ehebruch der Frau führte zumindest zur Lösung der Ehe, mit Anerkennung der Kirche, wenn nicht zur Tötung der Frau, denn dieses Recht stand dem Ehemann nach weltlicher Auffassung zu, er wollte ja schließlich Gewißheit über die Legitimität seiner Nachkommen. Der Vorwurf des Ehebruchs war also auch eine Chance, eine lästige Ehefrau loszuwerden, denn sie hatte nur die Möglichkeit, sich durch Gottesurteil reinzuwaschen. Den Ehebruch des Mannes gab es nach weltlichen Wertvorstellungen nicht, wohl nach den kirchlichen. Dem Mann gereichte es zum Ruhm, möglichst viele Frauen zu erobern, auch mit Gewalt, das entsprach dem Ethos einer Kriegergesellschaft. Frauenraub, Entführung, Vergewaltigung scheinen keine Seltenheit gewesen zu sein, ebenso Verhältnisse mit Verwandten, mit Mägden und Konkubinen. Verprügelungen und andere Quälereien von Frauen sind überliefert. Bei den Männern hatte es die Kirche also sehr schwer, mit ihren Vorstellungen vom Eheleben durchzudringen, bei den Frauen war es leichter, denn da lagen Keuschheit vor der Ehe und Treue in der Ehe auch im Interesse der Männer. Wenn es um die Frauen ging, ließ man sich auch die Erziehungsvorschriften der Geistlichen leichter einreden, nämlich Erziehung zu Keuschheit und Schamhaftigkeit durch Fernhalten von weltlichen Vergnügungen, die die Sinnenlust reizen konnten. So verschieden die geistlichen und weltlichen Vorstellungen von den Normen des Zusammenlebens der Geschlechter auch waren, in der Überschätzung der „männlichen" Werte waren sie sich einig; wie die Theologen die geistigen Qualitäten des Mannes überbewerteten, so die Adeligen die männliche Kraft und Aktivität.

Es wird immer wieder betont, daß die Forderungen der Kirche nach Unauflöslichkeit der Ehe und Konsens eine Besserung der Stellung der Frau brachten. Der Konsens gab der Frau zumindest die theoretische Möglichkeit, eine Ehe abzulehnen; welche heldenhafte Standhaftigkeit dazu nötig war, wissen wir aus Heiligenviten. Im allgemeinen war es für zwölf- bis achtzehnjährige Mädchen wohl kaum möglich, sich gegen versammelte Familieninteressen durchzusetzen. Die Unauflöslichkeit der Ehe garantierte sicher die wirtschaftliche Versorgung der Frau, nahm ihr aber auch jede Möglichkeit, eine unerträgliche Ehe zu lösen. Kirchliche Ehegerichte verfolgten die Tendenz, Frauen, die ihren mißhandelnden Ehemännern davonliefen, wieder zurückzuschicken; sie konnten von Glück reden, wenn ihnen der Eintritt ins Kloster erlaubt wurde. (18) Männer dagegen waren durch die Ehe in ihrer Freizügigkeit kaum eingeschränkt, sie konnten ihre Wünsche außerhalb der Ehe befriedigen.

Ein ziemlich negatives Bild also, das die Historiker von der Stellung der Frau in der höfischen Gesellschaft entwerfen. Dabei ist das doch die Zeit der höfischen Dichtung, der Minnelieder mit ihrer Verehrung der Frau, der Herrin, als dem Inbegriff aller Tugend, dem Hort alles Edlen und Guten, der zu dienen den Mann veredelt, die in ihm Heldenmut und edle Gesinnung weckt, deren Liebe für ihn den höchsten Lohn und das größte Glück bedeutet. Eine Umkehr der realen Verhältnisse also – man ist daher heute weitgehend der Meinung, daß das höfische Frauenbild eine Erfindung der Dichter war, erfunden, um den Mann zu pazifizieren. (19) Zu nahe liegen Frauenlob und Frauenschelte in der Dichtung beisammen, als daß man an eine tiefgreifende Wandlung in der Wertung der Frau denken könnte. Zu oft findet man in der Epik die Anklage gegen Eva und ihre moralische Schwäche, wie in den theologischen Schriften. Wo die höfischen Epen reale Zustände widerspiegeln, treffen wir die Verfügungsgewalt des Ehemannes, der seine Frau auch erniedrigt, entwürdigt, schlägt, einsperrt und bei Ehebruch tötet.

Hatte das idealisierte höfische Frauenbild also keine Auswirkung auf die Stellung der Frau? Soweit sich durch die höfischen Ideale die Sitten und Gebräuche der Gesellschaft änderten, änderte sich sicher auch die Lebenswelt der Frau. Wenn nun die Männer vom Krieg oder von der Jagd nach Hause kamen, wollten sie sich an der Schönheit ihrer Damen erfreuen, die reich gekleidet und geschmückt, mit feinen Sitten sie bei Tisch und beim Spiel entzückten. Deshalb ließ man Mädchen im Tanzen und Musizieren, Singen und Schachspielen ausbilden, sie lernten lesen und schreiben, lasen Dichtungen auch in Fremdsprachen, manchmal sogar in Latein. Die Frauen übertrafen im allgemeinen die Männer an Bildung, Anstand und feinen Sitten, ausgenommen natürlich die Geistlichen. Dies alles, um den Männern das Hochgefühl höfischer Freude zu vermitteln. Die Frau als Gehilfin des Mannes beim Vergnügen?

Es ist sicher nicht abzustreiten, daß die Frau dadurch neue Betätigungsfelder gefunden hat. So konnte sie etwa ihre künstlerischen Fähigkeiten pflegen. Echte Selbstverwirklichung stand freilich nicht zur Debatte. Thomasin von Zirklaere meint dazu:

> Eine Frau braucht nur so viel Verstand um höfisch und gesittet zu sein. Wenn sie mehr Verstand hat, so soll sie den Anstand und die Weisheit besitzen, nicht zu zeigen, wieviel Verstand sie hat. (20)

Die höfische Minne wird immer wieder zitiert als Ursache für ein neues Verhältnis zwischen den Geschlechtern. Die Minnelehren des Hochmittelalters unterscheiden zwischen hoher Minne und niederer Minne. Das erinnert an die theologische Unterscheidung von geistlicher Liebe (= caritas) und sündhaftem Triebverlangen (= libido), allerdings wurden beide Formen der Liebe weltlich aufgefaßt. Die hohe Minne ist rein, gut, sie führt zu Weisheit und Tugend, indem sie Kontrolle der Affekte und Sublimierung der Triebhaftigkeit verlangt; die niedere Minne ist unrein, führt zu Lastern, macht unvernünftig, blind und wirkt zerstörerisch. Der Einfluß der theologischen Ehelehren ist unverkennbar. Reinmar v. Zweter:

> Wo die Liebe einer Frau die Tüchtigkeit des Mannes vergrößert, da sei die Frau und die Frauenliebe gepriesen. Wo aber ein Mann durch die Liebe einer Frau an Tüchtigkeit verliert, da ist die Liebe mit Unvernunft gemischt, (. . .). (21)

Minnelehre ist zugleich Tugendlehre, Minne ist Ursprung der ritterlichen Tugenden Tapferkeit, Freigebigkeit, Aufrichtigkeit, Mäßigung, Beständigkeit etc. und sie ist Gesellschaftslehre, indem sie die Beachtung höfischer Umgangsformen von den Tischsitten bis zur Körperpflege verlangt. Die Frau war also auch Gehilfin des Mannes bei der Erringung von Tugend und Ehre.

Im Mittelpunkt der Erörterungen der Minne steht offensichtlich gar nicht die angebetete Frau, sondern der Mann, der durch sie gebessert werden soll und aus ihr Nutzen und Freude gewinnt. Für die Beziehung der Geschlechter zueinander war es sicher ein Fortschritt, daß Liebesverhältnisse für möglich gehalten wurden, daß man sie zumindest in der Literatur anstrebte.

Die hohe Minne ist häufig außerhalb der Ehe angesiedelt, da sie auf Freiwilligkeit beruhen muß, ein Zeichen, daß Ehen unter einem anderen Vorzeichen geschlossen wurden, was natürlich nicht heißt, daß Zuneigung innerhalb der Ehe nicht vorkam. In der Lyrik findet sich häufig die Forderung, daß hohe Minne unerfüllt bleiben müsse, da sie sonst ihren Wert verliere, und damit nähert sie sich doch sehr der geistigen Liebe der Theologen. War sie etwa zunächst als Gegenstück zu dieser konzipiert, sollte sie den Laien das Ideal der Frau, Maria, nahebringen? War die höfische Dame, vollkommen und unerreichbar, ein Abbild Mariens, der Vollkommenen und Unerreichbaren? Vielleicht wurde sie von geistlichen Dichtern einer adeligen Männerkultur zur Verehrung anempfohlen, die sich in ungehemmter Sinnlichkeit an der Eva erfreute. Die weltliche Form der hohen Minne wäre dann als eine Art Kompromiß zwischen der geistigen und weltlichen Liebe entstanden, als Zugeständnis an eine Laienkultur, die für die allzu hohe theologische Lehre kein Verständnis hatte. War sie ein Versuch, Eva und Maria zu verbinden?

Dies alles muß natürlich Vermutung bleiben, beweisen läßt es sich nicht. Ebensowenig kann man heute entscheiden, wie groß der Einfluß der Literatur, als Ausfluß geistiger Tätigkeit, auf die Realität war, wie sehr durch sie die Stellung der Frau verändert wurde. Wir können auch nicht exakt begründen, warum während des ganzen Früh- und Hochmittelalters, also auch schon vor der eigentlichen Blüte der höfischen Kultur, einzelnen Frauen erstaunliche Freiräume des Handelns, auch des politischen, zugebilligt wurden. Man ist natürlich versucht, an Reste älterer, frauenfreundlicher Kulturen zu denken, die sich allerdings schwer beweisen lassen. Die Herrschertätigkeiten der merowingischen Frauen sind hinlänglich bekannt, vor allem ihre negativen machtpolitischen Aktionen. Eine positivere Wertung in der christlichen Geschichtsschreibung haben die ottonischen Frauen gefunden, Adelheid, Theophanu, Mathilde. Die ottonischen Kaiserinnen und Königinnen wurden nicht nur „consors regni“ genannt, sie unterstützten ihre Männer tatsächlich in den Regierungsgeschäften. Daher erscheinen sie in den Urkunden als häufigste Bittsteller, d.h. als Verursacher der Rechtshandlung. Die Frauen führten die Regentschaft während der Abwesenheit ihrer Männer, aber auch während der Unmündigkeit Ottos III. Theophanu stellte sogar Urkunden als imperatrix aus. (23) Ein spezielles Betätigungsfeld der Frauen des Hochadels war die Förderung der Kirche und ihrer caritativen Aufgaben. Die Kirche erwartete von ihnen auch einen vorbildlichen frommen Lebenswandel. Die ottonischen Frauen scheinen alle Ansprüche von Kirche und Gesellschaft erfüllt zu haben, sie führten auch die Regierung zur Zufriedenheit der Männer, das vermelden die Quellen ausdrücklich, wenn auch etwas verwundert. So heißt es bei Thietmar von Merseburg über Theophanu:

> Wohl war sie vom schwachen Geschlecht, doch eignete ihr Zucht und Festigkeit und ein trefflicher Lebenswandel, was in Griechenland selten ist; so wahrte sie ihres Sohnes Herrschaft mit männlicher Wachsamkeit in ständiger Freundlichkeit gegenüber Rechtschaffenen, in furchtgebietender Überlegenheit gegenüber Aufsässigen. (24)

Die Herrschaft von Frauen, die den männlichen Geist annahmen, wurde offensichtlich nicht vehement bekämpft. So finden wir im Adel immer wieder Frauen, die, wenn es an Männern mangelte, deren politische Funktionen übernahmen. Eine der bekanntesten ist Mathilde von Tuszien, die im Investiturstreit eine bedeutende Rolle spielte. Während der häufigen Abwesenheit der Männer auf Kriegszügen, vor allem zur Zeit der Kreuzzüge, mußten ihre Gattinnen sich auch in der Verwaltung der Güter bewähren. Vermutlich war die Frau eine bessere und verläßlichere Wahrerin der Familieninteressen als es männliche Verwandte oder Dienstmannen gewesen wären. Wieder können wir sagen, die Frau war Gehilfin des Mannes in der Wahrung und Stärkung seiner Macht.

Einen weiteren Freiraum des Handelns brachte der adeligen Frau der Besitz. Sie erhielt ihn durch das Erbrecht, das sie mit regionalen Unterschieden mehr oder minder am beweglichen und unbeweglichen Familiengut beteiligte, und durch das Heiratsgabensystem. (25) Für das Heiratsgut, das die Frau in die Ehe mitbrachte, mußte der Mann Widerlage leisten, die zumindest ebenso hoch war, im Spätmittelalter häufig doppelt so hoch. Beides wurde vom Ehemann verwaltet, doch konnte er nicht gegen den Willen seiner Frau darüber verfügen, er durfte es auch auf keinen Fall in seiner Substanz mindern, da es als Witwenversorgung dienen sollte, wenn seine Frau ihn überlebte. Über die Morgengabe, ein persönliches Geschenk des Mannes nach der Hochzeit, konnte die Frau frei verfügen. Häufig hat sie damit fromme Stiftungen gemacht, daher wurde in diesem Fall die Selbständigkeit der Frau sogar von der Kirche gefördert.

Im Einzelfall hing es sicher sehr von der Persönlichkeit der Frau ab, von ihrer Intelligenz, ihrem Durchsetzungsvermögen, wieviel Raum zur Entfaltung sie sich schaffen und zu eigenständigem Handeln nutzen konnte. Selbstverständlich spielten auch die jeweiligen politischen Gegebenheiten eine Rolle, ob man die vormundschaftliche Regierung einer Frau anerkannte oder verhinderte, wie jene der Agnes von Poitou für Heinrich IV. Frauen, deren Interessen in erster Linie religiös-caritativ waren, konnten sich nicht behaupten, dies zeigt das Beispiel der Elisabeth von Thüringen, der von den Verwandten die Verfügungsgewalt über ihr Witwengut abgesprochen wurde, aus Angst, sie könnte alles den Armen schenken. (26)

Bisher war nur von der adeligen Frau die Rede, wie war die Stellung der Frau in der Mehrheit der Bevölkerung, bei den Unfreien? Wir wissen nur sehr wenig über sie. Mann und Frau unterlagen Heiratsbeschränkungen, das heißt, Eheschließungen waren nur mit Zustimmung des Herrn möglich. (27) Dieser erlaubte sie meist nur innerhalb seines Hörigenverbandes, damit keine Schwierigkeiten mit der Herrschaftszugehörigkeit der Kinder entstanden. Ursprünglich gehörten diese der Herrschaft der Mutter, die des Vaters war also benachteiligt, belegte diesen daher mit Strafen. Manchmal wurden solche Ungenossenehen auch einfach für ungültig erklärt, erst der Einfluß der Kirche hat ihre Rechtskräftigkeit bewirkt. Der Herr konnte andererseits natürlich auch Heiraten befehlen, um seine Arbeitskräfte zu vermehren.

Im Verlauf des Mittelalters hat sich die Unfreiheit gelockert, die Dienstmannen stiegen in den niederen Adel auf, die Heiratsbeschränkungen blieben aber auch bei diesen Ministerialen noch recht lange erhalten, regional bis zum 14. Jahrhundert. Das bedeutete, daß der Herr die Heiraten seiner Untergebenen arrangierte, so wie sie am besten in seine Machtpolitik paßten. Die Strafe für unerlaubte Heirat bestand im Entzug der Lehen, die durch das Erbrecht der Kinder gefährdet waren. Als mit zunehmender Freiheit der Ministerialen diese sich immer weniger um Beschränkungen kümmerten, gingen die Herren dazu über, die Zugehörigkeit der Kinder durch Teilungsverträge zu regeln.

Über die Bauern, die ebenfalls aus dem Hörigenverband hervorgegangen sind, wissen wir kaum etwas. (28) Es läßt sich vermuten, daß in der Zeit, als die frühmittelalterlichen Herrenhöfe aufgelassen wurden und man daran ging, Huben von Bauern gegen Abgaben bewirtschaften zu lassen, die Ehe für diese Bauern von größerer Bedeutung wurde als zuvor. Solche Huben waren auf die Bewirtschaftung durch ein Ehepaar zugeschnitten; gemeinsame Arbeit von Mann und Frau war nötig, und weil die Frau hier notwendige Gehilfin des Mannes bei der Arbeit war, hat sich ihre wirtschaftliche und rechtliche Stellung im Spätmittelalter zumindest regional gebessert. Die Bäuerin erhielt Heiratsgut, das ihrer Witwenversorgung diente, außerdem war sie erbberechtigt nach den Eltern und nach dem Ehemann. Die Huben wurden vom Grundherren häufig an Mann und Frau verliehen, das ist aus den Urkunden zu entnehmen. Bäuerliche Frauen begegnen uns auch als Ausstellerinnen von Urkunden, vor allem Witwen, die im eigenen Interesse oder als Vormund der Kinder Rechtsgeschäfte tätigen. Der Unterschied zwischen Mann und Frau war also möglicherweise in den unteren Schichten, wo beide der gleichen Unfreiheit unterlagen, geringer als in den oberen.

Im Hochmittelalter entstand auch das Bürgertum, das gekennzeichnet ist durch persönliche Freiheit, die die Freiheit von Ehebeschränkungen miteinschließt. (29) Das Streben der Bürger ging, oft im Gegensatz zum Stadtherrn, nach freiem Besitz- und Erbrecht, auch für die Frauen. Damit konnte beim Fehlen männlicher Erben der Familienbesitz erhalten bleiben, und außerdem wurden wirtschaftlich und sozial vorteilhafte Ehen möglich. In den städtischen Oberschichten, im Patriziat, hatte die Ehe also ähnliche Bedeutung wie im Adel. Verarmte Patrizier nahmen häufig reiche Frauen aus der gewerbetreibenden Mittelschicht zur Ehe, was zum sozialen Aufstieg dieser Schichten führte.

Die Blütezeit des Bürgertums fällt ins Spätmittelalter, während der Adel verarmte und an Bedeutung verlor. Die Städte waren nun Mittelpunkte der Politik, der Wirtschaft, der Kultur und des gesellschaftlichen Lebens, nicht mehr die Burgen. Die Werte dieser Gesellschaft waren Besitz und Gewinn statt höfischer Ehre, sie wurden durch Arbeit, Rechnen, Sparsamkeit erworben, nicht durch den Einsatz körperlicher Kräfte im Zweikampf oder in Fehden.

Wo ist nun der Platz der Frau in dieser neuen bürgerlichen Gesellschaft? (30) Wir finden die Frau in den Städten in erstaunlich vielen Berufen tätig. Sie war Kauffrau, und zwar nicht nur Mitarbeiterin des Mannes, für den sie Buch führte, die Kasse verwaltete, den sie während seiner Handelsreisen vertrat, sondern auch selbständig und unabhängig. Frauen trieben Handel mit den verschiedensten Importgütern, unternahmen Handelsreisen und besuchten Messen. Für die Kauffrau galten die üblichen rechtlichen Beschränkungen der Frau nicht, weder hinsichtlich der Vermögensverwaltung noch vor Gericht. Kein Mann wollte für ihre Tätigkeit die Verantwortung übernehmen oder gar für Geldgeschäfte haften. Freilich war die Zahl dieser Frauen gering, und meist führten sie als Ehefrau, Witwe oder Tochter das Geschäft des Mannes oder Vaters weiter, waren sozusagen durch einen Mann ins Geschäft gekommen. Ähnliches gilt für Frauen, die die vom Mann erzeugten Produkte auf den Markt brachten und jene, die den Handelsbetrieb übernahmen, während der Mann sich einem städtischen Amt widmete.

Frauen sind auch in sehr vielen handwerklichen Berufen vertreten, am häufigsten als Mitarbeiterinnen des Mannes, auch als Witwen oder Erbtöchter, die den Betrieb weiterführten, bis er wieder von einem Mann übernommen werden konnte. In den Zünften waren Frauen meist nicht Vollmitglieder, sie durften daher keine Lehrlinge ausbilden, aber sie genossen die sozialen Vorteile und erleichterten ihren Ehemännern den Eintritt in die Zunft.

In großen Handelsstädten finden wir auch Handwerke, in denen Frauen als vollwertige Meisterinnen zugelassen wurden, ja sogar solche, in denen sie dominierten, z.B. die Garnmacherinnen in Köln, die Leinenweberinnen und Seidenweberinnen in Regensburg, Zürich und Köln und die Goldspinnerinnen in Köln und Nürnberg. Textilerzeugung war vor der Entstehung eigener handwerklicher Betriebe in der häuslichen Wirtschaft Aufgabe der Frau. Während die meisten Zweige der Textilerzeugung, auch die Schneiderei, in männliche Berufe übergingen, hat man einige besonders feine und Geschicklichkeit erfordernde Arbeiten den Frauen überlassen. Diese Frauenhandwerke waren zünftig organisiert, allerdings mußte der Vorstand der Zunft zur Hälfte mit Männern besetzt sein, da diese Frauen von der Rechtsvormundschaft nicht befreit waren. Die Zunftvorsteher waren meist die Ehemänner der Meisterinnen, die sich auch mit dem Vertrieb der Waren beschäftigten oder mit der Herstellung des Rohmaterials, wie die Goldschläger.

Solange die Zünfte nicht völlig abgeschlossen waren und jegliche handwerkliche Tätigkeit kontrollierten, konnten sich Frauen auch in freien Berufen betätigen. Bevorzugt beschäftigten sie sich mit der Verarbeitung von agrarischen Rohstoffen, der Nahrungsmittelproduktion und Aufbereitung, z.B. der Bierbrauerei, der Erzeugung von Brot, Fruchtweinen, Würsten und ähnlichen Produkten, die sie im Rahmen der Hauswirtschaft im Überschuß erzeugten und selbst auf den Markt brachten. Gleiches gilt für die Textilerzeugung, Weberei und Schneiderei, das Spinnen, Stricken und Sticken. Noch waren männliche Produktion und unproduktive Hausarbeit nicht streng getrennt.

In den städtischen Unterschichten, das waren immerhin 10–20 %, mußte die Frau arbeiten, um sich und die Familie zu erhalten. Die Arbeitsmöglichkeiten waren allerdings sehr begrenzt. Sie konnte als Lohnarbeiterin für niedere Handlangerdienste in einem Betrieb unterkommen oder als Hauspersonal, Köchin, Kindsmagd, Magd. Mägde verdienten nur halb so viel wie Knechte, Taglöhnerinnen erhielten 50–60 % der Löhne der Männer, bei gleicher Arbeit und gleicher Leistung. Der prozentuelle Anteil der Frauen an der Armut war dafür entsprechend höher. (31)

Die rechtliche Stellung der Städterin war regional und in den verschiedenen sozialen Schichten sehr unterschiedlich. Sie reichte von der vollen Rechtsfähigkeit der Kauffrau bis zur unfreien, der Willkür ihres Dienstherrn ausgelieferten Magd. Für die Mittel- und Oberschichten ist allgemein eine Besserung festzustellen. Die Frau hatte Erb-, Besitz- und Eigentumsrechte, sie begegnet häufig als Ausstellerin von Urkunden, die über Kauf, Verkauf, Pfandschaft und Erbleihe handeln, aber auch in Testamenten. Sie konnte in Vertretung des Mannes, aber auch in eigener Sache vor Gericht klagen und durfte Vormundschaft ausüben. Sie trug Mitverantwortung für Wahrung und Mehrung des Vermögens. Eine Emanzipation der Frau also? Wohl nicht, höchstens ein kleiner Schritt dorthin. Die Aufwertung der Frau erfolgte vielmehr im Zusammenhang mit der Emanzipation des Bürgertums in seinen Kämpfen gegen den Stadtherrn, in die die Frauen eingebunden waren. Die Frau konnte wohl Bürgerrecht erwerben, aber von den städtischen Ämtern blieb sie ausgeschlossen, sie hatte keinen Anteil an der Macht. Die eheherrliche Gewalt wurde nie angezweifelt, sie wurde nur dort gelockert, wo es im allgemeinen, sprich männlichen, Interesse lag. Die Frauen nützten diese Situation im Einzelfall für sich und ihre Familien, sie kämpften für politische und soziale Verbesserungen; es ist uns aber nicht überliefert, daß sie eine grundsätzliche, allgemeine Befreiung der Frau versucht hätten. (32) Wir finden die Frau also wieder als Gehilfin des Mannes, diesmal bei der Erwerbung von Rechten und Freiheiten.

In den Unterschichten kann von einer Befreiung der Frau schon gar nicht die Rede sein. Diese Frauen mußten arbeiten, um zu überleben, und befanden sich stets in der Gefahr, in die schlimmste Armut abzugleiten. Armut bedeutete für sie neben Betteln und Vagabundieren vor allem Prostitution. (33) Die Prostitution war weit verbreitet, sie wurde als notwendig erachtet, da weite Kreise der männlichen Bevölkerung, etwa die Gesellen, nicht oder erst spät heiraten konnten oder viel auf Reisen waren. Jede Stadt hatte mindestens ein Frauenhaus, das amtlich kontrolliert wurde. Der Besuch des Frauenhauses galt zunächst nicht als anstößig, er förderte schließlich Wohlbefinden und Gesundheit der Männer. Die Dirnen wurden geduldet, aber im Verlauf des Spätmittelalters zunehmend verachtet und an den Rand der Gesellschaft gedrängt. Erst im 15. Jahrhundert begann man die Prostitution aus moralischen Gründen zu verfolgen, viele Frauenhäuser wurden geschlossen. Neben der zunehmenden Tabuisierung der Sexualität in der weltlichen Gesellschaft dürfte dabei auch die Verbreitung der Syphilis eine Rolle gespielt haben.

Frauenhäuser waren häufig verbunden mit Badehäusern, Orten des Vergnügens, der Geselligkeit, wo man sich von Badmädchen verwöhnen lassen konnte und sich an Spiel und Tanz erfreute. Sie waren Ausdruck der starken Sinnlichkeit und Lebenslust des mittelalterlichen Menschen.

Das Spätmittelalter war eine Zeit relativer Freiheit der Frau, und man fragt sich, wie sich dies mit der negativen Einschätzung der Frau in der Theologie vereinbaren ließ, oder ließ es sich etwa gar nicht vereinbaren? Lassen wir Berthold von Regensburg sprechen, einen Franziskaner, der in der zweiten Hälfte des 13. Jahrhunderts berühmt war für seine volkstümlichen Predigten und ungeheuren Zulauf hatte. Die Bettelorden sahen ja ihre Hauptaufgabe in der Durchsetzung kirchlichen Gedankengutes in der städtischen und ländlichen Bevölkerung.

> Da unser Herr zu allererst die Ehe satzte mit Adam und Eva, da satzte er, daß die Frau dem Manne untertänig wäre, und der Mann der Frau Herrscher wäre.

> Nun sind die Frauen so kühn vor den Männern geworden, als ob sie mit dem Teufel behaftet wären, und streiten, wie wenn ihnen der Teufel das Schwert gesegnet hätte, so sie daheim sind, und sitzen dann vor mir, als ob sie nicht ein Wasser könnten trüben. Und so sie dann in die Kammern kommen, so fechten sie und kämpfen, als ob sie mit dem Teufel behaftet wären. Pfui, du unverschämter Unflat Gott und der Welt! welcher Teufel heißet dich kämpfen? und welcher Teufel hat dir das Schwert gesegnet? und welcher Teufel hat dir den Kampfkolben erlaubt? Männer sollen streiten, und Frauen sollen spinnen. (. . .) Daß die Frauen streiten, da magst du leicht verstehen; dir widerstreitet deine Hausfrau leicht zehnmal, daß dir Leid wird und da sie dich mit zornig macht. Ist jemand hier, der ein streitig Weib hat, der merke: (. . .) ein Mann soll ein Mann sein, eine Frau soll eine Frau sein. (34)

Ich könnte mir gut vorstellen, daß Berthold auf die tatsächlichen Freiheiten der Frau im Beruf zielt, auf ein beginnendes partnerschaftliches Verhältnis in der Ehe, wo Frau und Mann sich um den Familienbesitz kümmerten. Die Eva war für kirchliche Vorstellungen wohl zu selbständig geworden, sie hatte die ihr zugestandene Rolle überschritten, eine Rolle die der Prediger folgendermaßen beschreibt:

> „Bruder Berthold! nun sagst du, die Frau solle dem Mann untertänig sein, und er ihr Herrscher sein." Das ist auch wahr, du sollst der Herrscher sein, und sie deine Hausfrau; darum sollst du ihr nicht das Haar allezeit ausziehen umsonst und um nichts, und schlagen, so oft dich gut dünkt, und schelten und fluchen und anders bös behandeln unverdient. (...) Darum du Frau! Sollst du mir deinen Hausherrn wohl behandeln, du sollst ihm alle Ehre bieten, du sollst gegen ihn aufspringen, wenn er nach Hause geht oder reitet, und sollst ihm das Gewand abnehmen und abnehmen heißen und ihm das Kissen heiß legen und was man einem wackeren Wirte Ehre bieten soll. Denn du hast gar viel Ehre von ihm, so lange er lebt. (35)

Diese Rolle der Frau finden wir auch in den recht zahlreichen Ehelehren des 15. Jahrhunderts, die meist von Geistlichen verfaßt wurden. Das Reich der Frau ist der Haushalt, hier soll sie dem Mann dienen und Kinder aufziehen. (36) Als Beispiel die gedruckte Flugschrift „Von dem ehelichen Stand":

> Frau, du sollst dein Haus klug verwalten. Dazu braucht die Frau drei Tugenden. Das ist Weisheit, Fleiß und Umsichtigkeit. (. . .) Das Weib soll über das herrschen, was in dem Hause ist. Sie soll auch keinen fremden Mann in das Haus bitten, einladen oder kommen heißen ohne ihres Mannes Wissen oder Auftrag aus dreierlei Gründen. Zum ersten, daß sie nicht die Heimlichkeit des Hauses beschauen, zu dem andern Mal, daß die Frau nicht leichtfertig, und zum dritten, daß sie vom Manne nicht gescholten werde. Die dritte Lehre: Die Frau soll alle Vollmacht über die Austeilung der Kost haben, und wenn der Mann jemanden nach Hause bittet, seine Verwandten oder andere Leute, dann soll sie denen Zucht und Ehre erbieten. Darum verdient die Frau große Liebe von dem Manne, wenn sie so tut, wie vorgeschrieben ist. (37)

Die Frau wird zuständig für das gemütliche Heim, das sich von der Öffentlichkeit abschließt, in dem sich der Mann von seiner Arbeit außerhalb des Hauses erholen kann. In der Besorgung dieser Hauswirtschaft kann sie durchaus selbständig walten, solange sie nichts gegen den Willen ihres Mannes unternimmt. Die Hausfrau ist durch ihren sittlichen Lebenswandel auch verantwortlich für den guten Ruf und die Ehre des Hauses. Erfüllt die Frau diese Forderungen, funktioniert sie, dann kann sie Lob und Zuneigung erwarten. Funktioniert sie nicht, dann gehört sie zu den bösen Weibern, vor denen in den Ehelehren gewarnt wird, und die die Männer zu frommen Weibern erziehen sollen. Hier einige Ratschläge dafür:

> „Frau, laß deine Leichtfertigkeit, die weder dir noch irgendeiner Frau Ehre einbringt. Laß dein Schimpfen und Scherzen, davon wird nur ein schlechter Ruf und andere Anfechtung, und tu, was du zu Recht tun sollst in deiner Wirtschaft, dann will ich dich lieben und in Ehren halten. Tust du das nicht, so muß ich es deinen Freunden klagen, daß du mir nicht folgen willst". (...) Und hilft das nichts, (die Ermahnungen), wenn du das oft getan hast, so schlag sie, besonders morgens im Bett mit einer Gerte. Und will die Gerte nichts helfen, so besorg dir einen Prügel vom Mispelbaum. Damit gerb ihr die Lende. (38)

Die Ehe wird im 15. Jahrhundert allgemein positiver gesehen als zuvor. Das ist auf Einflüsse des italienischen Humanismus zurückzuführen, dem sie als natürliche Ordnung des Lebens gilt, und auf die Tatsache, daß die Obrigkeit die Ehe als Fundament des Staates entdeckt hat, das sein Fortbestehen garantiert. Albrecht von Eyb, Domherr und Jurist, schreibt in seinem 1472 erschienenen und in der Folge häufig gedruckten „Ehebüchlein":

> In ků̊rtze zu erzelen so ist die Ee ein erbers ding ist ein muter und meisterin der keůscheit, wann durch die Ee werden vermiden unlawtter fremde begire und ander schwer sůnde der unkeůscheit, die Eee ist ein nůtz heilsams ding durch die werden die landt stet und heůser gepawen gemeret und in fride behalten, manich streyt schwer krieg und veintschaft hindergelegt und gestillet, gut freůnschafft und syppe undter frembden personen gemacht und das gantz menschlich geschlecht geewigt. So ist auch die Ee ein frőlichs luspers und sůß ding, was mag frőlicher und sůßer gesein dann der name des vaters der muter und der kinder so die hangen an den helsen der eltern und manchen sußen kuß von in empfahen und so beide eeleůte solliche lieb willen und freůnschafft zueinander haben was eines will das es auch wőlle das ander und was eines redt mit dem andern das es verschwigen ist als het es mit imselbst geredt, und in beiden gutes und ůbel gemein ist das gute dester frőlicher und das widerwertig dester leichter. (39)

Hier wird die Ehe als bürgerliche Idylle angepriesen, die geprägt ist von Freundschaft und Liebe, aber alles mit Vernunft und Maß:

> Der ist ein eebrecher in seim weybe der sie zu hitzigklichen lieb hat. In einem frembden weyb ist alle lieb ein untugend und strafflich, und in dem eygen weyb ist große ůberflůßige lieb schentlich. Wann lieb bringt unrat, pricht hohe synne und geist, nympt den menschen von großen guten gedancken und bringt in zu unendlichen und verworffen dingen. Darumb wo rechte messige lieb zwischen eeleůten ist selig sein dieselben die sich also gesammelt haben und so sie darzu an fremde lieb keůsch und rein sein. (40)

An der Empfehlung zur Keuschheit in der Ehe hat auch der Humanismus nichts geändert, noch immer ist es nötig, vor der unersättlichen Sinnlichkeit der Frau zu warnen.

Es ist aber ein allte gemeinte sucht unkeuschheit der frawen, . . . (41)

Es ist das typische bürgerliche Familienmodell der Neuzeit, in das die Frau hier bereits gedrängt werden soll, mit seiner Rollenteilung, die bis heute gilt. Es muß ein Drängen gewesen sein, weil sich die Ehelehren so vehement über die Erziehung der Frau auslassen, nicht über die des Mannes, seiner Rolle wird nur insofern gedacht, als er die Frau richtig formen soll. Zum Unterschied von den höfischen Tugendlehren ist in den bürgerlichen Ehelehren die Frau die eigentliche Adressatin.

Die Frau bleibt fremdbestimmt, es wird weiterhin unterschieden zwischen der guten und der bösen Frau, der Maria und der Eva. Es ist nicht gelungen, der Frau die Eva auszutreiben. Die Angst vor dieser Eva scheint sogar noch größer geworden zu sein. Wir finden sie ausgeprägt in den Fastnachtspielen, in denen deutlich sexuelle Verdrängungen und Ängste jener Handwerksgesellen zum Ausdruck kommen, die von der Ehe ausgeschlossen waren. (42) Die Frau wird gezeigt als geil, wollüstig, herrschsüchtig, zänkisch, hinterlistig und bösartig. Ist das nun eine Umkehr der Realität, eine verkehrte Welt, wie es in den Schwänken heißt, oder gab es tatsächlich Frauen, die ihre dienende, keusche Rolle nicht akzeptierten – oder ist es nur die Angst der Männer davor, eine Angst, verbunden mit geheimen Wünschen?

Am deutlichsten zeigt sich die Furcht vor der Eva im Hexenwahn. 1487 erschien der berüchtigte Hexenhammer, ein Buch, in dem alle frauenfeindlichen Strömungen des Mittelalters sich konzentrieren und ins Pathologische steigern. Die Angst vor der verteufelten Sexualität kommt in den Vorstellungen von den nie zu befriedigenden Hexen zum Vorschein, die zu ihrer Lust den körperlichen Umgang mit dem Teufel pflegen. Dieser verleiht ihnen dafür die Macht zum Zaubern, die sie vornehmlich dazu verwenden, um männliche Potenz und weibliche Fruchtbarkeit zu stören und Schaden an Feld und Flur anzurichten. War es Angst vor der Macht der Frau, die doch durch Gott und Natur schwach, minderwertig, unselbständig geschaffen wurde? Ihre geistige und moralische Schwäche war angeblich daran schuld, daß sie anfällig war für Ketzerei und Zauberei. Verbirgt sich dahinter die Furcht, Eva – seit ihrer Erschaffung benachteiligt und unterdrückt – könne sich rächen, indem sie einen Bund mit dem Teufel einging, dem sie auch im Paradies schon verfiel, weil sie einem willkürlichen Gesetz nicht gehorsam war.

Es war offensichtlich dem Mann nicht gelungen, die Frau zu beherrschen, denn es ist, laut Hexenhammer, „ihr Laster von Natur, sich nicht regieren zu lassen, sondern ihren Eingebungen zu folgen. . .“ (42) Es war nicht möglich, Eva zur Maria zu machen, und es war nicht zu verhindern, daß sie immer wieder Adam verführte, griff man deshalb zur endgültigen Vernichtung der Eva durch das Feuer?

In der Literatur werden vielfältige Gründe für die Entstehung des Hexenwahns angeführt, wirtschaftliche, soziale, psychologische etc. Es würde zu weit führen, sie hier alle zu besprechen; viele scheinen mir eher Ausreden zu sein als wirkliche Gründe. Ich verzichte auch auf die Ausführung der Hexenprozesse und ihrer sadistischen Foltermethoden. Sie gehören zeitlich überwiegend in die Neuzeit und sie sind außerdem hinlänglich bekannt: die Hexen sind ja das Kapitel der Frauengeschichte, das am meisten Interessenten hat. (44)

Eine Ursache für die Angst vor der Zauberkunst der Hexen möchte ich aber doch erwähnen, weil sie in die Realität des mittelalterlichen Frauenlebens führt, nämlich die Heilkunde. Diese und natürlich auch die Krankenpflege oblagen den Frauen, die Bescheid wußten über Kräuter und deren Verarbeitung und vermutlich auch Heilzauber ausübten. (45) Diese weisen Frauen hatten Macht über Wohl und Wehe, sie konnten schließlich auch Gifttränke mischen oder Fruchtbarkeit verhindern. Einer der wichtigsten Bereiche des menschlichen Lebens, die Geburt, lag völlig in der Gewalt der Frauen, von ihr waren die Männer ausgeschlossen, dadurch aber den Frauen auf Gedeih und Verderb ausgeliefert. Der Beginn des Lebens lag in der Hand der Frauen – sicher kein sehr angenehmer Gedanke für viele Männer, vor allem Geistliche. Seit dem 15. Jahrhundert mehren sich die Versuche städtischer Beamter unter dem Einfluß der Kirche, die Arbeit der Hebammen zu kontrollieren, um Kindestötungen und Abtreibungen zu verhindern. Die Hebammen wurden zu den bevorzugten Opfern der Hexenverfolgungen. (46) Schließlich wurden sie von den Ärzten verdrängt, ihre Arbeit wurde zu einer untergeordneten Hilfsleistung entwürdigt. Die Medizin insgesamt entwickelte sich zu einer Domäne der Männer, da sie nun an Universitäten gelehrt wurde, zu denen die Frauen keinen Zutritt hatten. Sie konnten ihre Künste nur noch im Verborgenen ausüben.

Ein Thema möchte ich noch anschneiden, ohne das jeder Überblick über die Frauengeschichte unvollständig wäre: die geistlichen Frauen. Während des ganzen Mittelalters war das Klosterleben für die Frau die einzige Alternative zu Ehe und Familie. Es bedeutete ein Leben in der Klausur, nach Ablegung der Gelübde Gehorsam und Keuschheit. Es war zunnächst kein Leben in Armut, denn die Klöster waren reich; Äbtissinnen hatten daher neben ihrer disziplinären Gewalt im Konvent auch vielfältige wirtschaftliche und grundherrliche Aufgaben. Bis zum Hochmittelalter waren sie meist Verwandte des Königshauses und des höchsten Adels, die hier eine recht selbständige Aufgabe fanden. Kanonische Gewalt hatten Äbtissinnen allerdings keine, auch in der Seelsorge waren die Nonnen von Männern abhängig, die ihnen die Messe lasen, Sakramente spendeten und die Beichte abnahmen. Frauen, auch die heiligsten, sollten den Altar nicht einmal berühren, vom Priestertum waren sie ausgeschlossen, predigen durften sie nicht.

Der Weg ins Kloster stand zunächst nur Adeligen offen, erst seit dem

Hochmittelalter auch reichen Bürgerinnen, denn beim Eintritt wurde eine Mitgift verlangt. So waren viele Klöster Versorgungsstätten für Töchter, die man nicht verheiraten konnte oder wollte, denn eine Heirat war teuer und oft auch nicht möglich, weil man die jüngeren Söhne des Adels nicht heiraten ließ, um den Besitz nicht zu zersplittern. Mädchen kamen häufig schon im Kindesalter zur Erziehung ins Kloster, wurden dann mit 14 Jahren eingekleidet, ohne je die Welt außerhalb kennengelernt zu haben. Von einem freien Entschluß zum religiösen Leben konnte also nicht immer die Rede sein. Auch aus politischen Gründen oder um eine lästige Ehe zu beenden, wurden Frauen ins Kloster gesteckt. Natürlich entsprach das Leben in diesen Klöstern nicht immer den Ordensregeln. Von anderen Frauen wissen wir wiederum, daß sie sich gegen den Widerstand der Familie und gegen körperliche Gewalt den Eintritt ins Kloster erkämpften. Die Viten erzählen von Selbstverstümmelungen, mit denen sie sich für ein Eheleben untauglich machten, um das ersehnte jungfräuliche Leben führen zu können. (47)

Das Bewahren der Jungfräulichkeit war für manche Frauen der höchste Wert, das wird verständlich, wenn man die hohe Einschätzung der Jungfräulichkeit bedenkt. Jungfrauenstand bringt 100-fache, Witwenstand 60-fache und Ehestand 30-fache Frucht für das Himmelreich, heißt es im Speculum virginum, einem Lehrbuch für Nonnen. (48) Jungfrauen waren geachtet in der Gesellschaft und in der Kirche, ihnen wurden besondere Kräfte zugetraut. Nonnen waren Bräute Christi, waren der Hl. Maria ähnlich, wenn sie dieses Ideal auch nie ganz erreichten.

Maria muß eine ungeheure Anziehungskraft auf die Frauen gehabt haben, denn seit dem 11. Jahrhundert wählten immer mehr den Stand der Jungfräulichkeit. Die Forschung spricht sogar von einer weiblichen Frömmigkeitsbewegung. (49) Diese war natürlich keine rein weibliche Sache, sondern stand im Zusammenhang mit der allgemeinen religiösen Bewegung der Zeit, die eine Erneuerung des evangelischen Geistes anstrebte, ein apostolisches Leben in der Nachfolge Christi in Armut und Keuschheit. Dabei kam sie oft in Gegensatz zur reichen, verweltlichten Amtskirche. Die Ketzerbewegungen des Mittelalters sind hier anzusiedeln, vor allem die Waldenser und Katharer. Beiden wurde in der Forschung, besonders in der marxistischen, eine überwiegende Beteiligung von Frauen nachgesagt, die hier eine Möglichkeit zur Emanzipation von patriarchalischen und sozio-ökonomischen Unterdrückungen gefunden hätten. (50) Diese Meinung wurde in letzter Zeit wieder bestritten, auch der zahlenmäßig hohe Anteil der Frauen an der Ketzerei. (51) Tatsache scheint, daß am Beginn beider Bewegungen, im Elan des ersten Aufbruchs, den Frauen die Möglichkeit zur Predigt und zur Sakramentenspendung zugestanden wurde. Dieser Effekt dürfte auch bei der frühmittelalterlichen Missionierung aufgetreten sein, auch damals ließ man Frauen predigen. Außerdem sorgten die Katharer in Frauenhäusern für ledige, verwitwete und arme Frauen. Von einer Emanzipation der Frauen kann aber bei den Katharern wohl nicht gesprochen werden, denn in ihrem Lehrgut kam die Frau noch schlechter weg als im katholischen. Für sie war nicht nur die Sexualität ein Werk des Teufels, sondern auch die Fortpflanzung und Schwangerschaft. Der Teufel war auch verantwortlich für die Teilung der Menschheit in Geschlechter, für die Erlösung mußte daher das weibliche Geschlecht ins männliche umgewandelt werden. Ich kann hier kein endgültiges Urteil über die Frau in der Ketzerei abgeben, dazu sind noch weitere Forschungen nötig.

Die meisten Frauen, die von der Sehnsucht nach einem religiösen Leben ergriffen wurden, strömten sicherlich zu den Klöstern und wurden damit zu einem großen Problem für die Orden. Diese waren männlich organisiert, Frauenklöster waren ihnen nur angeschlossen und nicht in größerer Zahl erwünscht, da sie seelsorglich betreut werden mußten. Dies bedeutete neben Arbeit auch Versuchung. Selbst die Bettelorden des 13. Jahrhunderts, die sich in ihren Predigten gern an die Frauen wandten, bei diesen daher besonders beliebt waren, weigerten sich nach einer kurzen kooperativen Phase, die Verantwortung für die Scharen frommer Frauen zu übernehmen, die sich ihnen anschließen wollten. Immer wieder mußten sie vom Papst gezwungen werden, Frauenklöster zu übernehmen.

Einige Zahlen sollen das Ausmaß dieser Frömmigkeitsbewegung zeigen. 1277 hatten die Dominikaner in Deutschland 58 Männerklöster und 40 Frauenkonvente. 1303 waren letztere auf 81 angewachsen, und in der Provinz Teutonia war das Verhältnis von Männerklöstern zu denen der Frauen 46 zu 65. Die Konvente bestanden durchschnittlich aus 100 bis 120 Nonnen, teilweise auch aus 300, und man sah sich gezwungen, sie im Interesse der Versorgung zu verkleinern. (52) Um 900 gab es in Deutschland 70 Frauenklöster, 1100 bereits 150, 1250 schon 500, was einer Zahl von rund 30 000 Nonnen entspricht. (53)

Nicht alle Frauen fanden die gewünschte Aufnahme in einem Kloster, aus Platzmangel oder aus Armut, denn auch die Bettelorden verlangten ein geringes Vermögen, da die Nonnen nicht vom Bettel leben durften. Ende 12. Jahrhundert bildeten sich spontan eigene Formen des Zusammenlebens frommer Frauen, zunächst in Belgien, von wo sie sich rasch rheinaufwärts verbreiteten. Man nannte diese Frauen Beginen, wahrscheinlich nach den Albigensern, was darauf hindeutet, daß dieses selbständige Handeln ihrer männlichen Umgebung von Anfang an der Ketzerei verdächtig erschien. (54). Ziel der Beginen war ein Leben in frommer Gemeinschaft, Keuschheit und Armut. Sie legten aber keine Gelübde ab und konnten den Konvent jederzeit verlassen, auch um zu heiraten. Diese Lebensform war für manche Frauen sicher anziehender als lebenslanges Kloster. 1218 erlaubte der Papst das Zusammenleben der Beginen und verhinderte damit vermutlich ihr Abgleiten in die Ketzerei. Im 13. Jahrhundert erlebte das Beginentum eine erstaunliche

Blüte. In Köln gab es damals 22 Konvente mit ca. 2000 Beginen, in Straßburg 30, in Frankfurt 57. (55) Vor allem alleinstehende Bürgerinnen lebten hier von geringem Besitz und selbständiger Arbeit, es wurden aber auch mittellose Frauen aufgenommen. Nicht geschätzt wurden in Kirche und Gesellschaft die umherschweifenden Beginen, die aus Gründen religiöser oder realer Armut vom Bettel lebten und dabei in Kontakt mit anderen vagabundierenden Randschichten kamen, Asozialen, Ketzern und Prostituierten. Sie wurden seit dem 14. Jahrhundert von der Inquisition verfolgt.

Es scheint, daß das Beginentum die erste selbständige Aktion von solidarischen Frauen war, die von sich aus die von Männern festgesetzte kirchliche Organisation, das Kloster, veränderten. Die große Zahl der Nonnen und Beginen, die mit dem Überschuß der Frauen am Heiratsmarkt wohl nicht erklärt werden kann, läßt vermuten, daß hinter der offensichtlichen Frömmigkeit noch mehr steckte: Verweigerung der gefühlsmäßig unbefriedigenden Ehestrukturen und der Belastung durch Familie und Kinder.

In Klöstern und Beginenkonventen hatten die Frauen die Chance, sich zu bilden und theologische Studien zu betreiben, wenn auch nicht auf dem höchsten Niveau der Universitäten. Sie haben dabei eine eigene Geistigkeit entwickelt, die sogenannte Frauenmystik. (56) Erst in den letzten Jahren hat die Forschung begonnen, diese ohne die früher üblichen Vorurteile – sentimental, verdrängte Erotik – zu untersuchen. Sie ist noch weit entfernt von einem einigermaßen sicheren Urteil über die Bedeutung dieser weiblichen Denkformen für das Selbstverständnis der Frauen oder die Geistigkeit des Mittelalters ganz allgemein.

Schon im 12. Jahrhundert finden wir Prophetinnen, wie Hildegard von Bingen, die in mystischer Schau das Wort Gottes verkünden. Prophetinnen wurden von der Kirche anerkannt, nach dem Vorbild des Alten Testamentes, und von der Gesellschaft verehrt. Hildegard, Katharina von Siena (14. Jh.) und andere haben auf diese Weise aktiv in die Politik von Kirche und Staat einzugreifen versucht. Mystische Schau war ein Weg zu Anerkennung und Einfluß, die erfolgversprechendste Chance, beachtet und gehört zu werden.

Seit dem 13. Jahrhundert verbreitete sich von Belgien über ganz Europa die sogenannte Erlebnismystik. Sie äußerte sich in Ekstasen und Visionen, hervorgerufen durch tiefstes Fühlen mit allen Kräften von Leib und Seele. Ihr Ziel war das Einswerden mit Gott durch das Nachleben der Passion Christi in realer, körperlicher Art. Sie führte im 15. Jahrhundert zur Blutmystik, die in ihrer Sucht nach Leiden als der höchsten Form der Gotteslehre masochistische Züge annahm.

Die Verbreitung der Mystik bewirkte ihre Verflachung. Jedes Kloster hatte seine Mystikerinnen, die sich oft gegenseitig übertreffen wollten. Es wird schwer, zwischen echter Schau und der Sucht danach zu unterscheiden, dem

Verlangen, bewundert, geachtet und um Rat gefragt zu werden und so gleichsam den Mangel des weiblichen Geschlechtes auszugleichen. Andererseits zeugen viele der überlieferten Schriften von dem hohen Intellekt, der ausgezeichneten Bildung und Begabung mancher dieser tief religiösen Frauen.

Die Sprache der Mystik ähnelt der der Minnedichtung, wird aber auf geistliche Inhalte angewendet. Die Symbolik stammt zum Teil aus dem Hohen Lied. (57) Die Seele als Braut Christi erfährt ihre Vereinigung mit ihm als Liebesbeziehung, die in erotischen Bildern geschildert wird. Diese mit weiblichen Gefühlen besetzte Vereinigung mit Gott beschreiben auch männliche Mystiker, auch ihre Seele war ja „anima". Dies führte wohl zu einer höheren Bewertung der Weiblichkeit an sich, vielleicht aber auch zu einem verstärkt ambivalenten Verhältnis der Geistlichkeit zu Frauen. (58) Maria als Mutter und Braut Christi spielte eine hervorragende Rolle in der Frauenmystik, ihr Leben wurde in Visionen nachempfunden, sie war Mittlerin und Vorbild zugleich.

Bei der Beurteilung der Frauenmystik wird immer zu fragen sein, wie weit Frauen dem von der Kirche vorgegebenen Leitbild „Frau" folgten und damit gleichzeitig ihr eigenes Frausein als etwas Minderwertiges akzeptierten. Wir wissen von Beichtvätern, die in für uns sadistischer Weise die Frauen zu immer mehr selbst zugefügtem Leiden und Selbstverleugnung bis zur Aufgabe des eigenen Willens anhielten, und von Frauen, die diese männlichen Forderungen als höchste Form gottgefälliger Demut zu erfüllen suchten.

Man wird andererseits prüfen müssen, wo selbständiges weibliches Denken und Verweigern der zugedachten Rolle zum Vorschein kommen. Dies erfordert noch viel Arbeit, bis hin zur Erstellung neuer Editionen der Schriften von Mystikerinnen, denn häufig wurden gerade die kritischen Stellen von männlichen Herausgebern weggelassen, falsch übersetzt und interpretiert. Hildegard von Bingen etwa wurde immer als Beispiel einer Mystikerin hingestellt, die das negative Frauenbild der Kirche für sich akzeptiert und den Rahmen des männlichen theologischen Lehrgebäudes nie verlassen habe. Jüngste Forschungen einer Theologin haben gezeigt, daß Hildegard vorsichtig versuchte, das Bild der Frau aufzuwerten, indem sie z.B. die weibliche Schwäche durch positive Prädikate wie zart, weich, agil, herzenswarm ergänzte, der männlichen Stärke aber Neigung zu Grausamkeit und Herzenskälte vorwarf. Die Erschaffung Evas erfolgte in ihrem Verständnis aus vornehmerer, weil schon beseelter Materie, Eva ist daher kunstfertiger als Adam. Die Beispiele ließen sich fortsetzen. (59)

Andere Frauen, wie Mechthild von Magdeburg, haben den verweltlichten Klerus entschieden kritisiert, die Begine Katrei von Straßburg hat sogar die Vermittlerrolle der Priester nicht anerkannt. (60) Wie viele Frauen mögen damals ihren persönlichen Weg zu Gott gesucht und gefunden haben und die Äußerlichkeiten des religiösen Lebens, Messe, Sakramente etc., die sie von den Priestern abhängig machten, nicht mehr wichtig genommen haben?

Kann man Beginentum und Frauenmystik als die erste Form des bewußten Strebens nach Emanzipation bezeichnen, kommt hier zum ersten Mal die Verweigerung zum Ausdruck, immer nur Gehilfin des Mannes zu sein? Ich lasse dies als Frage stehen. Wenn es ein solches Streben gab, dann erfolgte es zuerst im religiös-geistigen Bereich und bewegte sich in den Denkformen des Mittelalters, nicht in unseren. Diese Zeit war geprägt durch ein religiöses Weltverständnis, durch die Suche nach Gott und das Befürfnis, das ewige Leben zu erringen; das war Mittelpunkt und Ziel aller Geistigkeit. Von daher wäre es zu verstehen, warum Befreiungsversuche gerade in Klöstern begannen. Sie gaben Frauen zudem die Möglichkeit, sich zu bilden und zu solidarisieren.

Ich bin nun am Ende des Bilderbogens durch die Frauengeschichte angelangt. Vielleicht ist deutlich geworden, warum es so schwer ist, etwas Abschließendes über die Frau im Mittelalter auszusagen. Es ist die Polarisierung von zwei Frauentypen, von Eva und Maria, die wir in den Schriften ständig antreffen, die unseren Blick auf die Stellung der Durchschnittsfrau behindert, die irgendwo dazwischen angesiedelt sein muß und über die wir so wenig Quellen haben. Es ist ebenso schwer zu sagen, wie das Verhältnis zwischen Frau und Mann war, weil man das Gefühl hat, daß es jederzeit von einem Extrem ins andere umschlagen konnte. Eines aber ist sicher, der Mann herrschte über die Frau, Rechte und Freiheiten konnte er ihr zubilligen, wie es ihm gutdünkte. Meist war die Rolle der Frau wohl die der Gehilfin, nicht der Sklavin, deshalb hatte sie trotz der grundsätzlichen Unfreiheit manchmal erstaunliche Freiheiten. Das Leben der Frauen im Mittelalter war sicher kein leichtes, sie und auch die Männer, mit denen sie zusammenlebten, hatten mit Problemen zu kämpfen, die sich zum Teil bis in unsere Gegenwart erhalten haben.

Anmerkungen

(1) Da hier keine Bibliographie zur Frauengeschichte geboten werden kann, wird nur die wichtigste neuere Literatur zitiert, die zugleich einen Einstieg in die Speziallliteratur bietet. Als zusammenfassende Darstellungen, die auch die Grundlage für diesen Vortrag bildeten, sind zu nennen:
HARKSEN, Sibylle: Die Frau im Mittelalter. München 1984; SHAHAR, Sulamith: Die Frau im Mittelalter. Übers. v. Ruth Achlama. Königstein 1981; POWER, Eileen: Als Adam grub und Eva spann, wo war da der Edelmann? Das Leben der Frau im Mittelalter. Übers. v. Angelika Tümmler und Dirk von Meerendonk. Berlin 1984; ENNEN, Edith: Frauen im Mittelalter. München 1984; KETSCH, Peter: Frauen im Mittelalter. Quellen und Materialien. Hrsg. v. Annette KUHN. 2 Bde. Düsseldorf 1983, 1984 (= Geschichtsdidaktik, Studien Materialien. 14, 19.).

(2) KETSCH, Peter: Aspekte der rechtlichen und politisch-gesellschaftlichen Situation von Frauen im frühen Mittelalter 500 – 1150. In: Frauen in der Geschichte II. Hrsg. v. Annette KUHN und Jörn RÜSEN. Düsseldorf 1982 (= Geschichtsdidaktik, Studien Materialien. 8.), S. 11–71.
(3) SCHIRMER, Eva: Mystik und Minne. Frauen im Mittelalter. Berlin 1984; GÖSSMANN, Elisabeth: Die streitbaren Schwestern. Was will die feministische Theologie? Freiburg 1981, bes. Kap. 3–5, S. 45–88.
(4) Gen. 2, 18–25; 3, 1–16.
(5) THOMAS von Aquin: Summa Theologica I, zitiert nach KETSCH, Frauen im Mittelalter, Bd 2, S. 76.
(6) ZAPPERI, Roberto: Der schwangere Mann. München 1984.
(7) THOMAS von Aquin: Summa Theologica I, zitiert nach KETSCH, Frauen im Mittelalter, Bd 2, S. 77.
(8) BEISSEL, Stephan: Geschichte der Verehrung Marias in Deutschland während des Mittelalters. Freiburg 1909. Nachdruck Darmstadt 1972; GULDAN, Ernst: Eva und Maria. Eine Antithese als Bildmotiv. Köln, Graz 1966.
(9) DALY, Mary: Kirche, Frau und Sexus. Freiburg i. Br. 1970.
(10) HUGO v. St. Viktor: Über die Jungfräulichkeit der seligen Maria. cap. 1, zitiert nach KETSCH, Frauen im Mittelalter, Bd 2, S. 73; GÖßMANN, W.E.: Die Bedeutung der Liebe in der Eheauffassung Hugos von St. Viktor und Wolframs von Eschenbach. In: Müncher Theol. Zs. 5 (1954), S. 205–213.
(11) HUGO von St. Viktor (wie Anm. 10), S. 73.
(12) HUGO von St. Viktor (wie Anm. 10), S. 71.
(13) GÖßMANN, Elisabeth: Das Menschenbild der Hildegard von Bingen und Elisabeth von Schönau vor dem Hintergrund der frühscholastischen Anthropologie. In: Frauenmystik im Mittelalter. Hrsg. v. Peter DINZELBACHER und Dieter BAUER. Stuttgart 1985, S. 24–47. Dies.: Anthropologie und soziale Stellung der Frau nach Summen und Sentenzkommentaren des 13. Jahrhunderts. In: Soziale Ordnungen im Selbstverständnis des Mittelalters. Hrsg. v. Albert ZIMMERMANN. Berlin 1979 (= Miscellanea Mediaevalia. 12/1.), S. 281–297.
(14) Wie Anm. 5.
(15) Wie Anm. 5.
(16) DUBY, Georges: Ritter, Frau und Priester. Die Ehe im feudalen Frankreich. Aus dem Franz. übers. v. M. Schröter. Frankfurt 1985.
(17) SCHRÖTER, Michael: „Wo zwei zusammenkommen in rechter Ehe...“: sozio- und psychogenetische Studien über Eheschließungsvorgänge vom 12. bis 15. Jahrhundert. Frankfurt 1985; mit Literaturverzeichnis zum Thema Ehe.
(18) OPITZ, Claudia: Frauenalltag im Mittelalter. Biographien des 13. und 14. Jahrhunderts. Weinheim/Basel 1985 (= Ergebnisse der Frauenforschung. 5.).
(19) BUMKE, Joachim: Höfische Kultur. Literatur und Gesellschaft im hohen Mittelalter. 2 Bde. München 1986; mit Literatur.
(20) THOMASIN von Zirklaere: Der Welsche Gast, zitiert nach BUMKE, a.a.O., S. 482 f.
(21) REINMAR von Zweter: Sprüche, zitiert nach BUMKE, a.a.O., S. 522.
(22) KETSCH, Aspekte, a.a.O.; VOGELSANG, Thilo: Die Frau als Herrscherin im hohen Mittelalter. Göttingen 1954.
(23) PORTMANN, Marie-Louise: Die Darstellung der Frau in der Geschichtsschreibung des frühen Mittelalters. Basel 1985 (= Basler Beiträge zur Geschichtswissenschaft. 69.); UHLIRZ, Mathilde: Zu dem Mitkaisertum der Ottonen. „Theophanu coimperatrix“. In: Byzantinische Zs. 50 (1957), S. 383–389.

(24) THIETMAR von Merseburg: Chronik IV, 10, Darmstadt 1957 (= Ausgewählte Quellen zur Deutschen Geschichte des Mittelalters, Freiherr von Stein-Gedächtnisausgabe. 9.), S. 124f.

(25) FLOßMANN, Ursula: Die Gleichberechtigung der Geschlechter in der Privatrechtsgeschichte. Linz 1977 (=Linzer Universitätsschriften. FS.1.), S.111–144; BRAUNEDER, Wilhelm: Die Entwicklung des Ehegüterrechtes in Österreich. Ein Beitrag zur Dogmengeschichte und Rechtstatsachenforschung des Spätmittelalters und der Neuzeit. Salzburg 1973; mit Literatur; SCHWOB, Ute Monika: „Herrinnen" in Tiroler Quellen. Zur rechtlichen und sozialen Stellung der adeligen Frau im Mittelalter. In: Innsbrucker Beiträge zur Kulturwissenschaft, Germ. R. 15 (1982), S. 157–182.

(26) GÖßMANN, Elisabeth: Elisabeth von Thüringen. In: Gestalten der Kirchengeschichte, Bd. 3: Mittelalter I. Hrsg. v. Martin GRESCHAT. Stuttgart 1983, S. 303–316.

(27) MÜLLER, Walter: Spätformen der Leibeigenschaft am Beispiel der Heiratsbeschränkungen. Die Ehegenoßsame im alemannisch-schweizerischen Raum. Sigmaringen 1974 (= Vorträge und Forschungen. Sonderbd. 14.); mit Literatur.

(28) SONNLEITNER, Käthe: Die Stellung der bäuerlichen Frau im Mittelalter. Am Beispiel der Grundherrschaften der Klöster Rein und St. Lambrecht. In: Blätter für Heimatkunde 56 (1982), S. 33–41; dies.: Die Stellung der Kinder von Unfreien im Mittelalter in Salzburg, Steiermark und Kärnten. In: Mitteilungen der Gesellschaft für Salzburger Landeskunde 123 (1983), S. 149–166.

(29) MASCHKE, Erich: Die Familie in der deutschen Stadt des späteren Mittelalters. Heidelberg 1980; UITZ, Erika: Zur Darstellung der Stadtbürgerin, ihrer Rolle in Ehe, Familie und Öffentlichkeit in der Chronistik und in den Rechtsquellen der spätmittelalterlichen deutschen Stadt. In: Jahrbuch für Geschichte des Feudalismus 7 (1983), S. 130–156.

(30) WUNDER, Heide: Zur Stellung der Frau im Arbeitsleben und in der Gesellschaft des 15. bis 18. Jahrhunderts. In: Geschichtsdidaktik 6 (1981), S. 239–251; KROEMER, Barbara: Von Kauffrauen, Beamtinnen, Ärztinnen. In: Frauen in der Geschichte II. Hrsg. v. Annette KUHN und Jörn RÜSEN. Düsseldorf 1982 (= Geschichtsdidaktik, Studien Materialien. 8.), S. 73–96; UITZ, Erika: Zu einigen Aspekten der gesellschaftlichen Stellung der Frau in der mittelalterlichen Stadt. In: Jahrbuch für die Geschichte des Feudalismus 5 (1981), S. 57–88; eine gute Übersicht über die Arbeitsmöglichkeiten der Frau geben ENNEN (wie Anm. 1) und KETSCH (wie Anm. 1.).

(31) Die Zahlenangaben stammen aus KETSCH (wie Anm. 1), S. 53.

(32) UITZ, Erika: Zu den auf Verbesserung ihrer gesellschaftlichen Stellung hinzielenden Aktivitäten der Frauen in den deutschen Städten des Spätmittelalters. In: Magdeburger Beiträge zur Stadtgeschichte 3 (1981), S. 47–69.

(33) IRSIGLER, Franz/LASOTTA, Arnold: Bettler und Gaukler, Dirnen und Henker. Randgruppen und Außenseiter in Köln 1300–1600. Köln 1984; mit Literatur.

(34) Die Predigten des Franziskaners Berthold von Regensburg zitiert nach KETSCH (wie Anm. 1), S. 82.

(35) Ebda, S. 83.

(36) DALLAPIAZZA, Michael: minne, hûsêre und das ehlich leben. Zur Konstitution bürgerlicher Lebensmuster in spätmittelalterlichen und frühhumanistischen Didaktiken. Frankfurt 1981 (= Europäische Hochschulschriften R.I, Dt. Sprache und Literatur. 455.).

(37) Flugschrift vom ehelichen Stand. In: Wie ein Mann ein fromm Weib soll machen. Mittelalterliche Lehren über Ehe und Haushalt. Übertragen und hrsg. v. Michael DALLAPIAZZA. Frankfurt 1984, S. 102 f.

(38) Ebda, S. 10.
(39) Albrecht von Eyb: Ob einem manne sey zunemen ein eelichs weyb oder nicht. Nachdr. mit Einf. v. Helmut Weinacht. Darmstadt 1982 (= Texte zur Forschung. 36.), S. 80 f.
(40) Ebda, S. 10.
(41) Ebda, S. 12.
(42) CATHOLY, Eckehard: Die Fastnachtspiele des Spätmittelalters. Gestalt und Funktion. Tübingen 1961 (= Hermaea. Germanistische Forschung. NF. 8.); LENK, Werner: Das Nürnberger Fastnachtspiel des 15. Jahrhunderts. Ein Beitrag zur Theorie und Interpretation des Fastnachtspiels als Dichtung. Berlin 1966 (= Veröffentlichungen des Institutes für deutsche Sprache und Literatur. 33.).
(43) SPRENGER, Jakob/INSTITORIS, Heinrich: Der Hexenhammer (Malleus maleficarum). Übers. und eingeleitet v. J.W.R. Schmidt. München 1982, S. 102.
(44) BECKER, Gabriele/BOVENSCHEN, Silvia u.a.: Aus der Zeit der Verzweiflung. Zur Genese und Aktualität des Hexenbildes. Frankfurt 1978; mit Bibliographie.
(45) EHRENREICH, Barbara/ENGLISH, Deide: Hexen, Hebammen und Krankenschwestern. München 1983; GUBALKE, Wolfgang: Die Hebamme im Wandel der Zeiten. Ein Beitrag zur Geschichte des Hebammenwesens. Hannover 1964; DIEPGEN, Paul: Frau und Frauenheilkunde in der Kultur des Mittelalters. Stuttgart 1963.
(46) HEINSON, Gunnar/STEIGER, Otto: Die Vernichtung der weisen Frauen. Herbstein 1985.
(47) OPITZ (wie Anm. 18), S. 99 ff.
(48) BERNARDS, Matthaeus: Speculum virginum. Geistigkeit und Seelenleben der Frau im Hochmittelalter. Köln 1955 (= Forschungen zur Volkskunde 36–38).
(49) GRUNDMANN, Herbert: Religiöse Bewegungen im Mittelalter. Untersuchungen über die geschichtlichen Zusammenhänge zwischen der Ketzerei, den Bettelorden und der religiösen Frauenbewegung im 12. und 13. Jahrhundert und über die geschichtlichen Grundlagen der deutschen Mystik. 2. Aufl. Darmstadt 1961.
(50) KOCH, Gottfried: Frauenfrage und Ketzertum im Mittelalter. Die Frauenbewegung im Rahmen des Katharismus und des Waldensertums und ihre sozialen Wurzeln (12.–14. Jh.). Berlin/Ost 1962 (= Forschungen zur mittelalterlichen Geschichte. 9.).
(51) McLAUGHLIN, Eleanor: Die Frau und die mittelalterliche Häresie: Ein Problem der Geschichte der Spiritualität. In: Concilium 12 (1976), S. 34–44.
(52) GRUNDMANN (wie Anm. 49), S. 312 ff.
(53) ENNEN (wie Anm. 1), S. 113.
(54) McDONNELL, Ernst W.: The Beguines and Beghardes in Mediaeval Culture. New York 1969.
(55) SCHIRMER (wie Anm. 3), S. 82.
(56) Frauenmystik im Mittelalter. Hrsg. v. Peter DINZELBACHER und Dieter BAUER. Stuttgart 1985 (Wiss. Studientagung der Akademie der Diözese Rottenburg-Stuttgart 1984).
(57) OHLY, Friedrich: Hohelied-Studien. Grundzüge einer Geschichte der Hohelied-Auslegung des Abendlandes bis um 1200. Frankfurt 1958 (= Schriftenreihe der Wissenschaftlichen Gesellschaft an der Johann W. Goethe-Universität Frankfurt a.M. Geisteswissenschaftl. R. 1.).
(58) LECLERQ, Jean: Der heilige Bernhard und das Weibliche. In: Erbe und Auftrag 51 (1957), S. 161–179; er bestreitet allerdings eine negative Auswirkung weiblicher Gefühlsinhalte auf Bernhard.
(59) GÖßMANN (wie Anm. 13).
(60) SCHIRMER (wie Anm. 3), S. 114 ff.

Ingrid Spörk

Das Bild der Frau im Märchen

Beschäftigt man sich mit der Frau im Märchen, so hat man schon einige Vorüberlegungen getroffen, die diese Fragestellung ermöglichen: das Bild der Frau ist im Märchen sofort – geschlechtstypisch – erkennbar und hat zudem in ihm einen besonderen Wert. Weiters wird damit ausgedrückt, daß die Verbindung von Frauenfrage und Märchenforschung relevant ist. Es kann im folgenden jedoch nicht darum gehen, das Thema einigermaßen erschöpfend zu behandeln, weshalb einige Einschränkungen notwendig sind: Ich werde mich mit Märchen der Grimmschen Sammlung beschäftigen und unter diesen wieder nur die Zaubermärchen heranziehen. Das Zaubermärchen oder sog. Eigentliche Märchen ist dadurch charakterisiert, daß in ihm Magie wichtig ist und die Märchenhandlung vorantreibt; zu diesem Typus gehört „Sneewittchen", „Rapunzel", „Frau Holle" u.a. Andere Märchentypen sind etwa das Tiermärchen oder das Schwankmärchen.

Die Tatsache, daß die Grimmsche Sammlung nach der Bibel und dem „Kapital" die drittgrößte Auflage aller Bücher hat, weist unserer Fragestellung insoferne Relevanz zu, als die Vorbildwirkung der „Kinder- und Hausmärchen" und ihr Einfluß auf andere Sammlungen zu ihrer Auflagenstärke noch hinzukommt. Allerdings hat sich auch die Märchenforschung bevorzugt mit diesem Korpus beschäftigt, und es gibt bereits eine Fülle von Detailstudien zu „Dornröschen", „Sneewittchen" etc., sodaß es scheint, daß eine neuerliche Beschäftigung mit Frauen im Märchen überflüssig ist. Die Märchenforschung geht selbstverständlich auch nicht an den Stereotypen Hexe, böse Stiefmutter, verfolgte und duldende Heldin vorbei, aber die Beurteilung dieses Frauenbildes erfolgt schon von einem fertigen Weltbild aus, das anhand dieser Märchen nocheinmal bekräftigt wird. So schreibt etwa Max Lüthi, der wohl populärste Märchenforscher:

> Im allgemeinen freilich sind die Märchen*helden* häufiger Täter, die *Heldinnen* eher Dulderinnen. Der Drachentöter verrichtet /. . ./ *heldische Tat*, die verleumdete Frau aber bewährt sich im *Ertragen von Leid*. (1)

Offenbar sensibilisiert durch einige Vorwürfe und Überlegungen versucht Lüthi, im anfolgenden Text zu mildern, macht aber sein stereotypes Denken damit nur deutlicher:

> Man kann sich darüber streiten, ob solche Rollenverteilung der Natur von Mann und Frau einigermaßen entspricht oder ob sie nur Zeit- und Gesellschaftsbedingtes widerspiegelt – entschieden ist dieser Streit nicht. Eine gewisse Benachteiligung der Frau kann dem Märchen vorgeworfen werden, sie erscheint ja häufig als Hexe oder als böse Stiefmutter. Aber die *Hauptwirkung* des Märchens geht *gewiß nicht* auf die Repression der Frau, die, in Gestalt der *schönen* Prinzessin, so oft als Trägerin des höchsten Wertes erscheint. (2)

Anders ausgedrückt heißt das, zumindest eine der Nebenwirkungen des Märchens geht auf die Repression der Frau, die, wenn sie nicht als Trägerin unklarer metaphysischer Begriffe erscheint, ihre Hilfe in Magie suchen muß und böse ist. Lüthi versucht zudem, die Tatsache, daß die Frau auch positiv dargestellt wird, als Rechtfertigung für ihre häufige negative Zeichnung heranzuziehen, ohne zu sehen, daß diese beiden Bilder Ergebnisse *einer* Projektion sind.

Aber auch Arbeiten, die sich ausdrücklich mit der Frau in den Märchen der Brüder Grimm beschäftigen, kommen nicht über den Objektstatus der Frau hinaus, wie etwa Heinz Rölleke, der sonst sehr viel Erhellendes zur Quellenlage und Tradierung der Grimmschen Sammlung gesagt hat, in seinem Aufsatz zur „Frau in den Märchen der Brüder Grimm" 1985 jedoch in vermeintlicher Galanterie schreibt:

> Eine der kompliziertesten, undeutbarsten, aber zweifellos auch reizvollsten Erscheinungen auf dieser Welt ist die Frau. In der abendländischen, ja in der Weltliteratur ist das Märchen ebenfalls eine der liebenswürdigsten, aber auch eine überraschend schwierige, vieldeutige Erscheinung. Über beides in gebotener Kürzu erschöpfend zu schreiben, ist eine ebenso schöne wie unlösbare Aufgabe. (3)

Hier zeigt sich ganz deutlich, daß zu einem vorgefertigten Weltbild das Bild der Frau, wie auch das Bild vom Märchen, ganz akzidentiell hinzutritt und dieses nicht mehr zu erschüttern vermag.

Im allgemeinen wird eine reine Deskription dieses doppelten Frauenbildes geliefert, ohne daß die Herausbildung eines so ambivalenten Bildes hinterfragt würde. Man muß freilich auch anmerken, daß eine solche Schwarz-Weiß-Malerei dem Märchen entspricht, das generell kontrastiv nur Gut und Böse ohne Vermittlung kennt.

Das Hexenbild der Märchen etwa ist sicher nicht nur auf psychische Faktoren zurückzuführen, die „historische" Hexe hat auch in diese Sammlung noch hineingewirkt. 1775 hat die letzte Hexenhinrichtung in Deutschland stattgefunden, 1782 in der Schweiz und 1793 in Polen (4), die Märchen wurden ab 1807 gesammelt.

Aber wie stark auch hier noch die Projektionen wirken, zeigt sich darin, daß der Begriff der „weißen Hexe" in ihnen nicht auftaucht, wir kennen die Hexe aus den Märchen nur als „böse Hexe", und wenn eine magische Frau positiv dargestellt ist, handelt es sich eben um eine Fee.

Diese rein begriffliche Abspaltung, das Verdrängen der weißen Hexe aus dem Bewußtsein, findet sich im russischen Volksmärchen etwa nicht. Dort wird, nach Barbara Gobrecht, die Baba Jaga, die im Wald in einem Haus lebt, das auf einem Hühnerbein steht, und die als mythologischer Rest der Tier- oder Waldgöttin aufgefaßt wird, nicht von vornherein bewertet (5), sie ist zwar ein übernatürliches Wesen, das man fürchten muß, aber es ist nicht von Anfang an klar, ob sie der Heldin und dem Helden, die sich ihrer Behausung nähern, positiv oder negativ gesonnen ist.

Ich will im folgenden aber nun nicht versuchen, diese Hexenbilder zu besprechen und sie auf Historisches rückzubeziehen, sondern ich will versuchen zu zeigen, daß diese Aufspaltung nicht nur ein Ergebnis männlicher Projektionen ist, sondern auch einem weiblichen Projektionsmechanismus entspricht.

Zuvor möchte ich jedoch das Bild der positiv gezeichneten Heldin als historisch bedingtes herausarbeiten und erst in der Folge dann noch einmal auf die negativ dargestellten Frauen zurückkommen.

Es ist jedoch notwendig, auf den eingangs kurz erwähnten Begriff „Zaubermärchen" noch näher einzugehen. Dies vor allem deshalb, um Mißverständnissen in der Interpretation von Märchen vorzubeugen. So hat etwa Renate Steinchen in ihrem sehr guten Aufsatz über das Schneewittchenmärchen bedauert, daß die Heldin „im gesamten Handlungsablauf des Märchens /.../ keinem Änderungsprozeß" (6) unterliegt. Sie meint, daß damit eine Interpretation der Heldin als Naturwesen gerechtfertigt ist. Es gehört jedoch zur anerkannten Typologie des Zaubermärchens, daß die Handlung einsträngig und linear dargestellt wird und der Held keinerlei psychische Veränderung durchmacht, weil er überhaupt nicht als Individuum gezeichnet ist. (7)

In psychologischen Märcheninterpretationen wird daher auch meist die Märchenhandlung als Ganzes als Darstellung eines psychischen Prozesses aufgefaßt, Held und Heldin entwickeln sich jedoch nicht individuell weiter, sondern die einzelnen Stationen der Handlung können mit psychischen Zuständen in Verbindung gebracht werden.

Die Zaubermärchen sind formal eigentlich schon ausreichend beschrieben worden, Max Lüthi hat in seiner Arbeit „Das Volksmärchen als Dichtung. Ästhetik und Anthropologie" die partiell schon geleisteten Beschreibungen des europäischen Volksmärchens zusammenfassend dargestellt und dabei besonders den einfachen Handlungsablauf, den dreiteiligen Aufbau, das positive Ende sowie die Bevorzugung bestimmter Farben und Ausschmückungen hervorgehoben. Weiters hat Lüthi auf die relativ geringe Personenanzahl des Märchens und auf sich oft in verschiedenen Märchen wiederholende Handlungsabschnitte hingewiesen. Diese Feststellung geht auf Vladimir Propp zurück, der in seiner „Morphologie des Märchens", die 1928 auf russisch und erst 1958 auf englisch erschien, versucht hat, Grundkonstellationen des Zaubermärchens zu finden. Er analysierte dabei die Beispiele aus der Märchensammlung von Afanasjev und konnte feststellen, daß das Märchen nicht von Einzelpersonen handelt, sondern von Funktionsträgern, die nicht individuell gezeichnet sind. Die Zahl der Funktionsträger und der Handlungsabschnitte im Märchen ist weiters begrenzt, sodaß 31 Grundfunktionen der Handlung von maximal 7 Funktionsträgern ausgeführt werden. (8) Aus der Auswahl der verschiedenen Grundfunktionen, ihrer Kombination und aus der Wahl der Funktionsträger ergibt sich die große Anzahl von doch als verschieden empfundenen Märchen.

Die Funktionsträger, die die Märchenhandlung bestreiten, sind: der Märchenheld, der oft von einem sogenannten „falschen Helden" begleitet und bedroht wird, der Gegenspieler, der Helfer, der Schenker, der Sender, die Zarentochter (der gesuchte Gegenstand) und ihr Vater, der meist eine schwere Aufgabe stellt. (9)

Man kann daher den Funktionsträger in seiner Rolle und in seinen Attributen analysieren und diese Rolle, die Erwartungen an sie und das wirkliche Verhalten des Helden beschreiben und historisch rückbinden, aber nicht, wie in einem Roman, die Darstellung eines Individuums erwarten.

Im Aschenputtelmärchen der Brüder Grimm finden sich folgende Funktionsträger: die Heldin (Aschenputtel), drei Gegenspielerinnen (Stiefmutter und deren Töchter), der Erlöser (König), ein übernatürlicher Schenker (Vogel am Grab der Mutter) und übernatürliche Helfer (Tauben).

Im Schneewittchenmärchen wird die Handlung von folgenden Figuren getragen: von der Heldin (Schneewittchen), der Gegenspielerin (Stiefmutter), dem Schenker (dem Jäger, der Schneewittchen das Leben schenkt), dem Helfer (der durch die Zwerge dargestellt wird) und dem Erlöser (König).

Das Rapunzelmärchen weist die Minimalkonstellation: Heldin (Rapunzel), Gegenspielerin (Zauberin) und Erlöser (Königssohn) auf.

Die Anzahl der im Märchen vorkommenden Personen ist also nicht identisch mit der Anzahl der Funktionsträger, da oft mehrere Personen sich eine Funktion, etwa die Verfolgung der Heldin (die Gegenspielerinnen im Aschenputtelmärchen) oder den Schutz der Heldin (die Zwerge im Schneewittchenmärchen), teilen können. Nur die Funktion Heldin oder Held und Erlöser oder Erlöserin wird meist nur von einer Person, die oft auch namentlich gekennzeichnet ist, erfüllt.

Der Name der Heldin oder des Helden steht im allgemeinen als Kurzcharakteristik für eine besonders gute Eigenschaft oder für ein physisches Kennzeichen – so wird der Name Schneewittchens durch den Wunsch der Mutter nach einem besonders schönen Kind am Anfang des Märchens erklärt, Aschenputtel ist durch die schmutzige Arbeit in der Küche unkenntlich gemacht, sodaß es, gewaschen und schön gekleidet, nicht einmal von der Familie erkannt wird – oder aber auch für einen Punkt in der vom Märchen beschriebenen Entwicklung: Dornröschen bekommt seinen Namen vom Ende des Märchens wie etwa auch Gold- und Pechmarie.

Hat der Name noch einigermaßen mit einer Hervorhebung, einer teilweisen Individualisierung der Funktionsträger zu tun, so ist bei den Beschreibungen, den Epitheta ornantia, eine größere Gleichförmigkeit zu bemerken. Nach der verknappenden Darstellungsweise des Märchens gehören Jugend und Schönheit zum Helden oder zur Heldin, das Alter signalisiert im Märchen eine Mächtigkeit, die positiv oder negativ eingesetzt werden kann. So ist der magische Helfer meist als alte Frau oder alter Mann dargestellt, aber auch die Gegenspieler gehören meist einer anderen Generation an als Heldin oder Held. Dennoch ist hier für den Märchenerzähler eine Möglichkeit gegeben, ausschmückend einzugreifen und nach seinem Geschmack zu gestalten, da sonst der allgemein empfundene Zwang, das Märchen in seiner Handlung möglichst treu wiederzugeben, relativ wenig Gestaltungsmöglichkeiten bietet. Der soziokulturelle Einfluß der Erzähler im Märchen läßt sich daher auch eher an den Epitheta als an den Handlungssträngen des Märchens feststellen.

Was die „Kinder- und Hausmärchen" der Brüder Grimm betrifft, so läßt sich zeigen, daß die einzelnen Ausgaben, die teilweise Überarbeitungen sind, auch zunehmend präzisere Beschreibungen bringen, die mit dem Weltbild und der Sammelintention von Jacob und Wilhelm Grimm in Zusammenhang stehen.

Das Sammelinteresse von Jacob und Wilhelm Grimm war von mehreren Faktoren bestimmt. So hatte Jacob Grimm schon im Laufe seiner historischen Studien begonnen, „Volksdichtung" zu beachten. Sein Erkenntnisinteresse war dabei auf den geschichtlichen Ursprung der Nationen, an dem der „Volksgeist" unverfälscht sei und wirke, gerichtet. (10) Die zugrundeliegende Vorstellung konstituierte eine Einheit von „Volksgeist", „Volksgeschichte" und „Volksdichtung", die zueinander in unlösbarem Wechselverhältnis stehen und auseinander rekonstruierbar sein sollten. „Volksdichtung" wurde dabei als Ausdruck des Lebens aller Mitglieder eines Volkes und somit als objektive Kunst verstanden. Da für Jacob Grimm die Geschichte eines Volkes vor allem mit Bezug auf die Gegenwart wichtig war (11), zielte auch sein Interesse an Märchen und Sagen und am Mythos allgemein darauf, die Erscheinungsform des „Volksgeistes" mit Blick auf seine aktuelle Kontinuität und Kontinuierbarkeit zu erfassen. Denn obwohl er der Meinung war, daß die ursprüngliche Einheit von „Volksgeist", „-geschichte" und „-dichtung" durch Bildung zerstört wurde (12), sah er eine Möglichkeit der Reaktivierung der objektiven Dichtung. Die „Volksdichtung" wurde als „direkte" Äußerung des „Volksgeistes" aufgefaßt, der wieder rekonstruiert werden sollte.

Dieses Interesse an der Volksdichtung, das ideengeschichtlich von Friedrich Carl von Savigny, dem Begründer der Historischen Schule, genährt wurde, wurde gesteigert durch die Sammeltätigkeit von Volksliedern und -gut der Romantiker Clemens Brentano und Achim von Arnim.

Aktueller Anlaß mag wohl auch die Besetzung Deutschlands durch Napoleonische Truppen im Jahr 1806 gewesen sein, die damit die Auflösung des Heiligen Römischen Reichs Deutscher Nation vorantrieben. 1807 haben die Brüder Grimm mit ihrer Sammeltätigkeit begonnen, die in ihrer Intention, dem deutschen Volk sein „Volksgut", das als die einigende Basis aufgefaßt werden konnte, zurückzugeben, durchaus auch als eine politische Reaktion verstanden werden kann. (13) Dazu paßt auch, daß in den Märchenausgaben zunehmend Fremdwörter, wie etwa die französischen Lehnwörter Prinz und Prinzessin durch das deutsche Königssohn und Königstochter, ersetzt wurden.

Die Absicht, die Bedeutung eines Volkes durch den möglichst frühen Nachweis eines spezifischen Volksgeistes zu begründen, steht eng in Zusammenhang mit den Versuchen einer Definition der deutschen Nationalität und der Rekonstruktion des eigentlich Germanischen. So hat Jacob Grimm neben der Deutschen Grammatik (1822) auch Schriften über „Deutsche Rechtsaltertümer" (1828) und die „Deutsche Mythologie" (1835) verfaßt.

Dieses Bemühen um das einigende Deutsche wurde im 19. Jahrhundert als Politikum verstanden und entsprach durchaus den Interessen des aufstrebenden liberalen Bürgertums. Denn das volksgeschichtliche Interesse richtete sich nicht nur gegen die zeitweilige Fremdherrschaft, sondern auch gegen den kleinstaatlichen Absolutismus. Die Märchensammlung wird daher oft auch „als ‚Komplementärerscheinung' zum Kult der Innerlichkeit in der deutschen bürgerlichen Dichtung verstanden". (14)

Die langsame gesellschaftliche und starke wirtschaftliche Veränderung der Zeit, die Verweigerung eines emanzipatorischen Wechsels der gesellschaftlichen Situation des aufstrebenden Bürgertums bildeten den Rahmen. „Kritik an der industriellen Revolution, am Kapitalismus und an erzwungener politischer Abstinenz äußert(e) sich hilflos als Kulturkritik" (15) und als Hinwendung zum Vergangenen. Da diese Tendenzen von breiten Teilen des Bürgertums getragen wurden, ist erklärlich, daß eine Edition wie die Märchensammlung große Verbreitung erlangte, welche jedoch auch einem zweiten Phänomen des 18. und 19. Jahrhunderts verpflichtet war, nämlich dem der bewußten Erziehung der Kinder, der Entwicklung der „Kinderstube", in der zum erstenmal Kinder von Erwachsenen abgegrenzt eine „eigene Welt" erhielten, zu deren Ausstattung auch Buch und Buchmärchen gehörten.

Daß es gerade die Grimmsche Märchensammlung war, die den bedeutendsten Platz darin einnahm, kann aus ihren wesentlichen Charakteristika erklärt werden. Einerseits war sie bürgerlichen Vorstellungen verpflichtet (der Nationalismus drückt sich im fortschreitenden Weglassen von Fremdwörtern aus, die Moral des Märchens bleibt im Gegensatz zu romantischen Umarbeitungen gewahrt oder wird im bürgerlichen Sinn ergänzt). Zum anderen war sie eine der ersten Sammlungen, die so umfangreich erschien, kaum Dialekt oder Umgangssprachliches bot und durch häufiges Verwenden der Deminutiva stilistisch auf Kinder abgestimmt war. (16) Weiters hatte gerade Jacob Grimm die Funktion der Märchen und Sagen für die nationale Erziehung der Kinder beschrieben (17), und man war, im Bestreben, den erzieherischen Leerraum, der mit der Kinderstube entstanden war, zu füllen, neben Büchern, die Fachwissen vermittelten (zum Beispiel Campes „Robinson"), auch auf Märchen und Sagen gestoßen.

Wie sehr dieses aufstrebende Bürgertum auch sein Bild von der Rolle der Frau als Hausfrau und Mutter in dieser Sammlung wiederfinden konnte, kann aufgrund der schon erwähnten stilistischen Veränderungen festgestellt werden, die Wilhelm Grimm in die Märchen hineingebracht hat.

Die Fassungen, die für einen Stilvergleich herangezogen werden können, sind die sog. Ölenberger Handschrift, das ist die nach ihrem Fundort so benannte handschriftliche Vorlage der Brüder Grimm für die „Kinder- und Hausmärchen" (= KHM); dieses Manuskript umfaßt ihre Aufzeichnungen bis 1810; dann die erste Buchausgabe in zwei Bänden, der erste Band ist 1812, der zweite Band 1815 erschienen, und schließlich die zweite Auflage der KHM von 1819, die eine nochmalige Überarbeitung der Märchen zeigt.

Anhand dieser drei Schichten in der Darbietung von Märchen läßt sich der Beitrag der Brüder Grimm natürlich deutlich ablesen, und das ist auch deshalb wichtig, weil heute ziemlich ausschließlich die Ausgaben der KHM kursieren, die an der Überarbeitung von 1819 orientiert sind. Für das Bild der Frauen im Märchen bedeutet dies also, daß nur in wenigen Fällen noch die Darstellung erhalten ist, wie sie im mündlich erzählten Märchen gegeben wurde, das meiste jedoch seinen Ursprung in bes. Wilhelm Grimms Vorstellung vom Stil des deutschen Volksmärchens zu suchen hat. Was sich also in diesen Märchen findet, ist die Projektion eines bürgerlichen Weltbildes, das behutsam, aber doch anhand der verschiedenen Überarbeitungen auskoloriert wurde.

Zu dieser farblichen Ausgestaltung und Akzentuierung des Märchens kommt in einigen Fällen noch die Retusche – diese Auslassungen in motivischer Hinsicht oder das Nicht-Beachten eines Erzählstrangs sollen später noch erwähnt werden.

Vorerst möchte ich kurz die Ausschmückungen in der Darstellung der Heldinnen erwähnen: Für das Dornröschenmärchen lassen sich in der Beschreibung der Heldin folgende Veränderungen, die für sich selbst sprechen, feststellen: Wird in der Ölenberger Handschrift der Tag, an dem sich die Prophezeiung der dreizehnten Fee erfüllen soll, kurz, die Heldin aber gar nicht beschrieben: „und als die Königstochter nun fünfzehnjährig war. . ." (18), so steht 1812 bereits:

„Die Prinzessin aber wuchs heran, und war ein Wunder von Schönheit. Eines Tages, als sie ihr fünfzehntes Jahr eben erreicht hatte. . .“ (19) und 1819 schließlich wird Dornröschen ausführlich geschildert: „An dem Mädchen aber wurden die Gaben der weisen Frauen sämtlich erfüllt, denn es war so schön, sittsam, freundlich und verständig, daß es jedermann, der es ansah, liebhaben mußte. Es geschah, daß an dem Tage, wo es gerade fünfzehn Jahr alt war. . .“ (20). Auch im Märchen von den zwölf Brüdern wird die Schwester ursprünglich kaum beschrieben, 1812 heißt es: „Das Schwesterchen aber ward groß und blieb das einzige Kind“ (21), 1819 aber deutlicher charakterisiert: „Das Töchterchen, das ihre Mutter, die Königin, geboren hatte, war nun herangewachsen, war gut von Herzen und schön von Angesicht und hatte einen goldenen Stern auf der Stirn.“ (22)

Dieser Stern auf der Stirn hat übrigens viele Märchenforscher beschäftigt, die neuere Märchenforschung hat jedoch gezeigt, daß er, wie auch manche Verse im Märchen, ganz auf Wilhelm Grimms persönlichen Märchenstil zurückzuführen ist.

Sieht man das Bild der Märchenheldin als Wunschdenken oder Projektion, so ergibt sich ein recht nettes, ausdifferenziertes Bild, das zusammengenommen sich wie folgt darstellt: das Ideal ist gut und fromm (Aschenputtel), sittsam, freundlich und verständig (Dornröschen), das schönste Kind unter der Sonne, hat Haare, fein wie gesponnen Gold und eine süße Stimme (wie Rapunzel und Allerleirauh) und, wie Aschenputtel, einen kleinen Fuß. Daß bei der Heldin äußere und innere Reize zusammenfallen, versteht sich – nur die bösen Stiefschwestern von Aschenputtel sind außen „schön und weiß“, aber „innen schwarz“, meist zeigt sich der böse Charakter eben auch an Häßlichkeit, wie bei Pechmarie oder der Stiefschwester in „Brüderchen und Schwesterchen“.

Die Charakterisierung der Heldin als gut, freundlich und sittsam und die Darstellung des guten Endes durch eine Heirat verführen dazu, das Märchen geradezu als einen bürgerlichen Kurzroman zu lesen, in dem gezeigt wird, daß die Heldin aus ihrer unverschuldeten Not erst durch den Erlöser befreit werden kann. Die Darstellung der Stiefmutter wird in den Märchen oft als Kontrapunkt zur positiven weiblichen Repräsentation, eben der Heldin, verstanden. Es muß hier jedoch erwähnt werden, daß auch die Stiefmutter wie die sittsame Heldin eine von Grimms Gnaden ist – in den meisten Märchen ist nämlich die Stiefmutter ursprünglich die leibliche Mutter der Heldin gewesen.

Lassen sich diese Veränderungen stilistischer Art noch mit dem üblichen Um-Erzählen durch die mündliche Tradition vergleichen, so sind einige Tilgungen und Hinzufügungen in den Märchen noch deutlicher dem Konzept verpflichtet, in den Märchen das Bild einer relativ harmonischen Familie zu bieten. So ist im Märchen von der Frau Holle ursprünglich eine Mutter mit zwei Töchtern dargestellt, die jedoch die faule der fleißigen Tochter vorzieht. 1819 wird daraus die Stiefmutter, die Bevorzugung der faulen Tochter vor der fleißigen wird somit durch die „Bande des Blutes" erklärlich, und die ursprüngliche, den bürgerlichen Normen unerklärliche Benachteiligung der fleißigen und schönen Tochter wird aus dem Familienverband hinausverwiesen.

Eine ähnliche Veränderung findet sich im Schneewittchenmärchen, in dem ursprünglich die Mutter selbst zur Gegenspielerin der Tochter wird und dieser den Tod wünscht. Auch hier wurde ab 1819 der Konflikt aus der Kernfamilie hinausgelagert und die Verfolgung der Heldin durch die ehrgeizige und skrupellose zweite Frau des Vaters motiviert. Im Brüderchen und Schwesterchenmärchen ist es etwas anders – hier wird ursprünglich die Funktion der Gegenspielerin von der Mutter des Königs, den das Mädchen heiratet, übernommen. Da jedoch in diesem Märchen geschildert wird, daß das Mädchen unverheiratet am Hofe des Königs lebt und ein Kind mit ihm hat, tilgten Jacob und Wilhelm Grimm diesen Handlungsteil und führten, offenbar als kleineres Übel, als Gegenspielerin die Stiefmutter ein.

Im Märchen von den Zwölf Brüdern findet sich wiederum eine Änderung ins offenbar Schickliche: ist zuerst der Tod der Brüder dadurch motiviert, daß der Vater enigmatisch bekanntgibt, bei der Geburt eines Mädchens „wollte er alle seine zwölf Söhne umbringen, wenn es aber wieder ein Sohn wäre, so sollten sie am Leben bleiben", (23) so wird 1812 der Beweggrund für dieses rätselhafte Verhalten angegeben:

> Der König sagte zur Königin: ‚Wenn das dreizehnte Kind, das du zur Welt bringst, ein Mädchen ist, so laß ich die zwölf andern tödten, ists aber auch ein Bube, dann sollen sie alle miteinander leben bleiben.' – Die Königin gedachte es ihm auszureden. Der König wollte aber nichts weiter hören: ‚Wenns so ist, wie ich gesagt habe, so müssen sie sterben, lieber hau' ich ihnen selber den Kopf ab, als daß ein Mädchen darunter wäre!' (24)

Die Brüder können in den Wald entfliehen und geloben, jedes Mädchen, das sie treffen, umzubringen.

1819 wird die Motivation für den Tod der Knaben anders dargestellt: der König sagte zur Königin: „Wenn das dreizehnte Kind, das du zur Welt bringst, ein Mädchen ist, so sollen die zwölf Buben sterben, damit sein Reichtum groß wird und das Königreich ihm allein zufällt." (25) Der Mädchenhaß der Brüder wird jedoch dadurch nicht gemildert, und sie geloben: „Wo wir ein Mädchen finden, soll sein rotes Blut fließen". (26) Diese zweite Umerzählung stellt lediglich eine Änderung in der Argumentation des Vaters dar – der Mädchenhaß der Brüder wird dadurch nicht berührt. Also selbst eine so krasse Änderung in der Motivation bewirkt nichts im Hinblick auf das Märchengeschehen – der Mädchenhaß ist strukturell begründet, oder müßte man sagen, liegt als Struktur zugrunde?

Die Veränderungen, die die Brüder Grimm im Schneewittchen- und Frau

Hollemärchen vorgenommen haben, entsprechen ihrem Konzept von der harmonischen Familie, von einer Mutter, die „gut" zu sein hat, widrigenfalls sie unnatürlich und stiefmütterlich ist. Diese Erwartung an die Mutter, die genaue Vorstellung davon, wie sie zu sein hat, ist keineswegs archetypisch und vorgegeben, sondern ebenfalls eng mit dem aufkommenden Bürgertum verbunden, wie auch die Vorstellung von der Frau als Hausfrau.

Das aktuelle Rollenstereotyp von der Frau als Hausfrau und Mutter geht in seinen Wurzeln in Europa ja nicht sehr weit zurück. Barbara Duden hat u.a. gezeigt, daß erst mit der sog. industriellen Revolution und mit der Entwicklung des Bürgertums eine Auflösung der ursprünglichen Arbeitsgemeinschaft einer Großfamilie, wie sie im sog. „ganzen Haus" gegeben war, stattgefunden hat. (27) Diese Trennung von Arbeits- und Wohnbereich wurde noch verstärkt durch das Zunehmen des Hausrates und damit der Hausarbeit. Ingeborg Weber-Kellermann hat schließlich die Rolle der Frau als Mutter ebenfalls mit der Entwicklung des Haushaltes als einem von der Arbeitsstätte des Mannes abgetrennten Rekreationsraum in Zusammenhang gebracht. (28) Diese Erholungsstätte wurde nun zunehmend privater, die „Geschäfte" wurden ja an einem anderen Ort erledigt, und differenzierter ausgestaltet. Aber mit dem Rückzug in den nun nicht mehr öffentlichen Wohnraum, mit seiner Intimisierung, geht nun auch eine stärkere emotionale Bindung der darin sich einfindenden Familie einher. Sie wird als emotional ausgegrenzter Ort verstanden, in dem die Frau dem Kind gegenüber Wesentliches zu leisten hat. Ingeborg Weber-Kellermann bringt diese Emotionalisierung des Mutter-Kind-Verhältnisses mit der Reduzierung der Personenzahl in der bürgerlichen Kernfamilie in Zusammenhang, das „ganze Haus" umfaßte ja neben ledigen oder armen Verwandten auch Mägde und Knechte, und bewertet dies als positives Ergebnis dieser Kontraktion auf die Kernfamilie. Allerdings wird durch die fehlende Eigenständigkeit der Hausfrau im ökonomischen Bereich ihre Position innerhalb dieser Familie untergeordnet und unselbständig, gleichzeitig aber emotionalisiert.

Diese Zunahme, Ausdifferenzierung und Emotionalisierung der Hausarbeit spiegelt sich direkt in den späteren Ausgaben der Kinder- und Hausmärchen in einigen Passagen wider:

In der Ölenberger Handschrift wird die Haushaltsführung, die die Schwester für ihre zwölf Brüder im Wald übernimmt, lapidar beschrieben: „das Schwesterchen blieb allein zu Haus, machte die Betten und kochte das Eßen" (29), 1812 heißt es:

> Das Schwesterchen übernahm nun den Haushalt, und wenn die Brüder auf der Jagd waren, sammelte es Holz und Kräuter, stellte zu am Feuer, deckte die Bettlein hübsch weiß und rein, und thät alles unverdrossen und fleißig. (30)

In der Fassung von 1819 bleibt sie mit dem jüngsten Bruder zu Hause, sie erledigen die Hausarbeit nun zu zweit, wenngleich aus dem Text die Arbeitsleistung des Bruders nicht ersichtlich ist, denn wie 1812 sucht die Schwester

> das Holz zum Kochen und die Kräuter zum Gemüs und stellte die Töpfe ans Feuer, also daß die Mahlzeit immer fertig war, wenn die elfe kamen. Sie hielt auch sonst Ordnung im Häuschen und deckte die Bettlein hübsch weiß und rein, und die Brüder waren immer zufrieden und lebten in großer Einigkeit mit ihr. (31)

In diesem Beispiel wird neben der Aufzählung der Tätigkeiten der Schwester deutlich, daß sie sich im Hauswesen gegenüber ihren Brüdern in einer untergeordneten Position befindet und sich um deren Zufriedenheit bemüht, das Ergebnis ihres Fleißes und ihrer Unverdrossenheit ist die „große Einigkeit" der Brüder mir ihr.

Ähnlich wird auch Schneewittchen im Wald unter der Bedingung aufgenommen, daß es den Zwergen den Haushalt führe. In der Ölenberger Handschrift steht: „Die Zwerge hatten Mitleiden mit ihm und ersuchten es, bei ihnen zu bleiben und ihnen das Eßen zu kochen..." (32). 1812 wird präzisiert:

> Da hatten die Zwerge Mitleiden und sagten: ‚Wenn du unsern Haushalt versehen, und kochen, nähen, betten, waschen und stricken willst, auch alles ordentlich und reinlich halten, sollst du bei uns bleiben und soll dir an nichts fehlen; Abends kommen wir nach Haus; da muß das Essen fertig seyn'. (33)

Hier wird bereits eine enorme Arbeitslast geschildert, die eigentlich mit dem Mitleid der Zwerge Schneewittchen gegenüber schwer in Zusammenhang zu bringen ist, und es zeigt sich expressis verbis der kategorische Imperativ für die bürgerliche Hausfrau: Ordnung, Reinlichkeit und pünktliches Essen.

Neben diesen Veränderungen in stilistischer Hinsicht, dem Auskolorieren, habe ich schon die Retusche erwähnt, die ich an einem sehr bekannten Beispiel rückgängig machen möchte – am Dornröschenmärchen.

Dieses Märchen, das sehr wenige mündliche Varianten zur Zeit der Brüder Grimm gehabt hat, wurde auch von diesen als sehr reizvoll empfunden, und sie haben selbst versucht, an diesem Märchen eine Verbindung zur nordischen Sage zu finden, in der Brynhild hinter einem Flammenwall verborgen ist, den nur Sigurd durchdringen kann. Sie haben eine ihnen bekannte Version des Märchens, die als die Vollform gelten kann, nicht in ihre Sammlung aufgenommen, und zwar die bei Basile geschilderte Variante.

Giambattista Basile schildert in seiner neapolitanischen Märchensammlung „Die Erzählung der Erzählungen oder Unterhaltung für die Jugend" (ersch. 1634–1636), die in Anlehnung an das „Decamerone" Boccaccios auch „Pentamerone" genannt wird, nämlich eine Variante des Dornröschenmärchens, die später so nicht mehr in die Sammlungen aufgenommen wird.

In diesem Märchen geht es darum, daß Talia, die schlafende Schöne, von einer Flachsfaser gestochen in Schlaf sinkt und nicht erwacht, als der König sich ihr nähert, sondern erst durch die Kinder, die sie nach neun Monaten gebiert, von der verhängnisvollen Faser befreit wird. Da der König aber bereits verheiratet ist, sind Talia und ihre Kinder den Verfolgungen seiner Frau ausgesetzt. Sie entkommen den Gefahren jedoch, und die eifersüchtige Königin wird selbst in das Feuer, das sie für Talia bereiten ließ, geworfen. (34)

Perrault hat dieses Märchen als erster „umerzählt" in seine Sammlung „Geschichten oder Märchen aus vergangener Zeit, mit anschließender Moral" (1697) aufgenommen. (35) Die Tilgungen, die an dieser Version vorgenommen werden, beziehen sich nicht nur auf die eifersüchtige Gattin (eine ähnliche Veränderung nehmen die Brüder Grimm später im Märchen „Brüderchen und Schwesterchen" vor), sondern besonders auf die außereheliche Geburt der beiden Kinder. Bei Perrault wird das Märchen so „demontiert", daß die Heldin erwacht, wenn der Prinz das Zimmer betritt, und die beiden Kinder von der Mutter des Prinzen verfolgt werden. Die Motivation für die Verfolgung ergibt sich daraus, daß diese Frau als Menschenfresserin charakterisiert wird, die, wie Perrault erklärt, eben aus dem Geschlecht der Oger stammt und vom gutmütigen König nur aufgrund ihres Reichtums geheiratet worden ist.

Auch hier scheint die Umerzählung ins Schickliche darin gerechtfertigt zu sein, das problematische Handeln des Königs in der Version von Basile und die dadurch gerechtfertigte Eifersucht seiner Frau in den grundsätzlich und „natürlich", d.h. unabänderlich schlechten Charakter der Mutter zu verlegen; die Akzente dieser Version sind also deutlich verschoben.

Diese motivischen Veränderungen finden keine Entsprechung in der mündlichen Tradition, das Motiv selbst ist jedoch in der Antike und in der mittelalterlichen Literatur bis zum 14. Jahrhundert gut belegt. Marc Soriano weist auf den Zusammenhang von Religion und Vernachlässigung des Motivs von Talia und ihren Kindern hin, er meint:

> Dieses Mädchen, das in jungfräulicher Reinheit eingeschlafen ist und empfängt, ohne sich dessen bewußt zu sein, das heißt, ohne Vergnügen und ohne Sünde, befindet sich im großen und ganzen in der Situation der Heiligen Jungfrau, die zugleich Jungfrau und Mutter ist. Lange Zeit – und z.B. im 14. Jahrhundert – mag diese Ähnlichkeit nicht von selbst aufgefallen oder nicht als störend empfunden worden sein, aber seit dem 16. Jahrhundert konnten sich die Dinge ändern. Die Transformation, die wir in unserem Märchen feststellen, ist wahrscheinlich nicht nur der Sorge um den Anstand verpflichtet. Sie eliminiert eine Ambiguität, die viel zweifelhafter ist und erinnert uns an die Ziele, die zur selben Zeit die Gegenreformation verfolgte (36),

nämlich die Kritik an der jungfräulichen Empfängnis. Dieses Umerzählen, das zuerst auch religiös motiviert ist, bringt ein Ergebnis, das später ganz zur „eigenthümlichen" Reinheit paßt, die J. und W. Grimm am Volksmärchen festgestellt haben.

Diese Reinheit drückt sich nicht nur, wie wir schon gesehen haben, in größeren und kleineren stilistischen Veränderungen Wilhelm Grimms aus, sondern läßt sich auch an einem Märchen ablesen, das Wilhelm Grimm nach eigenem Eingeständnis größtenteils selbst gedichtet hat. (37) In ihm wird, was bis jetzt gezeigt worden ist, zusammengefaßt und übertroffen, es ist das Märchen von „Schneeweißchen und Rosenrot“:

> Sie waren aber so fromm und gut, so arbeitsam und unverdrossen, als je zwei Kinder auf der Welt gewesen sind: Schneeweißchen war nur stiller und sanfter als Rosenrot. Rosenrot sprang lieber in den Wiesen und Feldern umher, suchte Blumen und fing Sommervögel: Schneeweißchen aber saß daheim bei der Mutter, half ihr im Hauswesen oder las ihr vor, wenn nichts zu tun war. (. . .) Schneeweißchen und Rosenrot hielten das Hüttchen der Mutter so reinlich, daß es eine Freude war hineinzuschauen. Im Sommer (stellte Rosenrot) der Mutter jeden Morgen, ehe sie aufwachte, einen Blumenstrauß vors Bett (. . .) Im Winter zündete Schneeweißchen das Feuer an und hing den Kessel an den Feuerhaken, und der Kessel war von Messing, glänzte aber wie Gold, so rein war er gescheuert. (38)

Diese Mädchen werden gerade jene „beglückenden Gattinnen, bildenden Mütter und weisen Vorsteherinnen des inneren Hauswerks“ (39) werden, die der Pädagoge Joachim Heinrich Campe 1789 in seiner Schrift „Über die allgemeine und besondere Bestimmung des Weibes“ fordert. So ist es auch kein Zufall, daß der als Bär verzauberte Prinz das häuslichere Schneeweißchen heiratet und Rosenrot mit einem nicht näher beschriebenen Bruder des Prinzen verehelicht wird. Einer Verstärkung der bürgerlichen Vorstellung von der Frau durch die „Kinder- und Hausmärchen“ hat Wilhelm Grimm also durchaus den Boden bereitet.

Handeln Heldinnen?

Will man das Handeln der Märchenfiguren darstellen, so bietet sich die Analyse nach der Rollentheorie an. Dies aus zweierlei Gründen: einmal, weil es sich im Märchen nicht um Individuen handelt, sondern um Funktionsträger im Proppschen Sinn, also um Inhaber von Rollen. Zum anderen steht die Rollentheorie als sog. middle-range-Theorie zwischen Mikro- und Makrosoziologie, also zwischen Individual- und Gesellschaftstheorie. Sie beschreibt damit genau jenen Bereich, der in den Märchen dargestellt wird und hier erfaßt werden soll, nämlich den zwischen dem vereinzelten Märchenhelden, den Lüthi als einen grundsätzlich Isolierten und damit besonders Beziehungsfähigen beschrieben hat, und der ihn umgebenden Welt, die sich ihm in Geboten und Verboten als geordnetes System entdeckt.

Ich möchte im folgenden darzustellen versuchen, in welchem Rahmen sich das Handeln der Heldin ereignet, was ihr die Märchenhandlung an Veränderung ihrer sozialen und familiären Position bringt, ob ihr Handeln überhaupt auf solche Veränderungen abzielt oder auf etwas anderes, kurz, was mit der Heldin als Rollenträgerin im Laufe der Handlung passiert. (40)

Die soziale Position ist im Falle einer Heldin bestimmt durch die Position des Hausvaters und gegenüber den Geschwistern von der eigenen Position innerhalb der Erbfolge, wie Ingeborg Weber-Kellermann zeigt. (41)

Die wenigen Aktionen der Heldin zielen meist nicht auf eine Heirat, sondern eher auf die Erlösung von Brüdern, wie im Märchen „Brüderchen und Schwesterchen" und „Die zwölf Brüder", oder auf die Erfüllung von Aufgaben, die von anderen Personen gestellt worden sind. Die familiäre Arbeits- und Gehorsamspflicht überwiegt meist vor der sozialen Position, deren Freiräume nicht genützt werden können, wie etwa in den Märchen „Sneewittchen", „Aschenputtel", „Rapunzel", „Allerleirauh", „Die zwölf Brüder" oder „Frau Holle". Die meisten Märchen stellen einen intrapersonalen Positionskonflikt der Heldin dar, der sich aus den entgegengesetzten Ansprüchen von innerfamiliärer und gesellschaftlicher Position ergibt. („Dornröschen" bildet hier eine Ausnahme.) Die Konfliktlösungsmodelle können auf zwei Schemata reduziert werden: Im ersten Modell wird der Konflikt „gelöst", indem die Heldin die Dominanz einer der beiden Positionen anerkennt. Interessanterweise wird in den Texten „Aschenputtel" und „Die zwölf Brüder" immer die scheinbar sinnvolle, weil durch eine spätere günstige Heirat belohnte Unterordnung der gesellschaftlichen Ansprüche unter die familiären gezeigt, im „Frau Holle"-Märchen wird diese Unterordnung durch Reichtum belohnt.

Im zweiten Modell wird kein Versuch zur Aufrechterhaltung der Beziehung zwischen Heldin und Gegenspieler unternommen, die Heldin verläßt „kampflos" den Handlungsbereich des Gegenspielers, kann aber der Bedrohung meist nur kurz entkommen; hierher gehören „Sneewittchen", „Brüderchen und Schwesterchen", „Rapunzel" und „Allerleirauh".

In den Märchen „Aschenputtel", „Sneewittchen", „Brüderchen und Schwesterchen", „Frau Holle", „Die zwölf Brüder" wird der Initialkonflikt oder der Konflikt des zweiten Handlungsteils durch das unangemessene Verhalten der Stiefmutter, Stiefschwester, Schwiegermutter der Heldin gegenüber ausgelöst. Diese ist der Widersacherin gegenüber wehrlos und kann auch von anderen offenbar keine Hilfe erwarten, um ihre Interessen gegen die Schädigerin durchsetzen zu können. Erst nachdem die Heldin einige Zeit abwesend ist und sich ihre familiäre (meist auch die gesellschaftliche) Position durch eine Heirat verändert hat, wird der Konflikt insofern ausgetragen, als die Heldin nun die Widersacherin mit Hilfe ihres Mannes bestraft (wie in den Märchen „Sneewittchen", „Brüderchen und Schwesterchen") oder aus deren Macht befreit wird, weil sie duldend die Hilfe einer magischen Frau erwirkt hat (wie in den Märchen „Frau Holle" und „Aschenputtel").

In diesen Märchen, „Aschenputtel", „Sneewittchen", „Brüderchen und Schwesterchen", „Allerleirauh", um sie nocheinmal zu nennen, wird durch den glücklichen Ausgang des Märchens signalisiert, daß das Handeln der Heldin richtig war und sie die Heirat mit dem Prinzen verdient hat. Diese „Belohnung“ der Heldin geht meist mit der Bestrafung der Gegenspielerin einher und wird eigentlich, das ist die „geheime“ Botschaft des Märchens, richtigerweise durch Dulden, durch Unterordnen unter die Gegenspielerin oder schlimmstenfalls durch eine Flucht „verdient“. Aber die Märchenheldin leistet in diesen Märchen niemals einen selbständigen Beitrag zur Lösung ihrer Konflikte, wie es in Märchen mit Helden üblich ist.

Dennoch sind auch die Märchenheldinnen in ihrer geringen Aktivität verschieden, wie etwa ein Vergleich der Handlungen von Aschenputtel und Dornröschen klar macht. Im Dornröschenmärchen wird die dreizehnte Fee sehr dominant dargestellt, ihr Spruch kann nur von einer anderen Frau mit magischen Kräften gemildert werden; im Aschenputtelmärchen sind die Gegenspielerinnen zwar dominierend, aber doch hintergehbar mit Hilfe der Tauben und des Vogels am Grab der Mutter, und die Heldin leistet einen eigenen Beitrag zur Gestaltung ihres Schicksals, während Dornröschen nur die Fremdbestimmung erfüllt.

Auch in anderen Beispielen finden sich übermächtige, dominante Gegenspielerinnen, in „Sneewittchen“, „Brüderchen und Schwesterchen“ und „Rapunzel“, wobei die Zauberin in diesem Märchen, ähnlich wie die dreizehnte Fee, sich erst als negativ erweist, als ihre Forderungen nicht erfüllt werden.

Diese Gegenspielerinnen sind teilweise mit magischen Kräften ausgestattet, und sie werden dann als Zauberin, Fee oder Hexe beschrieben, teilweise erhält die Heldin auch Hilfe von einem sog. magischen Helfer, der in diesen Märchen jedoch immer weiblich ist.

Ich möchte nun im folgenden kurz an einigen Beispielen darstellen, was diese Gegenspielerinnen eigentlich zu Widersacherinnen macht und worauf ihr Handeln zielt.

Allgemein läßt sich sagen, daß die Gegenspielerinnen im Märchen handeln, um ihre soziale Position beizubehalten oder zu verbessern; dies glauben sie herbeiführen zu können, wenn sie die Heldinnen ausnützen (wie in „Aschenputtel“ und „Frau Holle“) oder beseitigen (in „Brüderchen und Schwesterchen“, „Sneewittchen“, „Die zwölf Brüder“). Auch die anderen Konflikte werden in Zusammenhang mit der sozialen Position der Gegenspielerin ausgelöst: Sie rächt sich, wenn ihr die positionsgemäße Achtung nicht entgegengebracht wird, also wenn ihre erst durch ihre soziale Position wirksamen Gebote verletzt werden (wie in „Rapunzel“) oder wenn über ihren Stand hinweggesehen wird (wie in „Dornröschen“). Dabei geht die Mißachtung ihrer sozialen Position jedoch nicht immer von der Heldin aus (wie in „Dornröschen“) oder nicht allein von ihr (wie in „Rapunzel“), dennoch rächt sie sich an der Heldin für das Vergehen.

Die Gegenspielerinnen sind im Gegensatz zu den Heldinnen sehr aktiv in der Verfolgung ihrer Ziele. Meist zeigt es sich, daß sie ihre familiären Pflichten der Heldin gegenüber zugunsten ihrer sozialen Ansprüche vernachlässigen und so zur „Stiefmutter“ werden, wie etwa die Gegenspielerin Schneewittchens, die nicht nur die erste, sondern auch die schönste Frau im Lande bleiben will.

Auch die Gegenspielerinnen in den Märchen „Brüderchen und Schwesterchen“, „Frau Holle“, „Aschenputtel“ und „Die zwölf Brüder“ vernachlässigen ihre familiären Pflichten der Heldin gegenüber. Auch die dreizehnte Fee im Dornröschenmärchen, die darüber erzürnt ist, daß sie nicht eingeladen wurde, dem Kind Gutes zu wünschen, und die Zauberin im Rapunzelmärchen haben vorerst eine positive Einstellung zur Heldin. Es werden in allen diesen Märchen familiäre, also private Konflikte gezeigt, und das Bild der Gegenspielerin ist gerade durch die Vernachlässigung dieser familiären Pflichten zugunsten sozialer Ansprüche gezeichnet. Das ließe sich natürlich auch so interpretieren, daß man annimmt, immer dann, wenn die Frau sich auf ihren sozialen Status bezieht, wird sie im Märchen so dargestellt, daß sie gleichzeitig damit gegen familiäre Interessen handelt und ihren eigenen Kindern zur Stiefmutter wird.

Aber sind es denn wirklich immer die Frauen allein, die Unglück über die Heldinnen bringen, kommen sie denn ganz ohne Komplizen aus? Ich habe schon erwähnt, daß der Verursacher des Konflikts im Dornröschenmärchen ja nicht die Heldin ist, sondern ihr Vater, der offenbar gegen die Konventionen verstößt. Er wird jedoch nicht dafür bestraft, ebensowenig wie der Verfolger Allerleirauhs oder der Vater der „Zwölf Brüder“, der diese verstoßen hat. Auch die Väter, die die bösen Stiefmütter ins Haus bringen und sie gewähren lassen oder die bösen Mütter uneingeschränkt ihre Kinder vernichten lassen, werden nicht bestraft, wie in „Sneewittchen“, „Aschenputtel“, „Brüderchen und Schwesterchen“. Auch Ehemänner, die ihre Gattinnen aufgrund von Einflüsterungen der eigenen bösen Mutter auf den Scheiterhaufen bringen, wie im Märchen von den „Zwölf Brüdern“, werden nicht zur Rechenschaft gezogen.

Dieses eigentümliche Nicht-Beachten der männlichen Mitschuld mag durchaus seine Erklärung finden in einem Weltbild, das geneigt ist, das Böse in der Hexe dingfest zu machen und zugrundeliegendes männliches Verhalten oder Projektionen zu vergessen. Bei der Betrachtung aus psychoanalytischer Sicht wird dieser Aspekt nocheinmal aufgenommen und, wie ich meine, geklärt.

Die Komplizen der Gegenspielerin können also insoferne vernachlässigt werden, als sie nicht selbständig Handelnde sind und auch nicht für ihre Taten bestraft werden, ganz offensichtlich also deren Handlungsbereich zugehören. Damit vereinfachen sich die Konstellationen des Märchens auf die Austragung von Konflikten zwischen der Gegenspielerin und der Heldin, der geschilderte Konflikt stellt also etwas „rein Weibliches“ dar. Am Ende des

Märchens heiratet die Heldin jedoch den Prinzen, der in seiner Rolle als Erlöser auftritt und die bis jetzt von Frauen getragene Handlung bereichert und meist auch beschließt.

Ich habe schon vorhin die Frage nach den Helfern der Heldin gestellt, und nach dem eben Gesagten ist zu erwarten, daß auch die Helferfiguren im weiblichen Bereich zu finden sind. Und tatsächlich sind in „Aschenputtel" etwa die magischen Helfer, der Vogel am Grab der Mutter und die Tauben, dem Einflußbereich dieser Mutter zuzuordnen, die nach der Märchenlogik tot, d.h. magisch ist. Auch Goldmarie findet in Frau Holle den magischen Beistand, ebenso wie Dornröschen in der Zwölften Fee. Die Heldin des Märchens von den „Zwölf Brüdern" trifft ebenso auf den magischen Helfer in Gestalt einer alten Frau. Die Konstellation: Gegenspieler – Held – magischer Helfer ist in diesen Märchen also rein weiblich besetzt.

Wenn wir nun fragen, wer das Märchengeschehen denn insgesamt bestimmt, denn es siegt ja nicht immer die Gegenspielerin und die Heldin handelt nicht immer allein, wie wir gesehen haben, wenn wir also fragen, wer das Geschehen im Märchen dominiert, so ergibt sich folgendes:

Die Macht liegt vorerst bei einer älteren Frau, der die Heldin anfangs meist nichts entgegensetzen kann. In den Märchen „Dornröschen" und „Frau Holle" wird von magischen Frauen berichtet, die je nach Situation Menschen schaden oder nützen können. Auch die Zauberin des Märchens „Rapunzel" trägt zu Beginn positive Züge und wird erst bei der Verletzung ihres Gebots zur Gegenspielerin der Heldin, sie verhält sich also ähnlich wie Frau Holle gegenüber Goldmarie und Pechmarie. In den Märchen „Brüderchen und Schwesterchen" und „Sneewittchen" wird von Gegenspielerinnen berichtet, die ihre Stieftochter konsequent, bis zur Vernichtung verfolgen. Davor werden die Heldinnen und der Held zufällig durch den Erlöser bewahrt, das bedeutet also, daß auch der Erlöser der Gegenspielerin bewußt nichts entgegensetzen kann.

Auch für Aschenputtel wird die Figur einer Frau im positiven Sinn leitend, es ist dies die Mutter, die über das Grab hinaus wirkt, und im Märchen von den „Zwölf Brüdern" ist eine alte Frau wegweisend. Beide sind durch ihre Funktion dem Bereich des magischen Helfers zuzuordnen, wie schon vorne erwähnt wurde.

Die Darstellung von magischen Frauen ist in diesen Märchen also überaus häufig, in vier Beispielen („Die zwölf Brüder", „Aschenputtel", „Dornröschen", „Frau Holle") wird davon berichtet, daß die Heldin, indirekt geleitet von der älteren (magischen) Frau, ihren Konflikt mit der Gegenspielerin wenn schon nicht beenden, so doch ertragen kann. Die Gegenspielerinnen sind hier, bis auf „Dornröschen", nicht magisch.

In den Märchen „Sneewittchen", „Brüderchen und Schwesterchen" und „Rapunzel" wird der Konflikt der Heldin mit der Gegenspielerin als lebensbedrohend gezeigt und kann nur durch Zufall (durch den Erlöser) beendet werden. Die Gegenspielerinnen werden hier, wahrscheinlich als Ausdruck der Stärke der Bedrohung, als magische beschrieben. Zusammengefaßt heißt das also:

Ältere Frauen, die Zugang zum magischen Bereich haben, unterstützen die Heldin in ihrem Konflikt mit der Gegenspielerin, wenn sie sich würdig erweist (wie in den Märchen „Aschenputtel" und „Die zwölf Brüder").

Verdient die Heldin die Sympathie der magischen Frau jedoch nicht, so wird sie schwer bestraft (wie Rapunzel und die „falsche Heldin" im Märchen „Frau Holle").

Hat die magische Frau jedoch eine „falsche" Beziehung zur Heldin, ist sie also eine „Stiefmutter", so kann die Heldin dem nur durch Flucht und erst später, bei der Heirat, durch Rache begegnen (wie in den Märchen „Brüderchen und Schwesterchen" und „Sneewittchen").

Auch dieses eigenartige Nebeneinander von hilfreichen und schädigenden Frauengestalten und das plötzliche Hinzutreten eines Erlösers kann über diese Beschreibung hinaus gedeutet werden, wenn man psychoanalytische Erkenntnisse hinzuzieht.

Freud hat bekanntlich für die Entwicklung des Kindes vor allem die ödipale Konstellation herausgestellt, und viele Psychoanalytiker haben, wenn sie Märchen analysiert haben, dies immer in Hinblick auf diese Konstellation getan, auch wenn der Vater in diesen Märchen nicht handlungstragend, oft sogar abwesend ist.

Eine Interpretation, die in Zusammenhang mit dieser ödipalen Konstellation steht, könnte m.E. nicht erklären, warum in diesen Märchen gerade der Konflikt zwischen Mutter und Tochter dargestellt wird. Hier bietet sich das theoretische Konzept Melanie Kleins (42) an, die besonders die Wichtigkeit der Mutter-Kind-Dyade herausstellt. Sie meint, daß sich schon in der oralen Phase ein positives und ein negatives Bild von der Mutter herausbilden, positive und negative Mutterimago, da die Mutter notwendigerweise durch die Versagungen in der oralen Phase auch negativ erscheinen muß. Wird diese Phase jedoch als relativ zufriedenstellend erlebt, so ist die positive Mutter-Imago dominant, und ihre Aufgabe ist es, neben der negativen Mutter-Imago auch die negative Vater-Imago abzuwehren. Das bewirkt eine relative Selbständigkeit in der Konfliktlösungsfähigkeit, und Klein betont, daß diese Mutter-Kind-Beziehung allen anderen Beziehungen zugrundeliegt und in ihnen wiederholt wird.

Mit diesem Modell erhellt sich nun das eigenartige Nebeneinander von positiven und negativen weiblichen Gestalten, gute Fee und Hexe werden somit als psychische Abspaltungen verständlich, und verständlich wird auch die Funktion der magischen Helferin, die der Heldin zur Seite steht. Diese ist die positive Mutter-Imago, die letztlich dominiert und der Heldin Schutz vor der negativen Mutter, die als Hexe dargestellt ist, gewährt.

Zu diesen Märchen gehört „Aschenputtel“, denn die positive Mutter stirbt zwar, hinterläßt jedoch Hilfe (in Form des Baumes/Vogels), welche die Heldin „intuitiv“ erahnen muß, womit sie die Möglichkeit bekommt, die Aufmerksamkeit des Prinzen auf sich zu ziehen. Wenn die positive Mutter dominiert, kann sich die Heldin auch relativ aktiv an die Bewältigung gestellter Aufgaben machen, wie etwa die Schwester der „Zwölf Brüder“.

Die Dominanz der negativen Mutterimago zeigt sich z.B. im Märchen „Sneewittchen“, die Heldin kann hier keinerlei selbständige Aktion setzen, sie hat keinen Schutz diesem negativen Einfluß gegenüber und kann sich, wie Rapunzel, nur durch Flucht entziehen, ohne allerdings wirklich zu entkommen.

Das „Fehlelement“, welches die Märchenhandlung in einigen Märchen also in Gang setzt, ist die gute, nährende Mutter (in „Aschenputtel“, „Brüderchen und Schwesterchen“ und „Sneewittchen“), es wird jedoch im Lauf des Märchens nicht durch eine positive Mutter ersetzt, sondern (mit Ausnahme von „Frau Holle“) durch eine Heirat, welche meist mit der Bestrafung der negativen Mutter einhergeht.

Die Hinwendung zum (Ehe-) Mann hat also dieselbe Funktion wie die positive Mutter-Imago, da erst deren Dominanz die Abwehr der negativen Mutter-Imago gestattet. Dies bestätigt offensichtlich die These Melanie Kleins, daß die Mutter-Kind-Dyade allen anderen Beziehungen zugrunde liegt und in ihnen wiederholt wird, scheint doch in den Märchen gleichzeitig eine Abkehr der Heldinnen von der Mutter und eine Zuwendung zum Gatten gegeben.

Die Erfahrung der negativen Mutter-Imago oder der Mutter als negativer Person erklärt auch die Passivität der Heldinnen. Sie kennen keine positive, aktive weibliche Figur, deren Verhalten sie annehmen könnten, und versuchen eine Bewältigung der unangenehmen Muttererfahrung, indem sie sich an die Stelle der Mutter setzen. Diese Märchen stellen also in verschiedenen Ausformungen den immer gleichen Grundkonflikt um die Identifizierung mit der Mutter dar, um die Übernahme der weiblichen Rolle, wie sie von der Mutter vorgestellt wird. Die Dominanz der negativen Mutter-Imago bewirkt die geringe Handlungsfähigkeit der Heldinnen, denn dort, wo sie einigermaßen aktiv sind, haben sie auch die Hilfe magischer Frauen. Abgesehen vom psychoanalytischen Bezug stellt sich die Frage, wie die Funktion dieser magischen Personen allgemein erklärt werden kann. Möglicherweise bedeuten sie die imaginierte positive Mutter, die in der Realität, in der patriarchalen Gesellschaft, nicht so positiv anzutreffen ist, da die Mutter als Unterlegene und Minderwertige erfahren werden muß. Es scheint, als ob diese Märchen die enttäuschte Abkehr vom ersten Liebesobjekt darstellen, das einerseits als frustrierendes, andererseits als frustriertes Wesen erkannt werden muß.

Die Märchen gehen also von einer Grundproblematik aus, die auch in der

„vaterlosen“ Gesellschaft nicht an Bedeutung verliert, zeigen jedoch keine „vernünftige“ Bewältigungsmöglichkeit dieses Problems, was vermutlich auch mit der Situation der Märchenerzähler und -sammler zusammenhängt. Das Festhalten an der Mutter und damit die Übernahme ihrer Rolle und ihrer Erfahrung (d.h. der persönlichen Erfahrung der jeweiligen Frau und Mutter und der Erfahrung ihrer gesellschaftlichen Position) erklärt auch, daß die Lösung der Konflikte nicht strukturell, sondern im Einzelphänomen erfolgt. Am Ende des Märchens wird nicht beseitigt, was die Mutter böse macht (z. B. die Schönheitsforderung an die Frau in „Sneewittchen“ oder Probleme aus dem Erbrecht, die in den meisten Märchen dargestellt werden), sondern die böse Mutter.

Schließlich verweist auch die Analyse der Art der Konflikte und der Vorgangsweisen der Personen des Märchens auf das historische Frauenbild. Die Dominanz der gesellschaftlichen über die familiäre Position wird streng bestraft, die Frau ist dann Gegenspielerin, Hexe (im Gegensatz dazu bleibt das wie auch immer geartete Verhalten der Männer unbestraft). Die Handlungen der Heldinnen illustrieren dies außerdem, denn sie sind stets darauf ausgerichtet, die von anderen Personen bestimmten Veränderungen ihres oder fremden Lebens herbeizuführen. Die Konflikte werden, wie schon oben gezeigt, nicht ausgetragen, und die Dominanz der familiären über die gesellschaftliche Position wird allgemein als für die Entwicklung der Heldin positiv dargestellt. Der Entwicklungskreis, der mit der Beziehung der Frau zur Mutter eröffnet und mit ihrer Beziehung zum eigenen Kind geschlossen wird, wird hier so dargestellt, daß die Bewahrung der Traditionen durch die Bevorzugung der familiären Situation gewährleistet ist.

Die in diesen Märchen dargestellte Auseinandersetzung mit der Mutter kommt in Märchen mit einem männlichen Helden nicht vor, zumindest was die „Kinder- und Hausmärchen“ betrifft, die Problematik scheint in ihnen verdrängt und kehrt höchstens in der auf der Reise durch die Welt angetroffenen negativen Hexe wieder, die immer besiegt wird, nicht jedoch in einer weiblich besetzten austreibenden Gestalt.

Die besprochenen Märchen mit der Mutter-Thematisierung scheinen einem Bedürfnis zu entsprechen, einem Wunsch nach der Auseinandersetzung mit der positiv gewünschten und oft negativ sich zeigenden Muttergestalt, die zwischen den Glücksansprüchen des Kindes und der versagenden realen Welt steht.

Da das Bild der Frau in den Märchen sich aus verschiedenen Komponenten zusammensetzt, die aus einer bestimmten historischen Situation genährt, aber weiter veränderlich sind, ist die Frage nach den „Stiefmüttern“ und Hexen in den Märchen nicht überholt. Zwar verliert das Bild der Hexe zunehmend seine historische Bedeutung, durch die Aufwertung der Mutter-Kind-Beziehung gewinnt es jedoch wieder an psychischem Wert. So sollte ein wichtiges Augenmerk in der Beschäftigung mit Märchen nicht nur darauf liegen, wer Schneewittchen aus dem Sarg holt, sondern auch darauf, wer es hineingebracht hat.

Anmerkungen

(1) LÜTHI, Max: Das Volksmärchen als Dichtung. Ästhetik und Anthropologie. Düsseldorf, Köln 1975 (= Studien zur Volkserzählung. 1.), S. 174. Hervorhebung von mir.
(2) Ebda. Hervorhebung von mir.
(3) RÖLLEKE, Heinz: Die Frau in den Märchen der Brüder Grimm. In: FRÜH, Sigrid/ WEHSE, Rainer (Hrsg.): Die Frau im Märchen. Kassel 1985, S. 72–88, S. 72 f.
(4) Vgl. BRACKERT, Helmut: Daten und Materialien zur Hexenverfolgung, zusammengestellt von H.B. In: BECKER, Gabriele u.a.: Aus der Zeit der Verzweiflung. Zur Genese und Aktualität des Hexenbildes. 2. Aufl. Frankfurt a.M. 1978 (= edition suhrkamp. 840.), S. 313–453, S. 323.
(5) GOBRECHT, Barbara: Die Frau im russischen Märchen. In: FRÜH/WEHSE, Die Frau im Märchen, S. 89–110.
(6) STEINCHEN, Renate: Märchenerzählerin und Sneewittchen – Frauenbilder in einer deutschen Märchensammlung. In: SCHAEFFER-HEGEL, Barbara/WARTMANN, Brigitte (Hrsg.): Mythos Frau. Projektionen und Inszenierungen im Patriarchat. Berlin 1984, S. 280–308; S. 293.
(7) Vgl. dazu LÜTHI, a.a.O., S. 53 ff.
(8) Vgl. PROPP, Vladimir: Morphologie des Märchens. In: V.P.: Morphologie des Märchens. Frankfurt a.M. 1975 (= stw. 131.), S. 9–153, S. 31–83.
(9) Vgl. ebda, S. 79.
(10) Vgl. WEBER-KELLERMANN, Ingeborg: Deutsche Volkskunde zwischen Germanistik und Sozialwissenschaften. Stuttgart 1969 (= Sammlung Metzler. 79.), S. 18 f.
(11) Vgl. JENDREIEK, Helmut: Hegel und Jacob Grimm. Ein Beitrag zur Geschichte der Wissenschaftstheorie. Berlin 1975 (= Philologische Studien und Quellen. 76.), S. 204.
(12) Vgl. GRIMM, Jacob: Gedanken, wie sich die Sagen zur Poesie und Geschichte verhalten. In: J.G.: Kleinere Schriften. Bd. 1, 2. Aufl. Berlin 1879, S. 400–404; S. 401.
(13) Vgl. STEINCHEN, a.a.O., S. 282 f.
(14) JENDREIEK, a.a.O., S. 24.
(15) EMMERICH, Wolfgang: Zur Kritik der Volkstumsideologie. Frankfurt a.M. 1971 (= edition suhrkamp. 502.), S. 22.
(16) Daneben wurden vor allem Bechsteins Märchen und die Märchen von Hauff und Andersen gelesen. Vgl. dazu: KUHN, Andrea/MERKEL, Johannes: Sentimentalität und Geschäft. Zur Sozialisation durch Kinder- und Jugendliteratur im 19. Jahrhundert. Berlin 1977 (= Basis Theorie. 6.), S. 43 f.
(17) Vgl. dazu: GRIMM, Jacob: Deutsche Sagen. Vorrede / zum ersten Teil /. In: J.G.: Kleinere Schriften, Bd. 8: Vorreden. Zeitgeschichtliches und Persönliches. Gütersloh 1890, S. 10–19, S. 10 ff.
(18) Grimms Märchen in ursprünglicher Gestalt. Nach der Ölenberger Handschrift von 1810. Auf Grund der Ausgabe von Joseph LEFFTZ hrsg. und mit einem Nachwort

vers. von Manfred LEMMER. Frankfurt a.M. 1964 (= Insel-Bücherei. 837.), S. 33.
(19) Die Kinder- und Hausmärchen der Brüder Grimm in ihrer Urgestalt. Hrsg. und mit einer Einleitung vers. von Friedrich PANZER. Bd. 1. München 1913, S. 228.
(20) Brüder Grimm. Kinder- und Hausmärchen. Mit einem Nachwort von Toni JOST. Hrsg. von Hans HÜMMELER. Düsseldorf 1949, S. 222.
(21) Kinder- und Hausmärchen. Hrsg. v. PANZER, S. 38.
(22) Kinder- und Hausmärchen. Hrsg. v. HÜMMELER, S. 50.
(23) Die älteste Märchensammlung der Brüder Grimm. Synopse der handschriftlichen Urfassung von 1810 und dem Erstdruck von 1812. Hrsg. und erläutert von Heinz RÖLLEKE. Cologny, Geneve 1975, S. 64.
(24) Kinder- und Hausmärchen. Hrsg. v. PANZER, S. 37.
(25) Kinder- und Hausmärchen, Hrsg. v. HÜMMELER, S. 50.
(26) Ebda, S. 51.
(27) Vgl. BOCK, Gisela/DUDEN, Barbara: Arbeit aus Liebe – Liebe als Arbeit. Zur Entstehung der Hausarbeit im Kapitalismus. In: Frauen und Wissenschaft: Beiträge zur Berliner Sommeruniversität für Frauen. Juli 1976. Hrsg. von der Gruppe Berliner Dozentinnen. 2. Aufl. Berlin 1977, S. 118–199.
(28) Vgl. WEBER-KELLERMANN, Ingeborg: Die deutsche Familie. Versuch einer Sozialgeschichte. 5. Aufl. Frankfurt a.M. 1979 (= suhrkamp taschenbuch. 185.), S. 102–118.
(29) Grimms Märchen in ursprünglicher Gestalt, a.a.O., S. 28.
(30) Kinder- und Hausmärchen. Hrsg. v. PANZER, S. 39.
(31) Kinder- und Hausmärchen. Hrsg. v. HÜMMELER, S. 51 f.
(32) Die älteste Märchensammlung der Brüder Grimm, a.a.O., S. 246.
(33) Ebda, S. 251.
(34) Vgl. BASILE, Giambattista: Das Pentameron. Mit einem Nachwort von Benedetto CROCE. 2. Aufl. Hattingen o.J., S. 643–652.
(35) Vgl. PERRAULT, Charles: Märchen aus alter Zeit. Mit einem Nachwort von Ruth METTLER. Dreieich 1977, S. 5 ff.
(36) SORIANO, Marc: Les Contes de Perrault. Culture savante et traditions populaires. Paris 1969 (= Bibliothèque des idées), S. 129 f., Übers. von mir.
(37) Vgl. RÖLLEKE, a.a.O., S. 35.
(38) Kinder- und Hausmärchen gesammelt durch die Brüder Grimm. Mit einem Nachwort von Herta KLEPL. München 1949, S. 674 ff.
(39) Zit. nach GERHARD, Ute: Verhältnisse und Verhinderungen. Frauenarbeit, Familie und Rechte der Frauen im 19. Jahrhundert. Frankfurt a.M. 1978 (= edition suhrkamp. 933.), S. 372.
(40) Ausführlicher dazu vgl. SPÖRK, Ingrid: Studien zu ausgewählten Märchen der Brüder Grimm. Frauenproblematik – Struktur – Rollentheorie – Psychoanalyse – Überlieferung – Rezeption. Königstein/Ts. 1985 (= Hochschulschriften Literaturwissenschaft. 66.), S. 210–225.
(41) Vgl. WEBER-KELLERMANN: Die deutsche Familie, S. 32–37.
(42) Vgl. KLEIN, Melanie: Die Psychoanalyse des Kindes. München 1973.

Beate Frakele

„Deine gehorsame Tochter Nette"
Leben und Lyrik der Annette Droste

Im vergangenen Wintersemester bot ich ein Literaturwissenschaftliches Proseminar über Annette Droste-Hülshoff an, deren Lyrik mich seit längerem beschäftigte. Verunsichert durch die geringe Teilnehmerinnenzahl – bei einem Verhältnis fünfzehn zu eins ist wohl die weibliche Form als Oberbegriff angebracht – war ich neugierig auf die Vorstellungsrunde, in der gewöhnlich das persönliche Interesse, die Motivation der Studenten und Studentinnen für eine bestimmte Lehrveranstaltung zur Sprache kommt. Das Ergebnis ernüchterte mich: Nur eine Studentin hatte ihre Wahl mit einem gezielten Interesse am lyrischen Werk der Droste begründet. Alle anderen waren nicht speziell für dieses Proseminar motiviert, keine der Studentinnen hatte je ein Gedicht Annette Drostes gelesen.

Aber Annette von Droste-Hülshoff gilt als Deutschlands größte Dichterin. Sie lebte von 1797 bis 1848, und seit mehr als 80 Jahren ist ihr Ruhm nie verklungen. Sie ist die bestdokumentierte Schriftstellerin des deutschen Sprachraums. Seit ihren Lebzeiten erscheint ihr Werk in immer neuen Ausgaben. Es gibt zahlreiche wissenschaftliche Untersuchungen zu vielen Aspekten ihrer Dichtung, es gibt eine dreibändige Rezeptionsgeschichte, Bibliographien, Biographien, Würdigungen, Denkmäler, Gedenkstätten, Preise. Und weder der Tourismus noch die Belletristik lassen sie links liegen.

Die Qualität ihrer Lyrik und Balladen – um die 400 Texte – ist unumstritten, wenn auch der Publikumsgeschmack in einem Jahrhundert variiert hat. Ihre Novelle „Die Judenbuche" gilt wegen der ihrer Zeit weit vorauseilenden psychologischen Schilderung des kriminellen Protagonisten als Meisterwerk der deutschen Literatur. Sie schrieb fünf Versepen, ein Lustspiel, und eine Reisebeschreibung ihrer Heimat Westfalen. Ein Drama, zwei Romane und eine Kriminalgeschichte sind Fragmente geblieben. Noch ist nicht alles veröffentlicht, die Historisch-Kritische Werkausgabe, die seit 1978 erscheint, wird mit den Briefen 23 Bände umfassen.

Die Droste ist also seit mehr als 80 Jahren – wie man sagt – „Gegenstand" der Literaturwissenschaft. Ob man sie unter die Begriffe „Poetischer

Realismus" einreiht, „Biedermeier", „Vormärz" oder „Christliche Restauration", ob man, wie Peter von Matt in Glasers „Sozialgeschichte der deutschen Literatur", einräumt, daß der Droste eine bürgerliche Revolution nichts geholfen hätte (1), ob frau, wie Brunhilde Wehinger in der neuen Frauenliteraturgeschichte von Gnüg und Möhrmann, die Enge des Raums als immer wieder thematisierten Bezugsrahmen weiblicher Lyrik betont (2), noch immer ist, was der italienische Literaturwissenschaftler Bianchi 1919 über die Droste geschrieben hat, der Tenor jeder Einschätzung ihrer dichterischen Persönlichkeit.

> Annette von Drostes Leben wird von kleinem Kreis umschlossen, zwischen dem 10. Januar 1797 und dem 24. Mai 1848 ging es dahin. Was in diesen 50 Jahren sich abspielte, wäre der Erwähnung nicht wert, wenn es nicht seine Größe, seine Einmaligkeit und seinen unersetzbaren Gehalt in dieser Ereignislosigkeit und Stille gerade erworben hätte und für immer besässe. (3)

Das adelige, katholische Fräulein, streng konservativ, den Aufbrüchen ihrer Zeit abhold, bis zu ihrem Tode mit der Mutter auf deren idyllischem Witwensitz zusammenlebend, unverheiratet, wirtschaftlich vom Bruder abhängig, fromm, opferbereit, selbstlos, kränkelnd. Auf Bildern sehen wir ein empfindliches, aber verschlossenes Mädchengesicht, ein sichtlich stilisiertes Porträt späterer Jahre zeigt sie mit geklärten Zügen, einen Hauch von Ironie um den Mund, und erschütternd sind die wenigen Photographien der 50jährigen knapp vor ihrem Tod: ein von innerer Spannung zerrissener Mensch, mit den erloschenen Augen der Erblindenden, der Mund von Verzweiflung und Abwehr geprägt oder, gelöster, mit einem schwachen Ausdruck des Unglaubens. Angestrengte Falten unter dem glatten Mittelscheitel – ein ungelebtes Leben. (4)

Am Turme (5)

Ich steh auf hohem Balkone am Turm,
Umstrichen vom schreienden Stare,
Und laß gleich einer Mänade den Sturm
Mir wühlen im flatternden Haare;
O wilder Geselle, o toller Fant,
Ich möchte dich kräftig umschlingen,
Und, Sehne an Sehne, zwei Schritte vom Rand
Auf Tod und Leben dann ringen!

Und drunten seh ich am Strand, so frisch
Wie spielende Doggen, die Wellen
Sich tummeln rings mit Geklaff und Gezisch
Und glänzende Flocken schnellen.
O, springen möcht ich hinein alsbald,
Recht in die tobende Meute,
Und jagen durch den korallenen Wald
Das Walroß, die lustige Beute!

Und drüben seh ich ein Wimpel wehn
So keck wie eine Standarte,
Seh auf und nieder den Kiel sich drehn
Von meiner luftigen Warte;
O, sitzen möcht ich im kämpfenden Schiff,
Das Steuerruder ergreifen
Und zischend über das brandende Riff
Wie eine Seemöve streifen.

Wär ich ein Jäger auf freier Flur,
Ein Stück nur von einem Soldaten,
Wär ich ein Mann doch mindestens nur,
So würde der Himmel mir raten;
Nun muß ich sitzen so fein und klar,
Gleich einem artigen Kinde,
Und darf nur heimlich lösen mein Haar
Und lassen es flattern im Winde! (124 f.)

Briefe von Besuchern auf Schloß Hülshoff und den Sommersitzen der Familie berichten, daß Annette Droste ein außerordentlich lebhaftes Kind war, das gern im Mittelpunkt stand, schon 7jährig mit kleinen Gedichten brillierte, schauspielerisches Talent hatte und sich damit in Gesellschaften produzierte. (6) Sie liebte es, barfuß durch die Gegend zu streifen und versteckte Schlupfwinkel aufzusuchen, war trotz ihrer – von der Mutter stets betonten – schwachen Konstitution eine rasante Schlittschuhläuferin und schneidige Reiterin. Allmählich, mit ihrem Erwachsenwerden, begannen Freunde und Verwandte sich über „Eitelkeit und Selbstbewußtsein" (7) der kleinen Nette zu entsetzen.

Wilhelm Grimm (1786–1859), der zum Bekanntenkreis der Familie gehörte und oft zu Besuch auf Gut Bökendorf war, schreibt 1813 von dort an seinen Bruder Jacob über die 16jährige Annette: „Es ist schade, daß sie etwas Vordringliches und Unangenehmes in ihrem Wesen hat. (. . .) Sie wollte durchaus brillieren und kam von einem ins andere." (8) Aufschlußreich sind viele Briefstellen von Wilhelm Grimm, der um diese Zeit schon ein hochberühmter Mann war und sich offenbar oft von Annette provoziert fühlte. So berichtet er – wieder dem Bruder – von einem Traum über Annette:

> Sie war ganz in dunkle Pupurflamme gekleidet und zog sich einzelne Haare aus und warf sie in die Luft nach mir; sie verwandelten sich in Pfeile und hätten mich leicht blind machen können. (9)

Zunächst von der Mutter im Elementarunterricht unterwiesen, hatte Annette zusammen mit ihren drei Geschwistern später einen umfassenden Privatunterricht bei einem Hauslehrer. Sie las griechische und lateinische Schriftsteller, übersetzte mit 12 Jahren Vergils Eklogen in deutsche Hexameter und hatte überdurchschnittliche Kenntnisse der zeitgenössischen deutschen Literatur, die allerdings vor der Lektüre von der Mutter stets streng zensuriert wurde. Sie wurde neben Handarbeiten zum Zeichnen und Malen ermutigt, sang und komponierte.

Die Mädchenerziehung einer feudalistischen ländlichen Aristokratie zielt auf Stabilisierung einer klaren Ordnung hin. Ein unprätentiöses, ansprechendes Äußeres, bescheiden sichere Umgangsformen, Frömmigkeit, mildtätige Nächstenliebe, Fleiß und Disziplin bilden das Muster, innerhalb dessen eine verantwortungsvolle Mutter ihre Töchter erzieht, wenn sie sie erfolgreich verheiraten will. Ebenso wie die Mutter wird dann auch die Tochter als verheiratete Frau autonom ihrem umfangreichen Wirkungsbereich vorstehen. Haus, Garten, Dienstboten und der erste Unterricht der Kinder gehören zu ihrem Aufgabenkreis. Sichere ökonomische Verhältnisse, Grundbesitz und eine nicht in Frage gestellte ständische Ordnung sind die Voraussetzungen dieses Systems.

Die als sehr dominante und überaus effiziente Hausfrau und Mutter beschriebene Therese Droste, selbst mit einer Stiefmutter aufgewachsen, ergriff, wie es scheint, drastische Maßnahmen, um aus ihrer temperamentvollen, zu hysterischen Ausbrüchen und unangebrachter Empfindlichkeit neigenden Tochter das zu machen, was von einer Frau ihrer Kreise erwartet wurde. Levin Schücking, der spätere Freund der Droste, stützt sich auf Annettes Erzählungen, wenn er schreibt:

> Sie hat alles unterdrückt und entfernt, was von Leidenschaftlichkeit und Exzentrizität in einem so begabten und phantasiereichen Charakter sich hätte entwikkeln können, und jeden jugendlichen Drang auf das Maß des edel Weiblichen zurückgeführt. (10)

Annette Droste muß mit ihrem Temperament und ihrer Sucht, zur Geltung zu kommen, in dem großen Kreis künstlerisch und wissenschaftlich interessierter junger Leute, in dem sie sich bewegte, Frauen und Männer beständig provoziert haben. So kann ich das böse Spiel einordnen, das zwei mit ihr, aber auch miteinander befreundete Studenten und junge Literaten, Arnswald und Straube, trieben, als sie sich im Frühling und Sommer 1820 miteinander absprachen, Annette soweit aus sich herauszulocken, daß sie sich an jeden der beiden gebunden fühlen mußte. Uns fällt es nicht schwer, die Intensität, mit der Annette sich in den Mittelpunkt drängte, als ihr Verlangen nach Anerkennung und Verständnis zu deuten, das sie – wie ihre Briefe zeigen – bei jedem dieser beiden Männer zu finden glaubte. Eine Falle schnappte zu, und mit pathetischen Absagebriefen, bösen Karikaturen und weitreichendem Familienklatsch wurde ein gesellschaftlicher Skandal inszeniert.

Danach gibt es fünf Jahre kein Lebenszeichen mehr von ihr, keine Gedichte, nur zwei kurze Briefe. Die Erfahrung ist so bitter, die Verletzung so groß, daß sie noch 30 Jahre später im Zusammenhang mit Schuld in Annettes Briefen auftaucht. In dieser Zeit des Schweigens muß sie sich neu eingeordnet haben. Sie muß begonnen haben, ein Muster zu suchen, das für sie gelten kann. Sie bleibt unverheiratet, und ihre

> Abneigung (...) gegen den Ehestand hat sich an vielen Stellen ihres Werkes eingeschrieben – auf hintergründig faszinöse Weise in ihrem prosaischen Glanzstück, der Novelle „Die Judenbuche". Dort treten die Frauen als von ihren Männern Geschlagene auf; der alte Mergel stirbt im Hochzeitssuff im Breder Holz; ein ältlicher Freiender tritt einer jungen Braut gegenüber „durchaus nicht wie die Morgensonne"; es ist just während einer Hochzeitszeremonie, „ein köstliches Fest", wo Friedrich Mergel tödlich beleidigt wird und das „wilde" Geschehen seinen Lauf nimmt, Totschlag, Flucht und Selbstmord. Auch ihre Lyrik ist voller Hinweise dieser Art, sei es im Ton mädchenschwärmerischer Utopie (...), in der Haltung moralisierenden Verstehens (...) oder in sarkastischen Ausbrüchen (...). (11)

Auch ihre Briefe sind aufschlußreich, wenn sie in ironisch-herablassendem Ton über die nicht endenden Schwangerschaften ihrer Schwägerin schreibt. In ihrem frühen Dramenfragment „Bertha" führt Cordelia ihrer wilden Schwester Sticken als Beispiel echt weiblicher Kreativität vor. Bertha, die „sich mit Männern messen" will, ein „Zwitter" und kein Weib mehr zu sein droht, antwortet ihr:

> Sind deine seidnen Fäden stark genug,
> Um aus dem finstern Bergschacht den Versunknen
> Hinauf ans helle Tageslicht zu ziehn?
>
> Ich hab auch meine schönen, zarten Bilder,
> Doch trag ich in dem vollen Herzen sie
> Und nicht auf Schirmen und buntfarb'gen Kleidern. (9 f.)

Da sie das weibliche Verhaltensmuster ihrer Zeit, und mehr noch ihres Standes, nicht annehmen kann, muß Annette Droste sich ein anderes Identifikationsmuster suchen. Die zahlreichen Dichtergedichte – Texte, in denen sie sich mit der Funktion des Schreibens, den Möglichkeiten dichterischer Existenz auseinandersetzt – legen Zeugnis davon ab, wie bewußt die Droste auf Schreiben als Selbstfindung reflektiert. Hier bildet sie mit den Jahren ein starkes, wenn auch nicht unerschütterliches Selbstbewußtsein aus. Sie erfährt Schreiben als schmerzvolle Erfahrung ihrer selbst und ordnet dieses Leiden als Märtyrertum im Dienste des Lebendigen ein.

Die wichtigste Figur ihrer Dichtung ist das Lösen von Verkrustetem, das Aufbrechen von Versteintem, das Durchgehen durch Todesangst und Depression. In ihrer Intensität besonders deutlich wird diese Anstrengung in dem Gedichtzyklus „Das Geistliche Jahr", den die Droste 1818 begann und 1838 beendete. Dieser Zyklus besteht aus Gedichten zu jedem Feiertag des Kirchenjahres. Das Thema des jeweiligen Evangeliums dient als Ausgangspunkt für die Reflexionen des Lyrischen Ichs. Ausschließlich in der ersten Person formuliert zeigen sie die sprechende Instanz stets im Durchgang durch ein Dunkel, stets aus der Öde ausbrechend, stets vom Absterben bedroht:

„Wie halt ich denn das Leben fest, daß es mir nicht entrinnt?“ (510)

Mißtrauen, Verzweiflung, Todesangst und eine Schuld ohne Name müssen überwunden werden im immer neu zu gewinnenden Vertrauen in die eigene Lebenskraft. Diese wird gleichgesetzt mit der schöpferischen Fähigkeit, wenn es – ein Symbol des Neuen Testamentes abwandelnd – heißt:

Die ganze Nach hab ich gefischt
Nach einer Perl in meines Herzens Grund
Und Nichts gefangen.
Wer hat mein Wesen so gemischt,
Daß Will gen Wille steht zu aller Stund
In meiner Brust wie Tauben gegen Schlangen? (555)

Die Perle als Ergebnis zugleich seelischer und künstlerischer Produktivität taucht an vielen Stellen von Annette Drostes Werk auf, so auch in dem Doppelgedicht „Der Dichter – Dichters Glück“, in dem sie den Schreibenden gegen den saturierten Bürger absetzt, der sensationslüstern „dem Dichter ins Auge blickt“:

Meint ihr, das Wetter zünde nicht?
Meint ihr, der Sturm erschüttre nicht?
Meint ihr, die Träne brenne nicht?
Meint ihr, die Dornen stechen nicht?
Ja, eine Lamp hat er entfacht,
Die nur das Mark ihm sieden macht;
Ja, Perlen fischt er und Juwele,
Die kosten nichts – als seine Seele. (254 f.)

Durchgängig erscheinen die Sterne als Garanten der göttlichen Gnade, ohne die diese schöpferische Lebenskraft versiegen würde. Hier zeigt sich der Kosmos, in dem sich die Droste nun einen Platz zuweisen kann. Eine Heilende, so sieht sie sich, eine Bewahrerin des Lebendigen, das sie in einer anderen Art von Mutterschaft hervorbringt:

Und kann ich dann kein Leben bluten,
So blut ich Funken wie ein Stein. (508)

Diesen Zyklus, der in jedem einzelnen Gedicht aufs neue das schmerzliche Bemühen um eine Lebensmöglichkeit aufzeigt, widmet sie der Mutter. „(. . .) mein Werk ist jetzt ein betrübendes aber vollständiges Ganze“ schreibt sie in der Widmung,

> nur schwankend in sich selbst, wie mein Gemüt in seinen wechselnden Stimmungen. So ist dies Buch in Deiner Hand! (. . .) ich habe keinen Gedanken geschont, auch den geheimsten nicht. – Ob sie Dir gefallen, muß ich dahingestellt sein lassen (. . .), ich denke es indes, und wünsche es sehnlichst, da sie als das Werk Deines Kindes Dein natürliches Eigentum sind. (470 f.)

Sie weist damit auf die Verbindung zwischen sich und der Mutter hin, an der sie unablässig arbeitet. Daß sie als Tochter ein Leben als Ehefrau und Mutter ablehnt, stellt die Existenz der Mutter in Frage, was Annette als permanentes Ungenügen erfährt. Sie hat nicht wenige Gedichte an ihre Mutter, oft aus einem Anlaß wie Geburtstag oder Namenstag, verfaßt. Es sind ihre leersten Gedichte. Verlegenheitsgesten ohne Leben, Versuche ohne innere Notwendigkeit, wie etwa das kurze Gedicht „An meine Mutter", in dem sie bedauert, ihre Dichtergabe nicht „zum Preise" der Mutter „wecken" zu können. Nachdem das erfolglose Herumprobieren beschrieben wird, heißt es in der letzten Zeile lakonisch: „Wo man am meisten fühlt, weiß man nicht viel zu sagen." (319)

Auch Therese Droste wußte nicht viel zu sagen, als ihre Tochter ihr „Das Geistliche Jahr" überreichte. Annette berichtet in einem Brief, daß die Mutter die Widmung las und das Manuskript wortlos in einen Schrank legte, aus dem Annette es nach acht Tagen wieder herausholte und zu sich nahm. Die Mutter hatte nichts davon gelesen, das schlechte Gewissen mußte auf Annettes Seite bleiben.

Das Spiegelbild

Schaust du mich an aus dem Kristall
Mit deiner Augen Nebelball,
Kometen gleich, die im Verbleichen;
Mit Zügen, worin wunderlich
Zwei Seelen wie Spione sich
Umschleichen, ja, dann flüstre ich:
Phantom, du bist nicht meinesgleichen!

Bist nur entschlüpft der Träume Hut,
Zu eisen mir das warme Blut,
Die dunkle Locke mir zu blassen;
Und dennoch, dämmerndes Gesicht,
Drin seltsam spielt ein Doppellicht,
Trätest du vor, ich weiß es nicht,
Würd ich dich lieben oder hassen?

Zu deiner Stirne Herrscherthron,
Wo die Gedanken leisten Fron
Wie Knechte, würd ich schüchtern blicken;
Doch von des Auges kaltem Glast,
Voll toten Lichts, gebrochen fast,
Gespenstig, würd, ein scheuer Gast,
Weit, weit ich meinen Schemel rücken.

Und was den Mund umspielt so lind,
So weich und hülflos wie ein Kind,
Das möcht in treue Hut ich bergen;
Und wieder, wenn er höhnend spielt,
Wie von gespanntem Bogen zielt,
Wenn leis es durch die Züge wühlt,
Dann möcht ich fliehen wie vor Schergen.

Es ist gewiß, du bist nicht ich,
Ein fremdes Dasein, dem ich mich
Wie Moses nahe, unbeschuhet,
Voll Kräfte, die mir nicht bewußt,
Voll fremden Leides, fremder Lust;
Gnade mir Gott, wenn in der Brust
Mir schlummernd deine Seele ruhet!

Und dennoch fühl ich, wie verwandt,
Zu deinen Schauern mich gebannt,
Und Liebe muß der Furcht sich einen.
Ja, trätest aus Kristalles Rund,
Phantom, du lebend auf den Grund,
Nur leise zittern würd ich, und
Mich dünkt – ich würde um dich weinen! (164 f.)

„Das Spiegelbild" thematisiert die Auseinandersetzung des Lyrischen Subjekts mit sich selbst. Der Spiegel als unbestechliche Instanz, von der die Wahrheit über die eigene Person zu erfahren ist, hat eine komplexe literarische Tradition. In der Hand von Frauen wird er zum Gradmesser für den eigenen Wert, er bedeutet die vorweggenommenen Blicke der anderen, er wird aber auch zum geheimnisvollen Bild für die verborgene Seite der Persönlichkeit.

An der Größe des Schreckens, der Dringlichkeit der Abwehr, die in diesem Text formuliert wird, wird deutlich, daß die, die hier spricht, ein harmonischeres Bild von sich selbst aufrechterhalten möchte, als ihr aus dem Spiegel entgegensieht. Die unfreiwillige und anstrengende Herrschaft des Denkens, das vom Absterben bedrohte Leben in ihr und die Waffe, zu der das gesprochene Wort wird, entsprechen nicht dem Wunschbild. Doch die starke emotionale Anziehung macht Auseinandersetzung notwendig, und im Sinne der Droste bedeutet das, die Eigenständigkeit des Gegenüber zu entbinden. An vielen Beispielen, vor allem ihrer Naturlyrik, kann man erkennen, daß bei Annette Droste keine Subjekt-Objekt-Verhältnisse zwischen Betrachter und Betrachtetem herrschen. So wird auch hier in der, wenn auch angstvoll antizipierten, Vorstellung „Trätest du vor" die Möglichkeit eines Eigenlebens des Spiegelbildes vorweggenommen und im Spiel von Abgrenzung und Annäherung intensiviert.

Durch den Vergleich mit Moses gewinnt die wachsende Identifikation von Spiegelbild und betrachtendem Ich eine zusätzliche Dimension. Gott zeigt sich – so heißt es im Alten Testament (2. Mos. 3 f.) – Moses in einem brennenden Dornbusch. Voll Angst und Abwehr weist Moses auf seine Unfähigkeit hin, und Gott verspricht ihm, in ihm zu wirken, wenn seine eigenen Kräfte nicht ausreichen. Ich und Spiegelbild verschmelzen. Das Gesetz des Spiegelbilds – Gespaltenheit und bedrohtes Leben – wird als das eigene akzeptiert, und diese Anstrengung löst sich in Tränen, die, metaphorisch als Perlen erscheinend, wieder auf die Dichtung hinweisen.

„Das Spiegelbild" ist oft analysiert worden. Zuletzt von Wilhelm Gössmann in seinem 1985 erschienenen Buch mit dem Titel „Ich und Spiegelbild".

> Im Zusammenhang mit der gesamten Dichtung der Droste kann man zu dem Schluß kommen, daß etwas von ihrem Spiegelbild in jedem Gedicht wiederzuerkennen ist. Es ist gleichsam das, was sich in jedem Gedicht spiegelt und im letzten nicht zu benennen ist. Daher die Verunsicherung.

und weiter

> Mit dem Spiegelbild schaut die Droste im Grund jeden an, der sich mit ihrer Dichtung beschäftigt. (. . .) Wie die Dichterin das Spiegelbild annimmt, davor erschrocken, aber auch angezogen, so könnten alle, die in den Spiegel ihrer Dichtung treten, zur Auseinandersetzung mit ihrer eigenen Existenz gelangen. (12)

In der Tat! Heide Göttner-Abendroth postuliert Betroffenheit als erste Kategorie feministischer Forschung. Sie entsteht aus Einsicht in eine subjektive Situation als einem Ergebnis von Selbsterfahrung. Die Begriffe Unterdrückung, Anpassung und Widerstand bilden nach Göttner-Abendroth die Koordinaten, in denen sich auch die Forscherin wiedererkennt. (13) Mit dem Spiegelbild schaut die Droste „im Grund" den an, der sich mit ihrer Dichtung beschäftigt. Und d i e, die sich mit ihrer Dichtung beschäftigt?

„Das Spiegelbild" ist 1841/42 entstanden, als Annette Droste auf der Meersburg am Bodensee bei ihrer Schwester lebte. Ihr Freund Levin Schücking hatte auf ihre Intervention hin eine Stelle als Bibliothekar bei ihrem Schwager erhalten. Es war eine wichtige schöpferische Phase für sie – wie man aus den wenigen nicht vernichteten Briefen der beiden erkennen kann, ein geistiger Austausch mit Schücking, eine vertraute, zärtliche Atmosphäre, die sorgsam vor der Welt geheimgehalten wurde. Der Freund vermittelte ihr die Möglichkeit, ihre Gedichte bei Cotta in Stuttgart zu verlegen. Es war die zweite Ausgabe ihrer Werke – die erste, 1838 anonym in Münster erschienen, war ein eklatanter Mißerfolg gewesen und Anlaß für einen Skandal im Familien- und Bekanntenkreis.

Levin Schücking, 17 Jahre jünger als sie, der Sohn einer Freundin, entfernt sich nach kurzer Zeit wieder von Annette, um eine Hauslehrerstelle anzunehmen. Er will (um bei seinen eigenen Worten zu bleiben) sich „eine Braut anschnallen (. . .) um meine Einsamkeit mit Phantasmagorien auszufüllen. Sag's nur der Droste nicht (. . .)" (14) Er beginnt sein eigenes, in einer Autobiographie nach Goethescher Manier stilisiertes Leben.

Annette Droste reist zwischen Münster und dem Bodensee hin und her, wo sie sich 1843 von dem Honorar der Cotta-Ausgabe ein Weingartenhäuschen kauft. Sie meditiert über den Wert selbstverdienten Geldes, träumt sich in die Anlage des Gartens und die Weinernte hinein und phantasiert über die Möglichkeit, daß ihre junge Freundin Philippa in ihre Nähe zieht:

> Wenn's dazu käme, wie wollten wir zusammen arbeiten! Dichten, Zeichnen, Musizieren! Da würde in meinen alten Tagen noch etwas Ordentliches aus mir. (15)

In ihren zwei letzten Lebensjahren nehmen ihre Beschwerden überhand. Krankheiten der Schilddrüse, der Lunge, Rheuma, eine „Schwäche des Unterleibs", „psychopathische" Angstzustände, Depressionen und vor allem die ständige tödliche Erschöpfung, immer schon aus der ungeheuren Anstrengung kommend, unter der sie lebt, münden in ihren Tod am frühen Nachmittag des 24. Mai 1848.

In Münster, wo Mutter und Bruder leben, wurde der beschwörende „Totenzettel" (16) gedruckt:

„Sei getreu bis in den Tod, so will ich dir
die Krone des Lebens geben." Offenb. 2, 10.

Es hat dem Herrn über Leben und Tod nach seinem unerforschlichen Rathschluß gefallen, am 24. Mai 1848

Anna Elisabeth
Freiinn von Droste zu Hülshoff
im 52. Jahre ihres Alters zu sich abzurufen.

Ihr Tod war die Folge langjähriger, mit großer Geduld ertragener chronischer Leiden, denen ein Herzschlag auf dem Schlosse Meeresburg, wo sie sich zum Besuch bei ihrer Schwester befand, unerwartet ein Ende machte. Sie war stets eine liebevolle gehorsame Tochter und treue Schwester, und ihre Anhänglichkeit für die Ihrigen kannte keine Gränzen; aber sie war auch voll Erbarmen und Mitleid gegen ihre leidenden Nebenmenschen, die ihr Herz alle mit gleicher Liebe umfaßte. Von Gott mit großen Talenten und namentlich mit der schönen Gabe der Dichtkunst ausgestattet, war ihr Streben stets dahin gerichtet, diese Gaben nur zu seiner Ehre zu gebrauchen. Deshalb durchdringt auch der Hauch wahrer Gottesfurcht alle ihre Schriften, und es ist kein Wort in ihnen enthalten, welches Aergerniß geben konnte. Hoffen wir deshalb, daß der Herr der Welten an jenem großen Tage zu ihr sprechen werde:

„Weil du über wenigem getreu gewesen bist,
so will ich dich über vieles setzen, gehe ein
in die Freude deines Herrn."

Doch wer ist rein vor dem Angesichte Gottes!
Darum laßt uns die Pflicht der Liebe erfüllen und der Verstorbenen in unserm Gebete eingedenk sein.

Anmerkungen

(1) Vgl. MATT, Peter von: Naturlyrik. In: Deutsche Literatur. Eine Sozialgeschichte. Hrsg. v. Horst Albert GLASER. Bd. 6. Reinbek 1980 (= rororo Handbuch. 6255.), S. 217.
(2) Vgl. WEHINGER, Brunhilde: „Die Frucht ist fleckig und der Spiegel trübe." Lyrikerinnen im 19. Jahrhundert. In: GNÜG, Hiltrud und MÖHRMANN, Renate (Hrsg.): Frauen Literaur Geschichte. Schreibende Frauen vom Mittelalter bis zur Gegenwart. Stuttgart 1985, S. 223 ff.
(3) BIANCHI, Lorenzo: Annette von Droste-Hülshoff. In: L.B.: Von der Droste bis Liliencron. Beiträge zur deutschen Novelle und Ballade. Leipzig 1922, S. 7.
(4) Ich beziehe mich hier auf folgende Abbildungen: Miniatur von der Hand ihrer Schwester Jenny, um 1820; Gemälde von Johannes Sprick, 1838; Daguerrotypie, um 1845. Alle in: SCHULTE KEMMINGHAUSEN, Karl und WOESLER, Winfried: Annette von Droste Hülshoff. 4. Aufl., München 1981, S. 3, 17, 120.
(5) Alle Stellen aus dem dichterischen Werk der Droste werden im Text und nach folgender Ausgabe mit einfacher Seitenzahl zitiert: DROSTE-HÜLSHOFF, Annette von: Sämtliche Werke. Hrsg. v. Clemens Heselhaus. München 1966.
(6) Zu den biographischen Angaben über die Droste vgl. BERGLAR, Peter: Droste-Hülshoff. Reinbek 1968 (= rororo bildmonographien. 130.), und HESELHAUS, Clemens: Annette von Droste-Hülshoff. Werk und Leben. Düsseldorf 1971.
(7) STOLBERG, Friedrich Leopold von, zitiert nach Berglar, ebda, S. 20.
(8) GRIMM, Wilhelm, zitiert nach Berglar, ebda, S. 33.
(9) GRIMM, zitiert nach Heselhaus, a.a.O., S. 33.
(10) SCHÜCKING, Levin, zitiert nach Heselhaus, ebda, S. 29 f.
(11) SCHEER, Helma: Eine Sprache, die sogar Kinder und Wilde verstehen. Vorwort zu DROSTE-HÜLSHOFF, Annette von: Spiegelbild und Doppellicht. Hrsg. v. H.S. Darmstadt und Neuwied 1983 (= SL. 490.), S. 15.
(12) GÖSSMANN, Wilhelm: Annette von Droste-Hülshoff. Ich und Spiegelbild. Zum Verständnis der Dichterin und ihres Werkes. 2. Aufl., Düsseldorf 1985, S. 37.
(13) Vgl. GÖTTNER-ABENDROTH, Heide: Zur Methodologie von Frauenforschung am Beispiel Biographie. In: beiträge zur feministischen theorie und praxis 11 (1984), S. 35 f.
(14) SCHÜCKING an Ferdinand von Freiligrath, zitiert nach Berglar, a.a.O., S. 120.
(15) DROSTE-HÜLSHOFF, Annette von: Briefe. Gesamtausgabe. Hrsg. v. Karl Schulte Kemminghausen, Bd. 2. Jena 1944, S. 331.
(16) SCHULTE KEMMINGHAUSEN und WOESLER, a.a.O., S. 35.

Marlies Raffler

Frauen für den Frieden?

„Mir scheint, daß nur ein Krieg den Kurs der Männlichkeit wieder steigern kann...
Ein Krieg wird mit einem Schlag alle die faulen Kulturtümpel auslaufen lassen und die Männer, die ein verwirrtes Heim verlassen haben (heute sind fast alle Heime durch die Ansprüche der Frauen und Töchter verwirrt) werden vom Schlachtfeld ihren weiblichen Verwandten die überzeugende Antwort mitbringen auf alle die Fragen, die sie augenblicklich in Versammlungen und Büchern stellen.
Die praktische Noth wird dann an die Frauen wieder so viele ihrer Natur entsprechenden Forderungen stellen, daß das öffentliche Schwatzen, Tintenklecksen und Pinseln ein Ende nehmen wird.“
(Oskar Schmitz, über den „Kulturwerth des Krieges“, in der Zeitschrift „Zukunft“, Nr. 44/1912)

Zu einer Ideologie, die das Kriegerische, Destruktive als Wesen des Männlichen begreift, gehört als Gegenstück die Vorstellung von der Frau als Mutter – im Krieg als Gebärerin von Soldaten – oder auch die Idee von der Frau als der „natürlichen“ Pazifistin. Die Frauenbewegung versuchte und versucht, einen verdrängten weiblichen Wesenszug wiederzuentdecken, tiefgreifende Unterschiede in Erlebniswelt und Verhaltensweisen der männlichen und weiblichen Natur aufzuzeigen. So wird immer wieder auf den im weiblichen Körper selbst angelegten Einklang mit der Natur hingewiesen und daraus gefolgert, daß die Frau als Teil des Universums gegen den die Natur zerstörenden Mann stehe.

Lida Gustava Heymann (1868–1945), eine der führenden Frauen in der deutschen Friedens- und Frauenbewegung zur Zeit des Ersten Weltkrieges, meint: „Weibliches Wesen, weiblicher Instinkt sind identisch mit Pazifismus.“ (1) In ihrem Artikel „Weiblicher Pazifismus“ führt sie Kriege auf das Versagen der modernen Zivilisationsstaaten zurück. Es sind Männerstaaten, in denen alles, d.h. Familie, Schule, Gefängnis, Rechtswesen, Politik, auf männlichen Prinzipien aufgebaut ist, dem Grundsatz der Gewalt, der Autorität, des Kampfes aller gegen alle und der Furcht jedes vor jedem. Diesem zerstörenden Prinzip steht das weibliche der gegenseitigen Hilfe, Güte, des Verstehens und Entgegenkommens entgegen. (2)

Mag man auch bestimmte angeborene Verhaltensweisen der Geschlechter bezweifeln, findet doch die Vorstellung von der Naturgegebenheit des männlichen und weiblichen Charakters noch immer kollektive Anerkennung, wie die Polaritätsprofile in Untersuchungen von Osgood zeigen. Osgood und Mitarbeiter ließen Studenten die Begriffe „männlich–weiblich" beschreiben; zur Beurteilung wurden 24 Gegensatzpaare vorgelegt, in denen sich alle Klischees wiederfinden: männlich wird dabei mit Attributen wie hart, klar, stark, aktiv, ernst, kühl, verschwiegen, nüchtern, streng, robust, wild, laut, herrisch identifiziert. (3)

Sowohl für „weibliche Friedfertigkeit" wie für das Gegenteil lassen sich Beispiele aus Geschichte und Literatur beibringen. Der Triumvir Marcus Antonius konnte beide Positionen an seinen Gattinnen – der „soldatischen" Fulvia, die sich gerne in der Öffentlichkeit mit umgegürtetem Schwert präsentierte, und der friedensstiftenden Octavia – gleichsam en famille beobachten. Als Beispiele der Gegenwart könnte man Betty Williams und Mairead Corrigan, die seit Mitte der 70er Jahre als Führerinnen der Friedensbewegung nordirischer Frauen die Hoffnung einer besonderen Friedensmission von Frauen tragen (Friedensnobelpreis 1977), dem Verhalten Margret Thatchers in der Falklandkrise gegenüberstellen.

Um aber solche Beispiele in eine Diskussion über angeborene Friedfertigkeit oder Aggressivität einbringen zu können, muß man sich der Problematik der Definition solcher Ausdrücke bewußt sein.

Friedfertigkeit kann einerseits Friedfertig-Sein bedeuten, andererseits aber auch Friedfertig-Machen, d.h. so viel wie den Frieden erst vorbereiten; das passive Verhalten in Konfliktsituationen ist damit einem aktiven Eintreten für den Frieden gegenübergestellt. Zur Problematik der Definition von „Frieden" sei auf die grundlegenden Äußerungen P. Payers verwiesen. (4)

Friedensliebe hängt primär aber weder mit der angeblichen Friedfertigkeit noch mit einer geringeren Aggressionsneigung der Frau zusammen. Sie läßt sich als Resultat der Rollenverteilung verstehen. Die Frau agiert in der Friedensbewegung von einem historisch gewachsenen Standpunkt aus, der außerhalb organisierter Gewalt liegt. Zum Kämpfen mit Brachialgewalt fehlten und fehlen weitgehend die körperlichen Voraussetzungen; das Ausgeschlossensein von entscheidenden Machtpositionen ergibt sich vielfach durch die ungleichen Bildungschancen. Damit verbunden sind wiederum nur bescheidene politische Ambitionen. Das Verständnis für kriegerische Auseinandersetzungen aus Prestigegründen ist vergleichsweise gering, was sich auch aus der Lage der Frau in Kriegen leicht verständlich machen läßt. Andererseits zeigen die Beispiele von regierenden Frauen – wie Maria Theresia und Katharina die Große –, daß auch sie zur Durchsetzung ihrer Ziele auf den

Einsatz des praktikabelsten Mittels, nämlich des Heeres, zurückgriffen; für die Gegenwart sei aus aktuellen Gründen nochmals auf Margret Thatcher, aber auch auf Indira Ghandi verwiesen.

Die Sichtung der Literatur über das Thema „Frau und Frieden" birgt e i n zentrales Problem: in den vornehmlich von Frauen verfaßten Arbeiten geht es nicht um die Rolle der Frau in der Friedensbewegung, sondern um die Bedeutung der Friedensbewegung für den Feminismus. Hier sei nur kurz auf das Buch von H. Schenk „Frauen kommen ohne Waffen" hingewiesen, das sich trotz gewisser Unschärfen als Einführungslektüre eignet. (5) Zunächst gibt die Autorin einen Überblick über die Probleme der Frau in Kriegen quer durch die Geschichte und analysiert dann das überlieferte Rollenbild, demzufolge Frauen eine besondere natürliche Friedfertigkeit zukomme; damit liefert sie Material für die in Deutschland sich augenblicklich im Gang befindliche Wehrdienstdiskussion. Den letzten Teil des Buches widmet Schenk ihrem persönlichen Konzept von Pazifismus, indem sie zeigt, welche besonderen Affinitäten es zwischen dem Feminismus als Kampf gegen das Patriarchat und dem Pazifismus gibt und welche Konsequenzen sich daraus für die Strategien der Frauenbewegung ergeben sollten. Den besten Einblick in das Thema „Pazifistinnen" gibt der Aufsatz von H. Schnedl-Bubeniček. (6)

An dieser Stelle scheint eine Vorbemerkung zur Frauenbewegung angebracht. Infolge der demokratischen Ambitionen von 1848 bildeten sich Frauenvereine mit unterschiedlichsten Zielen heraus, Wohltätigkeitsvereine oder als solche getarnte Hilfsgruppen für politisch Verfolgte, für verwundete Barrikadenkämpfer, aber auch Organisationen, deren Ziele in der Erziehung und Bildung von Mädchen und Frauen, in der Schaffung einer demokratischen Verfassung und in der Erreichung des Wahlrechts für Frauen lagen. Eine nicht unwesentliche Rolle in der Ausbildung eines demokratischen Bewußtseins in breiten Kreisen spielt die von Louise Otto (1819–1895), Verfasserin zahlreicher sozialkritischer Romane, in den Jahren 1849 bis 1852 herausgegebene Frauen-Zeitung. Diese läuft unter dem Motto „Dem Reich der Freiheit werb' ich Bürgerinnen" und enthält zahlreiche Dokumente zur Sozialgeschichte der Frau und zur Einrichtung von Frauengruppen. (7) Es sei hier nur auf einen Artikel in der Sonnabendausgabe vom 8.9.1849 über einen Friedenskongreß verwiesen, „der kürzlich von den Vertretern vieler Nationen in Paris abgehalten ward". (8)

Als Gegenposition findet sich bei vielen prominenten Frauen des 19. Jahrhunderts ein romantisches Wunschdenken, das unter dem Schlagwort „dulce est pro patria mori" das Ideal eines kriegerischen Heldendaseins entwickelt. Die Freundin C. Brentanos, Karoline von Günderrode, schreibt 1801 in einem Brief an Kunigunde von Savigny: „Der alte Wunsch einen Heldentod zu sterben ergriff mich mit großer Heftigkeit; unleidlich war es mir noch zu leben, unleidlich ruhig und gemein zu sterben. Schon oft hatte ich den Wunsch, mich in ein wildes Schlachtgetümmel zu werfen, zu sterben. Warum ward ich kein Mann! Ich habe keinen Sinn für weibliche Tugenden, für Weiberglückseeligkeit." (9) Caroline Pichler, jene Schriftstellerin, deren Haus bis in die 40er Jahre des 19. Jahrhunderts Mittelpunkt des geistigen und literarischen Wien war, propagiert in ihrem Roman „Frauenwürde" die Unterwerfung antikriegerischer Ideen unter die Überlegungen und die Überlegenheit des männlichen Helden; männliches Heldentum sieht sie als unabdingbare Voraussetzung weiblichen Glücks. (10)

In unleugbarem Kontrast dazu steht die Begründerin des organisierten Pazifismus in Österreich, Bertha von Suttner, die auch zum Aufstieg der Friedensidee in anderen Ländern wesentlich beigetragen hat. Vorweg Stichworte zu ihrem Lebenslauf: Geboren 1843 als Gräfin Kinsky in Prag; der Vater, k.k. Kämmerer und Feldmarschall-Leutnant, stirbt knapp vor ihrer Geburt 76jährig. Die junge lebenslustige Mutter bringt das Erbe in den Spielcasinos von Europas Luxusbädern durch. Bertha wird zur Dame der Gesellschaft erzogen, u.a. von ihrem Vormund Friedrich Landgraf zu Fürstenberg, als dessen einzige Tugend Bertha Frömmigkeit anführt, Kirchenfrömmigkeit und Militärfrömmigkeit. Bertha lernt Französisch, Italienisch, Russisch und Englisch. Als das Vermögen aufgebraucht ist, einige Verbindungen in die Brüche gehen und sich auch der Traum einer Sängerkarriere nicht realisieren läßt, wird Bertha Erzieherin bei Baron Suttner in Wien. 1876 heiratet sie gegen den Willen seiner Eltern den jungen Sohn der Familie. (11) Der Bruch mit den Suttners zwingt das Paar zu einer Reise ins Ausland mit neunjährigem Aufenthalt bei Bekannten im Kaukasus. Die Exiljahre dienen dem intensiven Studium philosophischer und naturwissenschaftlicher Werke; zur bevorzugten Lektüre gehören Darwin, Haeckel, Spencer und Buckle. Wie ihr Mann Arthur Gundaccar verfaßte Bertha von Suttner Feuilletons und Romane. Nach Aussöhnung mit den Schwiegereltern kehrt sie nach Österreich zurück, und bald erregt ihr unter dem Pseudonym „Von Jemand" verfaßtes Buch „Das Maschinenzeitalter. Zukunftsvorlesungen über unsere Zeit", eine kritische Analyse des 19. Jhs. aus der fingierten Sicht einer späteren Generation, Aufsehen. Hauptthemen sind: Nationalismus, die Suche nach der besten Staatsform, Frauenemanzipation, Antisemitismus und Jugenderziehung. Suttner setzte sich auch mehrfach mit der Eigendynamik der Kriegs- und Rüstungsentwicklung auseinander. Das Resultat ihres Gedankenganges läßt sich folgendermaßen zusammenfassen: In einer Gesellschaft, in der man das Vorrecht des Stärkeren so radikal ausgerottet hätte, daß in derselben die Gleichstellung der Frau erreicht worden wäre, würde überhaupt nicht mehr Krieg geführt, und die Anomalie einer Schlachten befehligenden Feldherrin käme da gar nicht mehr in Betracht. (12) Damit wird offenbar die Auffassung vertreten, daß man nur das weibliche Element genügend stärken müsse, um dauerhaften Frieden zu erreichen. (13)

Wie Suttner entwickelte auch Rosa Mayreder (1858–1938), die dem linken Flügel der bürgerlichen Frauenbewegung zuzurechnen ist, ihre emanzipatorischen und pazifistischen Ideen auf der Basis einer – falsch verstandenen – Evolutionslehre, als deren unabdingbares Ziel beide Autorinnen die friedliche Koexistenz weiblicher und männlicher Individuen als Voraussetzungen nicht militanter Sozietäten ansehen. (13a)

Rückblickend auf die Anfänge der Friedensbewegung schreibt die Frankfurter Zeitung am 9. 12. 1905, daß die meisten pazifistisch orientierten Bürger jener Zeit durch Suttners Buch „Die Waffen nieder!“ für die Friedensidee gewonnen werden konnten, ein Buch, das wohl als der wichtigste Antikriegsroman v o r E.M. Remarques „Im Westen nichts Neues“ gilt. Anhand eines frei erfundenen Einzelschicksals illustriert der Roman, in der Ich-Form erzählt, die Greuel des Krieges. Ein Kritiker meint dazu lakonisch: „Eine gute Propagandaschrift für eine gute Sache.“ (14) Als Tendenzschriftstellerin beherrscht Suttner natürlich alle Register an Sentimentalität und melodramatischer Stimmung, aber auf dem Umweg über die Tränendrüsen erreicht sie vielleicht Leserschichten, die durch die Analysen einer kritischen Journalistin nicht zum Nachdenken und Nachfühlen angeregt werden könnten. Ein unbestrittener Vorzug des Romans, dem übrigens intensive Literaturstudien und Recherchen in Archiven vorausgegangen sind, ist die Verflechtung von privaten und gesellschaftlichen Interessen und Ängsten – und ich habe hier einen Ausdruck Ernst Blochs entlehnt, der am Beispiel von Beethovens „Fidelio“ von der „politischen Dimension des scheinbar Privaten“ spricht. (15)

Der Einfluß der Friedensgesellschaften im wilhelminischen Deutschland bot keine geeignete Grundlage für die Ausbreitung der Friedensidee, Pazifisten wurden als schlapp und weibisch diffamiert. Auf das Erscheinen von Suttners „Die Waffen nieder!“ verfaßte Felix Dahn folgendes Epigramm: (16)

„An die weiblichen und männlichen Waffenscheuen.
Die Waffen hoch! Das Schwert ist Mannes eigen,
Wo Männer fechten, hat das Weib zu schweigen,
Doch freilich, Männer gibt's in diesen Tagen,
Die sollten lieber Unterröcke tragen.“

An dieser Stelle sei eine persönliche Kritik an Suttner gestattet: Herkunft und Werdegang Suttners sind so geartet, daß man keine revolutionären Ideen erwarten kann; die Richtigkeit der bestehenden Gesellschaftsordnung wird nicht angezweifelt; für tiefgreifende Veränderungen besitzt sie zu wenig politisches Fingerspitzengefühl, ihre Aufsätze kennzeichnen weltanschauliche Enge und Naivität. Sie sieht jedoch in der Organisierung einer internationalen Friedensfront ihre lebensbestimmende Aufgabe. Gemeinsam mit Alfred Hermann Fried (1864–1921), einem in Berlin ansässigen Journalisten und Verleger, gibt sie die Zeitschrift „Die Waffen nieder!“ heraus, die Fried unter dem geänderten Titel „Friedens-Warte“ 1899 fortsetzt. (17) 1891 gründet sie die österreichische Friedensgesellschaft, die sich nach einem Aufruf in der „Neuen Freien Presse“ als Sektion der International Peace and Arbitration-Association konstituiert, von deren Existenz Suttner bis 1887, also ihrem 44. Lebensjahr, nichts gewußt hatte.

Dies läßt einige Angaben zur Chronologie der internationalen Friedensbewegung angebracht erscheinen: Der Anstoß kam aus demokratischen Ländern, Tagungen wurden in New York, Paris, London und Genf schon seit etwa 1815 abgehalten. Als jedoch 1882 die Vereinigten Staaten von Amerika erklärten, mit anderen Staaten Schiedsverträge abschließen zu wollen, organisierten der englische Abgeordnete Sir Randal Cremer und der französische Abgeordnete Frédéric Passy eine Konferenz, um ihre Regierungen zur Annahme des amerikanischen Vorschlags zu bewegen. Daraus ging die Interparlamentarische Union hervor; 1889 wurden sowohl der Erste Weltfriedenskongreß als auch die Erste Interparlamentarische Konferenz abgehalten, die sich mit der Frage eines Schiedswesens als beherrschender Institution des Völkerlebens beschäftigten. Die Pariser Tagungen weckten in der Welt lebhaften Widerhall, der internationalen Bewegung folgten zahlreiche Vereinsgründungen in europäischen Ländern (Deutschland, Holland, Norwegen, Österreich-Ungarn), das ständige Büro des Weltkongresses wurde in Bern eingerichtet. Die Friedensbewegung genoß die Hilfe zweier rechtswissenschaftlicher Korporationen, des Institut de Droit International in Genf und der International Law Association in London. Aufmerksamkeit schenkte man den Friedensinitiativen umso mehr, als der schwedische Multimillionär Alfred Nobel in seinem Testament die Friedensbewegung bedachte. Er bestimmte, daß die Zinsen seines Vermögens von 35 Millionen Schweden-Kronen alljährlich als Preise für kulturelle Leistungen verteilt werden sollten, einer davon für hervorragende Förderung des Weltfriedens. 1901 war es Henri Dunant, dem der Preis zugesprochen wurde, 1904 das Institut de Droit International, 1905 Bertha von Suttner. Dem Beispiel Nobels folgend, errichtete der amerikanische Industrielle Andrew Carnegie ebenfalls eine Stiftung für Arbeiten im Interesse des Friedens.

Wesentlich beeinflußt wurde die Entwicklung der Friedensbewegung 1898, als Zar Nikolaus der II. von Rußland ein Manifest veröffentlichte, in dem er sich einige Ideen des Pazifismus wie Schiedsgericht und Rüstungsbeschränkung zu eigen machte. Die Staatsmänner Englands und Frankreichs sahen sich nun gezwungen, ebenfalls Interesse für die Friedensbewegung zu zeigen. Im Mai 1899 wurde in Den Haag die 1. Friedenskonferenz eröffnet, auf der offizielle Vertreter der führenden Mächte Europas und der amerikanischen Regierung über Fragen der Friedenssicherung konferierten. Nur die deutsche Delegation demonstrierte Abneigung gegen den Pazifismus. Der wichtigste Tagungspunkt war neben der Frage der Rüstungsverminderung die Einrichtung eines ständigen Schiedsgerichts, über dessen Befugnisse jedoch keine Einigung erzielt werden konnte, und der Beschluß von drei völkerrechtlichen Abkommen zum Land- und Seekriegsrecht. Wenn M. Selenka in ihrem „Bericht" von der Haager Konferenz vom „Wert des ungeheuren Fortschrittes, der in den Beschlüssen liegt" spricht, so muß darauf hingewiesen werden, daß zum erstenmal ein Forum beinahe aller Regierungen über den Krieg als wesentlichstes Entscheidungsmittel in Auseinandersetzungen zwischen den Völkern den Stab gebrochen hat und eine Neugestaltung der völkerrechtlichen Verhältnisse brachte. (18)

Zurück zu Bertha von Suttner: Sie reiste als Vertreterin der Friedensbewegung durch alle europäischen Länder und Amerika, nahm an fast allen Weltfriedenskongressen teil. Höhepunkte waren für sie selbst der 3. Weltfriedenskongreß in Rom 1891, auf dem sie erstmals den neugegründeten Österreichischen Friedensverein vertrat und ihre erste öffentliche Rede hielt, und die Erste Haager Friedenskonferenz 1899. Suttner liebte die Atmosphäre solcher Konferenzen, betonte ihre gesellschaftliche Stellung durch äußere Attribute wie Kleidung und Schmuck, möglicherweise, um damit die Sicherheit für das Agieren auf dem politischen Parkett zu gewinnen, auf dem zu dieser Zeit Frauen weder willkommen noch ernstgenommen waren. „Der Reichsbote" beschreibt spöttisch, „wie sie in eleganter schwarzer Toilette, mit Brillanten reich beladen, den interessanten Fächer in der Hand, mit ausgezeichnet gelungener Pose wieder einmal gegen den Krieg lispelt." (19)

Die Haager Konferenz wurde Schauplatz der ersten internationalen Friedenskundgebung der Frauen, die Initiative ging vom Mitglied der Münchner Friedensgesellschaft Margarethe Selenka (1860–1923) aus. Sie war der festen Überzeugung, daß Frauen- und Friedensfrage untrennbar verbunden seien, denn beide „sind in ihrem innersten Wesen ein Kampf für die Gewalt des Rechts gegen das Recht der Gewalt". (20) In allen Zeitschriften der Frauenbewegung sollte, so die Forderung Selenkas, eine Rubrik für Friedensfragen eingerichtet und das Problem Frieden auf allen nationalen und internationalen Kongressen der Frauenverbände diskutiert werden. Immerhin reagierten auf Selenkas Aufforderung Frauen in 18 Ländern mit 565 Friedenskundgebungen.

Frauen wie Lida Gustava Heymann (Schriftstellerin, Publizistin, nach dem Ersten Weltkrieg Beauftragte der Internationalen Frauenliga für Frieden und Freiheit) und Dr. Anita Augspurg (1857–1943), Führerin des radikalen Flügels der deutschen Stimmrechtsbewegung, die die Friedenskampagne der Haager Konferenz tatkräftig unterstützt hatten, arbeiteten an der deutschen Friedensgesellschaft nicht mit, denn die „Arbeit der deutschen sowie der Friedensgesellschaften in anderen Ländern erschien uns durchaus irrational und unzulänglich, sie ließen zu vielen Konzessionen für die Möglichkeit von Kriegen Raum. Jeder dieser nationalen Gesellschaften war die Politik ihres Vaterlandes sakrosankt und jede politische Gegenaktion Vaterlandsverrat.

Was besagt also eine solche konzessionsdurchlöcherte Friedensgesellschaft?" (21)

Und dann der Ausbruch des Ersten Weltkrieges: Wie reagierten nun die Frauen auf die Folgen von Sarajewo? Der BdF (Bund deutscher Frauenvereine, die Dachorganisation der bürgerlichen Frauenbewegung), namentlich Helene Lange und Gertrud Bäumer, erklärte den Krieg zu etwas, „das wir von ganzem Herzen recht heißen, wenn er letzten Endes dem Frieden und der Kultur dient". (22) Nur durch den Tod auf dem Schlachtfeld könne sich nach Bäumer ein Geschlecht Segen und Entfaltung für alle kommenden erkaufen. In ihrer Schrift „Das weibliche Dienstjahr" (erschienen 1913) hält Helene Lange die Einführung eines Zwangsfreiwilligenjahres im Zuge der vollen bürgerlichen Gleichberechtigung für wünschenswert. (23) Durch den Frauendienst im Krieg sah sie für die Frauenbewegung eine Chance, nationaler Frauendienst zu sein. Dieser stand für alle neuen, durch den Krieg bedingten Aufgaben wie Familienfürsorge, Arbeitsvermittlung und Beratung zur Verfügung und unterstützte den Krieg mit allen Mitteln.

Die Bewilligung von Kriegskrediten durch die deutsche sozialdemokratische Reichstagsfraktion verhinderte eine Antikriegshaltung der sozialistischen Frauen. Oppositionelle scharten sich nun um Karl Liebknecht, Clara Zetkin und Rosa Luxemburg.

Vom 7. bis 10. April 1915 fand in Den Haag eine Besprechung von Pazifisten in kleinem Rahmen statt. Österreich war dort durch den Philosophen Rudolf Goldscheid vertreten, Bertha v. Suttner hat den Kriegsausbruch ja bekanntlich nicht mehr erlebt. Aufgabe dieser Konferenz war es nicht, Vermittler zwischen den Friedensforderungen der kämpfenden Mächte zu spielen, sondern ein Programm aufzustellen, das der Friedensschluß erfüllen müsse, wenn ein dauerhafter Friede erreicht werden sollte. Das Mindestprogramm enthielt folgende Punkte:

- Annexionen gegen den Willen der Bevölkerung ausgeschlossen
- Schutz für nationale Minderheiten
- Handelsfreiheit in den Kolonien
- Schaffung eines ständigen Gerichtshofes, eines Untersuchungs- und Vermittlungsamtes
- Abschaffung des Beuterechts
- Nichtigkeit aller Geheimverträge

Das scheint eine Vorwegnahme des Völkerbundes zu bedeuten, der von 1920 bis 1946 bestand. (24) Wenige Wochen nach Gründung der Zentralorganisation für einen dauernden Frieden fand vom 28. April bis 1. Mai in Den Haag eine zweite internationale Tagung statt. Sie vereinigte Frauen, die für Völkerverständigung und für einen die Zukunft sichernden Frieden eintraten. Dabei wandten sich die Frauen an eine große Öffentlichkeit; der Erfolg der Propaganda war überraschend groß, denn dem Aufruf folgten an die 1300 Frauen. Zur Vorbereitung des Kongresses hatte auf Einladung der holländischen Ärztin Dr. Aletta Jacobs eine Besprechung in Amsterdam stattgefunden, bei der neben zahlreichen holländischen auch je vier Teilnehmerinnen aus Belgien, England und Deutschland anwesend waren. Trotz des schon vorhin angedeuteten Boykotts des BdF, trotz politischer und finanzieller Schwierigkeiten nahmen 28 deutsche und zwei österreichische Delegierte am Kongreß teil, aber 180 aus England angemeldeten Frauen wurden die Pässe verweigert, ebenso den Französinnen. Schließlich stellte man den Schiffsverkehr im Kanal ein, 40 Amerikanerinnen wurden mit Hinweis auf das verminte Meer in Dover festgehalten.

An den Beratungen ist eine Meinungsverschiedenheit bemerkenswert, die sich schon bei den Vorbereitungen für den Kongreß geltend machte: Die einen wollten dem Blutvergießen ein Ende machen und forderten deshalb den baldigen Abschluß eines Waffenstillstandes. Die anderen erklärten dieses Verlangen für ganz unannehmbar, da der Waffenstillstand den Kriegführenden nur ermöglichen würde, ihre Rüstungen zu vervollständigen, sodaß ein unter den gegebenen Verhältnissen abgeschlossener Friede sicher den Forderungen des Rechtes nicht entsprechen würde.

Der Kongreß verabschiedete nicht weniger als zwanzig Resolutionen, die im ganzen gesehen nicht die Geschlossenheit des Mindestprogramms der Besprechungen vom April besaßen, es aber fertigbrachten, etwas Dauerhaftes, den „Internationalen Frauenausschuß“ mit dem Sitz in Genf zu entwickeln, die Internationale Frauenliga für Frieden und Freiheit, mit der Losung „Nie wieder Krieg!“ (25)

Und als der nächste Krieg begann,
da sagten die Frauen: Nein.
Und schlossen Bruder, Sohn und Mann
fest in der Wohnung ein.

Dann zogen sie in jedem Land
wohl vor des Hauptmanns Haus
und hielten Stöcke in der Hand
und holten die Kerle heraus.
Sie legten jeden übers Knie,
der diesen Krieg befahl:
die Herren der Bank und der Industrie,
den Minister und General.
Da brach so mancher Stock entzwei,
und manches Großmaul schwieg.
In allen Länders gab's Geschrei,
und nirgends gab es Krieg.

Die Frauen gingen dann wieder nach Haus,
zum Bruder und Sohn und Mann,
und sagten ihnen: der Krieg sei aus!
Die Männer starrten zum Fenster hinaus
und sahen die Frauen nicht an.
(Erich Kästner)

Anmerkungen

(1) BRINKER-GABLER, Gisela (Hrsg.): Frühe Texte – Frauen gegen den Krieg. Frankfurt/Main 1980 (= ftb. 2048.), S. 66.

(2) Der Artikel aus den Jahren 1917/22 findet sich abgedruckt bei BRINKER-GABLER, Texte, S. 65–70.

(3) Vgl. OZIMIC, Ulrike: Geschlechtstypisches Verhalten und Erwartungshaltung. Graz, Diss. 1981 (Masch.), S. 14 ff. Als weiterführende Arbeiten siehe auch EIBL-EIBESFELDT, Irenaeus: Grundriß der vergleichenden Verhaltensforschung. München 1974; SELG, Herbert (Hrsg.): Zur Aggression verdammt? Stuttgart 1971.

(4) PAYER, Peter: Friedensforschung zwischen Theorie und Empirie. Methodologische Erkundungen im Umfeld einer interdisziplinär zu betreibenden Friedensforschung. In: Zeitschrift für Wissenschaftsforschung. Sondernummer 1, Bd. 2 (1983), H. 4, S. 35–47.
Daß der Begriff „Aggression" ähnliche Schwierigkeiten bietet, liegt auf der Hand, wobei sich die Vorstellung von einer biologisch-adaptiven, dem Leben und der Selbstbehauptung dienenden, so gesehen gutartigen Aggression – im Sinne E. Fromms – genauso wie die einer destruktiven, d.h. negativen Form eingebürgert hat.

(5) SCHENK, Herrad: Frauen kommen ohne Waffen. Feminismus und Pazifismus. München 1983 (= Beck'sche Schwarze Reihe. 274).

(6) SCHNEDL-BUBENIČEK, Hanna: Pazifistinnen. Ein Resümee zu theoretischen Ausführungen und literarischen Darstellungen Bertha von Suttners und Rosa Mayreders. In: Friedensbewegung: Bedingungen und Wirkungen. Hrsg. v. Gernot Heiss und Heinrich Lutz. Wien 1984 (= Wr. Beiträge zur Geschichte der Neuzeit. 11.), S. 96–113.

(7) „Dem Reich der Freiheit werb' ich Bürgerinnen". Die Frauenzeitung von Louise Otto. Hrsg. und kommentiert von GERHARD, Ute u.a. Frankfurt/Main 1979. Ottos Beginn schriftstellerischer Tätigkeit ist 1843 mit der Mitarbeit an den von R. Blum herausgegebenen „Vaterlandsblättern" anzusetzen. Weiterführende Literatur: BOETCHER JOERES, Ruth-Ellen: Louise Otto and her Journals: a Chapter in Nineteenth-Century German Feminism. In: IASL 4 (1979), S. 100 ff.

(8) Frauenzeitung vom 8. Sept. 1849, GERHARD, a.a.O., S. 141.

(9) GÜNDERRODE, Karoline von: Der Schatten eines Traumes. Gedichte, Prosa, Briefe, Zeugnisse von Zeitgenossen. Hrsg. und mit einem Essay v. Christa WOLF. Darmstadt, Neuwied 1979, S. 172.

(10) PICHLER, Caroline: Frauenwürde. 4 Bde. Wien 1817/18.

(11) Die Mutter Bertha von Suttners, Sophia Wilhelmine, stammte aus der Familie des Rittmeisters Körner, also nicht aus dem Hochadel. Bertha war deshalb nicht hoffähig.

(12) Vgl. Von Jemand (= Bertha v. Suttner): Das Maschinenzeitalter. Zukunftsvorlesungen über unsere Zeit. Zürich 1899, S. 103.

(13) Vgl. dazu die bislang letzte Arbeit zu Suttner von HAMANN, Brigitte: „Weibliches Wesen ist nicht identisch mit Pazifismus" – Bertha von Suttner, die Mahnerin für den Frieden. In: Frauen im Korsett. Wiener Frauenalltag zwischen Klischee und Wirklichkeit 1848–1920. Wien 1985, S. 91–93.

(13a) Vgl. SCHNEDL-BUBENIČEK, Pazifistinnen, S. 100.

(14) FUCHS, Albert: Geistige Strömungen in Österreich 1867–1918. Wien 1949, S. 261.

(15) Zit. nach SCHNEDL-BUBENIČEK, Pazifistinnen, S. 109.

(16) Zit. nach BRINKER-GABLER, Gisela (Hrsg.): Kämpferin für den Frieden: Bertha von Suttner. Lebenserinnerungen, Reden und Schriften. Frankfurt/Main 1982 (= Die Frau in der Gesellschaft. Texte und Lebensgeschichten. ftb. 1280), S. 45.

(17) Die erste Nummer erschien am 1. Februar 1892.

(18) BRINKER-GABLER, Texte, S. 123.

(19) BRINKER-GABLER, Kämpferin, S. 29.

(20) BRINKER-GABLER, Texte, S. 20.

(21) TWELLMANN, Margrit: Erlebtes–Erschautes. Deutsche Frauen kämpfen für Freihiet, Recht und Frieden. 1850–1940. Meisenheim a.G. 1977, S. 118.
Auf die Frage nach der Unterscheidung der Internationalen Frauenliga für Frieden und Freiheit von den vorkriegszeitlichen Frauen- und Männerverbänden meint Heymann, daß keine der früher bestehenden Organisationen der Wissenschaft, Gesetzgebung, Arbeit, dem Handel etc. mehr Gefühl der Solidarität gegeben hätten als die Frauenliga, in der sie das Vorbild des Völkerbundes sieht, weil es nicht um den theoretischen Pazifismus ging, sondern um den gelebten.

(22) BUCHBENDER/BÜHL/QUADEN: Sicherheit, Frieden. Handbuch der weltweiten sicherheitspolitischen Verflechtungen, Militärbündnisse, Rüstungen, Strategien. Analysen zu den globalen und regionalen Bedingungen unserer Sicherheit. Herford 1983, S. 92.

(23) Ebda.

(24) Zum Völkerbund siehe ABLEITINGER, Alfred: Der Völkerbund – der erste Realisierungsversuch kollektiven Friedens im 20. Jahrhundert. In: Zeitschrift für Wissenschaftsforschung. Sondernummer 1, Bd. 2 (1983), H. 4, S. 133–143.

(25) Zur Rolle der Frau in der nationalsozialistischen Ideologie und im Zweiten Weltkrieg als weiterführende Literatur empfehlenswert: ELLING, Hanna: Frauen im deutschen Widerstand 1933–45. 3. Aufl. Frankfurt/Main 1981.

Eva Maria Fluch

Zwischen Opferlamm und Freigeist
Das Bild der amerikanischen Pioneer Woman

Saloongirl und Geliebte des verwegensten Rächers des Wilden Westens oder stets lächelnde, um ihren Gatten medienwirksam besorgte Präsidentengattin; Marilyn Monroe als aufreizend zugeknöpfte, g'schamige vom Winde Verwehte oder grell fordernde, marktschreierische Suffragette – der mit dem Begriff „Amerikanerin" verbundenen, in Filmen und Berichten vermittelten Vorstellungen gibt es viele.

Ich möchte mich mit einer besonderen Spezies der amerikanischen Frau beschäftigen, mit der *Pioneer Woman*, der Pionierfrau im damals noch spärlich besiedelten, „unzivilisierten" Westen der Vereinigten Staaten im besonderen – und mit von einem ähnlichen „Pioniergeist" beseelten Frauen zu anderen Zeiten im allgemeinen. Daß Tatkraft und Unternehmensgeist von Pionierinnen im engeren und weiteren Sinne oft aus schierer Notwendigkeit erwuchsen, ist ein Faktum. Doch schon in der Frühzeit der amerikanischen Besiedlung durch Weiße gab es Frauen, die sich durch mehr oder weniger starkes Aufbegehren gegen die ihnen zugewiesene Rolle als frühe Proponentinnen einer Frauenrechtsbewegung bewiesen.

Ich möchte an den Beginn meiner Ausführungen eine kurze Aufzählung jener „Sozialrevolutionärinnen" stellen, die in ihrem oft sehr eingeschränkten Wirkungsbereich und später im Rahmen der Frauenrechtsbewegung die Rolle von Vorreiterinnen für ihre Geschlechtsgenossinnen einnahmen.

In der männerdominierten Theokratie Neuenglands stellten die Ansichten und öffentlichen Bekenntnisse einer *Ann Hutchinson* (1591–1643), einer eloquenten Rednerin, die das Gewissen des einzelnen über geistlicher Autorität einreihte, eine vehemente Herausforderung dar, deren sich die männlichen Repräsentanten des Systems zu erwehren wußten, indem sie Mrs. Hutchinson ächteten und verbannten.

Die Theokratie Neuenglands war ein gefährliches Pflaster für Individualisten – besonders für weibliche. Das Abschieben aus dem eigenen Machtbereich stellte eine der harmloseren, wenn auch verbreiteten Abhilfen dar; daß rebellierende Frauen mit dem Teufel assoziiert wurden, führte auch schon vor den zu trauriger Bekanntheit gelangten Hexenprozessen von Salem von 1672 in einzelnen Fällen zum Ketzertod der meist schon älteren, alleinstehenden Frauen.

War es ein heikles Geschäft, als Frau Kritik zu üben, so mußte eine Dichterin der Kolonialzeit, die als Verfasserin einer verpönten Literaturgattung in zweifacher Hinsicht gegen die Norm verstieß, gehörig aufgebracht sein, um ihrem Unmut über die Rezeption ihrer Lyrik durch männliche Kritiker in derartig offenen Worten Luft zu verschaffen, wie es *Ann Bradstreet* (1612–1672) in ihrem *Prologue* von 1642 tat:

> I am obnoxious to each carping tongue,
> Who sayes, my hand a needle better fits,
> A Poets Pen, all scorne, I should thus wrong;
> For such despite they cast on female wits:
> If what I doe prove well, it wo'nt advance,
> They'l say its stolne, or else, it was by chance. (1)

Die amerikanische Frauenbewegung zeigt, daß essentielle Fortschritte lediglich in solchen Perioden erzielt wurden, in denen die Frauenfrage Parallelen zu anderen sozialen Anliegen aufwies oder damit verbunden war. So wuchs die organisierte Frauenrechtsbewegung aus der Anti-Sklavenkampagne der 30er Jahre des 19. Jahrhunderts. Wo Frauen in aller Öffentlichkeit gegen Sklaverei auftraten, stießen sie auf die Opposition von Kirche und Staat wie auch auf ganz offensichtliches Unbehagen ihrer männlichen Mitstreiter in der Frage der Sklaverei. Frauen versuchten, sich aus der Affäre zu ziehen, indem sie an Samstagen und Sonntagen gegen die Sklaverei agitierten und sich an Wochentagen in der Frage des Frauenrechts engagierten, was schwerlich eine befriedigende Lösung darstellte.

1840 fuhren *Lucretia Mott, Elizabeth Cady Stanton* und sechs weitere Frauen zum Weltkongreß zur Abschaffung der Sklaverei in London, mußten sich jedoch mit Sitzen auf der Galerie begnügen, da ihnen als Frauen Sitz und Stimme im Kongreß verwehrt wurden. Die beiden so brüskierten Aktivistinnen organisierten acht Jahre nach diesem Zwischenfall eine erste Frauenrechtskonvention in Seneca Falls im Staate New York, an der etwa 300 Frauen und Männer teilnahmen und die in der Verfassung einer „Declaration of Sentiments and Resolutions“ (2) gipfelte, dem ersten politischen Manifest der amerikanischen Frauenrechtsbewegung. Es sollte noch Jahrzehnte dauern, bis einige grundlegende Forderungen dieses Manifests Wirklichkeit wurden.

Der erste Staat der Staatengemeinschaft, der Frauen das Wahlrecht zugestand, war Wyoming, das 1890 trotz dieser Klausel als Bundesstaat aufgenommen wurde. Doch erst 1920, nicht zuletzt als eine Folge des ersten Weltkriegs und nach zahllosen Protestmärschen von Suffragetten, wurde das 19. Amendment zur amerikanischen Verfassung ratifiziert, das Frauen auf nationaler Ebene das Wahlrecht brachte.

Weibliche *Lobbies*, geschlossene Gruppen von Frauen, die ihre Stimme zum Wohl der Allgemeinheit alternativ einsetzen würden, ließen sich entgegen hoffnungsvoller Erwartungen der Suffragetten nie verwirklichen. Während die Erringung des Wahlrechts somit wenig dazu beigetragen hatte, Einstellung und Bewußtsein der breiten Masse der Frauen zu verändern, fügte die Depression dem mühsam erworbenen höheren Status der Frau enormen Schaden zu. Um das Arbeitslosenproblem der Männer zu lösen, appellierte man an ihre Ehefrauen und Töchter, Platz zu schaffen, sich wieder in die letzten Reserven des Arbeitsmarktes einzureihen. Die Nachfolgerinnen der skandalumwitterten „*flappers*" der 20er Jahre, die kurzes Haar und kurze Röcke trugen, sich lebenslustig zeigten und in aller Öffentlichkeit rauchten, mußten sich mit schlechterer Bezahlung und schlechterer Ausbildung, geringeren Karrierechancen und minderer Anerkennung ihrer geistigen Leistungen als ihre männlichen Zeitgenossen abfinden. Als Frau autark sein zu wollen wurde wieder anrüchig.

Während des zweiten Weltkriegs ersetzten Frauen Männer in ziemlich allen beruflichen Sparten, doch wurde von ihnen erwartet und vorausgesetzt, daß sie diese Positionen nach der Rückkehr der Männer vom Krieg wieder abtraten. (3) 1949 verfolgte nur ein Drittel der fiktiven – in ihrer suggestiven Wirkung auf die weibliche Leserschaft erschreckend bezeichnenden – Heldinnen in Frauenzeitschriften eigene Karrierewünsche; sie waren in der Mehrzahl labil und unglücklich sowie einzig und allein darauf erpicht, ihre Karriere aufzugeben, zu heiraten und ihre Energie voll und ganz auf ihr „*homemaker*-Dasein" zu richten.

Erst in den 60er Jahren unseres Jahrhunderts kommt die Frauenrechtsbewegung neu in Schwung – wiederum im Verein mit anderen Reformbewegungen, der Bürgerrechtskampagne und den Protesten gegen die amerikanische Involviertheit in Vietnam.

In ihrem Buch *The Feminine Mystique* (1963) stigmatisiert *Betty Friedan* die ständige, an Masochismus grenzende Fremdbestimmung und Fremddefinition der Frau. Sie geißelt die unreflektierten Anstrengungen von Frauen, sich ausschließlich als Ehefrauen ihrer Männer und Mütter ihrer Kinder zu begreifen und zu definieren, als Symptome im umfassenden Krankheitsbild der Frauendiskriminierung in der amerikanischen Gesellschaft. Daß die Autorin sich Jahre später von den Implikationen ihrer Sozialstudie distanzierte, tut der Bedeutung ihres Werks als Indiz für den von Aufbruchstimmung gekennzeichneten Zeitgeist keinerlei Abbruch.

Die letzten Jahrzehnte haben insofern einen gewissen Fortschritt gebracht, als *Women's Studies* an verschiedenen amerikanischen Universitäten in den Kanon der dort praktizierten wissenschaftlichen Disziplinen aufgenommen wurden. Amerikanische Historiker werden sich zunehmend der bis dato bestehenden Voreingenommenheit herkömmlicher Denkmodelle und Quellen bewußt. Der Prozeß der Bewußtseinsbildung scheint in vollem Gang zu sein. Feministische Klassiker erfahren Neuauflagen, etwa in der unter Feministinnen renommierten *Feminist Press*. Jüngste Arbeiten amerikanischer Aktivistinnen konzentrieren sich insbesondere auf die Notwendigkeit einer neuen Solidarität unter Frauen.

Mit einem derartig rosigen Bild der aktuellen Lage kann ich es nicht bewenden lassen. Am Ende meiner Ausführungen möchte ich darauf zurückkommen und einige Hinweise auf durchaus noch aktuelle Fragestellungen geben.

Da die Frauenrechtsbewegung nur die Spitze eines Eisbergs darstellt, ist es erforderlich, dem bisher vermittelten Bild etwas mehr Fülle zu verleihen, indem ich die Lebensverhältnisse jener größeren Anzahl in Erinnerung rufe, für deren Emanzipation sich die bereits Genannten stark machten. Die weit verbreitete Anschauung geht dahin, daß Frauen in der kolonialen Periode als aktive Partnerinnen ihrer Ehemänner im Bemühen jedes Haushalts, sich den Lebensunterhalt unter zermürbenden Bedingungen zu verdienen, von ihren Familien zumindest respektiert wurden. Mit dem Beginn der Industrialisierung und nicht zuletzt bedingt durch die Entwicklung der Massenproduktion in der Bekleidungs- und Lebensmittelindustrie sei die Frau des 19. Jahrhunderts in die Rolle der „*Lady of Leisure*“ geglitten. Mit ihrer wirtschaftlichen Funktion verlor sie an Status, gewann im Ausgleich dafür jedoch den Ruf der Schwäche und Zerbrechlichkeit. Der Beginn des 20. Jahrhunderts schließlich brachte den Frauen das Stimmrecht, die langsame, unaufhaltsame Emanzipation von Heim und Herd begann und kulminierte in der oft geäußerten Ansicht, die Frau sei heute in den USA weitaus besser dran als irgendeine ihrer Geschlechtsgenossinnen früherer Zeiten, mit Ausnahme der „Pionierfrauen“, der Siedlerinnen der kolonialen Frühzeit.

Diese etwas nostalgisch gefärbte Sicht früherer idealer Bedingungen, eines Sündenfalls und des Wiederauflebens des weiblichen Selbstbewußtseins, erscheint zu simplifizierend und verstellt die Sicht auf die grundlegende Stabilität althergebrachter sexistischer Denkmuster. Ein offener Zugang zu dem Thema ist erforderlich, nur komplexe Fragestellungen können Grundlage einer eingehenden Analyse sein. Fragen nach der Familienstruktur und dem Leben von Frauen aus verschiedenen Schichten, aus verschiedenen ethnischen Gruppen, Fragen nach ihrem Verhalten und ihrer Position gegenüber den Familienmitgliedern, ihrer Einstellung zu ihrer Ehe, den Ehemännern, den Kindern und besonders ihren Töchtern. Welche Formen der Kommunikation gab es zwischen ihnen und ihren Geschlechtsgenossinnen, welche Kontakte formeller und informeller Natur? Wie evaluierten Frauen ihr Leben? Zogen sie daraus Konsequenzen? Wie änderte sich der Lebensrhythmus von Frauen, wenn sie Zugang zu Bildungseinrichtungen erhalten hatten? Welche Rolle spielten religiöse Überzeugungen? Wieweit betrafen Gesetze und öffentliche Institutionen Frauen in ihrem gewohnten Tagesablauf? Wie unterscheidet sich eine Kulturgeschichte der Frauen von der althergebrachten der Männer?

Die Fülle solcher Fragen läßt erkennen, daß der Versuch einer umfassenden Darstellung stets einen wahren Eiertanz bedeutet. Feine Nuancen, die vielfachen Verknüpfungen und verschlungenen Fäden im Netz der Beziehungen von Frauen in ihrem tatsächlichen Lebenszusammenhang lassen sich aus literarischen Zeugnissen ablesen. Sei es in Form von Tagebüchern, die mir für das Folgende aufschlußreiche Quellen waren, oder in Form von literarischen Zeugnissen, wie sie *Elisabeth Kraus* als Grundlage ihrer Untersuchung herangezogen hat.

Ich möchte einen Versuch einer Alltagskulturkunde der amerikanischen Pionierfrau im sagenhaften Wilden Westen starten. Die Pionierfrau bot sich aus drei Gründen als Exempel an: Ihre Selbständigkeit, Offenheit und relative Freiheit wurden oft betont; wir besitzen eine eindrucksvolle Vielfalt an Zeugnissen über ihr Alltagsleben in Form von Briefen und Tagebüchern; und nicht zuletzt ist die Pionierfrau aus ihrer Rolle als Aufputz und Staffage in Western-Filmklassikern mit einem ausgeprägten Image behaftet, das hier einer Revision zu unterziehen reizvoll erscheint.

Der amerikanische Westen des 19. Jahrhunderts folgte eigenen Gesetzen. Frauen, die als Partnerinnen ihrer Ehemänner oft genug unfreiwillig aufbrachen, erschien ihre neue Heimat als ein Land voller Verheißung, jedoch auch voller Tücken. Sie ertrugen Indianerüberfälle, Hunger, Entbehrung und nicht zuletzt die schmerzliche Gewißheit, in einem schier endlosen Land allein, ohne mitfühlende weibliche Gesellschaft zu sein. Aus der Sorge um ihre Familien heraus betätigten sie sich sozial und kulturell, sie forderten und förderten Schulen, Kirchen und Rechtsordnungen. Einige Pionierfrauen gaben sich nicht damit zufrieden, Ehefrau und Mutter zu sein, sondern suchten in einer neuen Umgebung Erfüllung ihrer hochgestochenen Pläne und unterdrückten Sehnsüchte. Tausende bestellten als selbständige Heimstätterinnen ihr eigenes Land. Andere dehnten die Grenzen der weiblichen Welt immer weiter aus, indem sie Stellungen anstrebten, die bislang nur Männern vorbehalten waren. Sie verlangten das Wahlrecht, und während der Osten noch empört war, hatten sie dieses Recht in vier westlichen Staaten – Wyoming, Colorado, Utah, Idaho – errungen.

Diese Welt des Westens bildet den Hintergrund für die Schicksale einiger Frauen, die ich exemplarisch herausgreife:

Auf der Suche nach Biberpelzen, großem Gewinn und Transportmöglichkeiten für ihre Felle und Vorräte entdeckten Pelztierjäger einen Pfad durch die Rocky Mountains, über den sie schließlich Lasttierzüge und Frachtwagen lenken konnten. Zwischen 1841 und 1867, dem Jahr, in dem die transkontinentale Eisenbahnverbindung vollendet wurde, wanderten etwa 350 000

Nordamerikaner über diesen Pfad, der als *Oregon-*, *California-* oder *Überland-Trail* in die Geschichte einging, an die Pazifikküste aus. (4) Diese Völkerwanderung war ihrer Natur nach ein Familienphänomen. Während im Jahr 1841 in der Hauptsache alleinstehende Männer das Abenteuer des *Oregon-Trail* in Angriff nahmen, schlossen die Planwagenzüge der folgenden Saison bereits eine erkleckliche Anzahl von Frauen und Kindern ein. Die ersten weißen Frauen, die die Rocky Mountains 1836 überquerten, *Narcissa Whitman* (5) und *Eliza Spalding*, Missionarinnen, die mit ihren Ehemännern unterwegs waren, legten einen Großteil des Weges nicht in dem zum Symbol des großen Überlandzugs gewordenen Planwagen, sondern zu Pferd zurück, und zwar, wie es sich für Frauen ziemte, im Damensattel. Der Wagen, in dem sie eigentlich fahren sollten, hatte die unangenehme Eigenschaft, leicht zu kippen und in Brüche zu gehen. Dieser Gruppe von Wagemutigen folgten weitere Verkünder des Evangeliums, allesamt Ehepaare aus dem Osten und neu vermählt. Wenige der Ehemänner waren schon einmal im Westen gewesen und für die Unbillen und die Knochenarbeit gerüstet. Die Frauen waren mit der Führung eines geordneten Haushaltes vertraut, waren jedoch gänzlich überfordert und leicht enerviert, wenn es galt, bei wolkenbruchartigen Regenfällen Mahlzeiten über einer improvisierten, mit „Präriekohle" – so ihre schamhafte Bezeichnung für Bisonmist – betriebenen Feuerstelle zuzubereiten. Die tägliche Kost aus Bisonzungen und Bisonfleisch hatte ihre Konsequenzen für östliche Mägen und trug zu den tagtäglichen Anstrengungen der Reise bei. Die besonderen Bedingungen des Überland-*Trails* eröffneten Frauen neue Bereiche. Kooperative Arbeitsbedingungen und gegenseitige Abhängigkeit trugen zu vermehrter Angleichung der beiden Geschlechter in bezug auf ihre Arbeitsleistung bei. Die Mehrzahl der Frauen empfand dies jedoch als frustrierend. Der Zug nach Westen war in ihren Augen ein zutiefst männliches Unterfangen. Frauen empfanden und erfuhren den Zusammenbruch geschlechtsbedingter Arbeitsteilung als Auflösung ihrer eigenen, weiblichen Sphäre. Frauen kämpften gegen widrige Umstände an, um wenigstens an Teilen althergebrachter weiblicher Subkultur festhalten zu können. Tatsächlich wurde auf die Bedürfnisse von Frauen kaum Rücksicht genommen. Für eine Geburt wurde einer Frau widerwillig eine eintägige Fahrtunterbrechung zugestanden, während Wehen oder Schwächezustände nach der Entbindung keinen Grund für längere Aufenthalte boten. Menschen ertranken beim Überqueren von Flüssen oder wurden von der Cholera hinweggerafft, und Frauen wurden sich der Unzulänglichkeit ihrer Heilkenntnisse bewußt. Kleine Kinder stürzten von den Planwagen und wurden von den über sie hinwegrollenden Fuhrwerken erdrückt. Ebenso quälend war die endlose Folge kleinerer Mißgeschicke: Kinder liefen fort und blieben stundenlang unauffindbar. Sorgfältig rationierte Lebensmittel verdarben und mußten weggeworfen werden. Wenn es auf steilen Bergpfaden nicht mehr voranging und

man die Wagen teilweise entladen mußte, wurden Gegenstände weiblicher Subkultur geopfert, Gebrauchsgegenstände, die Frauen vor ihrem Aufbruch sorgfältig ausgewählt hatten, die für sie ein Heim verkörperten oder eine Bindung an ihr früheres Leben symbolisierten. Solche geringfügigen Unglücksfälle und die scheinbar nie enden wollende Mühsal und Plackerei zermürbten die in der Mehrzahl *gegen* ihren Willen reisenden Frauen. Die Kehrseite der in Filmen und Romanen verherrlichten Romantik und prickelnden Gefahr der Planwagentrecks gen Westen sind Berichte von Frauen, die sich am *Trail* rundweg weigerten weiterzugehen – eine Manifestation ihrer tiefen Erschöpfung und Verzweiflung –; von Frauen, die durch tüchtige Prügel ihrer Reisebegleiter zur Räson gebracht wurden.
Gesetze, die die Expansion nach Westen förderten, ließen um die Mitte des 19. Jahrhunderts ein Heiratsfieber ausbrechen, dessen Ursache keineswegs romantischer Natur war. Durch den *Donation Land Act* (Landschenkungsakte) des Territoriums Oregon von 1850 etwa hatte ein Ehepaar Anspruch auf doppelt so viele Hektar Land wie ein alleinstehender Junggeselle. Eine Ehefrau garantierte darüber hinaus zusätzliche Arbeitskräfte, ihre eigene sowie die der Kinder, die sich bald einstellen würden, um die für die Erlangung des Besitzrechtes vom Gesetz verlangten Verbesserungen auf dem Land des Heimstätters zuwege zu bringen. In einem allerdings polemisch zu sehenden Bericht einer Zeitgenossin heißt es, Männer hätten „trauernden Frauen, die noch keine zwei Wochen verwitwet waren, und kleinen Mädchen, die noch im Sandkasten spielten, Anträge gemacht."

Für die Pionierfrau bedeutete ein reicher Kindersegen ein gewisses Maß an Arbeitserleichterung, doch brachten Schwangerschaften nicht zu übersehende zusätzliche Belastungen mit sich, die die körperlichen Kräfte von Frauen in gefährlicher Weise erschöpften und auch nicht ohne psychische Konsequenzen blieben. *Annie Greenwood*, eine Farmersfrau aus dem Flachland am Snake River im Bundesstaat Idaho, vertraute ihrem Tagebuch an, daß sie sich bis zum letzten Augenblick vor der Geburt ihrer Tochter mit den täglichen Verrichtungen im Haushalt abmühen mußte. Aus ihrer Erinnerung klingt verhaltene Bitterkeit:

> In der Woche, in der Rhoda geboren wurde, kochte ich für fünfzehn Männer, die gekommen waren, um bei der Heuernte zu helfen. Und wenn ich sie nicht gerade versorgen mußte, schleppte ich mich in mein Schlafzimmer und sank aufs Bett. Durch das Schlafzimmerfenster konnte ich die Stute und die Kuh sehen, die wochenlang auf die Weide getrieben wurden, weil sie bald Junge bekommen würden. (6)

Stolz präsentierte Abbildungen einer Orgelpfeifen ähnelnden Kinderschar erscheinen vor diesem Hintergrund weit weniger idyllisch. Frauen in der Lage einer *Annie Greenwood* war Familienplanung unbekannt. Zuverlässige Erkenntnisse über die Ovulation begannen selbst unter Medizinern erst nach

1849 zu zirkulieren. Wo Informationen über Verhütungsmittel im Umlauf waren, waren sie das im geheimen, da das Propagieren solchen Materials bis zum Ende des Jahrhunderts auch für Ärzte strafrechtliche Verfolgung nach sich zog. Die Frauen im Westen, die weit entfernt von den Zentren der Wissenschaft lebten und selbst untereinander isoliert waren, erreichten die spärlich gewonnenen Erkenntnisse als letzte. (7)

Die Abgeschiedenheit ihrer neuen Heimstätten versah alltägliche Problemstellungen mit ungeahnten Dimensionen. Die Frauen einer Gemeinde in Oregon teilten sich sechs Monate lang eine einzige Stopfnadel, bis endlich ein Händler erschien. Eine Hausfrau in Kalifornien mußte die Zubereitung einer Mahlzeit für die außer Haus beschäftigten Familienmitglieder verschieben, weil sie auf einem Kartoffelsack eine zusammengerollte Klapperschlange entdeckte. Während eine Mutter in Kalifornien während eines harten Winters in den 50er Jahren wiederholt aufstand, um ihre Kinder zuzudecken und so vor Erfrierungen im Gesicht zu bewahren, konnten Kinder in Nebraska im hohen Gras die Orientierung verlieren und tagelang verschollen bleiben. Auch diese minuziösen Schilderungen in Tagebüchern weniger offensichtlich heldenhafter Frauen legen Zeugnis ab über die Rolle, die Frauen bei der Erschließung des Westens spielten.

Der *Homestead Act*, das Heimstättengesetz von 1862, lockte nicht nur Familien, sondern auch alleinstehende Frauen in den Westen, wo ihnen die Chance offenstand, Landbesitzerinnen zu werden. In einigen Teilen des Westens waren fünfzehn Prozent der Heimstätter alleinstehende Frauen, die weder den weiten Weg noch die Strapazen gescheut hatten und die auch Greuelpropaganda nicht abschrecken konnte. Fünf Jahre harter Arbeit brachten auch ihnen den Besitz über ein annehmbares Stück amerikanischen Bodens ein. Im Gegensatz zu vielen anderen Bewohnerinnen des Westens stellte die Auswanderung für sie keine schmerzliche Pflicht gegenüber einem mehr oder weniger unbekannten (Ehe)Mann dar, sondern eine Gelegenheit, ihren Horizont zu erweitern, in einer von Männern dominierten Welt Autarkie zu erlangen und ihre Energie und Tatkraft auf eine Art und Weise einzusetzen, wie es nur wenige ihrer im Osten verbliebenen Geschlechtsgenossinnen zu erreichen hoffen durften.

Frauen im Westen gründeten Schulen, weil es keine gab, und agierten als Pädagoginnen, weil das ihre Antwort auf ihr Anliegen einer wenigstens elementaren Schulbildung ihrer Kinder darstellte. So erwarben sich die Pionierfrauen des Westens den Ruf von „Trägerinnen der Kultur".

Geistliche Schwestern standen mit der Kelle in der einen Hand (die Schulhäuser mußten erst errichtet werden) und der Bibel (als erster Lektüre und Schulfibel) in der anderen im Dienst der Gemeinschaft. Mütter eröffneten kurz entschlossen ihre eigenen Schulen und Büchereien, in denen der angebotene Lesestoff oft genug eine kuriose Sammlung von Gefundenem und zufällig Vorhandenem darstellte. Die heute gerne belächelten Wohltätigkeitsvereine von Frauen hatten es sich im Westen ursprünglich zur Aufgabe gemacht, fremden, kranken und abhängigen Frauen und Kindern, etwa jenen, die auf Drängen eines männlichen Verwandten diesem in den Westen nachgereist waren und nun aus welchem Grund auch immer vergeblich nach diesem suchten, Schutz und Unterkunft zu gewähren. In dem Jahrzehnt nach dem Bürgerkrieg kamen Frauenvereine auf, die keine im eigentlichen Sinne karitativen Absichten verfolgten, jedoch der gegenseitigen Ermutigung und dem Gedankenaustausch gewidmet waren und ihre Auswirkungen in der Errichtung von öffentlichen Bibliotheken, in der Veranstaltung von Konzerten und der Veröffentlichung von Werken weiblicher Autoren hatten. Ich möchte nicht versäumen hinzuzufügen, daß sich eine ganze Reihe von Frauen des Wilden Westens der bildenden Kunst verschrieben hatte. 1890 gab es im Westen bereits über 1100 weibliche Künstler und Kunsterzieher. (8)

Ihre selbst gewählte Rolle als Erzieherin des männlichen Geschlechts hatte für die Frau im Westen und die amerikanische Frau im allgemeinen unerwartete Folgen. Wenn die Frauenrechtlerin *Susan B. Anthony* 1853 an einer Lehrerkonferenz teilnahm und entgegen den Konventionen – zur Beschämung vieler zuhörender Frauen, die ihr Benehmen ungehörig fanden, und nach einer dreißigminütigen Debatte darüber, ob man ihr überhaupt das Wort erteilen solle – aufstand und das schlechte Image der Lehrenden mit dem geringen Status der diesen Beruf in der Mehrzahl ausübenden Frauen in Verbindung brachte, (9) so ist dies für uns durchaus aktuell. Allein in Los Angeles fehlten zu Beginn des vorigen Schuljahres 1985/86 2000 Lehrer, und einer der Hauptgründe für diesen uns paradox erscheinenden Mangel ist das schlechte Image und damit verbunden die schlechte Bezahlung der Lehrenden.

Auch das uns aus Filmen geläufige Saloongirl entspricht nicht der Realität des Westens. Frauen, die in den Theatern der *Frontier* als Sängerinnen, Tänzerinnen und Schauspielerinnen auftraten, gehörten jedoch einer Minderheit an, die auf dem Weg nach oben einen Vorsprung hatten, *weil* sie Frauen waren. Fast überall im Westen genügte diese Tatsache, um eine Menschenmenge anzulocken. Und wenn dann die Darbietungen noch ein gewisses Niveau erreichten, wurde eifrigst um Eintrittskarten gefeilscht. Als die spanische Sopranistin *Adelina Patti* 1884 in San Francisco auftrat, wurde neben jedem Sitzplatz jeder Quadratzentimenter Stehfläche verkauft. Eine wegen Überfüllung des Theaters verhängte Geldbuße von 75 Dollar durfte in Theaterkarten entrichtet werden. (10)

Eine Zeitlang schien es, als sei der Westen der ideale Ort für eine Frau, um sich selbst zu verwirklichen. Tatsächlich schilderten fast alle Berichte, die den Frauen im Osten zu Ohren kamen, die Siedlungen im Grenzland als zwanglos, hilfsbereit, tolerant und erstaunlich frei. Die Folge war, daß ein

Heer von Nonkonformistinnen in den Westen strömte: Außenseiterinnen, Einzelgängerinnen, Exzentrikerinnen, Abenteurerinnen. Diese Frauen erfuhren Zurechtweisung und Mißbilligung und boten Anlaß zu müßigem und bösartigem Klatsch, auch wenn sich ihr abwegiges Verhalten nur darin manifestierte, daß sie nicht im Damensattel ritten und sich nach ihrem eigenen Geschmack kleideten. Manche hartnäckige Freigeister taten dies mit einem Achselzucken ab. Doch nur wenige wurden durch deviantes Verhalten derartig berühmt, daß sie zu einem Mythos des Wilden Westens avancierten – so wie *Martha Jane Cannary*, alias *Calamity Jane* (die neuerdings sogar als Gefährtin *Lucky Lukes* in die Annalen der Trivialliteratur eingegangen ist). Calamity Jane arbeitete während des Goldrausches der Siebzigerjahre als Barmixerin im Territorium Dakota und war zu schnellem Handeln gezwungen, um sich vor den „tugendhaften Frauen" der Gemeinde zu retten, die mit einer Reitpeitsche und einer Schere bewaffnet im Saloon auftauchten, um ihr die Haare zu schneiden und sie aus der Stadt zu treiben. Ihr Hang zum Schwindeln ließ überlieferte Berichte ihrer selbst erkämpften Errettung vor derartigen Attacken noch weitaus lebendiger wirken. So behauptete sie auch, was nicht zu beweisen ist, daß sie als *Army Scout*, Frachtfahrerin und Indianerkämpferin ihren Lebensunterhalt verdient habe. Fest steht, daß sie Gewohnheitstrinkerin war und hin und wieder als Prostituierte arbeitete. (11)

Einige der wagemutigsten Freidenkerinnen scheinen in Polizeiakten als weibliche Banditen auf, doch zeigt sich bei näherer Betrachtung, daß etwa eine von ihnen, *Geogianna Shorthouse*, die in den Akten gleich zwei Decknamen aufweist, zu drei Jahren Gefängnis verurteilt wurde, weil sie eine Abtreibung vorgenommen hatte, oder daß die keß als Mann gekleidete *Nina Patchen* zwar des Mordes angeklagt, aber freigesprochen wurde. (12)

Auch die reitenden, schießenden und lassoschwingenden *Cowgirls* des Westens entsprechen nicht der üblichen Vorstellung. Jene Frauen, die auf Viehfarmen tätig waren, arbeiteten meist ohne Bezahlung, da sie lediglich auf dem Familienbesitz aushalfen, wenn Geld oder erfahrene Cowboys Mangelware waren. Die Arbeit gestaltete sich äußerst strapaziös, wurde jedoch auf der Farm selbst nicht als skandalös empfunden, da es kaum andere, weiblichere Frauen gab und die wenigen außenstehenden Männer es nicht gewagt hätten, ein Urteil über die Tochter oder Ehefrau ihres Arbeitgebers zu fällen.

Um den Kreis zu schließen und auf die am Beginn meiner Ausführungen erwähnten Pionierinnen der Frauenrechtsbewegung zurückzukommen und der Vollständigkeit halber, möchte ich abschließend einige Frauen nennen, die bestimmte soziale Anliegen vertraten.

Ziel einer der wichtigsten und ersten Reformbewegungen des Westens, des *Temperance Movement*, (13) war der Saloon – der sakrosankte Bereich der Goldgräber, Kaufleute, Soldaten, Eisenbahner, Holzfäller und Cowboys und der übrigen eifrigen Zecher, aus denen sich die Männergesellschaft des Wilden Westens zusammensetzte. Es waren Frauen, die an der Spitze dieser Bewegung standen, denn ihr Leben – und das verdient Betonung, um der Bewegung gerecht zu werden – wurde direkt und oft genug verhängnisvoll durch den unmäßigen Alkoholkonsum ihrer Ehemänner, eines der brennendsten sozialen Probleme der Zeit, beeinflußt. Ein reicher Fundus an Karikaturen, die sich gegen beide Seiten im Trinkerstreit richteten und mit Vorliebe die bibelschwingende und mit einem Tomahawk bewaffnete Figur der *Carry Nation* zum Inhalt hatten, legen davon Zeugnis ab.

Jahrelange offene Schlachten zwischen Weißen und Indianern im Westen, die ihren Höhepunkt in der Schlacht am *Little Big Horn* fanden, stellen den völligen Schiffbruch amerikanischer Indianerpolitik unter Beweis. Es waren Frauen, die sich in öffentlichen Vorträgen für die Rechte der *Native Americans* einsetzten und selbst im Osten des Landes ein erstaunliches Maß an Anerkennung fanden. Daß die in dieser Frage tätigen Frauen – als Beispiel sei der Name der Indianerin *Susette la Flesche* genannt – letztlich scheiterten, hatte seine Ursache in bürokratischen Tücken und war Folge einer Verkettung unglücklichster Umstände.

Wie bereits erwähnt, waren es Frauen des Grenzlandes, die zuerst das Wahlrecht erlangten. Das Territorium Wyoming war 1869 das erste Land der Welt, das den Frauen politische Gleichstellung gewährte. Tatsächlich stieß die Klausel über das Frauenstimmrecht bei den Bemühungen Wyomings um Aufnahme als Bundesstaat in die Vereinigten Staaten auf beträchtlichen Widerstand. Einige Frauen aus Wyoming telegraphierten Berichten zufolge an die Vertreter ihrer Anliegen in Washington und erteilten ihnen die Erlaubnis, die Klausel notfalls zurückzuziehen, da sie überzeugt seien, die Männer von Wyoming würden ihnen das Wahlrecht wieder erteilen, sobald Wyoming ein Bundesstaat sei. (14) Doch die Männer lehnten entrüstet ab, und die Geschichte zeigt, daß ihr Selbstbewußtsein Früchte trug und Wyoming trotz der anstößigen Klausel als Bundesstaat Aufnahme fand.

Ich hoffe, durch meine Ausführungen in erster Linie gezeigt zu haben, daß das Bild der amerikanischen Frau zu allen Zeiten differenziert ausfallen muß, weil etwa in der legendären Epoche des Wilden Westens die Entbehrungen und Nöte eines Lebens auf einer Heimstätte parallel liefen mit der relativen Freiheit und Unbekümmertheit von Freidenkerinnen und Aktivistinnen. Um dieses Differenzierens willen möchte ich die mit dem Pionierstaat des Frauenwahlrechts, Wyoming, angeklungene hoffnungsvolle und versöhnliche Note dämpfen, mit zwei eher willkürlichen Fragen, die sich der Betrachterin der amerikanischen Kulturgeschichte aufdrängen:

Bereits 1884 und 1888 wurde *Marietta Stow* als erste weibliche Kandidatin für die Vizepräsidentschaft der Vereinigten Staaten nominiert. Ich frage mich, woran es liegt, daß die Nominierung von *Geraldine Ferraro* für eben dieses Amt, wenn auch mit mehr Erfolgschancen, zu unserer Zeit als derartig unerhört und revolutionär empfunden wurde.

Die Suffragetten kämpften jahrzehntelang für ihr Anliegen, bevor sie das Wahlrecht für Frauen auf nationaler Ebene 1920 als ihren Erfolg verbuchen konnten. Ich frage mich, ob wohl noch jemals etwas aus dem jahrzehntelang diskutierten *Equal Rights Amendment* – jener Grundlage einer völligen Gleichstellung der Geschlechter in den USA – wird, das erst in jüngster Vergangenheit *ad acta* gelegt wurde.

Anmerkungen

(1) BRADSTREET, Ann: The Tenth Muse (1650). Hrsg. v. Josephine K. PIERCY. New York 1978 (= Scholars' Facsimiles & Reprints.), S. 4.

(2) Vgl. STANTON, Elizabeth Cady: „Declaration of Sentiments". In: STANTON, Elizabeth Cady, Susan B. ANTHONY, Joslyn GAGE (Hrsg.): History of Woman Suffrage. Bd. 1. New York 1881, S. 70–71.

(3) Vgl. BERKIN, Carol Ruth und Mary Beth NORTON: „Woman's Place Is in the War: Propaganda and Public Opinion in the United States and Germany". In: BERKIN, Carol Ruth und Mary Beth NORTON: Woman of America. Dallas 1979, S. 342–359.

(4) Vgl. FARAGHER, Johnny und Christine STANSELL: „Women and Their Families on the Overland Trail to California and Oregon, 1842–1867". In: COTT, Nancy F. und Elizabeth H. PLECK (Hrsg.): A Heritage of Her Own. Toward a New Social History of American Women. New York 1979, S. 246–267.

(5) Vgl. COTT, Nancy F. (Hrsg.): „Letters of Narcissa Whitman". In: COTT, Nancy F. (Hrsg.): Root of Bitterness. Documents of the Social History of American Women. New York 1972, S. 230–234.

(6) Zit. nach REITER, Joan Swallow et al. (Hrsg.): Der Wilde Westen. Die Frauen. o.O. (Niederlande) 1978 (= Time-Life-Buch.), S. 48 f.

(7) Vgl. LERNER, Gerda: The Female Experience. An American Documentary. Indianapolis 1979, S. 423–433.

(8) Vgl. Time-Life, S. 112.

(9) Vgl. LERNER, a.a.O., S. 234–236.

(10) Vgl. Time-Life, S. 139.

(11) Vgl. o.A.: „Lone Woman Adventurer Never Carried Revolver". In: The Daily Colonist (11. Jan. 1925), S. 13.

(12) Vgl. Time-Life, S. 172.

(13) Vgl. The Reader' s Digest Family Encyclopedia of American History. New York 1975, S. 1108.

(14) Vgl. Time-Life, S. 216.

Elisabeth Kraus

Frauenschicksale in fünf amerikanischen Kurzgeschichten weiblicher Autoren

Einige von Ihnen haben erstaunt die Brauen gehoben, da die Kurzgeschichten nur im englischen Original *ohne* deutsche Übersetzung verteilt wurden. (1) Glauben Sie mir, liebe Kolleginnen und Kollegen, ich habe einen geschlagenen Vormittag in der UB gestöbert und alle Kataloge der Bücher-Box auf deutsche Übersetzungen der fünf Stories hin geprüft, aber ohne Erfolg. Da ich keineswegs die Einstellung vieler Amerikaner teile, „Es spricht ohnehin die ganze Welt Englisch!“, werde ich im Referat schwierige Dialektstellen, auf die ich mich beziehe, ins Deutsche übertragen. Auch stehe ich anschließend selbstverständlich für Fragen zur Verfügung.

Wir müssen froh sein, diese Geschichten *überhaupt* im Druck vorzufinden, denn ein Großteil der von Frauen geschriebenen amerikanischen Literatur wurde erst in den 60er/70er Jahren wieder „ausgegraben“, wie etwa Kate Chopins Werk, das den akademischen Kritikern als „regionalist“ (also nur etwas für Lokalpatrioten) und obendrein als unmoralisch und nicht verlegenswert erschien. (2)

Ich hoffe, daß die gewählten Beispiele auch für SIE Literatur im besten Sinn des Wortes sind: nicht bloß ideologische Propaganda, fiktional verpackt, sondern jedesmal steht die individuelle Sensibilität im Zentrum, seismographisch genau registriert, mit all ihrer Ambivalenz, Mehrdeutigkeit. Da Kunst den Rohstoff „Leben“ *formal* gestaltet, halte ich es für ungerechtfertigt, Literaturwissenschaft auf reine Sozialwissenschaft zu reduzieren. Deshalb möchte ich wenigstens anhand Tillie Olsens Geschichte „Tell Me A Riddle“ aufzeigen, wie sehr die formale Struktur mit dem, was ausgesagt wird, übereinstimmt.

Die Erzählungen von Mary Wilkins Freeman und Kate Chopin entstanden *vor 1900*, die restlichen erschienen ab 1961. Es läßt sich, glaube ich, deutlich ein historischer Wandel in den Standpunkten der literarischen Gestalten erkennen.

Mary Eleanor Wilkins Freeman lebte von 1852–1930 und verbrachte den Großteil ihres Lebens in Randolph, Mass. Sie wurde in den 80er Jahren als Kinderbuchautorin bekannt. Als sie für ihre erste Geschichte für Erwachsene den Preis einer renommierten Zeitschrift gewann, ermutigte sie dies dazu, Kurzgeschichten, Romane und Dramen über ihr heimatliches New England zu verfassen. Sie zeigt vor allem die Armut und die Zwänge im Leben ländlicher, abgeschiedener Farmen und Dörfer auf, das Leid, die Niedertracht, aber auch Beispiele vornehmer Gesinnung und Menschenwürde. Sie würzt ihre Darstellungen meist mit einem Schuß leisen Humors.

In „The Revolt of ‚Mother' " pocht Sarah Penn nach geduldig ertragener Wartezeit auf ihr Recht, wenigstens ihren einzigen Lebensraum, die häusliche Sphäre, nach ihren Bedürfnissen gestalten zu dürfen. Ihr Mann Adoniram hatte ihr vor 40 Jahren zur Hochzeit versprochen, noch im selben Jahr ein neues, geräumiges Wohnhaus zu errichten; stattdessen baute er etliche Stallgebäude und Scheunen, sodaß die Nutztiere königlich lebten im Vergleich zur vierköpfigen Familie. Sarah mußte in einem Mini-Schlafzimmer vier Kinder zur Welt bringen (zwei sind verstorben), schwere Krankheiten durchmachen; sie mußte in einer winzigen Speis die Milch von sechs Kühen verarbeiten, und – was sie besonders erbost – Adoniram läßt bereits auf dem für das neue Haus vorgesehenen Feld ein Fundament für eine neue Scheune ausheben, für weitere vier Kühe und ein neues Pferd. Dabei wäre das Geld für ein Wohnhaus längst zur Verfügung.

Tochter Nanny schämt sich vor dem zukünftigen Bräutigam und den Schwiegereltern, daß die im Herbst bevorstehende Hochzeit in einem kleinen Wohnzimmer stattfinden muß, ohne Teppich, mit schmutzigen, ausgefransten Tapeten – es hatte ja 40 Jahre als Eß-, Arbeits- und Wohnzimmer gleichzeitig gedient, weil eben kein Empfangsraum zur Verfügung steht. Außerdem will Sarah ihre hübsche, aber schwächliche Tochter im Haus behalten, um ihr unter die Arme greifen zu können; aber wo wird sie den Schwiegersohn unterbringen? Sarahs Einreden auf ihren Mann nützt jedoch nichts. Sie mußte viermal fragen, um überhaupt herauszubekommen, wofür das Feld umgegraben werde. Adoniram hält hartnäckig den Mund, macht ihr höchstens klar, daß sie dies nichts angehe. „I wish you'd go into the house, mother, an' tend to your own affairs." Nur den Sohn hatte der Vater drei Monate vorher in seine Pläne eingeweiht. Die Mutter macht ihrem Groll bloß auf recht unschuldige Weise Luft: sie klirrt mit dem Geschirr, schrubbt in wilder Heftigkeit ihre Kochtöpfe, geht mit den Erbsen beim Schälen um wie mit Gewehrkugeln. Sie, die sich 40 Jahre lang nie ihrem Mann gegenüber beklagt hatte, bäckt ihm weiterhin seine Lieblingsspeisen. Als Nanny der Mutter gegenüber ihrem Unmut über die neue Scheune Ausdruck verleiht, sagt Sarah zwar zu ihr:

> Du hast noch nicht herausgefunden, daß wir Weiberleute sind, Nanny Penn. Du hast auch noch nicht genug von den Mannsleuten gesehen. Eines Tages wirst Du es herausfinden, und dann wirst Du wissen, daß wir nur das wissen, was Manns-

> leute glauben, daß wir wissen – sofern dieses Wissen überhaupt etwas wert ist. (Und Du wirst herausfinden,) daß wir die Mannsleute zur Vorsehung dazurechnen sollten und uns genausowenig über ihr Tun beklagen sollten wie über das Wetter." (S. 33)

Aber geradezu instinktiv nimmt Nanny ihren Verlobten aus dieser Charakterisierung aus, ebenso wie Sarah nicht duldet, daß Nanny konkret Vater kritisiert: „Du hättest Vater nicht verurteilen dürfen. Er kann nichts dafür, weil er einfach die Dinge anders sieht als wir." (S. 33) Und sie beschönigt vor Nanny die Zustände, denn schließlich habe es *erst einmal* durchs Dach geregnet und den Verlobten erwarte zumindest eine blitzblanke Küche; außerdem müsse Nanny froh sein, daß Vater sie nicht auswärts arbeiten geschickt habe.

Von der ersten Seite an wird auf Sarahs milde, gutmütige, sanfte Gesichtszüge hingewiesen. Nur „ihre Augen verrieten, daß ihre Sanftmut das Ergebnis, die Entscheidung ihres *eigenen* Willens gewesen sei, niemals Ergebnis des Willens *eines anderen*". Ihr Gesicht verrät „meek vigor" (S. 34) wie das mancher Heiliger des Neuen Testaments. „Meek" bedeutet „sanft, demütig", „vigor" dagegen „Körper-, Geisteskraft, Vitalität, Durchschlagskraft, Nachdruck". Und Sarah setzt sich auch durch, nicht in militanter Aggressivität, in offener Herausforderung, sondern als ihr das Schicksal in Form eines Briefes zu Hilfe kommt und Adoniram vom Hof lockt. In Windeseile siedelt sie mit Hab und Gut in die neue Scheune, ebenso tapfer und genial wie General Wolfe 1759 die Höhen von Abraham über Quebec erobert hatte. Sie kümmert sich nicht ums Gerede der Dorfleute, die sie entweder für verrückt oder für gesetzlos und rebellisch halten, und wird elegant mit dem Pastor fertig: Die Hausbesetzung sei ausschließlich eine Angelegenheit zwischen ihr, Adoniram und dem Herrgott, und sie habe auf das neue Haus ebenso ein Recht wie einst die Pilgrim Fathers auf ihr neues Land Amerika.

Als Adoniram bei seiner Heimkehr die Kuh im alten Wohnhaus antrifft, versteht er die Welt nicht mehr: er blickt um sich wie betäubt, verwirrt, und als Sarah ihm ihre Entschlossenheit kundtut, künftig in der neuen Scheune zu wohnen, vergißt er auf den Segen beim Essen und setzt sich nachher vor die Haustür, den Kopf auf seine Hände gestützt. Als Sarah nach dem Geschirrabwaschen zu ihm eilt, weint er. „Adoniram war eine Festung, deren Mauern keinen aktiven Widerstand leisteten und in dem Augenblick niederbröckelten, in dem die richtigen Belagerungswerkzeuge angewandt wurden." Heiser sagt er: „Mutter, ich hatte keine Ahnung, daß Du das alles so fest gewollt hast."

So endet die Geschichte versöhnlich. Der Vater wird die ganze Erzählung hindurch wiederholt als schwerfällig, phlegmatisch, unartikuliert, störrisch, aber robust und immer bei gutem Appetit beschrieben. Selbst in der größten Verblüffung „schmeckte ihm das hausgemachte Essen; sein alter Körper war von zu kerniger Gesundheit, als daß er sich von der Seele/dem Verstand beeinflussen ließe." (S. 45) Sarah, der „einfachen, frommen New England Mutter" (S. 41), ist es gelungen, ihren Mann aus seiner eingefahrenen, trägen Denkweise aufzurütteln und zu bewirken, daß er *ihren* Standpunkt versteht und sein Verhalten in der Folge ändert.

Kate O'Flaherty Chopin lebte von 1851–1904 und entstammte mütterlicherseits der französisch-katholischen Elite von St. Louis, Miss., im traditionsgebundenen Süden der U.S.A. Von Damen wurde dort Tugendhaftigkeit und Kultiviertheit erwartet, ihr Platz war im Haus. „The Southern woman loves the retirement of home, and shrinks from everything that would tend to bring her into the public gaze", formuliert es 1891 ein Zeitgenosse Kate Chopins in einer Zeitschrift. (3)

Ihr Vater, ein irischer Einwanderer, verstarb, als Kate vier Jahre alt war. Mit 19 heiratete sie einen Bankier aus New Orleans und gebar ihm fünf Söhne in zehn Jahren. Als er 1882 starb, war Kate erst 31jährig. Sie kehrte ins Haus der Mutter nach St. Louis zurück und begann ein neues Leben als Schriftstellerin, wobei sie meist über das Leben der Kreolen in New Orleans schrieb.

Kate Chopins berühmtester Roman, *The Awakening*, entstand 1899 und handelt von der Rebellion einer verheirateten Frau gegen die Restriktionen in ihrem Leben; das Buch wurde von den Rezensenten als „not a healthy book" verdammt und verschwand aus der Literaturgeschichte. Außerdem verwehrte man ihr die Mitgliedschaft im St. Louis Fine Arts Club. Diese feindliche Reaktion ließ sie fast verstummen. Sie schrieb nur mehr zehn Kurzgeschichten, hauptsächlich für junge Leute.

„The Story of an Hour" entstand 1894. Auf zwei Seiten erleben wir das Erwachen einer Mrs. Mallard (der Name bedeutet übrigens „Wildente" und kann durchaus symbolisch verstanden werden) zu einer neuen Identität. Aber diese intensiv erlebten kurzen Visionen neuer Möglichkeiten erfüllen sich nicht, da sie auf falschen Prämissen beruhen: der als tödlich verunglückt gemeldete Mr. Mallard kehrt nach Hause zurück, sie stirbt an „heart disease" – sowohl im wörtlichen als auch im metaphorischen Sinn. Im ersten Abschnitt reagiert sie auf die Nachricht vom Zugsunglück mit heftigem Weinen und „einem Sturm von Schmerz". Sie zieht sich in ihr Zimmer zurück, sinkt erschöpft in einen Lehnstuhl vor dem offenen Fenster und starrt – zeitweise schluchzend – stumpf und teilnahmslos vor sich hin. Allmählich aber, *gegen* ihren Willen („she was striving to beat it back with her will"), überkommt sie das Gefühl der *Freiheit*. Ihr Puls steigt, ihre Lebensgeister erwachen wieder; „die Aussicht auf viele zukünftige Jahre, die absolut ihr allein gehören würden" – dies ist für Mrs. Mallard ein „moment of illumination". Zwar weiß sie genau, daß sie beim Anblick der Bahre ihren Mann beweinen wird – sein Gesicht hatte immer liebevoll auf sie geblickt, und auch sie hatte ihn

„manchmal geliebt." Aber seine im Prinzip wohlwollende Absicht hatte ihn nicht daran gehindert, ihr seinen Willen aufzuzwingen: „A kind intention or a cruel intention made the act seem no less a crime." Deshalb läßt sie auch keine Schuldgefühle in sich aufkommen, ob dieses Befreiungsgefühl nicht „eine ungeheuerliche, widernatürliche Freude" sei, „a monstrous joy". „This possession of self-assertion", das Recht, ihr eigenes Leben zu leben, wird der Frau in diesem Fall, ähnlich wie in „The Revolt of ‚Mother' ", nicht von einem durch und durch bösartigen Mann verwehrt, sondern von der sie umgebenden Gesellschaft, die die Identifikation der Frau aus der Beziehung zum Ehegatten herleitet.

In den Beispielen aus dem 20. Jahrhundert wird der Ehemann nicht mehr ganz so sanft angefaßt, wenn *er* sich entfalten kann, laut Erich Fromm *Seins-Macht* hat, „power *to be*, power to do things, potency", *weil* die Frau alle eigenen, kreativen Impulse zugunsten der Familie unterdrücken muß. (4) Bevor ich Tillie Olsens „Tell Me A Riddle" analysiere, möchte ich auf ihre Essay-Sammlung *Silences* hinweisen. In diesem Buch beschäftigt sich die Autorin mit den Bedingungen, die Voraussetzung für Kreativität sind. Das Stillschweigen, von dem sie im Titel spricht, ist *erzwungen:*

> These are not natural silences, that necessary time for renewal, lying fallow, gestation, in the natural cycle of creation. The silences I speak of here are unnatural: the unnatural thwarting of what struggles to come into being, but cannot. (5)

Dieses „unnatürliche Vereiteln dessen, was im Entstehen begriffen ist", hat Tillie Olsen selbst erfahren: sie wurde 1913 geboren, mußte 16jährig nach dem Börsenkrach die High School verlassen, um Geld zu verdienen, bildete sich nach der Arbeit nachts durch emsiges Lesen in öffentlichen Büchereien fort, begann Anfang der 30er Jahre ihren Roman *Yonnondio*, mußte sich aber dann 20 Jahre lang ausschließlich der Ernährung und Erziehung ihrer vier Kinder widmen, neben einem 8-Stunden-Job als Stenotypistin. Sie nahm die Schriftstellerei erst wieder Mitte der 50er Jahre auf und publizierte ihr erstes Buch als Fünfzigjährige. (6)

Anhand von Brief- und Tagebuchzitaten zeigt sie auf, daß die großen, gefeierten Schriftsteller der Weltliteratur immer ihre „natürlichen Silences" brauchten, „diese notwendige Zeit für Regeneration, Brachliegen, geistige Schwangerschaft im natürlichen Schaffenszyklus." So zitiert sie etwa den großen polnischen Briten Joseph Conrad:

> For twenty months I wrestled with the Lord for my creation... mind and will and conscience engaged to the full, hour after hour, day after day... a lonely struggle in a great isolation from the world. I suppose I slept and ate the food put before me and talked connectedly on suitable occasions, but I was never aware of the even flow of daily life, made easy and noiseless for me by a silent, watchful, tireless affection. (7)

Es war selbstverständlich die „aufopfernde, stille, unermüdliche Zuneigung" seiner Frau, die dem Künstler den Lebensweg glättete. Nachdem sie viele Aussagen ähnlicher Art durchleuchtet hat, resümiert Tillie Olsen: „Almost no mother--as almost no part-time, part-self persons--have created enduring literature . . . so far." (8) Mir gefällt neben „Teilzeitmensch" der Ausdruck „Teil-Ich-Mensch", denn als Mutter darf man jederzeit unterbrochen und gestört werden, man muß ansprechbar sein, auf Impulse von außen reagieren, man trägt für den reibungslosen Ablauf des Familienlebens die Verantwortung. Aber auch die kinderlose Ehefrau ist zur Regeneration des Mannes und zur Altenpflege aufgerufen. Aber schriftstellerische Arbeit, die ständig aufgeschoben, aufgegeben werden muß, führt zur Verkümmerung der ungenutzten Fähigkeiten und Talente. So verwundert es nicht, wenn sie meint, das ihr gewährte *Ford Grant in Literature* sei fast zu spät gekommen. „Time granted does not necessarily coincide with time that can be most fully used, as the congested time of fullness would have been." (9) In einem wohlbekannten Image ausgedrückt: man muß dann Muße haben, wenn einen die Muse küßt.

> The habits of a lifetime when everything else had to come before writing are not easily broken, even when circumstances now often make it possible for writing to be first; habits of years-response to others, distractibility, responsibility for daily matters-stay with you, mark you, become you." (10)

Und sie erwähnt speziell die Großmutter Eva aus „Tell Me A Riddle", die bewußt ihr Enkelkind, das Baby, nicht anrührt, um nicht wieder in den Kreislauf des „Sich-immer-im-Rhythmus-anderer"-Bewegenmüssens zu geraten. „Being able at last to live within, and not move to the rhythms of others." Dieses „Leben im Innern" verkümmerte vor allem durch den Egoismus ihres Gatten, der sie als Sklavin seiner Selbst und der sieben Kinder behandelte. Solange das Private gettoisiert bleibt in der Gesellschaft und Mutterschaft die Entfaltungsmöglichkeiten und die Freiheit allein der Frau einschränkt, während der Mann, durch Vaterschaft kaum belastet, seinem öffentlichen Leben nachgehen kann, wird das Talent vieler Evas verschwendet und ihre Würde verletzt werden.

Die 69jährige Eva ist seit 47 Jahren mit David verheiratet, und ihre sechs am Leben gebliebenen Kinder (David, das siebente, fand offenbar im 2. Weltkrieg bei Stuttgart den Tod) können einfach nicht verstehen, weshalb die Eltern unversöhnlich ununterbrochen streiten, wo sie doch nach einem schwierigen Leben in Armut endlich alle Kinder versorgt wissen und sie einen ruhigen Lebensabend in bescheidenem Wohlstand verbringen könnten. Aber David träumt vom Verkauf ihres Hauses, von einem sorglosen Gemeinschaftsleben in einem Altersheim, ohne Arztrechnungen und Reparaturen, während Eva sich vehement mit all der Kraft, die sie als Schwerkranke aufbringen kann, zur Wehr setzt. Vielleicht ertappen wir uns kurzfristig sogar dabei, mit Evas Schwiegertochter Nancy zu sympathisieren, die den immer zu Späßen aufgelegten, aktiven David der mürrischen, zurückgezogenen Eva vorzieht. Auch die Enkelkinder laufen dem Großvater nach wie dem Rattenfänger von Hameln, da er sie kitzelt, tätschelt, Tricks vorführt, Geheimnisse erzählt und Rätsel aufgibt. Auf Seite 404 im Text klärt sich auch, welche Bedeutung der Titel hat: zweimal betteln Vivis Kinder „Tell me a riddle, Grandma", beide Male lehnt sie ab mit „I know no riddles". David hat sein Leben lang Meetings und Luncheons besucht, mit seinen Kumpeln Karten gespielt, die Kunst der Konversation gepflegt. Von Eva heißt es S. 413: „Sie, die in ihrem Leben nur selten gesprochen hatte, und dann nur, wenn nötig (sie hatte ja nie den ungezwungenen, gesellschaftlichen Wortgebrauch erlernt), sie sprach nun unentwegt, im Sterben." Als sie vor 40 Jahren Literaturabende besuchen, ihre Interessen aus früher Kindheit pflegen wollte, wie Tschechow, Tolstoi, Victor Hugo, da war er taub und ging allein fort: „forty years ago when the children were morsels and there was a Circle, did you stay home with them once so I could go? Even once?" Sie *muß* zornig werden, wenn er sie nun mit dem Argument, im Altersheim gäbe es Leseabende, aus ihrem Haus locken will. Jetzt, wo dieses Haus endlich „kein Feind mehr ist", wo die „endlose frustrierende Schlacht" gegen Schmutz und Unordnung geschlagen ist, da alle Kinder aus dem Haus sind, jetzt soll sie sich wieder von anderen abhängig machen?

Ihr Leben lang mußte *sie* beim Greißler um Kredit betteln, mit Scham im Gesicht; um Hundeknochen betteln, damit sie wenigstens eine Suppe für die Familie kochen konnte; verzweifelt alte Kleider durchsehen, ob man aus guten Flecken nicht noch ein neues daraus fertigen könne. Dieses Kleiderausbessern nennt sie auch „her one social duty (for she will not go to luncheons or meetings)" (S. 395), denn immer wenn er, spät abends von einer Veranstaltung heimkommend, sie lesend antraf, meist ein Baby stillend, das andere im Schoß, hielt er sie davon ab: „Dont't read, don't read." „Don't read, put your book away." (S. 394)

Fast leitmotivisch wiederkehrende Phrasen drücken Evas Sehnsüchte aus: Neben dem schon erwähnten „Never again to be forced to move to the rhythms of others" (S. 394, 395) heißt es: „She would not exchange her solitude for anything"; „reconciled peace", „reconciled solitude", „tranquillity". Eva braucht Ruhe, um sich auf ihre jugendlichen Ideale und Lebenserwartungen besinnen zu können.

Für mich ist diese Kurzgeschichte eine der kunstvollst gebauten in der Bewußtseinsstromtechnik. Tillie Olsen führt uns 20 Seiten lang vor allem die Bitterkeit der Heldin vor, nur von vagen Andeutungen über ihre Herkunft begleitet, wie etwa die beiden Hinweise auf ihr „solitary year of exile in Siberia". Erst auf Seite 413 erfahren wir die kohärente Vorgeschichte: Eva ist eine russische Jüdin und wurde vor oder während der Revolution von 1905 wegen ihres politischen Engagements eingesperrt, dann befreit, und sie emigrierte jungverheiratet in die Vereinigten Staaten. In Rußland erhielt sie von der „hochgeborenen", idealistischen Lisa Leseunterricht, einer Anhängerin der verbotenen Tolstojaner, der Bildung und das Leben heilig waren. Lisa inspirierte Eva zu hohen Idealen, prägte ihr ein, das Leben niemals zu verachten und diese Botschaft weiterzugeben: „How no longer to be savages--this to teach. To look back and learn what humanizes--this to teach. To smash all ghettos that divide us" (S.402). Aber Lisa wurde gehängt, weil sie einen vielfachen Verräter ihrer Sache durch einen Biß in seine Halsader getötet hatte. Und Eva tauschte ihre Gefangenschaft in Rußland gegen die Leibeigenschaft unter dem Ehemann und der Familie aus, wobei die Armut Evas Situation nur noch verschärfte. Diese Enthüllung von Evas Jugend am Ende der Geschichte ist folgerichtig angelegt: auch anhand eines zweiten Motivs, der *Musik*, erkennt man deutlich, wie Eva sich in ihrer Erinnerung langsam zurücktastet. Auf S. 395 werden ein paar alte Bücher und Bilder erwähnt, die sie bereits auswendig kennt, und ihr Plattenspieler, den sie nur aufdreht, wenn David aus dem Haus ist. Als David auf S. 398 sie wieder einmal im Stich läßt und zu einem Treffen geht, obwohl sie ihn verzweifelt bittet, bei ihr zu Hause zu bleiben, zieht sie um ins Feldbett auf der Terrasse und singt ein russisches Liebeslied aus der Zeit vor 50 Jahren. Auf S. 400 lauscht sie der Musik mit ihrem neuen Hörgerät, mit einem „look of excitement". Angehängt ist die Frage: „Why are you so happy, dying woman?" Auf Seite 405 erinnert sich Tochter Vivi, wie Mutter anfangs beim Kleiderausbessern immer gesungen hat und ihnen Sonnenuntergänge zeigte. Dann lauscht Eva am Krankenbett der Musik aus dem Radio ihres Enkelkindes Jeannie. Man sollte erwähnen, daß Jeannie Lisa gleicht und als einzige die Großmutter und ihre Tragödie spontan versteht. Auf Seite 415 wirft die älteste Tochter, Clara, ihrer Mutter vor, daß sie sie nur als Gehilfin mißbrauchte; als sie aber Evas Singen vernimmt, erinnert sie sich an die Lieder, die Eva ihr noch in der Kindheit sang, und ihre Hartherzigkeit weicht einem ersten Verstehen: „Where did we lose each other, first mother, singing mother?. . . I do not know you, Mother, Mother, I never knew you." Als David auf der vorletzten Seite trotzig darauf besteht, daß ihr gemeinsames Leben doch auch Freude aufzuweisen hätte, heißt es: „Als wollte sie ihn zurechtweisen, sang sie klar, wunderschön, ein Schullied, das die Kinder sie gelehrt hatten, als sie noch klein waren." In diesem Augenblick sieht auch *er* hinter der nun stummen, verhärmten Alten die Mutter an der Nähmaschine, die noch Lieder sang, und noch früher das gefangene Mädchen, seine Braut. Er schließt sie nach all den Jahren zum ersten Mal in seine Arme. Auch er hatte einmal Evas Ideale geteilt, mit ihr gekämpft, längst aber den bequemeren Weg eingeschlagen. Fast ungläubig fragt er: „Stil you believed? You lived by it? These Things Shall Be?" (S. 419) Und er, der seine Frau ins Spital abschob, weil sie des öfteren erbrach, er ergreift ihre Hände und läßt sie so in ihrem Todeskampf nicht allein. Auf der letzten Seite schließlich tröstet Jeannie, die übrigens die künstlerischen Qualitäten ihrer Großmutter geerbt hat, ihren Großvater: „Don't cry. She is not there, she promised me. On the last day, she said she would go back to when she first heard music, a little girl on the road of the village where she was born." Wenigstens im Tod ist sie am Punkt ihrer Kindheit angelangt, und zumindest ein paar ihrer Kinder lernen nach anfänglichem Unverständnis begreifen, daß auch sie darunter litten, weil ihre Mutter ihre eigenen Talente nicht entwickeln konnte. So heißt es etwa über Sohn Lennie: er leide nicht nur für Eva, die nur ein paar Monate zu leben hat, sondern für das *in ihr*, was niemals lebte, für das *in ihm*, was vielleicht nie zum Leben erweckt wird. Die Saat, die in ihr verkümmern mußte, konnte auch in ihren Kindern nicht aufgehen.

Dennoch sieht Eva Mutterschaft *nicht* negativ: „It was not that she had not loved her babies, her children. The love--the passion of tending--had risen with the need like a torrent; and like a torrent drowned and immolated all else." (S. 403) Sie beklagt bloß, daß sie aus Rücksicht auf die Familie *alle* persönlichen Bedürfnisse abtöten, sich selbst verleugnen mußte und sich so buchstäblich verlor, während David sich fein heraushielt. Man muß dies als Enteignung der Frau von ihrem eigenen Willen, ihrer spontanen Selbsterfahrung bezeichnen. Eva merkt mit Bitterkeit an, wie müde Vivi ist mit ihren vier Kindern: „Vivi im Irrgarten der langen, der wunderschönen Trunkenheit" – dies ist Evas wiederholte Definition der Mutterschaft neben „das Ertrinken im Brauchen und Gebrauchtwerden". Und sie registriert auch sensibel, daß Hannah, eine weitere Tochter, keine Zeit für sich selber hat; daß ihre Jugendfreundin Mrs. Mays nach dem Aufziehen von acht Kindern ihr Lebensende in einem winzigen sargähnlichen Zimmer fristen muß. „Shrinking the life of her into one room like a coffin." (S. 411)

In Glenda Adams' Kurzgeschichte „Reclamation" (1976) fordert die Ich-Erzählerin die verschiedenen Teile ihres Körpers *zurück*, wie der Titel besagt: „She reclaims her body." Die kurzen Abschnitte der Erzählung tragen jedoch keineswegs als Überschrift die Namen spezifisch weiblicher Körperteile, wie man vielleicht erwartete, sondern „Der Hals", „Die Stimme", „Das Haar, Das Gesicht, Die Zähne", „Die Hände und Handgelenke" und – als abschließenden Höhepunkt – „Die Füße": denn im letzten Kapitel hat die Erzählerin es geschafft, auf eigenen Füßen zu stehen. „My feet are firm and straight and strong and white." (S. 188)

Weshalb sich die Ich-Erzählerin auch von ihren an und für sich geschlechtsneutralen Körperteilen ent-eignet fühlt, tritt nach und nach ans Licht. Die Narbe an ihrer Gurgel stammt von der Entfernung eines silbertalergroßen Muttermals. Obwohl sie gegen die Operation protestierte – „But I need my birthmark", „My treasure island" –, zwang ihr die Mutter (!) aus kosmetischen Gründen den Eingriff auf mit einem bezeichnenden Argument: „You'll be grateful later on, when you're thinking about boys, there won't even be a scar to spoil it." Daß bei der Operation die Stimmbänder des Mädchens verletzt wurden und ihre Stimme ab diesem Zeitpunkt kaum hörbar ist, wird in wenigen Zeilen, als ‚understatement', abgehandelt.

Männer reagieren auf die Narbe des nun erwachsenen Mädchens ambig: die einen erwarten Erklärungen, die ihr eigenes Ego und Selbstwertgefühl bestätigen (z.B. daß die Schramme von einem mißglückten Selbstmordversuch aus unglücklicher Liebe herrühre), andere raten ihr, das Mal zu verdecken und sich ihrem männlichen Schutz anzuvertrauen.

Das Mädchen will ihr langes Haar frei fliegen lassen, doch die Mutter verlangt aus hygienischen Gründen Zöpfe; der Vater genießt es, die Bürste so fest aufzusetzen, daß die Kopfhaut des Mädchens rote Striemen aufweist und die allzu fest geflochtenen Zöpfe die gespannte Gesichtshaut zu zerspalten drohen. Schließlich wird das Haar – wieder gegen den Willen des Mädchens – gestutzt, weil es der neuesten Mode entspricht und um die hohe Stirn und allzu markanten Backenknochen zu verdecken. Der letzte Tip der Mutter lautet: „Smile a lot. Without those teeth you would be nothing." (S. 187)

Als die furchtsame, befangene junge Frau, erzogen „to please others", jenen Mann geheiratet hat, der ihr „Zuflucht geboten hatte", und mit ihm einen Spaziergang in den Sumpf unternimmt, blickt sie zunächst stur auf seine Fersen, wie er ihr geraten, „for it is easy to get completely lost in a swamp like this." (S. 187) Erst allmählich wird sie der Spiegelung des Himmels und der sie umgebenden Naturschönheit auf der Wasseroberfläche gewahr, und sie hebt langsam den Blick. „I saw that I was alone. He had gone on and left me behind." (S. 188) Aber sie findet nach Hause und entdeckt, daß *er* im Sumpf verschollen ist. Der letzte Satz der Kurzgeschichte, „And now I often feel free enough not to smile", drückt aus, daß sich die Protagonistin von den sozio-kulturellen Normen, die das weibliche Selbstvertrauen von der Anerkennung durch den Mann abhängig machen, gelöst und die langwährende, anerzogene Fremdbestimmung abgeschüttelt hat.

Glenda Adams ist ehrlich genug, keine Schwarz-Weiß-Zeichnung zu betreiben. Dem gewalttätigen Bruder, der seiner Schwester Sprüche wie „They are going to cut your throat" oder „Your head is a coconut that should be smashed open" ins Gesicht schleudert, und dem latent sadistischen Vater gesellt die Autorin die Mutter bei als Mitträgerin und Handlangerin physischer und psychischer Repressalien. Auch sie perpetuiert männlichkeitsbezogene Normen. So läßt sich auch erklären, warum die „Reklamation", die „Rückforderung" der Körperteile und die damit verbundene psychische Ganzwerdung, *in der Natur* erfolgt, *nicht* in Kommunikation mit dem männlichen Gegenpart, sondern *ohne* ihn. „The man who offered a refuge" erweist sich am Ende als der weit weniger Selbständige, da sein Selbstverständnis und Selbstwertgefühl offensichtlich von der „treuen Gefolgschaft" seiner Partnerin abhing: „it was he who had gotten lost."

In der Science-Fiction-Geschichte „Baby, You Were Great!" versetzt uns Kate Wilhelm in eine hochtechnologisierte Zukunftswelt, in der die überragende Mehrheit der Menschen ihre Fähigkeiten, etwas *füreinander* zu empfinden bzw. *überhaupt etwas* zu empfinden, verloren hat. Wohn- und Arbeitsstätten sind steril, völlig schallisoliert („carpeted halls", „noiseless elevators", „furniture tasteful and lifeless"); der Wissenschaftler John Lewisohn z.B. läßt sich niemals ansprechen, außer er tut als erster seine Kommunikationsbereitschaft kund. 37 Millionen „drabs", an Langweile und Monotonie Leidende, empfinden diese im Lauf der Zivilisation allmählich eingetretene Emotionsarmut noch als *Mangel*. Sie haben offenbar noch ein Residuum an Gefühlen, die sie selbst aber nicht mehr im täglichen Leben aktivieren können. So ist es für clevere Geschäftsleute wie Herb Javits ein leichtes, daraus Kapital zu schlagen.

Herb hat unter 620 Mädchen, die er nacheinander in einem „Probevorspielen" getestet hat, *eine* gefunden, die ‚normal' reagierte, d.h. wie „in the old days". Er selbst ist allerdings völlig über Gefühle erhaben; er strahlt Zuversicht aus, leidet nie an Skrupeln, ja, empfände er noch Restbestände an Mitgefühl, könnte er seinem Beruf wohl nicht nachgehen: Der Test, dem er die Mädchen unterwirft, ist so angelegt, daß er sofort den größten Intensitätsgrad an Gefühlsreaktion ermitteln soll – die Kandidatinnen werden in einem verschlossenen Raum von einem Unbekannten fast vergewaltigt. Dennoch zeigen sich alle Mädchen mit einer einzigen Ausnahme im Innersten unberührt: Sie sind zwar sekundenlang „paralyzed with fear", stellen aber *sofort* um auf „a bland nothing kind of feeling that accompanied boredom sometimes, or too-complete selfassurance", „a face showing passion that was *not* felt anywhere in her mind or in her blood". Sie sind „very cool", „real professionals". Einzig die Auserwählte, fast noch ein Kind, zeigt offen ihre Angst, die in Schrecken und Entsetzen übergeht. Als der von Herb angeheuerte Frauenschänder von ihr abläßt, bricht sie in Weinen aus.

John Lewisohn hat in seinen Laboratorien ein Sendegerät entwickelt, das ins Gehirn eingepflanzt werden kann und jede Gefühlsregung wie Angst, Neugier, Leidenschaft, Liebe, Zorn oder Haß direkt an jeden weiterleitet, der sich einen speziell konstruierten Helm als Empfangsstation mietet und ihn seiner Schädelform anpassen läßt. Diese Erfindung benützt der Medienboß Herb dazu, über 37 Millionen Kunden via Fernsehnetz mit „vicarious feelings" zu versorgen, mit Ersatzgefühlen, mit Empfindungen, die ein dazu noch Fähiger hat für andere, die unfähig sind zu fühlen.

Noch ist Herbs Star Anne Beaumont, „Hot-box Annie", „like a jungle inside, raw, wild, untouched by that smooth layer of civilization she shows on the outside." Aber sie rebelliert dagegen, daß sie immer neuen, teilweise lebensbedrohenden Gefahren ausgesetzt wird, um ihren Emotionspegel ständig zu erhöhen: während sie Wasserschi fährt, werden Haie eingelassen; sie muß einen Flugzeugzusammenstoß miterleben; sie erfährt, daß sie beraubt werden soll; sie hat es satt, „to die a little bit each week". Und vor allem, sie ist *verliebt*. Sie hat es satt, als Medium ausgenützt, angezapft zu werden und besteht darauf, daß die ins Gehirn eingepflanzten Drähte entfernt werden und sie endlich ihr Privatleben beginnen kann.

Da versetzt ihr Herb den nächsten Schlag: Ohne ihr Wissen war sie seit einem Monat – als der alte Sender durch einen neuen ersetzt wurde – Tag und Nacht „auf Sendung", und nicht nur wurden ihre – wie sie annahm, privaten – zärtlichen Stunden mit ihrem Geliebten übertragen, sondern der Geliebte selbst ist ein von Herb bezahlter Schauspieler, dessen Empfindungen ebenso über TV übertragen werden. Und eine gleichermaßen erniedrigende Mitteilung erhält sie von John Lewisohn, den sie einmal geliebt hat und den sie vertrauensvoll bittet, die Drähte zu entfernen. John deutet an, es wäre lebensbedrohend, den Sender herauszuoperieren. John ist der ambivalenteste Charakter dieser Geschichte: einerseits verachtet er Herb für seine Kälte und Seelenlosigkeit und empfindet Mitleid für Anne, die ihn immer noch nicht kalt läßt. Andererseits hat er sich solange darin geübt, seine Emotionen zu unterdrücken, daß er diese Automatik nicht mehr durchbrechen kann. Er revidiert selbstkritisch einen Vergleich, den Herb einmal angestellt hatte:

> Herb had called him an icicle, but that was wrong. An icicle would have melted in her fires. More like a stalactite, shaped by centuries of civilization, layer by layer he had been formed until he had forgotten how to bend, forgotten how to find release for the stirrings he felt somewhere in the hollow, rigid core of himself. She had tried, and, frustrated, she had turned from him, hurt, but unable not to trust one she had loved. (S. 250)

John hat zwei Möglichkeiten: er kann sie befreien und damit für immer verlieren. Oder sie zeitlebens via TV an sich binden. Es wird offengelassen, wie gefährlich das Entfernen der Drähte wirklich wäre; aber Johns Gedanken suggerieren, daß er dieses Argument als Ausrede gebraucht, um Anne zeitlebens „auf Sender" zu halten. Die Geschichte endet auch mit dem Blick auf John, als er sich, tief in den Lehnstuhl versunken, mit dem Helm auf dem Kopf bei ausgeschalteter Tonspur ganz von Annes Anwesenheit überrollen läßt: „the pounding was everywhere", „John's hand clenched, opened, clenched, again and again." Dieses Bild zeigt sehr deutlich die Umwandlung von echter Zärtlichkeit auf Annes Seite in masturbatorische, einseitige Erregung. Zwischenmenschliche Beziehungen sind selbst für John, der seine Situation kritisch zu analysieren imstande ist, undenkbar. Es gibt kein Zurück.

Kate Wilhelm reißt hier natürlich große Probleme an: Marshall McLuhans optimistisch gemeinte Botschaft von der technologischen Erweiterung der Sinnesempfindungen („extension of sensations") mit Hilfe der Medien bis zum Zusammenschluß der Welt im globalen Dorf (11) korrespondiert in Kate Wilhelms Welt mit Solipsismus, emotionaler Anästhesie. Daß Besessenheit und Distanzhalten einander keineswegs ausschließen, hat Susan Sontag im vielzitierten Aufsatz „The Aesthetics of Silence" (1967) so begründet:

> Psychologically, distance often is linked with the most intense state of feeling, in which the coolness or impersonality with which something is treated measure the insatiable interest that thing has for us. The distance that a great deal of „antihumanist" art proposes is actually equivalent to obsession. . . (12)

„Feelies", also Kinos mit Sitzen, die auf Knopfdruck eingespeicherte Sinneswahrnehmungen übermitteln – neben der Großleinwand, die den Zuschauer als *environment* umgibt –, setzen sich ja bereits durch. Andererseits wissen wir, wie wichtig „coolness", Emotionslosigkeit, Unpersönlichkeit im Berufsleben sind. Wilhelms Zukunftswelt funktioniert, weil Herb unter 619 Mädchen noch eines gefunden hat, das Annie ersetzen kann, falls sie nach dem Schrecken ihrer lebenslänglichen Gebundenheit „für nichts mehr gut wäre", wie er es beinhart formuliert.

Ich schließe bewußt ohne gängelnde Zusammenfassung und möchte Sie zu einer Diskussion sowohl zum kulturhistorischen als auch zum literarischen Teil einladen.

Anmerkungen

(1) FREEMAN, Mary Wilkins: „The Revolt of ‚Mother' ". In: SOLOMON, Barbara H. (Hrsg.): The Experience of the American Woman: 30 Stories. New York 1978, S. 31–45.
CHOPIN, Kate: „The Story of an Hour". In: FERGUSON, Mary Anne (Hrsg.): Images of Women in Literature. 2. Aufl., 1977, S. 385–387.
OLSEN, Tillie: „Tell Me A Riddle". In: FERGUSON, Mary Ann (Hrsg.): Images of Women in Literature. 2. Aufl., Boston 1977, S. 392–420.
ADAMS, Glenda: „Reclamation". In: DEAN, Nancy & STARK, Myra (Hrsg.): In the Looking Glass. New York 1977, S. 183–188.
WILHELM, Kate: „Baby, You Were Great!". In: FERGUSON, Mary Ann (Hrsg.): Images of Women in Literature. 3. Aufl., Boston 1981, S. 241–252.
Alle im Text in Klammern angegebenen Seitenzahlen beziehen sich auf diese Ausgaben.

(2) Vgl. SEYERSTED, Per: Kate Chopin. A Critical Biography. Baton Rouge, London 1969, 1980.

(3) Zitiert in CULLEY, Margaret (Hrsg.): The Norton Critical Edition of *The Awankening*. New York 1976, S. 127.

(4) FROMM, Erich: Excape From Freedom. New York 1941, 1969, S. 184. Und: The Anatomy of Human Destructiveness. New York 1973, S. 296.

(5) OLSEN, Tillie: Silences. New York 1965, 1978, S. 15 u. 24.

(6) Vgl. ROSENFELT, Deborah: „From the Thirties: Tillie Olsen and the Radical Tradition.“ In: Feminist Studies 7 (1981), H. 3, S. 371–406.

(7) OLSEN, Tillie: Silences, S. 30.

(8) Ibid., S. 37.

(9) Ibid., S. 39.

(10) Ibid., S. 58.

(11) McLUHAN, Marshall: Understanding Media: The Extensions of Man. With a New Introduction and Bibliography by the Author. New York 1964, v.a. S. 308–337.

(12) SONTAG, Susan: „The Aesthetics of Silence“. In: Styles of Radical Will. New York 1966, S. 26.

Erna Pfeiffer

La Condición Femenina: Weiblicher Lebenszusammenhang unter den Bedingungen des lateinamerikanischen Machismo

„Wenn wir jedoch die Bitterkeit auf den Gesichtern unserer hervorragenden Intellektuellen sehen, die das Alter überrascht, dann möchten wir uns ein Wissen wünschen, das auch ein „Wissen-zu-leben“ und ein „Wissen-zu-sterben“ wäre, d.h. vielleicht eine Weisheit. Wie sich in den letzten Jahren herausgestellt hat, wäre uns auch eine Wissenschaft zu wünschen, die mehr auf Harmonie als auf Herrschaft begründet wäre.“

Claudine Herrmann, Die Sprachdiebinnen

Wie für Romanisten leicht erkennbar, verbirgt sich hinter unserem Titel eine gewisse Persiflage bzw. ironisierende Verfremdung eines bekannten Romantitels, „La condition humaine“, des zeitgenössischen französischen Autors André Malraux, der als Mann der Tat das männlich entschlossene Handeln um des Handelns willen als Mittel darstellt, um dem Leben einen Sinn zu geben. Nun, diese Einstellung der Selbstverwirklichung durch Manifestation der Fähigkeit zu handeln, oftmals gleichgesetzt mit Aggression und Gewalt, liegt auch vielen der augenfälligsten Phänomene der lateinamerikanischen Realität zugrunde (auch und gerade noch in den modernen Guerillabewegungen) und – seien wir ehrlich – gehört vielfach zu dem, was die Attraktivität dieses fernen Subkontinents für uns nüchterne Europäer ausmacht: Dort „tut sich noch etwas“, dort „ist noch was los“, dort kann man noch „echte Abenteuer erleben“, eine Faszination, der wir uns oft nur schwer entziehen können. Ich möchte demgegenüber hinter die exotische Fassade des schillernden Phänomens „Machismo“ blicken, den Glorienschein um den Kult einer scheinbar noch ungebrochenen Männlichkeit etwas lüften und vor allem seine subtilen und ambivalenten Beziehungen zur Welt des Weiblichen in das gerechtere Licht unvoreingenommener, wissenschaftlicher Betrachtung rücken. Es geht mir dabei nicht darum, eine Distanz der Unbeteiligtheit zwischen der Betrachterin und dem Objekt der Untersuchung aufzurichten, eine Gefahr, die umso größer ist, als wir es hier mit einem Phänomen zu tun haben, das rein räumlich und mentalitätsmäßig allem Anschein nach so weit entfernt von unserem alltäglichen Lebenszusammenhang liegt, daß wir tatsächlich in Versuchung geraten, es auch gefühls- und bewußtseinsmäßig ins exotische Abseits zu schieben, dorthin, wo es uns nichts angeht, wo wir – wie nach einem spannenden Krimi – den Schauder der Erregung schnell von uns abschütteln und unbeeindruckt wieder zur „normalen" Tagesordnung übergehen. Ich habe in meinem Aufsatz „Der lateinamerikanische Maschismo aus der Sicht einer Europäerin" (1) versucht anzudeuten, daß die Situation der Frau und des Mannes in Lateinamerika sehr wohl zu tun hat mit der Situation von Mann und Frau in Europa, daß wir also keinerlei Berechtigung für uns ableiten können, schadenfroh mit dem Finger zu deuten auf diese „unterentwickelten Barbaren" in einer sogenannten „Dritten Welt" – und die Bezeichnung selbst ist schon charakteristisch für das Bemühen, uns abzuschirmen, abzukapseln, uns abzuheben von einer „anderen" Welt, die vorgeblich völlig isoliert von der unseren existiert, als lebten wir nicht alle in einer einzigen, sehr gefährdeten Welt, in der es zunehmend darauf ankommen wird, unsere gegenseitige Verantwortlichkeit wahrzunehmen.

Der Machismo existiert also auch bei uns; und doch gibt es darüber hinaus eine spezifisch lateinamerikanische Konstellation, die den lateinamerikanischen Machismo grundlegend unterscheidet, selbst von dem in anderen romanischen Ländern, ja sogar vom im Mutterland Spanien beobachtbaren Phänomen, das nur scheinbar in einen Topf mit ihm geworfen werden kann. Auf diese besondere Ausprägung des Machismo in Lateinamerika – und nicht auf seine Gemeinsamkeiten mit der europäischen Variante – soll also im folgenden näher eingegangen werden. Die geographische Entfernung wollen wir hierbei eher als Hilfsmittel begrüßen, das uns jene kritische Distanz gewinnen läßt, die es uns erleichtert, das Problem ohne emotionale Abwehr an uns herankommen zu lassen. Durch die Wahl eines exotischen Themas möchte ich erreichen, daß wir uns eventuell eher getrauen, das Zerrbild einer offensichtlich abgelegenen Kultur ungeschminkt aus der Nähe zu betrachten, die eigene Maske der Fortschrittlichkeit und der Emanzipation abzulegen und uns dann den – zugegeben unbarmherzigen – Spiegel der Erkenntnis vorzuhalten. Vielleicht gelingt es uns auf diesem Umweg, in dem abgehärmten Gesicht einer bolivianischen oder peruanischen „muchacha" unser eigenes, verzerrtes Spiegelbild zu erkennen, und vielleicht sehen wir dann auch die Spuren der Wunden, die wir selbst, die „emanzipierten" Frauen der herrschenden Schicht, in diesen Gesichtern angerichtet haben.

Dies ist, nebenbei bemerkt, eine der größten Schwierigkeiten für die lateinamerikanische Frauenbewegung, weil sich hier soziale Spannungen überlagern mit dem Antagonismus Männlich-Weiblich, und so erkennen wir am Beispiel des indianischen oder schwarzen Dienstmädchens eine dreifache Unterdrückung: zum einen durch die Zugehörigkeit zu einer unterdrückten

Rasse, zum zweiten durch die ökonomische Ausbeutung als (extrem) abhängige Arbeitskraft (die in der Regel in den Händen der „aufgeschlossenen, emanzipierten" Frauen der Oberschicht liegt) und zum dritten durch die „condición femenina", die Zugehörigkeit zu einem unterdrückten Geschlecht, was sich in dem genannten Fall etwa in der Hinsicht ausdrückt, daß die „muchacha" selbstverständlich auch als kostenlose Hausprostituierte für den Señor herhalten muß, an der auch die Söhne des Hauses üblicherweise ihre ersten sexuellen Erfahrungen machen.

Nun ist die Situation der Frau in Lateinamerika nicht zu verstehen ohne eine unvoreingenommene Analyse des Machismo, was zunächst paradox anmuten mag, denn: warum muß ich erst die Männer studieren, um die Frauen zu verstehen? Hier halte ich es mit Martin Luther King, der meinte, das Problem der Schwarzen sei im wesentlichen das Problem der Weißen, und so argumentiert auch Jorge Gissi Bustos, (2) das Problem der Frau sei notwendigerweise das Problem des Mannes bzw. seiner mangelnden Befreiung, ein Standpunkt, der übrigens auch von Merle Hodge, einer sehr klugen und engagierten schwarzen Feministin aus der Karibik, geteilt wird. (3)

Versuchen wir zunächst, den geschichtlichen Wurzeln des Phänomens Machismo nachzugehen, denn wie die Charakterzüge des Erwachsenen durch dessen individuelle Entwicklungsgeschichte geprägt wurden, so akkumuliert auch jede kulturelle Gemeinschaft im historischen Prozeß ihre spezifischen Traumata und macht ihre eigenen, kollektiven Verarbeitungs- und Verdrängungsmechanismen durch, bis sich schließlich das herausbildet, was im traditionellen Sprachgebrauch als „Volkscharakter" bezeichnet wird. Schon Sigmund Freud hat übrigens auf diese Parallele zwischen individualpsychologischen und sozialpsychologischen Erscheinungen hingewiesen. (4)

Ich glaube, aus diesen ersten Andeutungen geht hervor, daß wir uns bei der Analyse eines handlungsrelevanten Problems wie des Machismo nicht in die engen Abgrenzungen der streng in Fachdisziplinen eingeteilten, kanonischen Wissenschaften einsperren lassen können. Obwohl selbst Literaturwissenschaftlerin, muß ich mich auch auf unbekanntes, fremdes Terrain etwa der Psychologie und Soziologie vorwagen, für das ich offiziell nicht kompetent, weil nicht im Besitz eines Berechtigungsnachweises bin. Das bedeutet natürlich ein gewisses Risiko. Aber die starre Einteilung des wissenschaftlichen Territoriums in Reviere der Kompetenz, samt den dazugehörigen Initiationsritualen, denen sich diejenigen unterziehen müssen, die Zutritt dazu haben wollen, bedeutet für mich nicht nur ein Anzeichen von Unsicherheit, die durch den Ausschluß fremder Eindringlinge kaschiert werden soll, sondern auch ein echtes Hindernis für das Zustandekommen wirklich relevanter Erkenntnis, die sich heute nur mehr ganzheitlich, fächerübergreifend, interdisziplinär, um nicht zu sagen: disziplinlos, ereignen kann. Ansätze zur Überwindung dieser Scheuklappenmentalität, die, wie jemand einst pointiert sagte, dazu führt, daß wir immer mehr von immer weniger wissen, bis wir schließlich alles von nichts wissen, sehe ich außer in der Frauenforschung – und parallel zu dieser – auch in den ökologischen Wissenschaften oder in der Friedens- und Konfliktforschung, und gerade Johan Galtung hat sich hier intensiv mit dem Bild des neuen Wissenschaftlers auseinandergesetzt. (5)

1. Terminologie

Ich mische mich also zuerst in die Sprachwissenschaft ein, indem ich versuche, den Terminus „Machismo" und seine Begriffsgeschichte (6) zu erklären: letztere ist in der Tat äußerst aufschlußreich: obwohl offensichtlich ein spanisches Wort (es leitet sich vom Adjektiv „macho" = männlich, v.a. in bezug auf das natürliche Geschlecht von Tieren, ab, welches wiederum vom lateinischen „masculus" kommt), gilt es bei den lateinamerikanischen Philologen als „Anglizismus", der von den USA ausgehend etwa ab 1940 in Mexiko Eingang gefunden hat. Im 19. Jh. ist es in den ersten Wörterbüchern des lateinamerikanischen Spanisch noch nicht zu finden, und selbst das *Diccionario de Mejicanismos* von Santamaría bezeichnet den Terminus „machismo" in seiner 2. Auflage 1974 noch als „vulgarismo grosero, por varonía, virilidad", also als „groben, vulgären Ausdruck für Männlichkeit, Mannhaftigkeit". Die offiziellen Wörterbücher der Real Academia in Spanien ignorieren seine Existenz bis zur 20. Auflage 1984, in der schließlich mit der sprachlichen auch die außersprachliche Realität des Machismo anerkannt und sozusagen in das kodifizierte Repertoire der spanischen Normsprache aufgenommen wird. Wir finden dort die Definition des Machismo als „actitud de prepotencia de los varones respecto de las mujeres", d.h. als „präpotente Haltung der Männer gegenüber Frauen", und wir werden später sehen, daß die achtbaren Hüter der Sprachnorm in Spanien hiemit offensichtlich unbewußt eine tiefer liegende Wirklichkeit des Machismo sprachlich eingefangen haben, nämlich seine im wahrsten Sinne des Wortes Prä-Potenz, auf die wir noch zu sprechen kommen werden. Die Popularisierung des Wortes „Machismo" geht also einerseits von den USA aus, wo offensichtlich das Bedürfnis erwächst, die vom Klischeebild des im Grunde unerotischen nordamerikanischen Mannes so stark abweichende, typische Männlichkeit des Latino, des Mexikaners im besonderen, zu kennzeichnen. Zum anderen stößt dasselbe Wort in Mexiko auf eine homophone indianische, vermutlich aztekische Wortwurzel „machiotl", die soviel wie Beispiel, Vorbild, Muster bedeutet, sich also nicht auf eine Unterscheidung des natürlichen Geschlechts bezieht, sondern auf eine Überlegenheit in Größe, Stärke, Kraft. Dies mag bei der semantischen Entwicklung des Begriffes natürlich eine große Rolle gespielt haben.

2. Geschichte

Auf das indianische Element beziehen sich auch meine nun folgenden Überlegungen historischer Art. Hier verdanken wir bezeichnenderweise die aufschlußreichsten Anregungen nicht einem Historiker, sondern dem mexikanischen Essayisten und Dichter Octavio Paz, der auch hierzulande durch Übersetzungen und durch die Verleihung des Friedenspreises des Deutschen Buchhandels 1984 bekannt geworden ist. Überhaupt erscheint mir die Literatur mit ihrer Möglichkeit zur freien Assoziation (analog dem Prozeß, der in der Psychoanalyse stattfindet) prädestiniert dafür zu sein, unbewußte Wahrheiten, die in der offiziellen Geschichtsschreibung einem kollektiven Verdrängungsprozeß unterliegen, ans Licht zu befördern, sodaß literarische Werke – wenn man um ihre Eigengesetzlichkeit, ihre Symbolik, ihre Transformationsmechanismen Bescheid weiß – unter Umständen als verläßlichere Quelle dienen können als etwa soziologisches oder historisches Datenmaterial, das notwendigerweise an der Oberfläche bleibt.

In seinem Buch *El laberinto de la soledad* – dt. *Das Labyrinth der Einsamkeit* (7) – legt Octavio Paz die kollektive Wunde bloß, die Inbegriff des mexikanischen Traumas ist: die Conquista, die Unterwerfung Lateinamerikas durch die spanischen Eroberer im 16. Jh., und die damit einhergehende Zerstörung der kulturellen Identität der ansässigen, indigenen Völker. Für die Indios, die zur Zeit der spanischen Eroberung eben den Übergang vom Matriarchat zum Patriarchat vollzogen hatten, stellte die Conquista eine psychologische Katastrophe dar. Selbst an einem durch Grausamkeit gekennzeichneten Männlichkeitsideal orientiert (8), mußten sie nun zusehen, wie dieses kriegerische Ideal den noch potenteren Waffen der weißen Eroberer hilflos unterlegen war. Mehr noch: Die zunächst ausschließlich männlichen Angreifer raubten ihnen ihre Frauen, vergewaltigten und schändeten sie, sodaß der Zusammenprall zweier Kulturen als ein Akt von Vergewaltigung, von *violación*, als Sieg des mächtigen Männlichen über das ohnmächtige Weibliche empfunden werden mußte. So bezeichnete etwa Vicente Urbistondo (9) Amerika (das im Spanischen ja weiblich ist) als „cultura indígena, virgen e indefensa" („eingeborene, jungfräuliche, schutzlose Kultur"). Von hier ausgehend scheint sich der Lateinamerikaner und der Mexikaner im besonderen primär weiblich zu identifizieren; Salvador Reyes Nevares charakterisiert diese Identitätssuche folgendermaßen:

> „Die Geschichte Mexikos . . . beginnt mit einem Akt der Befruchtung. (. . .) Wir in Mexiko haben eine unserer beiden Abstammungslinien erwählt, um ihr unsere Zuneigung und Achtung zu schenken. Entsprechend haben wir die andere abgewertet. Wir haben uns zu Indigenen erklärt, . . . das Spanische erscheint als das Fremde, als Eindringling." (10)

Und er spricht im weiteren von einer „dolorosa hendidura en la conciencia", von einer schmerzhaften Spaltung des Bewußtseins, die davon herrührt, daß sich der Mestize, die Frucht dieser schändlichen Beziehung, zwar einerseits mit seiner gedemütigten indianischen Mutter identifiziert, ihr aber andererseits diesen Verrat nicht verzeihen kann. Symbolfigur dieser „entrega", dieser Hingabe, wird Doña Malinche, die Geliebte des spanischen Anführers Cortés, die sich von seinen Verführungskünsten betören läßt und ihm freiwillig, in ihrer Rolle als Übersetzerin und Mittlerin, sozusagen die Schlüssel zum Aztekenreich ausliefert. „Traduttore – traditore" also auch in Mexiko. (11) Das mag auch historisch eine Erklärung liefern für die außerordentliche Sensibilität der Mexikaner in bezug auf äußere Einflüsse, v.a. von seiten der politisch und wirtschaftlich übermächtigen USA; hier wiederholt sich ein- und dasselbe traumatische Grundmuster im Abstand von 350 Jahren, indem eine vormals potente Nation (damals die Azteken, im 19. Jh. das unabhängige Mexiko bzw. generell das spanische Kolonialreich) die Überschattung durch eine aufsteigende, neue „super-potencia" (im Spanischen ein Wortspiel durch die Polysemie des Wortes „potencia", das sowohl die politische Macht als auch sexuelle Potenz bezeichnen kann) zur Kenntnis nehmen muß. Zur Kompensation dieses nationalen Minderwertigkeitskomplexes setzt ein psychologischer Machanismus ein, der die Angehörigen des überlegenen Volkes als unmännlich, weibisch und physisch degeneriert abqualifiziert und sich selbst die größere sexuelle Potenz zuschreibt. (Ein ähnliches Phänomen finden wir im Spanien des 18. Jhs. in bezug auf die kulturell und politisch dominanten Franzosen.) (12)

3. Sozialpsychologische Aspekte

Das Stichwort „Minderwertigkeitskomplex" soll uns die Überleitung zu sozialpsychologischen Fragestellungen gestatten. Es ist in der Tat interessant, daß in zahlreichen Untersuchungen zu den Hintergründen des Machismo übereinstimmend das Gefühl anklingt, jene auftrumpfende, ostentative Männlichkeit entspringe im Grunde einer tiefen Unsicherheit. So spricht etwa Octavio Giraldo vom „defensiven Charakter" des Machismo und vermutet im weiteren:

> „Dieses übertriebene Getue um die Männlichkeit ... muß seinen Ursprung in einer fehlenden Sicherheit diesbezüglich haben..." (13)

Das würde also auf eine Unsicherheit in bezug auf die eigene, männliche Geschlechtsrolle schließen lassen bzw. auf ein Bedürfnis nach klarer Rollenabgrenzung zwischen dem, was von der Gesellschaft als „männlich" und „weiblich" definiert wird. (14) Wieder klingt in unserer Erinnerung die Assoziation an den Schock der Conquista an, an den Mestizen, der sich unbewußt mit dem passiven, indianischen, „weiblichen" Element identifiziert, der aber auch tiefe Ressentiments mit seiner Herkunft verbindet, das Geheimnis seiner Geburt vom geschändeten und doch als übermächtig anziehend empfundenen Weib am liebsten verleugnen möchte.

Hier zeigt sich sehr schön die Vielschichtigkeit des Phänomens Machismo, in dem mehrere Ebenen der Wirklichkeit übereinander gelagert und untrennbar miteinander verflochten sind, nicht sequentiell aneinander gereiht wie etwa die einzelnen Bilder einer Photoserie oder eines Filmes, sondern mehrdimensional, plastisch, eher analog einem Hologramm, in dem ja auch jeder einzelne Bestandteil zugleich die Charakteristika des Ganzen in sich trägt. Das ist es auch, was die Aufschlüsselung des schillernden, je nach Betrachtungsperspektive von einer anderen Seite sich zeigenden und dennoch in sich kongruenten Komplexes Machismo mit den Methoden der herkömmlichen, linear-analytisch vorgehenden Wissenschaft so schwierig macht. Monokausale Erklärungsversuche auf quantitativem Niveau erfüllen hiebei nicht nur nicht den minimalen Objektivitätsanspruch, sie führen notgedrungen zu einer Verzerrung und Verfälschung der Ergebnisse. Dies erklärt auch den hartnäckig haftenbleibenden Beigeschmack der Schalheit, der Unbefriedigtheit, den die üblichen soziologischen und psychologischen Untersuchungen mit ihren Testbatterien, mehr oder weniger aufwendigen statistischen Verfahren und dementsprechend minuziös auf den verschiedenen Signifikanzniveaus abgesicherten, quantifizierbaren Resultaten bei uns hinterlassen. Wir erhalten dadurch vielleicht ein Oberflächenprofil aus vielen Einzeldaten, in die Tiefenstruktur vermögen wir nicht einzudringen und schon gar nicht das dynamische Zusammenwirken einzelner Komponenten oder die Natur der sich abspielenden, gleichermaßen organischen Vorgänge zu verstehen.

Wenn ich also nun, durch die Charakteristik unserer in chronologisch aufeinanderfolgende Sätze zerlegten Sprache gezwungen, die historische Ebene von der sozialpsychologischen loszulösen versuche, so müssen wir uns dessen bewußt sein, daß dies nur Ausdruck unserer Hilflosigkeit ist, ein vereinfachendes Zugeständnis in Anbetracht des Fehlens geeigneterer Interpretationssysteme. (Wir werden später sehen, daß die Literatur, im Gegensatz zur Wissenschaft, sehr wohl über Ausdrucksmittel verfügt, die der Anforderung nach synthetischer Schau, nach ganzheitlicher und mehrdimensionaler Erfassung des Problems, nach simultaner Verknüpfung scheinbar unabhängiger Ebenen sehr wohl gerecht werden.) Wenn ich also im folgenden eine sozialpsychologische Sicht der lateinamerikanischen Familienstruktur zu vermitteln suche, die sozusagen einen synchronen Querschnitt durch ein bestimmtes Entwicklungsstadium zeigt, so dürfen wir darüber nicht vergessen, daß das Vergangene im Gegenwärtigen aufgehoben, präsent ist, daß frühere, tiefere Schichten – und Ge-Schichte kann auch das bedeuten – zwar vergraben sein mögen, aber ihre Wirksamkeit weiter entfalten, mag man nun von der Existenz eines kollektiven Unbewußten überzeugt sein oder nicht. Ich möchte auch darauf hinweisen, daß die Darstellung eines Prototyps *der* lateinamerikanischen Familienstruktur die Gefahr einer simplifizierenden Reduktion in sich birgt; genau genommen müßten wir selbstverständlich das mexikanische vom argentinischen, das peruanische vom kubanischen Familienmodell unterscheiden und auch innerhalb der nationalen Entitäten zwischen verschiedenen sozialen Schichten, ethnischen Gruppen und regionalen Varianten differenzieren. Trotzdem gibt es darüber hinaus Gemeinsamkeiten, und ich halte fest, daß es vor allem diese beiden Beziehungsebenen, die historisch-politische und die sozialpsychologische, sind, auf denen die Wurzeln der spezifisch lateinamerikanischen Spielart des Machismo anzusetzen sind: Beide spiegeln sich ineinander, überlagern sich und verstärken sich dadurch gegenseitig, sodaß gerade die Verschränkung des historischen Traumas der Conquista mit der für Lateinamerika charakteristischen, matrifokalen Familienstruktur dem Machismo dort seine typische, in unserer Vorstellung zum Stereotyp erstarrte Ausprägung gibt. (15)

Die hervorstechendsten Merkmale der lateinamerikanischen Familienstruktur sind wohl die absolute Dominanz der Mutter, bzw. der weiblichen Gestalten generell, sowie die totale Marginalität des Mannes, die – insofern der Machismo eindeutig in den sozial benachteiligten Gruppen am stärksten ausgeprägt ist – mit seiner ökonomischen Randstellung und politischen Rechtlosigkeit korrespondiert und dadurch zusätzliche Verstärkung erfährt. Merle Hodge schildert am Beispiel der schwarzen Bevölkerung der Karibik sehr eindringlich, wie die Erniedrigung durch die Sklaverei eine extreme Entwertung der afrikanischen Männlichkeit mit sich brachte:

> „Der Mann hatte keine Macht mehr, seine traditionelle Rolle als Beschützer des Stammes auszuüben, er war unfähig, sowohl sich selbst als auch seine Frauen und Kinder gegen Gefangennahme und Verschleppung, gegen die tägliche Mißhandlung zu verteidigen. Seine Männlichkeit war reduziert auf die Muskelkraft, die er bei der Arbeit für seinen Besitzer aufbringen konnte, und seine Fortpflanzungsfunktion. Die Funktion der Vaterschaft war beschränkt auf die Befruchtung der Frau. Mit seinem Status als Kopf der Familie war es vorbei, denn es gab keine Familie, kein Leben in einer Einheit mit Frau und Kindern. Ein Mann wußte womöglich nicht einmal, wer seine Kinder waren; niemals aber gehörten sie ihm in irgendeinem Sinne; . . . Der schwarze Mann hatte keine Autorität über seine Kinder, im Gegensatz zur Frau. (. . .) Frauen wurden Mutter und Vater der Rasse.
> Es ist die Konzentration von moralischer Autorität in der Person der Frau, welche die Beziehungen zwischen Männern und Frauen afrikanischer Herkunft in der Karibik beeinflußt hat. Auch heute noch wird der durchschnittliche Afro-Westindier mehr oder weniger ausschließlich durch eine Mutter, eine Tante, eine Schwester . . . aufgezogen – die Männer sind noch nicht in ihre Funktionen der Vaterschaft zurückgekehrt.“ (16)

Auf die Gefahr hin, des bloßen Wiedergebens fremder Meinungen bezichtigt zu werden, halte ich dieses lange Originalzitat aus zwei Gründen für gerechtfertigt: zum einen als authentisches Zeugnis einer betroffenen, zudem schwarzen Frau, zum anderen weil es intuitiv sehr schön den Mechanismus aufzeigt, dem Ivan Illich in seinem *Genus* (17) auf andere Art auf die Spur zu kommen suchte, wie nämlich die ökonomische Entfremdung und Versklavung des Menschen Hand in Hand geht mit der Entfremdung und zugleich – scheinbar paradoxerweise – Gleichschaltung der Geschlechter, deren natürliche, produktive bipolare Spannung aufgehoben wird in einem Sexismus, der immer zu Lasten der Frau geht, allerdings unter dem Deckmantel ihrer rechtlichen und formalen Gleichstellung, sodaß die neuen Formen der Unterdrückung lediglich schwerer erkennbar und damit auch schwerer greifbar, schwerer zu beseitigen werden. (18) Merle Hodge bringt dies wieder auf eine einfache, einleuchtende Formel:

> „Seit Beginn der westindischen Geschichte wurde der schwarzen Frau eine de-facto-„Gleichheit" aufgedrängt: die Gleichheit des Viehs in der Herde. Wir wurden in dem Moment „gleich", als afrikanische Frauen und Männer zusammen auf Galeeren verfrachtet, Frauen und Männer nebeneinander an den Boden gekettet wurden für die schreckenerregende Überfahrt. Der Sklave war ein Sklave – Mann oder Frau –, ein Stück Vieh, ein Rädchen der Maschinerie, welche die Plantage antrieb." (19)

Ursprünglich waren viele der westafrikanischen Gesellschaften, aus denen die in die Neue Welt verschleppten Schwarzen stammten, zumindest teilweise matriarchalisch organisiert gewesen, was jedoch keineswegs bedeutete, daß das männliche Element dort unterdrückt oder funktionslos gewesen wäre. Es bestand vielmehr jene schwebende Spannung zwischen den beiden komplementären Polen des Weiblichen und des Männlichen, die Illich im Unterschied zu „Sexus" als „Genus" bezeichnet und mit dem gleichwertigen Zusammenspiel von rechter und linker Hand – jeweils ohne wertenden Beigeschmack – vergleicht. Auf diese Vorerfahrung mit dem Matriarchat konnten die schwarzen Frauen zurückgreifen, und dies machte es ihnen leichter, in der geänderten Situation der kulturellen und politischen Unterwerfung gänzlich ohne männlichen Beistand auszukommen, um nunmehr die alleinige Verantwortung für Familie und Kinder zu übernehmen.

Analoges gilt natürlich auch für die indianische Bevölkerung, die einerseits ebenfalls noch von matriarchalen Mustern zehren konnte, andererseits demselben Entfremdungs- und Unterwerfungsprozeß ausgesetzt war, in dessen Verlauf der indianische Mann den stärksten kulturellen und sexuellen Identitätsverlust hinnehmen mußte. Während indianische Frauen oftmals durch ihre Stellung als Geliebte oder Hausmädchen in sehr engen, persönlichen Kontakt mit der spanischen Oberschicht kamen, schnell mit den spanischen Sitten und Verhaltensweisen vertraut wurden und sich daher in der neuen Gesellschaft besser zurechtfanden, erwies sich der männliche Indio selbst als Arbeitskraft in den Minen oder auf Plantagen als unbrauchbar. Er verfiel oftmals dem Alkoholismus und der Resignation, während die Frau für den materiellen Unterhalt der Familie sorgte und ihre vorher schon dominante Stellung dadurch weiter ausbaute. Der Indiomann, der seine Identität, zumindest in den bekannten präkolumbischen Hochkulturen der Inkas und Azteken, auf dem Kriegerideal aufgebaut hatte, wurde gerade an diesem Punkt empfindlich getroffen; er galt während der gesamten Kolonialzeit als Mischung zwischen Schmarotzer, Kriminellem und Trunkenbold, und an diesem Bild hat sich bis heute nicht viel geändert. Der Großteil der Lateinamerikaner wächst auch heute noch vaterlos auf, sei es im wörtlichen Sinne, sei es in der Hinsicht, daß Kindererziehung prinzipiell als Sache der Frau angesehen wird, die den Vater nichts anginge. Um sich eine kleine Vorstellung von der Größenordnung des Problems zu machen, hier doch einige Zahlen als Anhaltspunkte: Nach Schätzungen der UNO beträgt die Anzahl der unehelichen Kinder in Lateinamerika etwa 40 Millionen, in Kolumbien z.B. ist von einem Drittel aller Neugeborenen nicht einmal der Name des Vaters bekannt. Die gängige Kombination von Konkubinat und männlicher Mobilität bringt es zudem mit sich, daß selbst da, wo ein Vater namhaft gemacht werden kann, dieser oft nicht einmal bis zur Geburt seines Kindes präsent bleibt, geschweige denn an seiner Entwicklung Anteil nimmt. Wo eine „Vater-Kind-Beziehung“ dennoch existiert, ist sie gekennzeichnet durch emotionale Absenz, gefühlsmäßige Distanz, die schlichte Ausklammerung des männlichen Elternteils aus seinen Funktionen für das Kind – eine allenfalls im „positivsten“ Fall zustandekommende, allgemein anerkannte Funktion des Vaters stellt noch die des angsteinflößenden, autoritären Bestrafers dar. Großteils aber besteht in der lateinamerikanischen Familie eine starke Allianz zwischen Mutter und Kindern, die den Vater ausschließt, an den Rand drängt, überflüssig macht, ihm seine Funktionslosigkeit tagtäglich vor Augen führt. In den hermetisch abgeschlossenen Bereich des Weiblichen, das die Sphäre des Hauses, „la casa“, beherrscht, vermag er nicht einzudringen, will es auch kaum; er flüchtet sich lieber ins freie Gelände, auf die Straße, „la calle“, die ihm für seine machistischen Vergnügungen, Barbesuche, politische Palaver und Umgang mit Prostituierten, offensteht. Lassen wir ihn dort seinen „distracciones“, seinen Ablenkungsmanövern, nachgehen und beobachten wir den zurückgelassenen Rest oder besser gesagt: Kern der Familie, Frauen und Kinder. Die Frau, meist selbst noch in einem starken, unbewältigten Abhängigkeitsverhältnis zu ihrer eigenen Mutter – die obendrein oft im selben Haushalt lebt – befangen, stellt wie gesagt den Brennpunkt aller familiären Beziehungen dar. Sie ist nicht nur, wie das Freud ja ausführlich dargestellt hat, Objekt der libidinösen Wünsche ihrer Kinder beiderlei Geschlechts, sondern auch und vor allem einziges vorhandenes Identifikationsmodell von Knaben und Mädchen. Nun gehört es zu den in der psychoanalytischen Forschung mittlerweile großteils anerkannten Tatsachen, daß in der frühesten Phase der Kindheit – entgegen der Annahme Freuds – beide Geschlechter sich primär mit dem ernährenden Elternteil, also generell der Mutterfigur, identifizieren. Erst mit dem erwachenden Bewußtsein über die Geschlechtsunterschiede beginnt sich der Entwicklungsweg von männlichem und weiblichem Kind zu gabeln. Denn während das Mädchen die Mutter als Identifikationsmodell beibehalten und aus der Identifizierung mit der Mutter weiterhin Nahrung schöpfen kann für den Aufbau seiner Geschlechtsrollenidentität, seine Entwicklung also in dieser Hinsicht relativ geradlinig verläuft, zeichnet sich in der Entwicklungslinie des Knaben nun ein Bruch ab: Er muß seine zunächst vorherrschende, primär weibliche Identifikation aufgeben, sich von der Mutter und vom Weiblichen generell absetzen, um seine Geschlechtsrollenidentität nun als männlich definieren zu können. Dazu geht im „Normalfall" der vollständigen Familie die Funktion des Geschlechtsrollenvorbildes nun auf den Vater über, der üblicherweise in dieser Entwicklungsphase in den Gesichtskreis des Kindes tritt. Der männlichen Figur kommt dabei die wichtige Funktion zu, die zunächst hermetisch abgeschlossene, symbiotische Zweierbeziehung Mutter-Kind zu öffnen in Richtung auf eine Dreierbeziehung, d.h. eine qualitativ neue Stufe hin zu nicht-narzißtischem, sozialem Verhalten einzuleiten. Wo der Vater (oder eine sonstige männliche Bezugsperson) aber fehlt, findet diese Öffnung nicht statt, bleibt das Kind über die biologisch notwendige Phase hinaus an die Mutter gebunden, verharrt es in typischem, prä-ödipalem Narzißmus.

Genau dies aber tritt in der überwiegenden Mehrzahl der lateinamerikanischen Familien ein: Durch die Abwesenheit des Vaters bleibt der Sohn inzestuös an die Mutter fixiert, kann sich aus dem Sog der dominanten, übermächtigen Mutterfigur nicht lösen, bleibt auf einer infantilen Stufe seiner Ich-Organisation stehen, und seine phallische Sexualität entpuppt sich, wie dies Hans Joachim Müller (20) so treffend formuliert, im wahrsten Sinne des Wortes als Prä-Potenz. Interessanterweise war es auch Sigmund Freud aufgefallen, daß das Fehlen des Vaters oft einhergeht mit einer latenten Neigung zur Homosexualität:

> „. . . und sind auch darauf aufmerksam geworden, daß das Vorhandensein beider Elternteile eine wichtige Rolle spielt. Der Wegfall eines starken Vaters in der Kindheit begünstigt nicht selten die Inversion." (21)

Nun, Anzeichen für eine derartige unterschwellige Tendenz zur Homosexualität finden wir in Lateinamerika allerorten: sei es die Schwäche für farbenprächtige, geradezu Putzsucht und männliche Eitelkeit verratende Kostüme etwa der Mariachi-Sänger in Mexiko, sei es die auffallend hohe Tonlage derselben oder – und das kann ich natürlich nur aus zweiter Hand berichten – die angeblich überwältigende Vorliebe für phallische Darstellungen in öffentlichen Bedürfnisanstalten; diese unbewußte Tendenz, die sich auch im männerbündlerischen Gehabe, in der Idealisierung der männlichen Freundschaft ausdrückt, kommt also in mannigfachen Indizien zum Vorschein. So kann auch ein sicher unverdächtiger, weil männlicher Peruaner, José Adolph, unumwunden, in einer Mischung aus Scherz und Ernst schreiben:

> „Der Machismo hat uns also insgesamt ... verhinderte Homosexuelle beschert, von denen ich – um mit Freud zu schmunzeln – nicht recht weiß, ob sie ihre Mutter bestrafen oder den Pfarrer vergewaltigen wollen, der ihnen die Anbetung einer Jungfrau auferlegt hat." (22)

Bezeichnend ist dabei, daß diese uns vielleicht weibisch, ja nahezu schwul anmutenden Sitten von den Lateinamerikanern selbst im Durchschnitt keineswegs in diese Richtung gedeutet werden, sondern im Gegenteil als Inbegriff der wahren Männlichkeit gelten, wie ja auch die Bezeichnung „maricón" – Schwuler – als so ziemlich ärgste Beleidigung eingestuft wird, die einem Macho widerfahren kann, übertroffen vielleicht nur noch durch den Ausdruck „hijo de puta" – Sohn einer Hure –, die sich gegen die eigene Mutter richtet, deren Ehrenhaftigkeit in Abrede stellt. Nun scheint es so zu sein, daß sich gerade im obszönen Vokabular des Schimpfens und Fluchens die wunden Punkte einer Kulturgemeinschaft am deutlichsten zeigen, daß also dasjenige, was vom kollektiven Bewußtsein am intensivsten geleugnet, im Freudschen Sinne „verneint" wird, in diesen unbewachten Momenten der Emotionalität, der Tabuüberschreitung, punktuell ans Tageslicht kommt. In unserem Falle sind es zweierlei Schwachstellen der kollektiven Psyche, die mit einem permanenten Aufwand an Energie geschützt, überdeckt werden müssen: die eigene Unsicherheit in bezug auf die männliche Geschlechtsrollenidentität und die Angst vor der Sexualität der Mutter.

Zur Bewältigung des ersten Problems wird eine gigantische Überkompensation aufgeboten, mit deren Hilfe die Schwäche in Stärke verkehrt wird, die Geschlechtsrollenunsicherheit in hypertrophe Manifestation phallischer Potenz umschlägt. Auf der anderen Seite wird das Gefühl existentieller Abhängigkeit von der Mutter in eine extreme Betonung männlicher Unabhängigkeit umgemünzt, in ein ständiges Sich-Beweisen-Müssen, daß „man" auf das Weib als solches nicht angewiesen ist, also das Don-Juan-Verhalten par excellence, das auf schnell wechselnden, flüchtigen amoureusen Abenteuern basiert. Dies erweist sich letzten Endes als Zugeständnis bzw. ideologische Verbrämung der Unfähigkeit, dauerhafte, authentische intime Beziehungen mit anderen Frauen als der Mutter einzugehen: Mann macht aus der Not eine Tugend. Um dem Problem gerecht zu werden, ist es wichtig darauf hinzuweisen, daß die frühkindliche Bindung des Sohnes an die Mutter erotischer Natur ist. Die Stelle, die einer Frau als Sexualpartnerin zukommen würde, ist also von jeher durch die Mutter okkupiert, und jede tiefere Beziehung zu einem anderen weiblichen Wesen müßte dementsprechend als Verrat erscheinen, in Konkurrenz zu der Mutterbeziehung treten. Im übrigen ist diese Fixierung natürlich eine wechselseitige, wird von der Mutter erwidert, wenn nicht gar provoziert, sodaß es nicht verwundern kann, daß bei einer Heirat des Sohnes oftmals eine übertriebene Eifersucht der Mutter zum Ausbruch kommt, diese also mit allen Mitteln versucht, einen Keil zwischen Sohn und Schwiegertochter zu treiben, was denn auch allzu oft gelingt. Ein derartiges Sich-Einlassen auf eine bestimmte Frau kommt aber, wie gesagt, meist gar nicht zustande; in den seltenen Fällen, in denen sich ein Mann mit seinen ganzen Gefühlen an eine meist idealisierte Frau bindet, erscheint seine Liebe sehr offensichtlich als kindliche Anhänglichkeit; es ist ihm also lediglich gelungen, die mütterliche Funktion auf die Angebetete zu übertragen. Die mit Abstand häufigere Variante, sozusagen den „Normalfall", stellt jedoch der Donjuanismo dar, der sich tatsächlich als mißlungener Versuch, von der Mutter freizukommen, erweist bzw. als späte Rache und Auflehnung gegen die Dominanz der Mutter in der prägenden Phase der Kindheit. Denn das gängige mütterliche Verhalten in Lateinamerika stellt sicherlich die ,,overprotection", das übertriebene Behüten und Inbeschlagnehmen des Kindes, dar, das sich seinerseits als versuchte Entschädigung der Frau für ihr entgangene authentische Beziehungen zum Mann entpuppt. Sie sehen also, wir stehen hier vor einem Mechanismus, vor einem Regelkreis mit einer Eigendynamik, die sich aus ihren eigenen Folgen wiederum nährt, folglich auch äußerst schwer zu durchbrechen ist.

Was dies für die Frau bedeutet, ist vorläufig nur mittelbar zu erschließen, da sie in diesem Spiel den stummen, passiven Teil darstellt. Sowohl psychologische Untersuchungen als auch Darstellungen etwa in der Romanliteratur zeigen das Phänomen des Machismo hauptsächlich aus der Perspektive des Mannes, und so ist z.B. bemerkenswert, daß Frauen in Lateinamerika seltener psychiatrische Behandlung in Anspruch nehmen, obwohl sie nach statistischen Befragungsergebnissen stärker unter neurotischen Erscheinungen bzw. psychosomatischen Symptomen zu leiden haben.

Dies mag uns auch auf die zwiespältige Rolle der Frau im Gefüge des Machismo hinweisen: hin- und hergerissen zwischen Opfer und Werkzeug, verspürt die Frau einerseits die brutalen Auswirkungen des männerdominierten Systems buchstäblich am eigenen Körper – sei es in Form physischer Gewalt, sei es als Zwang, sich dem rigiden Ehrenkodex peinlichst zu unterwerfen, der ihr als verheirateter Frau auch auferlegt, möglichst viele Kinder (und hier wiederum möglichst männlichen Geschlechts) in die Welt zu setzen – andererseits perpetuiert sie in ihrer Funktion als Mutter den circulus vitiosus des Machismo, indem sie eben ihre Söhne zu kleinen Machos, ihre Töchter aber zu willigen ,,hembras" – Weibchen – erzieht. Es scheint auch so zu sein, daß die lateinamerikanische Frau einen Gutteil ihrer Rollensicherheit aus dem realtiv starren machistischen System bezieht, das ihr klar vorschreibt, was sie zu tun hat und was für sie tabu ist. Wir dürfen daher auch nicht der naheliegenden Versuchung unterliegen, an die Lateinamerikanerin überhaltene Anforderungen zu stellen, die unserem eigenen Erfahrungshorizont entspringen. Wenn wir die langsam aufkeimende lateinamerikanische Frauenbewegung verfolgen, so wird deutlich, daß für deren Vertreterinnen nach wie vor Fragen des Überlebens im Vordergrund stehen, wie die Sorge um ausreichende Nahrung bzw. menschenwürdige Wohnungen, und daß sie aus ihrer Perspektive darüber hinausgehende Fragen wie Empfängnisverhütung, Abtreibung, Vergewaltigung, Ehescheidung etc. als zweitrangig bzw. bürgerlichen Luxus betrachten. Für viele der politisch engagierten Frauen Lateinamerikas ist daher der Machismo vorläufig kein Thema, das im Mittelpunkt ihres Interesses steht, wohl aber klingt aus Äußerungen immer wieder die Hoffnung durch, daß mit der Veränderung der gesellschaftlichen Verhältnisse allmählich auch eine Erosion, eine Durchbrechung und Auflösung des machistischen Systems einsetzen wird. Wir haben ja versucht, den Zusammenhang zwischen Gesellschaftssystem und Beziehung der Geschlechter, zwischen der Unterdrückung der Frau und sozialer Ungerechtigkeit zumindest anzudeuten. So kann auch durchaus beobachtet werden, daß dort, wo sich Ansätze einer gerechteren Verteilung des Zugangs zu lebenswichtigen Gütern zeigen, sich auch der Machismo offensichtlich entschärft in Richtung auf eher partnerschaftlich-ausgewogene Beziehungen von Mann und Frau zueinander. Ich möchte nun abschließend versuchen, diese Entwicklung anhand von einigen literarischen Beispielen exemplarisch zu illustrieren.

4. Literatur

Wie kaum anders zu erwarten, stellt die lateinamerikanische Literatur eine wahre Fundgrube in Sachen Machismo dar. Aus der schier unübersehbaren Fülle von Material zu unserem Themenkreis, der bereits im 17. Jh. von der bemerkenswerten und gerade aus feministischer Sicht tragischen Gestalt der mexikanischen Dichterin und Wissenschafterin Sor Juana Inés de la Cruz aufgegriffen, aber erst von der Nueva Novela des 20. Jh. salonfähig gemacht wird und der auch 1986 noch keineswegs erschöpft zu sein scheint, habe ich – nicht ganz willkürlich – zwei Beispiele ausgewählt, die das Problem einmal aus der männlichen, einmal aus der weiblichen Perspektive beleuchten. Es handelt sich dabei um die Romane *Doña Bárbara* (1929) des Venezolaners Rómulo Gallegos (23) und *La casa de los espíritus* (1982, dt.: *Das Geisterhaus*, 1984) der Chilenin Isabel Allende. (24)

Wenn ich es nun im folgenden unternehme, mich an die beiden Romane heranzutasten, wenn ich versuche, Unterschiede und Gemeinsamkeiten in bezug auf den Machismo herauszuarbeiten, so wollen wir darüber nicht vergessen, daß das literarische Werk vielschichtig und komplex angelegt ist. Wenn wir hier also eine Dimension – die der Geschlechterbeziehungen – sozusagen in Zoomtechnik herausgreifen, so beabsichtige ich damit keineswegs eine Verkürzung des Textes um seine sonstigen Bezüge, wie etwa formale Aspekte oder aber andere Bedeutungsebenen (die selbstverständlich reichlich vorhanden sind). Zudem bin ich generell der Ansicht, daß die literaturwissenschaftliche Analyse keinen Ersatz für das authentische, auch mit Emotionen besetzte Leseerlebnis darstellen kann; diese Tätigkeit kann und will ich niemandem abnehmen. Ich werde also im folgenden lediglich ein knöchernes Skelett der beiden Romane zu skizzieren versuchen; mit Fleisch und Blut füllen und, vor allem, mit Gefühlen beseelen müßte es der/die (durch diese stichwortartige Einführung vielleicht angeregte) Leser/in selbst.

Des begrenzten Raumes halber konzentriere ich mich auf sieben vorrangige Aspekte, die z.T. auch in unseren bisherigen Betrachtungen zum Tragen gekommen sind. Die ersten vier beziehen sich auf das Verhältnis der Geschlechter im engeren Sinne, also den Kern des Machismo-Problems, während fünf und sechs den weiteren Rahmen betrachten. Obwohl weder Gallegos noch Allende Vertreter einer extrem machistischen bzw. feministischen Attitüde sind – Gallegos tritt für ein zivilisiertes, auf rohe Gewalt verzichtendes, aufgeklärtes Patriarchat ein, Allende verkörpert eher ein gemäßigtes Matriarchat als ein männerfeindliches „Emanzentum" –, wird doch an den beiden Romanen deutlich, von welch unterschiedlicher Warte Mann und Frau an das Phänomen „Machismo" herangehen (Seite 201).

Ausführlicher behandeln möchte ich hier nur das Bild der Mutter, wie es uns in den beiden Romanen vermittelt wird: Gallegos und Allende gemeinsam ist die zentrale Rolle, die die Mutterfigur in ihren Romanen einnimmt, was ja auch der realen Funktion der Mutter als entscheidender Schaltstelle im Gefüge des Machismo entspricht. Während aber in *Doña Bárbara* eine pervertierte Mütterlichkeit aufgezeigt wird, die etwas Destruktives, Bedrohliches an sich hat, erscheint sie im *Geisterhaus* als eine beglückende, lebensbringende Kraft. Was dabei auffällt ist, daß in Gallegos Roman von einer Mutter-Sohn-Beziehung nie explizit die Rede ist. Die Mutter des strahlenden Helden Santos Luzardo bleibt eine farblose, schattenhafte Gestalt, die kaum Erwähnung findet; der Autor läßt sie im Dunkel einer sehr gerafft erzählten Vorgeschichte verschwinden – für den/die sensible/n Leser/in mit einer verdächtigen Hast, die an Verdrängung erinnert. Dagegen schildert er ausführlich und in dramatischem Pathos die problematische Mutter-Tochter-Beziehung zwischen der düsteren Männerverderberin Doña Bárbara und Marisela, deren Geburt für ihre Mutter nur einen weiteren Anlaß zu akkumuliertem Männerhaß bedeutet:

> „Nicht einmal die Mutterschaft vermochte den Haß der Männerverderberin zu mildern, im Gegenteil, sie erhöhte ihn noch: ein Kind in ihrem Schoß bedeutete für sie einen Sieg des Mannes, eine neue Vergewaltigung ihres Wesens. Unter dem

	Rómuló Gallegos *Doña Bárbara*	Isabel Allende *La casa de los espíritus*
	zentrale Rolle, Dominanz	
Mutter	destruktiv, bedrohlich Rivalität zu Tochter Mutter-Sohn-Beziehung: verdrängt inzestuöse Wünsche des Mannes auf Kusine verschoben	lebensfördernd, beglückend positives Identifikationsmodell für Tochter Söhne: problematische Mutterbeziehung auf Nichte verschoben
Vater	positive Vaterbeziehung (v.a. Tochter) Mann übernimmt Mutterfunktion = Objekt der Zärtlichkeit schwacher Vater	negative Vaterbeziehung (Tochter und Söhne) Distanz, Unverständnis, Kommunikationslosigkeit = Objekt der Furcht autoritärer Vater
	gespaltenes Frauenbild (Heilige vs. Hure)	
Mann – Frau Beziehung	Erlösung der Frau durch den Mann Unterwerfung = Zähmung der Frau Frau nimmt männliche Attribute an (Zivilisation, Sprache)	Erlösung des Mannes durch die Frau Unterwerfung = Abhängigkeit des Mannes Mann nimmt weibliche Attribute an (Weichheit, Gefühle)
Gleichgeschlechtl. Beziehungen	positiv = Männerfreundschaft auch zu Untergeordneten Klassenunterschiede werden nicht relevant (patrón – llanero)	positiv = weibliche Freundschaft und Solidarität problematisiert durch Klassenunterschiede (Arbeiterinnen, Bäuerinnen)
	Veränderung der Mann-Frau-Beziehung parallel zu historisch-sozialer Entwicklung (Lockerung)	
Geschichte	Mestizaje – Motiv Fortschrittsgläubigkeit: Barbarei – Zivilisation Sieg des männlichen Elements über das weibliche	(Fehlt) zyklisches Denken: Wiederkehr der Gewalt in neuer Form moralischer Sieg des weiblichen Prinzips trotz offensichtlicher Unterdrückung
	gleichgesetzt mit weiblichem Element	
Natur	bedrohlich, unbeherrschbar, verschlingend (Symbol = Sumpf) Ziel = Untwerwerfung (Symbol=Zaun, positiv besetzt)	Für Frau: vertraut, vorhersehbar Für Mann: fremd, „hysterisch“ Ziel = Harmonie, Freiheit (Zaun=negativ besetzt)
Machismo	zeigt Glanzseite eines aufgeklärten Patriarchats Überwindung des barbarischen, gewaltsamen Machismo	zeigt Schattenseiten des Machismo vs. matriarchal dominierte Innenwelt

Einfluß solcher Gefühle empfing und gebar sie ein Mädchen, das von fremder Brust ernährt werden mußte, denn die Mutter wollte es nicht einmal sehen. Auch Lorenzo kümmerte sich nicht um das Kind. Er war der unersättlichen Frau ganz hörig, ein Opfer der Liebestränke, die sie ihm in Speise und Trank mischte, und bald blieb von dem jungen Mann, der für eine glänzende Zukunft vorbestimmt schien, nur noch die Ruine eines von Lastern zerstörten Körpers, ein erloschener Wille, ein Geist in tierischem Verfall." (S. 519; 52 f.)

Lediglich die Kontiguität, die Nähe der beiden aufeinanderfolgenden Passagen, läßt ahnen, daß hier eine gewaltige Verschiebung stattgefunden hat: Die Furcht des Knaben vor der überdominanten Mutter, vor ihrer bedrohlichen Sexualität, die ihn in ihren dunklen Abgrund zu ziehen droht, wird verleugnet und auf das Mädchen projiziert. Während Santos Luzardo, dessen Name allein schon symbolisch stehen mag, als einziger immun zu sein scheint gegen die Verführungs- und Betörungskünste des Weibes, dessen Name das Barbarisch-Atavistische verkörpert, konzentriert sich die Erzählung auf die Rivalität zwischen Mutter und Tochter, die beide dem Zauber des reinen, hellen, die Vernunft der Zivilisation vertretenden Helden verfallen sind:

„Doña Bárbara hatte nie für etwas, was Marisela betraf, Interesse gezeigt, ja sie besaß nicht einmal den natürlichen Liebesinstinkt, den das Muttertier für die Jungen empfindet, die es säugt. Wo aber die Muttergefühle fehlten, da riefen die Worte Juan Primitos plötzlich die Eifersucht der Frau wach." (S. 636; 253)

Die Rivalität ist wechselseitig:

„. . . die Worte des Küchenmädchens, die sie mit angehaltenem Atem und mit einem zum Zerspringen klopfenden Herzen angehört hatte, ließen nun auch den furchtbaren, langgehegten Verdacht zur Gewißheit werden: ihre Mutter begehrte den Mann, den sie selbst liebte. Sie unterdrückte den Schreckensschrei, der sich ihr entringen wollte, indem sie die Hand vor den Mund hielt, und sie vergaß ganz, was sie in der Küche hatte tun wollen. Sie durchschritt den Hof in Richtung auf das Haus, lief hin und her, blieb stehen, als verwandelten sich die furchtbaren, vom Bewußtsein verdrängten Gedanken in automatische Bewegungen."
(S. 704 f.; 370 f.)

Der Kampf zwischen Mutter und Tochter spitzt sich weiter zu und gipfelt in einem dramatischen Höhepunkt, als sich Marisela und Doña Bárbara zum ersten Mal seit vielen Jahren Aug in Aug gegenübertreten (S. 707 f.; 374 ff.). Der Schatten der Mutter belastet auch Mariselas Liebesbeziehung zu Santos; schließlich glaubt sie, dem übermächtigen Fluch des Schicksals zu erliegen (S. 718 f.; 394 f.). Erst als die Mutter, durch die Begegnung mit Santos Luzardo geläutert, in ihrer Tochter ihr eigenes verjüngtes Abbild erkennt und in deren Geschichte die Wiederkehr ihres eigenen Schicksals zu sehen vermag, kommt es zur — wenn auch bis zuletzt äußerst dramatischen — Auflösung des alten Zaubers (S. 794 f.; 526 f.).

Ganz anders die Atmosphäre in Isabel Allendes Roman. Hier stellen die Frauen den ruhenden Pol, das positive Zentrum des Hauses dar, in dem sie in intimer Gemeinsamkeit mit ihren Töchtern und Enkelinnen leben, in einer stillen, sonnigen, weiblichen Welt, die mit jener der Männer kaum in Verbindung steht und deren „Leuchtkraft" die Namen der weiblichen Hauptgestalten symbolisieren: Nívea, Clara, Blanca, Alba – ihnen allen haftet etwas Helles, Lebensförderndes an, und die Begabung hiezu scheint zusammen mit dem Namen sozusagen in matrilinearer Erbfolge von der Mutter auf die Tochter überzugehen (vgl. auch S. 9). Dies macht sich bereits in der 1. Generation bemerkbar:

> „Nivea ... setzte alles daran, den Mangel an Freunden durch die eigene Beschäftigung mit dem Kind zu ersetzen, und hatte damit Erfolg: trotz ihrer Einsamkeit und ihrer Stummheit wuchs Clara so unbeschwert auf, daß sie sich in späteren Jahren ihrer Kindheit als einer lichten Zeit erinnerte. Immer unvergeßlich blieben ihr die Nachmittage, die sie mit ihrer Mutter im Nähzimmer verbrachte, wo Nivea auf der Nähmaschine Kleider für arme Leute nähte und ihrer Tochter Familiengeschichten und Anekdoten erzählte. Sie zeigte ihr die Daguerrotypien an den Wänden und erzählte ihr die Vergangenheit." (S. 76; 84)

Clara ihrerseits überträgt diese besondere Beziehung auf ihre Tochter Blanca (S. 94; 107). Mit der Geburt ihrer männlichen Zwillinge deutet sich selbst in dieser außergewöhnlichen Familie jedoch eine qualitative Differenzierung an zwischen der vertraut-harmonischen Beziehung zwischen Mutter und Tochter und der sich abzeichnenden Problematik des Mutter-Sohn-Verhältnisses, das seinen Schatten auf kommende Liebeserlebnisse der jungen Männer vorauswirft; beide, Jaime und Nicolás, werden im übrigen nie fähig sein, echte tiefere Beziehungen zu Frauen einzugehen (S. 117f; 132 f.). Der Beziehung Claras zu ihren Söhnen haftet stets ein Hauch von Fremdheit an, der aber nicht zur Entfremdung gerät (S. 189; 216). Später machen sich sogar Ansätze eines zärtlichen Sich-Näher-Kommens, einer Überwindung des machistischen Grundschemas bemerkbar (S. 216; 249).

Weitaus problematischer war da in der 1. Generation die Beziehung der männlichen Zentralfigur, Esteban Trueba, zu den weiblichen Gestalten seiner Kindheit gewesen. Wohl bleibt die Erinnerung an seine Mutter trotz aller Schwierigkeiten und Versäumnisse ungetrübt (S. 81; 91). Aber alle negativen Elemente, wie überdimensionale Abhängigkeit und Ausspielen von Schuldkomplexen, werden von der unantastbaren Muttergestalt auf die Figur seiner Schwester Férula übertragen, welche die eigentliche Erziehungsfunktion an ihm wahrnimmt, da die Mutter ständig krank ist (S. 44–46; 48–50). An dieser Stelle wird auch die gesamte Ambivalenz der Mutter-Tochter-Beziehung deutlich, die aus dem eigenen Haus, der „Casa de los espíritus", verbannt zu sein scheint (wobei ich mir unsicher bin, ob es sich hier wiederum um einen Verdrängungsmechanismus handelt oder einen tatsächlichen, positiven Neuansatz):

„So waren ihre Gespräche mit Clara. Deshalb war die Großmutter für Alba die wichtigste Person im Haus und die stärkste Präsenz in ihrem Leben. Sie war der Motor, der alles in Gang setzte und dem zu verdanken war, daß das magische Universum im hinteren Teil des großen Eckhauses, in dem Alba ihre ersten sieben Jahre in vollkommener Freiheit verbrachte, jederzeit funktionierte." (S. 249;289)

Lediglich aus den Schauermärchen, die Blanca ihrer Tochter Alba vor dem Schlafengehen erzählt, scheint manchmal eine Andeutung weiblicher Aggressivität bzw. versteckter Kastrationstendenzen durchzublitzen (S. 269; 312). Die Geschichte endet jedenfalls, trotz grauenhafter traumatischer Erlebnisse in der – Frauen wiederum auf besondere Weise betreffenden – Folter des chilenischen Militärregimes, versöhnlich; sie endet mit einem Verzicht Albas, der vorläufig letzten in einer langen Kette bemerkenswerter Frauengestalten, auf die Fortsetzung der von den männlichen Familienmitgliedern in Gang gesetzten Spirale von Haß und Gewalt, von Schuld und Sühne; sie endet mit einem Bekenntnis zum lebensfördernden Prinzip und der Andeutung einer gewissen feministischen Selbstgenügsamkeit:

„Ich will denken, daß mein Amt das Leben ist und meine Aufgabe nicht darin besteht, den Haß fortzusetzen, sondern nur diese Seiten zu füllen, während ich auf die Rückkehr Miguels warte, während . . . ich darauf warte, daß bessere Zeiten kommen, und während ich das Geschöpf austrage, das in meinem Bauch lebt, Tochter so vieler Vergewaltigungen oder vielleicht Tochter Miguels, aber vor allem meine Tochter." (S. 479 f.; 443 f.)

Mit diesen hoffnungsvollen Tönen möchte ich meine Betrachtungen zum lateinamerikanischen Machismo ausklingen, wenn auch nicht enden lassen, denn in Wahrheit ist die hier angeschnittene Problematik ja eine „unendliche Geschichte", die jede und jeder von uns neu zu schreiben oder besser gesagt: zu durchleben beginnen muß . . .

Anmerkungen

(1) In: Khipu 14 (1984), S. 53–58.

(2) Machismo y cultura. In: Trabajo Social 5 (1975), Nr. 14, S. 8.

(3) Der Schatten der Peitsche. Ein Beitrag zur Mann-Frau-Beziehung in der Karibik. In: AGUILAR, Graciela/VOGEL, Peter (Hrsg.): Frauen in Lateinamerika. Alltag und Widerstand. Hamburg 1983, S. 35–41.

(4) „Fassen wir aber die Beziehung zwischen dem Kulturprozeß der Menschheit und dem Entwicklungs- oder Erziehungsprozeß des einzelnen Menschen ins Auge, so werden wir uns ohne viel Schwanken dafür entscheiden, daß die beiden sehr ähnlicher Natur sind, wenn nicht überhaupt derselbe Vorgang an andersartigen Objekten." (FREUD, Sigmund: Das Unbehagen in der Kultur. In: S. Freud: Studienausgabe. Bd IX. Frankfurt a.M. 1974, S. 265).

(5) Twenty Five Years of Peace Research. Ten Challenges, and Some Responses. In: Dialog 2 (1985), S. 9–32.

(6) Vgl. dazu PALAU DE NEMES, Graciela: El machismo en la literatura. In: Americas 26 (1974), Nr. 4, S. 2 f.

(7) Mexico 1950; dt. Olten und Freiburg 1970.

(8) Das etwa in einem Kriegslied der Quechua sprechenden Incas zum Ausdruck kommt:
„Wir werden aus dem Schädel des Verräters trinken,
seine Zähne werden wir als Ketten tragen,
aus seinen Knochen Flöten machen,
aus seiner Haut eine Trommel;
dann werden wir tanzen."
(Zit. in ROMERO-BUJ, Sebastián: Hispanoamérica y el machismo. In: Mundo Nuevo 46 (1970), S. 29; Übers. E. P.).

(9) El machismo en la narrativa hispanoamericana. In: Texto Crítico 4 (1978), S. 177.

(10) El machismo en México. In: Mundo Nuevo 46 (1970), S. 15f. (Übers. E. P.)

(11) Vgl. das Gedicht „Traduttori – Traditori" von José Emilio Pacheco.

(12) S. dazu ZLOTCHEW, Clark M.: The Rhetoric of Hispanic Machismo. A Historical Perspective. In: Maledicta 3 (1979), S. 110–122.

(13) El machismo como fenómeno psicocultural. In: Revista Latinoamericana de Psicologia IV, 3 (1972), S. 300. (Übers. E. P.)

(14) Ein Eindruck, der auch von Rogelio DIAZ GUERRERO bestätigt wird (Adolescence in Mexico: Some Cultural, Psychological, and Psychiatric Aspects. In: International Mental Health Research Newsletter XII, 4 (1970), S. 10).

(15) Zur Zerstreuung des Vorurteils von einem einzigen, universellen, monolithischen Machismo vgl. auch ROMERO-BUJ, Sebastián, a.a.O., S. 28: „no hay un ‚machismo' absoluto, único, sino un ‚machismo' de cada sociedad y de cada época . . ."

(16) a.a.O., S. 38.

(17) ILLICH, Ivan: Genus. Zu einer historischen Kritik der Gleichheit. o.O. 1983.

(18) Einen ähnlichen Verschleierungsprozeß stellt übrigens Neil POSTMAN in bezug auf die politische Kultur der Gegenwart bzw. deren Informationsmedien dar: Wir amüsieren uns zu Tode. Urteilsbildung im Zeitalter der Unterhaltungsindustrie. Frankfurt a.M. 1985.

(19) a.a.O., S. 37.

(20) Der Machismo als Rezeptionsgrundlage für Juan Rulfos ‚Pedro Páramo'. In: Iberoamérica. Historia – sociedad – literatura. Homenaje a Gustav Siebenmann. Bd II. München 1983, S. 616.

(21) Drei Abhandlungen zur Sexualtheorie. In: Studienausgabe. Bd V, S. 57.

(22) La emancipación masculina en Lima. In: Mundo Nuevo 46 (1970), S. 41.

(23) In: Obras completas. Tomo I. Madrid 1959, S. 491–799; dt. Ausgabe: Zürich 1952. Im folgenden bezieht sich jeweils die erste Seitenangabe auf die spanische, die zweite auf die deutsche Ausgabe.

(24) Esplugues de Llobregat 1982; dt. Ausgabe: Frankfurt a.M. 1984.

III. Der patriarchale Alltag: die gegenwärtige Situation von Frauen (in Österreich)

Karin Maria Schmidlechner

Frauen in Österreich seit 1945

Auf der ganzen Welt – und daher auch in Österreich – hat die Lage der Frauen seit dem Jahre 1945 in vielen Lebensbereichen einen beträchtlichen Wandel erfahren.

Weil sich dieser Wandel natürlich nicht für alle Frauen im selben Ausmaß und im selben Rhythmus vollzogen hat, ist bei einer Beschäftigung mit dieser Thematik eine nach Alter, Beruf, Bildungsstand, sozialem Milieu und anderen Kriterien der Frauen differenzierte Betrachtungsweise notwendig. Ebenso muß berücksichtigt werden, daß sich für jene Frauen, welche in einem späteren Stadium von diesem Veränderungsprozeß betroffen wurden, andere Konsequenzen ergeben haben als für diejenigen, die mit ihm in seinen Anfängen konfrontiert waren oder ihn sogar selbst initiiert haben.

Nicht nur aus diesen Gründen ist es relativ schwierig, diesen Wandel einerseits zu definieren, andererseits darzustellen und zu analysieren, sondern auch auf Grund der Tatsache, daß er sich zu einem sehr großen Teil in solchen Bereichen vollzogen hat, in denen man dafür nicht die Hilfe von meßbaren Faktoren in Anspruch nehmen kann, weil es sich um Meinungen, Einstellungen und andere ähnlich schwer zu fixierende Kriterien handelt. Dagegen ist die Frage nach seinen Ursachen relativ einfach zu beantworten. Sie liegen einerseits in den grundlegenden Veränderungen in den gesellschaftlichen Systemen der verschiedenen Staaten, andererseits in den neuen Erkenntnissen von Wissenschaft und Technik, die in den letzten vier Jahrzehnten gewonnen wurden.

So kam es schon bald nach 1945 zu einem starken Infragestellen der bestehenden gesellschaftlichen Strukturen in Hinsicht auf den Status der Frauen in der Gesellschaft, vor allem, was die Berechtigung und moralische Legitimation der geschlechtlichen Rollenverteilung anlangte. Damit wurden auf der einen Seite Diskussionen der Zwischenkriegszeit, die durch den Zweiten Weltkrieg unterbrochen worden waren, wieder aufgenommen; auf der anderen Seite handelte es sich um Auswirkungen der Tatsache, daß es während des Zweiten Weltkrieges Frauen möglich geworden war, nicht nur in der Familie, sondern auch im Berufsleben Funktionen zu übernehmen, die bis dahin den nun fehlenden, weil im Krieg agierenden, Männern vorbehalten gewesen waren, und diese ausgezeichnet zu ersetzen. Während sie die familiären Aufgaben teilweise auch nach der Rückkehr der Männer beibehielten, wurden sie aus den beruflichen Positionen zum größten Teil wieder entfernt, teilweise unter Zuhilfenahme jener biologischen Rollenstereotype, die eine Frau primär als Hausfrau und Mutter definieren. Nicht verhindert hatte aber werden können, daß sehr viele Frauen aus ihren Leistungen als alleinstehende Familienerhalterinnen während und nach der Kriegszeit Selbstbewußtsein und Selbstbestätigung erfahren hatten und sich danach nicht mehr kritiklos mit dem herkömmlichen Rollenstatus zufriedengaben.

Eine gewisse Sensibilisierung der Gesellschaft für die Probleme einzelner Gruppen bewirkte auch die fortschreitende Konsolidierung der politischen und wirtschaftlichen Lage in Europa und den USA nach den Nachkriegswirren. „Fragenkomplexe, wie die der Schwachen in unserer Gesellschaft und die, bei denen es um die Frauen geht, werden Gegenstand kollektiver Überlegung und ein geeignetes Thema für die Massenmedien. Die Wohlstandsgesellschaft erlaubt sich, ihre Kultur in Frage zu stellen und bringt ein kollektives Schuldbewußtsein hervor. . .“ (1)

Zu den bedeutsamsten Ursachen bezüglich der Veränderung der Lage der Frauen gehören die wissenschaftlichen, medizinischen und technischen Fortschritte der letzten Jahrzehnte. Sie trugen entscheidend dazu bei, daß sich die auf biologische Gegebenheiten zurückzuführenden Unterschiede in den Lebensbedingungen für Männer und Frauen ganz beträchtlich verringerten.

So wurde z.B. erst durch die neuen, gegenüber früher ungleich wirksameren Methoden der Empfängnisverhütung wie etwa die Anti-Baby-Pille eine exakte Geburtenplanung möglich, wie auch die Situation einer Schwangeren durch die Verminderung der Wochenbettsterblichkeit und andere medizinische Fortschritte wesentlich erleichtert und weniger riskant wurde. Dazu enthob die Entwicklung vorgefertigter Babynahrung die Mütter von der unbedingten Notwendigkeit, ihre Kinder zu stillen, was die Einbeziehung der Väter oder anderer Bezugspersonen in die Versorgung der Babies ermöglichte. Dadurch wurde es auch möglich, daß berufstätige Mütter schon relativ bald nach der Geburt wieder an ihre Arbeitsplätze zurückkehrten. Tatsächlich wurden im Jahre 1971 nur mehr 6 % der österreichischen Neugeborenen gestillt, während es 1945 noch 46 % waren. Durch verschiedene Pro-Still-Kampagnen, z.B. des Gesundheitsministeriums, aber auch privater Initiativgruppen, in denen auf die unschätzbaren Vorteile des Stillens hingewiesen wurde, konnte eine Steigerung auf 20 % im Jahre 1984 erreicht werden. (2)

Von großem Einfluß auf den Ablauf der Lebensperioden und die damit verbundenen Rollen waren auch die Verlängerung der Lebensdauer der Frauen – die in Österreich zwischen 1949 und 1982 von 67 Jahren auf 76,6 Jahre gestiegen ist (3) –, die früher einsetzende Pubertät und der Altersrückgang in der Menopause, weil darauf unter anderem die Verlängerung des Lebens nach den Mutterschaften, die Senkung des Heiratsalters und eine kürzere Mutterschaftsperiode zurückzuführen waren.

Zusätzlich bewirkte die Beschleunigung der Entwicklung von Industrie und Technik eine vollkommene Veränderung der wirtschaftlichen Bedeutung der Hausfrauenarbeit. Die Reduzierung des für die Haushalts- und Familienversorgung notwendigen Zeit- und Kraftaufwandes – bedingt durch die Ausstattung der Haushalte mit arbeitssparenden Einrichtungen wie Zentralheizung, Warmwasser und technischen Haushaltsgeräten – und die Vervielfältigung des Angebotes an Fertigprodukten bei den Nahrungsmitteln, der Kleidung und den Putz- und Pflegemitteln führten zu einer beträchtlichen Verringerung des Wirtschaftswertes der Hausarbeit, so daß es im Gegensatz zur Zeit um 1950 in der Gegenwart wirtschaftlich gesehen rentabler ist, berufstätig zu sein und die benötigten Produkte und Dienstleistungen zu kaufen, als sie im Haushalt selbst herzustellen bzw. zu verrichten.

Diese Überlegung berücksichtigt allerdings nur den wirtschaftlichen Aspekt und trägt weder dem kulturellen bzw. ideellen Wert der Arbeit einer Hausfrau und Mutter noch der Doppelbelastung, der berufstätige Frauen unterliegen – wobei in Österreich der Anteil der haushaltsführenden Frauen an allen beschäftigten Frauen im Jahre 1982 immerhin 78 % betrug (4) – Rechnung. Gerade die von dieser Doppelbelastung betroffenen Frauen haben aber die herkömmliche Rollenaufteilung am frühesten in Frage gestellt.

Es ist im nachhinein nicht mehr feststellbar, ob die eben angeführten Faktoren für die Entstehung neuer Einstellungen und die in Richtung auf die Gleichberechtigung der Frauen zielenden Initiativen der Legislative in den einzelnen Ländern maßgebend waren oder ob die zumindest partiell vorhandene Bereitschaft der Gesetzgeber, den Frauen gleiche Rechte und Pflichten zuzugestehen und dies auch verfassungsmäßig zu verankern, dieses neue Bewußtsein unterstützt bzw. gefördert hat.

Jedenfalls haben zwischen 1945 und 1960 etwa 15 europäische Staaten Maßnahmen ergriffen, die darauf abzielten, die Gleichberechtigung der Geschlechter bezüglich Ehe, Kindererziehung, Besitzes und Verwaltung von Gütern, Sozialgesetze, Arbeitsplätze und Löhne zu erreichen.

In Österreich kam es diesbezüglich relativ spät zu konkreten Beschlüssen: Nach gescheiterten Versuchen in den Jahren 1925 und 1951 konnte die Familienrechtsreform nach vielen innenpolitischen Differenzen erst in den letzten Jahren durchgeführt werden. Am 1. Jänner 1976 trat das Gesetz über die persönlichen Rechtswirkungen der Ehe, mit welchem das patriarchalische Ehemodell in Österreich abgeschafft wurde, in Kraft; zweieinhalb Jahre später die sogenannte ‚kleine Scheidungsreform', womit die ‚einverständliche Scheidung' und die Scheidung auch gegen den Einspruch des Ehepartners möglich wurden. (5)

Beim neuen Strafrecht, welches seit dem 1. Jänner 1975 rechtskräftig ist, betraf die für die Frauen wichtigste Änderung die Reform der jahrzehntelang umstrittenen Paragraphen 144–148, die eine Entkriminalisierung von Schwangerschaftsabbrüchen innerhalb der ersten drei Monate mit sich brachte, was von vielen Sozialdemokratinnen bereits in der Ersten Republik vehement gefordert worden war. (6) Seit damals war dieses Problem auch immer wieder Gegenstand heftiger öffentlicher Kontroversen, und das im Jahre 1975 gegen die Fristenlösung initiierte Volksbegehren, die sogenannte ‚Aktion Leben', erzielte mit 823.000 Unterschriften eine Rekordbeteiligung. Im übrigen ist die Debatte für und wider die Abtreibung erst vor kurzem neuerlich aufgeflammt und wird von allen Beteiligten außerordentlich emotionell geführt.

Ein weiteres zentrales Problem, mit welchem sich der Gesetzgeber auseinandergesetzt hat, liegt im Bereich der Arbeitswelt.

Die wesentlichsten, zum größten Teil noch aus der Ersten Republik stammenden Forderungen für berufstätige Frauen seit 1945 – freier Zugang von Frauen zu allen beruflichen Tätigkeiten und gleicher Lohn für gleiche Arbeit – wurden in der Zwischenzeit durch das Gehaltsüberleitungsgesetz für Bundesbeamte aus dem Jahre 1947, dem zufolge männliche und weibliche Bundesbedienstete in ihrer dienstrechtlichen Behandlung grundsätzlich gleichgestellt sind, (7) und durch das 1979 beschlossene Bundesgesetz über die Gleichbehandlung von Männern und Frauen bei der Festsetzung der Löhne (8) zwar gesetzlich geregelt, sind in Wirklichkeit jedoch bis heute noch nicht realisiert.

So zeigen z.B. neuere Untersuchungen zur Situation der Frau im Bundesdienst, daß weibliche Bedienstete vorwiegend in der unteren hierarchischen Ebene tätig sind, daß Frauen in einem wesentlich geringeren Maße als Männer öffentlich-rechtliche Dienstverhältnisse aufweisen und daß sie in den Akademiker- und Maturantenposten deutlich unterrepräsentiert sind. (9)

Noch immer sind die Frauen in den Spitzenpositionen kaum vertreten. (10). Von 100 Frauen haben nur ca. 10 die Chance, eine leitende Position zu erreichen (gegenüber 35 Männern). (11)

Diese Feststellungen treffen zweifellos für alle berufstätigen Frauen zu, ja es ist sogar anzunehmen, daß in der Privatwirtschaft noch wesentlich größere Diskriminierungen bestehen. Nur 2 % aller Kommerzialräte sind Frauen, in den 470 österreichischen Aktiengesellschaften gibt es 13 weibliche Vorstandsdirektoren. (12) Es zeigt sich auch immer wieder, daß der Zugang von Frauen zu Berufen, die bisher Männern vorbehalten waren, allein nicht ausreicht, um eine wirkliche Gleichberechtigung durchzusetzen. Schließlich handelt es sich sicher um keinen Zufall, daß eine Tätigkeit an Wert verliert, wenn sie an Frauen übergeht – bzw. an Frauen übergeht, wenn sie an Wert verloren hat.

Noch gravierender ist die Ungleichheit jedoch bei den Löhnen. Die schon immer bestehenden geschlechtsspezifischen Einkommensunterschiede haben sich auch in jüngster Zeit nicht verändert. Noch im Jahre 1983 verdienten Männer in nahezu allen vergleichbaren Positionen der Einkommenshierarchie um etwa die Hälfte mehr als die Frauen. (13) Jede fünfte Frau, aber nur jeder 23. Mann zählt zu den 10 % aller unselbständig Beschäftigten, die im Jahre 1983 ein geringeres Nettoeinkommen als 5620,– S im Monat bezogen. Im gleichen Jahr erhielten 75 % der Arbeiterinnen weniger Lohn als das am schlechtesten bezahlte Viertel der Arbeiter. Bei gleichem Niveau der beruflichen Qualifikation verdienten männliche Facharbeiter noch immer um 32 % mehr als weibliche. (14)

Im Durchschnitt betrug der Einkommensvorteil der Männer bei den Arbeitern und Angestellten in der Privatindustrie jeweils cirka 40 %, im öffentlichen Dienst ungefähr 18 %. Auch wenn man die Schulbildung als Kriterium für die Höhe der Löhne heranzieht, erhalten Männer um 20–30 % mehr als Frauen mit dem gleichen Schulabschluß. (15)

Einer der Hauptgründe für die Diskriminierungen, denen berufstätige Frauen noch immer ausgesetzt sind, liegt in dem Weiterbestehen verschiedener Vorurteile, die den Frauen Führungsfähigkeiten, Durchsetzungsvermögen, Sachlichkeit und Kreativität, im Grunde genommen alle Fähigkeiten, die man in leitenden Positionen benötigt, absprechen. Auch die Tatsache, daß die Frauen Kinder bekommen könnten, wirkt sich auf ihre Karrierechancen sehr nachteilig aus. In einer Studie der Bildungsuniversität Klagenfurt wurde festgestellt, „daß Fleiß, Leistung, Fähigkeit und Intelligenz erst dann für eine höhere Karriere zum Tragen kommen, wenn die Frau bereit ist, in den entscheidenden Jahren zwischen 20 und 35 ihre ganze Zeit und Kraft uneingeschränkt ihrem Beruf zu widmen, wenn sie zudem noch die Kraft und Zeit aufbringt, berufsbezogene, soziale Beziehungen einzugehen und aufrechtzuerhalten“. (16)

Intensiver und sicherlich auch mit größerem Erfolg war der Gesetzgeber auf dem Gebiet der Schutzbestimmungen für berufstätige Frauen und Mütter tätig.

Trotz all dieser Maßnahmen von staatlicher Seite, die Qualität der Arbeitsbedingungen zu verbessern und den Konflikt zwischen beruflicher und familiärer Rolle zu verringern, ist das Entlastungssystem für verheiratete berufstätige Frauen noch immer sehr beschränkt und in keiner Weise der Belastungssituation angepaßt.

Ein Grund dafür liegt darin, daß in der Mehrheit der österreichischen Familien noch immer keine Teilung der familiären Aufgaben vorgenommen wird. Nach wie vor sind es die Frauen, die die Hauptverantwortung für Haushalt und Kinderbetreuung zu tragen haben. (17) Ein Zeitvergleich der Ergebnisse der Mikrozensus-Erhebungen 1969, 1977 und 1982 über die weiblichen Lebensverhältnisse zeigt insgesamt zwar, daß die Mithilfe der Ehemänner im Haushalt und besonders bei der Kinderbetreuung im Zunehmen begriffen ist (von etwa 10 % auf rund 30 % bei der Mithilfe im Haushalt und auf rund 60 % bei der Kinderbetreuung), aber auch, daß sehr viele Ehemänner (etwa 40 %) nach wie vor keine Hilfe leisten, unabhängig davon, ob die Frauen berufstätig sind oder nicht. (18)

Zum Großteil liegt dies an dem in Österreich auch bei den berufstätigen Frauen vorherrschenden Rollenbild, dem zufolge diese Bereiche Frauensache seien. Dazu gehört auch die Vorstellung, daß noch immer der Mann das ‚Haupt der Familie' sei, vor allem bei den unteren Bildungsschichten, während Angehörige der oberen Bildungsschichten schon zunehmend für ein partnerschaftliches Ehemodell eintreten.

Wie stark dieses traditionelle Rollenbild noch immer wirksam ist, sieht man nicht zuletzt daran, daß sogar ein Großteil der selbst berufstätigen Frauen für ihre Söhne eine bessere Ausbildung als für ihre Töchter vorsehen. (19)

Nach einem Bericht der UNO über den Einfluß der Massenkommunikationsmedien auf die Bildung einer neuen Haltung in bezug auf die Rolle der Frau in der heutigen Gesellschaft sind zu einem sehr großen Teil die Medien dafür verantwortlich, daß der Emanzipationsprozeß der Geschlechter noch keine größeren Fortschritte gemacht hat, weil sie die Rolle der Frau in der Gesellschaft in den letzten Jahren nicht richtig dargestellt haben. So sei das von ihnen gezeichnete Rollenbild ausschließlich dem traditionellen Ideal verpflichtet gewesen, dessen wesentlichstes Kennzeichen die traditionelle Arbeitsteilung zwischen den Geschlechtern ist, der zufolge der Mann der Produktions-, die Frau der Reproduktionssphäre zugewiesen wird. (20) In diesem Sinne sei auch das Eindringen der Frauen in von Männern dominierte Berufsbereiche von den Massenmedien in keiner Weise gefördert, sondern immer nur kritisiert worden. Der immer deutlicher werdende Anachronismus dieses von den Massenmedien proklamierten Frauenbildes werde in jüngster Zeit mehr und mehr von dem Slogan der sogenannten ‚Doppelrolle' der Frau abgelöst, der im Grunde genommen aber nichts anderes sei als eine Modernisierung des althergebrachten Frauenbildes, in dem die Frauen weiterhin auf ihre primären Wirkungsbereiche Haushalt und Familie verwiesen werden und der Beruf nur einen zusätzlichen und immer sekundär bleibenden Wirkungsbereich darstellt.

„. . . In diesem ‚sekundären Wirkungsbereich' bleibt die Frau weiterhin nur Gast, ‚Gastarbeiterin in der Männergesellschaft', mit allen Diskriminierungen, denen auch die ausländischen Arbeitskräfte ausgesetzt sind: sie erhält weniger Lohn und ihr Arbeitsplatz ist unsicherer als der ihres männlichen Konkurrenten. Der Gesellschaft wird durch das Schlagwort von der ‚Doppelrolle' jede Verpflichtung abgenommen, den Widerspruch zwischen den beiden konfligierenden Rollen der Frau zu lösen, d.h. Alternativen zu schaffen, die der Frau die Wahl zwischen den beiden Rollen leichter machen als bisher." (21)

Die Gründe, die verheiratete Frauen veranlassen, berufstätig zu sein, sind vielfältig. Sehr viele berufstätige Frauen leisten – trotz eines meist niedrigen Verdienstes – einen beträchtlichen und unbedingt notwendigen Beitrag zum Familieneinkommen und haben eigentlich gar keine Wahlmöglichkeit. Ein großer Teil ist – daneben oder auch ausschließlich – aber auch aus Interesse, wegen der Möglichkeit zu sozialen Kontakten oder aus dem Bestreben nach finanzieller Unabhängigkeit berufstätig.

Ein weiterer Grund, sich zu einer beruflichen Tätigkeit zu entschließen, liegt häufig in dem Wunsch nach gesellschaftlicher Identität, die sich in unserer materiell und wirtschaftlich orientierten Welt in erster Linie über eine berufliche Tätigkeit definieren und erreichen läßt.

Sicherlich trägt auch die Tatsache, daß die Frauen heute über mehr Bildung verfügen und daß sie durch die schon angeführten Erleichterungen im Haushalt sowie durch weniger Schwangerschaften – gegenwärtig liegt die Fertilitätsrate in Österreich bei 1,6–1,9 Kindern pro Frau (22) – nicht mehr so sehr ans Haus gebunden sind, zur Berufstätigkeit bei.

Ein sehr wesentlicher Faktor in diesem Zusammenhang ist auch, daß immer mehr der Staat und seine Institutionen Aufgaben und Verantwortungen übernehmen, die früher ausschließlich im Bereich der Familien lagen und im 19. und zu Beginn des 20. Jahrhunderts zum größten Teil von den Frauen getragen wurden. So hat etwa die Ausweitung staatlicher Vorschuleinrichtungen eine beträchtliche Entlastung der berufstätigen Mütter gebracht. Im Unterschied zu früher werden diese Einrichtungen heute aber nicht mehr ausschließlich als Aufbewahrungsstätten für die Kinder berufstätiger Mütter angesehen, sondern sollen der frühzeitigen Sozialisation aller Kinder dienen.

Die Tendenzen zur Institutionalisierung all dessen, was zum familiären Bereich gehört – in dieselbe Richtung weist ja auch die Übernahme von Pflichten gegenüber älteren Familienmitgliedern durch den Staat in Form von Pensionen und Altersheimen –, sind vor allem in den osteuropäischen Staaten sehr ausgeprägt und wurden im übrigen Europa in erster Linie von sozialistischen Regierungen und diese unterstützenden Strömungen stark gefördert, während auf konservativen Ideologien basierende Gruppen ihnen eher kritisch bis ablehnend gegenüberstehen. Daraus läßt sich die unterschiedlich intensive Entwicklung in den einzelnen Ländern erklären. In Österreich trat sie – trotz sozialdemokratischer oder sozialdemokratisch dominierter Regierungen seit dem Jahre 1970 – in eher gemäßigter Form auf. Hier wurde das Hauptaugenmerk auf Maßnahmen auf dem Bildungssektor, wie etwa die Einführung der Schülerfreifahrt und Gratisschulbücher, das gebührenfreie Studium usw. gelegt, durch welche die Chancengleichheit für Kinder aus dem Arbeitermilieu gefördert werden sollte. Indirekt wurden aber genau dadurch in erster Linie die Bildungschancen für Mädchen aus dem Mittelstand gefördert.

Bei einer im Jahre 1973 durchgeführten Untersuchung über das Selbst- und Rollenverständnis der Frau in Österreich war die Mehrzahl der befragten Frauen zwar der Meinung, „daß sich die gesellschaftliche Position der Frauen in den letzten Jahrzehnten im Sinne einer fortschreitenden Emanzipierung verändert hat", (23) aber auch, „daß die Möglichkeit zur Selbstverwirklichung für die Frau in viel geringerem Ausmaß gegeben sei, als für den Mann. Als Frau müsse man auf seine Umwelt und die gegebenen Normen wesentlich mehr Rücksicht nehmen, Ansichten und Wünsche von Frauen werden in der Gesellschaft wesentlich weniger akzeptiert als jene der Männer." (24)

Daher wäre als langfristiges Ziel die Gleichberechtigung der Frau hinsichtlich der allgemeinen Wertschätzung, eine Aufwertung des Status der Frauen und ein Abbau der Vorurteile, die sowohl Männer als auch Frauen ausgebildet haben, anzustreben. „Eine Frau sollte nicht mehr nur aufgrund ihres Geschlechts von vornherein als geistig zweitrangiges, in vielen Lebensbereichen vom Mann abhängiges Wesen behandelt werden." (25)

Um dieses Ziel zu erreichen, müßte man, vor allem nach Ansicht der jungen Frauen, bereits bei der Erziehung der Kinder einsetzen und Mädchen und Buben nach den gleichen Erziehungsprinzipien behandeln, wobei auch die Übernahme von Haushaltspflichten für die Kinder beiderlei Geschlechts eine Selbstverständlichkeit sein sollte.

Gleichzeitig müßte die berufliche Stellung der Frauen verbessert werden, unter anderem auch dadurch, daß das Prestige der typischen Frauenberufe angehoben und die Gleichstellung hinsichtlich der Bezahlung und Aufstiegschancen forciert wird.

Für ebenso wichtig wird aber auch eine generelle Aufwertung der in Haushalt und Familie tätigen Frau gehalten. „Die Haushaltsarbeit sollte sowohl bei den Familienmitgliedern als auch in der Gesellschaft mehr Anerkennung finden, eine verstärkte Einbeziehung des Mannes in diesen Tätigkeitsbereich wäre erstrebenswert." (26)

Im Gegensatz dazu denkt man relativ selten an eine Erhöhung des Mitspracherechts im öffentlichen Leben bzw. in der Politik, obwohl man die Einbeziehung der Frauen in diesen Bereich als Voraussetzung für eine weitere Entwicklung der Emanzipation ansieht, weil „letzten Endes doch nur Frauen in der Lage wären, frauenspezifische Probleme zu durchleuchten, zu werten und daraus Schlüsse zu ziehen." (27)

Damit weisen aber gerade die Frauen ihren Vertreterinnen in der Politik einen Sonderstatus bzw. ein begrenztes Aufgabengebiet zu, was nicht unproblematisch ist, weil dadurch den Frauen der Zugang zu anderen Bereichen des politischen Lebens noch mehr erschwert, wenn nicht überhaupt unmöglich gemacht wird.

Die Bereitschaft der Frauen, sich in der Politik zu engagieren, hängt, wie auch das Interesse an Politik überhaupt, vom Alter, dem Bildungsniveau, der beruflichen Stellung und dem Wohnort ab, wobei beide Bereiche am größten bei jungen, in der Stadt lebenden, berufstätigen Akademikerinnen sind. Unabhängig davon wurde jedoch in den letzten Jahren bei Frauen aller Bevölkerungsschichten eine Zunahme des Interesses festgestellt. (28)

Schon seit dem Jahre 1945 bestehen in Österreich verschiedene politische Frauenorganisationen, und zwar die Frauenorganisation der ÖVP, das Frauenkomitee der SPÖ und das Frauenreferat der FPÖ. Zusammen mit dem 1948 gegründeten, der KPÖ nahestehenden Bund demokratischer Frauen sind sie seit 1969 im Österreichischen Frauenring zusammengeschlossen. (29)

Die enge Koppelung der Frauenorganisationen an die jeweiligen Parteien hat sich langfristig gesehen eher als Nachteil herausgestellt, weil dadurch einerseits die Frauen in den Spitzengremien der Parteien mit dem Verweis auf ihre eigene Organisation bis zur Gegenwart nicht ausreichend berücksichtigt wurden, andererseits aber gerade durch die – auf Grund dieser Parteinähe – gebotene Rücksicht auf jeweilige Parteiinteressen nicht immer ausschließlich im Interesse der Frauen agiert wurde. Zudem wurde dadurch sehr lange die Entstehung einer parteiunabhängigen Frauenbewegung behindert. Erst im Jahre 1973 kam es – als eine der zahlreichen Spätfolgen von 1968 – zur Gründung der AUF (autonome Frauenbewegung). In den letzten Jahren haben sich vor allem viele junge Frauen in den verschiedenen Alternativgruppen engagiert und dort auch großen Einfluß gewonnen.

Betrachtet man die politische Landschaft Österreichs hinsichtlich der Repräsentanz der Frauen von 1945 bis zur Gegenwart und zieht als Kriterium die Zahl der weiblichen Regierungsmitglieder und Abgeordneten im Nationalrat, im Bundesrat, in den Landtagen und in den Stadt- und Gemeinderäten, ferner in den Verwaltungsinstitutionen, Parteien und Interessensvertretungen heran, fällt auf, daß sich in diesem Zeitraum erstaunlich wenig Fortschritte ergeben haben. Nach wie vor sind die Frauen in diesen Gremien bzw. deren maßgebenden Instanzen äußerst gering bis überhaupt nicht vertreten. So gibt es z.B. in der Mehrzahl der Gemeinderäte überhaupt keine Frauen, was umso bedauerlicher ist, als gerade in diesem Bereich konkrete politische Themen, die die Lebenswelt der Frauen sehr direkt und unmittelbar berühren, zur Diskussion und Entscheidung stehen.

Ganz im Gegensatz zu diesem eher deprimierenden Ergebnis steht die offizielle Einstellung führender männlicher Politiker zur Rolle der Frauen im öffentlichen Leben. Bei einer diesbezüglichen Befragung erklärten nämlich 78 % der Politiker, daß Frauen ihren Fähigkeiten nach für leitende Funktionen in der Politik geeignet seien. (30) 70 % konnten sich sogar eine Frau als Vorsitzende ihrer eigenen Partei vorstellen. Allerdings sprachen sich nur 48 %

für eine Beteiligung der Frauen in den Parteigremien entsprechend ihrem Anteil unter den Parteimitgliedern aus.

Nur 11 % waren der Meinung, daß der Anteil der derzeit in der Politik tätigen Frauen ausreichend sei, um die Interessen der Frauen zu vertreten. 93 % meinten aber auch, daß Frauen es schwerer hätten als Männer, eine politische Karriere zu ergreifen. (31) Diese Feststellung – wahrscheinlich die einzige, bei der es sich nicht um ein verbales Lippenbekenntnis handelt – ist ohne Zweifel von Richtigkeit. Es fragt sich nur, warum es die Frauen so viel schwerer haben als die Männer, wenn sie sich politisch betätigen wollen, und das nicht immer nur in den unteren, einflußlosen Bereichen.

Wertvolle Aufschlüsse vermitteln uns diesbezüglich die Aussagen der wenigen Frauen, denen es gelungen ist, in der Politik Positionen zu erreichen, die fast ausschließlich den Männern vorbehalten sind. (32)

Diese waren fast einhellig der Meinung, daß die politische Rolle der Frau mit ihrer sonstigen benachteiligten gesellschaftlichen Stellung in Einklang steht. Diejenigen, die trotzdem eine Laufbahn als Politikerin anstreben, müssen einen harten Ausleseprozeß über sich ergehen lassen. Vorteilhaft wirkt sich dabei ein überdurchschnittlich politisch aktives Elternhaus, in welchem politisches Engagement – wie etwa politische Tätigkeit in einer Jugendorganisation – begünstigt wird, aus.

Um ein Mandat zu erreichen, sei es notwendig, sich hartnäckig in der Parteihierarchie (oft jahrelang) hinaufzudienen. Widerstände, Vorurteile und Konflikte, sowohl in den männlich dominierten Parteigremien als auch in den Frauenorganisationen, gehören dabei sozusagen zum Alltag. Übereinstimmend und unabhängig von der Parteizugehörigkeit wurde von allen Politikerinnen als größtes Hindernis der Widerstand der Männer, Frauen über einfache Funktionen an der Basis hinaus vordringen zu lassen, und – wenn dies schon nicht zu verhindern war – der Versuch, sie auf die speziellen ‚Frauenreservate' abzudrängen, genannt.

Zusammenfassend wäre somit festzustellen, daß – von wenigen Ausnahmen abgesehen – mit dem sozial, wissenschaftlich und technisch bedingten Wandel der Situation der Frauen während der letzten Jahrzehnte kein nennenswerter Wandel der realen wirtschaftlichen und politischen Machtverhältnisse einhergegangen ist und in diesen Bereichen nach wie vor ein eklatantes Übergewicht der Männer besteht.

Obwohl sehr viele Gründe dafür sprechen, für dieses Ungleichgewicht von Einfluß, Repräsentanz und Entscheidungsgewalt nur die Männer verantwortlich zu machen, wäre dies deshalb nicht legitim, weil dieses Phänomen eigentlich nur Ausdruck und Ergebnis einer an einer bestimmten Werthaltung – in diesem Fall eben an einer traditionell patriarchalischen Erziehung – interessierten Gesellschaft und als solches nicht Ursache der Situation ist. Eine Umorientierung wird erst dann möglich sein, wenn sich in der Gesellschaft die

Auffassung von der Gleichwertigkeit der Geschlechter mit den damit verbundenen Konsequenzen so durchgesetzt hat, daß in allen Belangen – also auch bei der Verteilung der Macht – danach gehandelt wird. (33)

Allerdings muß man sich diesbezüglich immer bewußt sein, daß es sich bei diesem gesellschaftlichen Strukturmuster um ein sehr stabiles handelt, bei welchem Veränderungen nur über längere Zeiträume hinweg vor sich gehen.

Anmerkungen

(1) SULLEROT, Evelyne: Die Rolle der Frauen in Europa am Ende der 70er Jahre. In: SULLEROT, Evelyne (Hrsg.): Die Wirklichkeit der Frau. München 1979, S. 597.
(2) ELTERN (1984), H. 11, S. I.
(3) Die wirtschaftliche Rolle der Frau in Österreich. Wien 1984, S. 22.
(4) Ebd., S. 108.
(5) BRANDSTALLER, Trautl: Frauen in Österreich. Bilanz und Ausblick. Wien 1981, S. 67–74.
(6) LEHNER, Karin: Reformbestrebungen der Sozialdemokratie zum § 144 in Österreich in der I. Republik. In: WIENER HISTORIKERINNEN (Hrsg.): Die ungeschriebene Geschichte. Historische Frauenforschung. Himberg/Wien 1984. (= Frauenforschung. 3.), S. 298–310.
(7) DORRER, Rosemarie: Die Situation der Frau im Bundesdienst. Historische Entwicklung und empirische Standortbestimmung. Wien 1979. (= Schriftenreihe zur sozialen und beruflichen Stellung der Frau. 11.), S. 12.
(8) BRANDSTALLER, Frauen in Österreich, S. 56.
(9) DORRER, Situation der Frau im Bundesdienst, S. 33.
(10) Ebd., S. 13.
(11) Ebd., S. 11.
(12) STURM, Elfriede: Chefetage – Reservat der Männer. In: akzente (1984), H. 11/12, S. 16.
(13) BERICHT über die soziale Lage 1983. Wien 1984. (= Tätigkeitsbericht des Bundesministeriums für soziale Verwaltung.), S. 105.
(14) Ebd., S. 108.
(15) Ebd.
(16) STURM, Chefetage, S. 16 f.
(17) SZINOVACZ, Maximiliane E.: Lebensverhältnisse der weiblichen Bevölkerung in Österreich. Teilnahme am Erwerbsleben und familiäre Situation. Wien 1979. (= Schriftenreihe zur sozialen und beruflichen Stellung der Frau. 9.), S. 44 f.
(18) Lebens- und Erwerbsverhältnisse der weiblichen Bevölkerung in Österreich. Mikrozensus-Sondererhebung März 1969 des Österreichischen Statistischen Zentralamtes. Wien 1972. (= Schriftenreihe zur sozialen und beruflichen Stellung der Frau. 1.); Die wirtschaftliche Rolle . . ., a.a.O., S. 108 ff.

(19) SZINOVACZ, Lebensverhältnisse, S. 45.
(20) FABRIS, Hans Heinz/KREUZHUBER, Herta: Das Internationale Jahr der Frau 1975 und die Darstellung von Frauenthemen in den österreichischen Massenmedien. Wien 1976. (= Schriftenreihe zur sozialen und beruflichen Stellung der Frau. 6.), S. 21.
(21) Ebd.
(22) STURM, Chefetage, S. 15.
(23) FESSL-Institut und Gesellschaft für Konsum-, Markt- und Absatzforschung.
(24) Ebd.
(25) Ebd.
(26) Ebd.
(27) Ebd.
(28) BERICHT über die Situation der Frau in Österreich. Frauenbericht 1975. Hrsg. vom Bundeskanzleramt. Heft 7: Die Frau im öffentlichen Leben. Wien 1975, S. 31.
(29) SCHMIDLECHNER, Karin Maria: Frauen und Politik, Frauen in der Politik. In: politicum 3 (1982), H. 11, S. 27.
(30) FRAUENBERICHT 1975, a.a.O., S. 20–23.
(31) Ebd.
(32) Ebd.
(33) In diesem Zusammenhang verweise ich auf ROSALDO, Michelle Zimbalist/LAMPHERE, Louise: Woman, Culture and Society. Stanford 1980.

Silvia Ulrich

Die Bedeutung des Gleichheitsgrundsatzes für die rechtliche und faktische Gleichstellung von Frau und Mann in Österreich

Die Grundrechte als verfassungsgesetzlich gewährleistete Abwehrrechte des einzelnen gegenüber dem Staat sind ein wesentlicher Bestandteil aller Verfassungsrechtsordnungen, die ihre positivrechtliche Wurzel im politischen Liberalismus des 19. Jahrhunderts haben. Der erste und im großen und ganzen auch noch heute in Österreich in Geltung stehende Grundrechtskatalog wurde 1867 erlassen. (1) Neben zentralen Rechten wie z.B. der Meinungsfreiheit, dem Schutz des Eigentums und der persönlichen Freiheit wurde den Staatsbürgern auch die *Gleichheit vor dem Gesetz* gewährleistet. (2) Mit der grundrechtlichen Absicherung der gleichen Gesetzesanwendung auf alle Staatsbürger war ein entscheidender Schritt in die Rechtsstaatlichkeit getan. Für die rechtliche Gleichstellung von Frau und Mann allerdings war damit wenig gewonnen, weil die Gesetze selbst im Hinblick auf alle wichtigen gesellschaftlichen Lebensbereiche eine diskriminierende Ungleichbehandlung der Geschlechter vorsahen. Der Ausschluß vom Wahlrecht, von den akademischen Bildungseinrichtungen und weiten Teilen des Erwerbslebens, die inferiore Rechtsstellung der Frau in Ehe und Familie seien hier nur als markante Beispiele einer durchwegs patriarchalisch strukturierten Rechtsordnung genannt. (3)

In der weiteren Verfassungsrechtsentwicklung wurde der Gleichheitsgrundsatz mehrfach in der Verfassung verankert, (4) und in einigen dieser Normtexte ist auch das Geschlecht ausdrücklich als unzulässiges Differenzierungsmerkmal angeführt. So heißt es etwa in Art. 7 Abs. 1 Bundes-Verfassungsgesetz 1920 (B-VG):

> „Alle Bundesbürger sind vor dem Gesetz gleich. Vorrechte der Geburt, des Geschlechtes, des Standes, der Klasse und des Bekenntnisses sind ausgeschlossen."

Die Gleichheitsverbürgung des Art. 2 StGG und des Art. 7 B-VG wurde ursprünglich nur für die Vollziehung als bindend angesehen. Noch im Jahre 1929 hatte der Verfassungsgerichtshof (VfGH) betont, daß eine Verletzung der Gleichheit vor dem Gesetz nicht vorliegt, wenn die Ungleichheit in der verbindlichen Form eines Gesetzes festgelegt wird. (5) Zwei Jahre später läßt er in einem Erkenntnis allerdings ausdrücklich erkennen, daß er diese Ansicht aufgegeben hat (6) und nach 1945 wird es ständige Rechtsprechung des VfGH, daß der Gesetzgeber an das allgemeine Sachlichkeitsgebot des Gleichheitsgrundsatzes gebunden ist. Damit war die Möglichkeit eröffnet, den gesamten Normenbestand auf seine Übereinstimmung mit dem Gleichheitsgrundsatz zu überprüfen. Maßstab der Prüfung ist seither die sachliche Rechtfertigung einer gesetzlichen Differenzierung. Die gesetzliche Regelung hat den „Unterschieden im Tatsächlichen" Rechnung zu tragen, also Gleiches gleich und Ungleiches ungleich zu behandeln. Ergibt die Gesetzesprüfung des VfGH eine Verletzung dieses Sachlichkeitsgebotes, so ist das Gesetz als verfassungswidrig aufzuheben. (7)

Auf den ersten Blick könnte man nun meinen, daß der VfGH mit der extensiven Interpretation des Gleichheitsgrundsatzes (Bindung auch des Gesetzgebers) ein Tor zur umfassenden und raschen Beseitigung geschlechtsspezifischer Diskriminierungen auf der Gesetzesebene aufgestoßen hat. Formal mag diese Einschätzung zutreffen, inhaltlich hat sich der VfGH jedoch keineswegs zum Anwalt materialer Gerechtigkeitsvorstellungen gemacht. Dies hat mehrere Gründe:

1. Die zum Gleichheitsgrundsatz entwickelten Auslegungstopoi lassen keinen Raum für die Prüfung der Zweckmäßigkeit oder „Gerechtigkeit" einer Regelung. Ihre Sachlichkeit bestimmt sich unabhängig von diesem Kriterium. Nach der Judikatur des VfGH dürfen nur solche Unterschiede im Tatsächlichen zu einer unterschiedlichen Regelung führen, die sachlich begründet sind. Der Gesetzgeber kann dabei von einer Durchschnittsbetrachtung ausgehen und auf den Regelfall abstellen, und er ist in seiner rechtspolitischen Gestaltung frei, soweit er nicht Differenzierungen schafft, die als Exzeß zu werten sind. Wann dies der Fall ist, bleibt letztlich eine Wertungsfrage, die vom VfGH immer im Kontext des jeweiligen gesellschaftlichen Bewußtseinsstandes beantwortet wird. Dies hat sehr oft dazu geführt, daß eine gesetzliche Bestimmung in einem ersten Prüfungsverfahren als gleichheitsgemäß bestätigt und dieselbe Regelung Jahre später doch als gleichheitswidrig aufgehoben wurde. So hat der VfGH eine Bestimmung des Gehaltsgesetzes, wonach bei weiblichen Beamten die Haushaltszulage ruht, wenn der Ehemann Einkünfte in bestimmter Höhe bezieht, im Jahre 1970 durchaus als sachlich gerechtfertigt angesehen. In der Begründung wurde auf das noch nicht am Leitbild einer partnerschaftlichen Ehe orientierte Familienrecht und auf die herrschenden gesellschaftlichen Verhältnisse verwiesen, wonach der Ehegatte auch in den Fällen, in denen die Ehegattin berufstätig ist und Einkünfte bezieht, für die Kosten der Haushaltsführung aufzukommen hat. 1977 wurde dieselbe Bestimmung als sachlich nicht mehr gerechtfertigte Differenzierung nach dem Geschlecht aufgehoben. (8) Dieses Beispiel zeigt sehr deutlich,

daß die Judikatur des VfGH zum Gleichheitsgrundsatz im großen und ganzen parallel zum gesellschaftlichen Entwicklungsstand verläuft. Es ist nach dem Selbstverständnis des VfGH nicht die Aufgabe eines Höchstgerichtes, die Gleichstellung der Geschlechter über diesen Entwicklungsstand hinaus zu forcieren. Dies ist eine rechtspolitische Frage, die nach dem in der Verfassung grundgelegten Konzept der Gewaltentrennung nicht vom Verfassungsgerichtshof, sondern von der Gesetzgebung zu beantworten ist.

2. Aus dem Gleichheitsgrundsatz wird vom VfGH keine Verpflichtung des Gesetzgebers zu einem „positiven Tun" abgeleitet. Der Gesetzgeber muß die faktische Ungleichheit zwischen Frau und Mann nicht durch entsprechende gesetzliche Regelungen ausgleichen und ist insbesondere nicht verpflichtet, diesen Ausgleich mit Maßnahmen positiver Diskriminierung (gesetzliche Bevorzugung der Frau bis ein Gleichgewichtszustand erreicht ist) durchzusetzen. Die Zulässigkeit positiver Diskriminierung und die Verpflichtung des Gesetzgebers, derartige Maßnahmen zu setzen, wurden vom VfGH nur im Zusammenhang mit dem ethischen Minderheitenschutz grundsätzlich bejaht. Im Erkenntnis VfSlg 9224/1981 heißt es dazu:

> „Eine mehr oder minder schematische Gleichstellung von Angehörigen der Minderheiten mit Angehörigen anderer gesellschaftlicher Gruppen wird der verfassungsgesetzlichen Wertentscheidung nicht immer genügen können. Je nach dem Regelungsgegenstand kann es der Schutz von Angehörigen einer Minderheit gegenüber Angehörigen anderer gesellschaftlicher Gruppen *sachlich rechtfertigen oder sogar erfordern, die Minderheit in gewissen Belangen zu bevorzugen.*"

Diese Ansicht des VfGH ließe sich durchaus auf die rechtliche Situation von Frau und Mann übertragen. (9) Eine Verfestigung dieser Rechtsprechung im Hinblick auf die Geschlechterproblematik ist in der Judikatur des VfGH allerdings nicht zu erkennen. Eine tiefgreifende Änderung der Spruchpraxis im Sinne einer ausgeprägten rechtspolitischen Aktivierung des Gleichheitsgrundsatzes ist in dieser Hinsicht auch langfristig nicht zu erwarten. Sie würde zum einen in Widerspruch zum verfassungsgesetzlich festgelegten System der nachprüfenden Gesetzeskontrolle stehen und zum anderen auch das in der Verfassung verankerte Prinzip der Gewaltenteilung erheblich aufweichen. Unabhängig von diesem verfassungsdogmatischen Befund ist eine Überdehnung der verfassungsgerichtlichen Rechtsprechung schon aus dem traditionell geübten „judicial self-restraint" des VfGH undenkbar.

3. Der Gleichheitsgrundsatz wird vom VfGH, wie alle anderen Grundrechte, staatsgerichtet interpretiert. Dies bedeutet, daß nur die Staatsorgane im Rahmen ihrer hoheitlichen Tätigkeit an die Grund- und Freiheitsrechte gebunden sind. Für die Beziehung der Staatsbürger untereinander wird eine

solche Bindung im Sinne einer unmittelbaren Drittwirkung grundsätzlich nicht anerkannt. (10) Damit ist auch die direkte Wirksamkeit des Gleichheitsgrundsatzes im Rechtsverkehr zwischen Privaten ausgeschlossen. Die grundrechtliche Garantie der Gleichheit aller Staatsbürger findet nämlich ihre Grenze am ebenfalls grundrechtlich abgesicherten Prinzip der Privatautonomie. Die Gestaltungsfreiheiten, die aus diesem Prinzip erfließen, enthalten daher – überspitzt formuliert – zweifellos auch das Recht zu diskriminieren, insbesondere das Recht, Frauen zugunsten der Männer in ihren ökonomischen Entfaltungsmöglichkeiten einzuschränken und in ihrer freien Lebensgestaltung zu behindern. Gleichheitswidrig gestaltete Vertragsbeziehungen sind rechtsgültig, soweit ihnen zwingende einfachgesetzliche Vorschriften bzw. die „Guten Sitten" des Privatrechts nicht entgegenstehen.

Aus all diesen Faktoren ergibt sich, daß der Gleichheitsgrundsatz nur ein begrenzt taugliches Instrument für die Durchsetzung der rechtlichen und faktischen Gleichstellung der Geschlechter sein kann. Diese Gleichstellung gesamtgesellschaftlich zu realisieren bleibt im wesentlichen eine Aufgabe des einfachen Gesetzgebers. Und diese Aufgabe wurde von der Legislative bis zu Beginn der 70er Jahre in kaum erkennbarer Intensität wahrgenommen. Insbesondere der gesellschaftliche Bereich des Arbeitslebens als ein Kernaspekt der Privatautonomie blieb jahrzehntelang losgelöst von jeder korrigierenden Einflußnahme durch den Gesetzgeber. (11) Daran haben auch die von Österreich mehrfach eingegangenen völkerrechtlichen Verpflichtungen zur Durchsetzung der faktischen Gleichstellung der Geschlechter im Arbeitsleben nichts zu ändern vermocht. Die Entdiskriminierung privatrechtlicher Arbeitsverhältnisse durch den Gesetzgeber hat erst sehr spät und schrittweise eingesetzt. Diese Entwicklung soll im folgenden ausführlicher dargestellt werden, um die Möglichkeiten und Grenzen des Rechts in dem Bemühen aufzuzeigen, einen gesellschaftlichen Zustand herzustellen, der dem Ideal der Gleichbehandlung von Frau und Mann entspricht.

Bereits im Jahre 1954 hatte sich Österreich im ILO-Übereinkommen Nr. 100 (12) völkerrechtlich verpflichtet, die Anwendung des Grundsatzes der Gleichheit des Entgelts männlicher und weiblicher Arbeitskräfte für gleichwertige Arbeit zu fördern und auch sicherzustellen, „*... soweit es mit den bestehenden Verfahren zur Festsetzung der Entgeltsätze vereinbar ist*" (Art.2). Darüber hinaus wurden eine Reihe weiterer internationaler Abkommen ratifiziert, die nicht nur das Prinzip der Lohngleichheit, sondern ein umfassendes Gleichbehandlungsgebot von Frau und Mann im Arbeitsleben festlegen. Zu nennen sind hier das ILO-Übereinkommen Nr. 111 (13), die Europäische Sozialcharta (14), der Internationale Pakt über wirtschaftliche und kulturelle Rechte (15) und die Konvention zur Beseitigung jeder Form von Diskriminierung der Frau (16).

So heißt es u.a. im ILO-Übereinkommen Nr. 111 (13):

> „Jedes Mitglied, für das dieses Übereinkommen in Kraft ist, verpflichtet sich, eine innerstaatliche Politik festzulegen und zu verfolgen, die darauf abzielt, (. . .) die Gleichheit der Gelegenheiten und der Behandlung in bezug auf Beschäftigung und Beruf zu fördern, um jegliche Diskriminierung auf diesem Gebiet auszuschalten" (Art. 2).
> Jedes Mitglied verpflichtet sich weiters „. . . Gesetze zu erlassen und Erziehungsprogramme zu unterstützen, die geeignet erscheinen, die Annahme und Befolgung dieser Politik zu sichern" (Art. 3 lit. b) und „. . . alle gesetzlichen Bestimmungen aufzuheben und alle Verwaltungsvorschriften oder -gepflogenheiten abzuändern, die mit dieser Politik nicht in Einklang stehen" (Art. 3 lit. c).
> Als Diskriminierung im Sinne dieses Übereinkommens gilt „jede Unterscheidung, Ausschließung oder Bevorzugung, die auf Grund der Rasse, der Hautfarbe, des Geschlechts, des Glaubensbekenntnisses, der politischen Meinung, der nationalen Abstammung oder der sozialen Herkunft vorgenommen wird und die dazu führt, die Gleichheit der Gelegenheiten oder der Behandlung in Beschäftigung oder Beruf aufzuheben oder zu beeinträchtigen" (Art. 1 lit. a).

Sowohl das ILO-Übereinkommen Nr. 111 (13) als auch die übrigen völkerrechtlichen Verträge sind durch entsprechende parlamentarische Beschlüsse ein Bestandteil der österreichischen Rechtsordnung geworden.

Sie entfalten jedoch keine unmittelbaren innerstaatlichen Rechtswirkungen, da sie alle unter einem Erfüllungsvorbehalt stehen. Diese spezielle Übernahmetechnik bewirkt, daß ein gerichtlich durchsetzbarer Anspruch auf Gleichbehandlung im Sinne der völkerrechtlichen Garantien bzw. eine Pönalisierung gleichheitswidriger Verhaltensweisen erst dann besteht, wenn ein Gesetz erlassen wird, das die in den Übereinkommen festgelegten Schutzgüter und Schutzpflichten für den innerstaatlichen Bereich speziell transformiert. Die Erlassung solcher Gesetze kann jedoch weder auf innerstaatlicher noch auf internationaler Ebene mit rechtlichen Instrumenten durchgesetzt werden. Dieser Schritt ist einzig und allein vom politischen Willen des nationalen Gesetzgebers abhängig. Und es hat seit Abschluß des ILO-Übereinkommens Nr. 100 immerhin 25 Jahre gedauert, bis die Forderung nach Beseitigung jeglicher Ungleichbehandlung von Frau und Mann im Arbeitsleben – zumindest partiell – politisch konsensfähig geworden war.

Erst im Jahre 1979 wurde in Erfüllung der vorhin genannten Übereinkommen ein *Bundesgesetz über die Gleichbehandlung von Frau und Mann bei Festsetzung des Entgelts* (17) (Gleichbehandlungsgesetz) erlassen. Wie schon aus dem Gesetzestitel hervorgeht, wurde damit jedoch nur einem Teilaspekt der völkerrechtlichen Forderungen Rechnung getragen. Das Diskriminierungsverbot des Gleichbehandlungsgesetzes erstreckte sich nämlich nur auf die Entgeltfestsetzung und ließ alle anderen Formen möglicher Diskriminierung durch den Arbeitgeber unberührt. Stellenausschreibungen, die ohne sachliche Rechtfertigung nur männliche Arbeitnehmer ansprechen, ungerechtfertigte Bevorzugung von männlichen Arbeitnehmern bei der Begründung eines Arbeitsverhältnisses, bei Maßnahmen betrieblicher Weiterbildung, der Gewährung freiwilliger Sozialleistungen u.a.m. waren vom sachlichen Geltungsbereich des Gesetzes nicht erfaßt und konnten daher weiterhin ohne gesetzlichen Sanktionsdruck praktiziert werden. (18) Das umfassende völkerrechtliche Gleichbehandlungspostulat wurde damit nur zögernd und halbherzig in den Bereich des Arbeitslebens hineingetragen, sodaß dieser auch nach Inkrafttreten des Gleichbehandlungsgesetzes eine Domäne für die Benachteiligung der Frauen geblieben ist. Erst in einem zweiten legislativen Schritt, nämlich mit der Novelle zum GleichbehandlungsG. vom 27. Juni 1985 (19), wurde der Schutzbereich des Gleichbehandlungsgesetzes auf einige der soeben angesprochenen Phänomene der Ungleichbehandlung ausgedehnt. Diese materielle Aufwertung des Gesetzes hat auch eine Änderung des Gesetzestitels notwendig gemacht. Das Gleichbehandlungsgesetz heißt nunmehr in vollem Wortlaut: *Bundesgesetz über die Gleichbehandlung von Frau und Mann im Arbeitsleben.* (19)

Der Geltungsbereich des Gesetzes erstreckt sich nur auf privatrechtliche Arbeitsverhältnisse, wobei jene zum Bund, zu den Ländern, Gemeinden und Gemeindeverbänden ausgenommen sind. Für die Arbeitsverhältnisse der land- und forstwirtschaftlichen Arbeiter im Sinne des Landarbeitsgesetzes wurden im II. Teil des GleichbehandlungsG. Grundsatzbestimmungen erlassen, welche von den Ländern in ihrer Ausführungsgesetzgebung zu beachten sind. Diese Einschränkungen des gesetzlichen Geltungsbereichs sind nicht das Ergebnis einer wesentlich anderen Einschätzung der Probleme im öffentlichen Dienst und in der Land- und Forstwirtschaft, sondern ein Spiegel der besonderen Struktur der verfassungsrechtlichen Kompetenzverteilung. (20)

Der materiellrechtliche Teil des Gesetzes umfaßt nunmehr vier Gleichbehandlungstatbestände. Es handelt sich dabei um zwingende Verbotsnormen, deren Wirksamkeit nicht durch gegenteilige Vereinbarung ausgeschlossen werden kann. Sie sind in § 2 leg. cit. folgendermaßen umschrieben:

„§ 2. (1) Auf Grund des Geschlechtes darf niemand

1. bei der Festsetzung des Entgelts,
2. bei der Gewährung freiwilliger Sozialleistungen, die kein Entgelt darstellen und
3. bei Maßnahmen der Aus- und Weiterbildung auf betrieblicher Ebene

diskriminiert werden; Diskriminierung ist jede benachteiligende Differenzierung, die ohne sachliche Rechtfertigung vorgenommen wird.

(2) Der Arbeitgeber darf einen Arbeitsplatz weder öffentlich noch innerhalb des Betriebes (Unternehmens) nur für Männer oder nur für Frauen ausschreiben oder durch Dritte ausschreiben lassen, es sei denn, ein bestimmtes Geschlecht ist unverzichtbare Voraussetzung für die Ausübung der vorgesehenen Tätigkeit. Die Ausschreibung darf auch keine zusätzlichen Anmerkungen enthalten, die auf ein bestimmtes Geschlecht schließen lassen."

Zur Wahrung dieser Gleichbehandlungspflichten wurde beim Bundesministerium für soziale Verwaltung eine Gleichbehandlungskommission eingerichtet, welche aus elf Mitgliedern besteht und sozialpartnerschaftlich besetzt ist. (21) Ihre Aufgabe ist die außergerichtliche Durchsetzung dieser rechtlichen Garantien. Die Vollzugskompetenz beschränkt sich jedoch auf die Erstellung von Gutachten und Vorschlägen. Zu diesem Zweck sind zwei Verfahren vorgesehen:

Das *Verfahren über allgemeine Fragen der Diskriminierung im Arbeitsleben* (22) zielt auf die Erstellung eines Gutachtens über allgemeine Fragen der Verletzung des Gleichbehandlungsgebotes und wird auf Antrag einer der in § 3 genannten Interessenvertretungen oder von Amts wegen eingeleitet. Diese Gutachten sind in den Amtlichen Nachrichten des Bundesministeriums für soziale Verwaltung zu verlautbaren. Das Verfahren diente bisher vor allem der Überprüfung kollektivvertraglicher Vereinbarungen, welche ebenfalls vom Diskriminierungsverbot des § 2 erfaßt sind.

Im *Verfahren bei Verletzung des Gleichbehandlungsgebotes im Einzelfall* (23) hat die Kommission auf Antrag oder von Amts wegen an Hand eines konkreten Beschwerdefalles zu prüfen, ob eine Verletzung des Gleichbehandlungsgebotes vorliegt. Antragsberechtigt sind in diesem Fall Arbeitnehmer, Arbeitgeber, Betriebsrat und die vier Interessenvertretungen. Kommt die Kommission nach Prüfung des konkreten Sachverhalts zum Ergebnis, daß eine Verletzung des Gleichbehandlungsgebotes gegeben ist, hat die Kommission dem diskriminierenden Arbeitgeber einen Vorschlag zur Verwirklichung der Gleichbehandlung zu übermitteln und ihn aufzufordern, die Diskriminierung zu beenden. Kommt der Arbeitgeber dieser Aufforderung nicht fristgerecht nach, kann jede der vier Interessenvertretungen eine Feststellungsklage beim zuständigen Arbeitsgericht einbringen. Ein gerichtliches Feststellungsurteil über die Verletzung des Gleichbehandlungsgebotes ist nach Eintritt der Rechtskraft ebenfalls in den Amtlichen Nachrichten des BMfsV zu verlautbaren.

Unter bestimmten Voraussetzungen besteht für den Arbeitgeber eine umfassende Berichtspflicht hinsichtlich der konkreten Beschäftigungsbedingungen in seinem Betrieb. Verweigert der Arbeitnehmer einen von der Kommission angeforderten schriftlichen Bericht, so ist dieser Umstand ebenfalls in den Amtlichen Nachrichten des BMfsV zu verlautbaren (§ 6a). Damit sind die Wirkungsmöglichkeiten der Gleichbehandlungskommission auch schon erschöpft.

Ein neues Instrument außergerichtlicher Rechtsdurchsetzung wurde durch § 2b GleichbehandlungsG. geschaffen. Demnach haben die Förderungsrichtlinien des Bundes nur für jene Unternehmen Subventionen vorzusehen, die das GleichbehandlungsG. beachten und den Aufträgen der Gleichbehandlungskommission nachkommen. Die Subventionsvergabe des Bundes ist durch diese Selbstbindung zu einem wesentlichen Faktor für eine effektive Verwirklichung des GleichbehandlungsG. geworden. Allerdings wird die Förderungstätigkeit des Bundes zu dieser Zielverwirklichung nur dann wesentlich beitragen können, wenn die Umsetzung des GleichbehandlungsG. und die Beachtung der Aufträge der Gleichbehandlungskommission als Verpflichtung in den Rechtsakt aufgenommen werden, mit dem die Subvention vergeben wird.

Neben diesen außergerichtlichen Möglichkeiten der Rechtsdurchsetzung steht der Beschwerdeführerin der Weg zum Arbeitsgericht offen. Alle Ansprüche, welche sich auf gesetzwidrig vorenthaltene Leistungen gem. § 2 Abs. 1 gründen, können auf dem Klagswege durchgesetzt werden. Bei einer verbotswidrigen Stellenausschreibung kommt eine Leistungsklage allerdings nicht in Frage. Da dieses Verbot auch keinen verwaltungsstrafrechtlichen Tatbestand bildet, bleibt es in diesem Fall bei den spärlichen Sanktionsmöglichkeiten der Gleichbehandlungskommission; ein weiteres Druckmittel ist die Rute im Fenster des Subventionsgebers, falls der Unternehmer eine Förderung aus Bundesmitteln anstrebt.

Der Gesetzgeber hat mit der Novelle 1985 das System der Rechtsdurchsetzung nur unwesentlich geändert, insbesondere die dualistische Rechtsschutzkonzeption des Jahres 1979 beibehalten: Die Gleichbehandlungskommission soll im Vorfeld der arbeitsgerichtlichen Rechtsprechung wirken und der Arbeitnehmerin mit den Gutachten und Vorschlägen helfen, ihre Ansprüche durchzusetzen, ohne daß sie sich sofort der Belastung und dem Risiko eines arbeitsgerichtlichen Leistungsstreites aussetzen müßte. Die Möglichkeit einer Feststellungsklage durch die Interessenvertreter (§ 6) hat darüber hinaus den Sinn, die Arbeitnehmerin durch ein positives Feststellungsurteil darin zu bestärken, ihre Ansprüche gerichtlich durchzusetzen, wenn eine gesetzeskonforme Lösung mit dem Arbeitgeber trotz Intervention der Gleichbehandlungskommission nicht zustande gekommen ist. Das Feststellungsurteil vermindert das Prozeßrisiko der Arbeitnehmerin, da es den Ausgang eines derartigen Verfahrens doch weitgehend kalkulierbar macht.

Mit dem Gleichbehandlungsgesetz in seiner derzeit gültigen Fassung ist zweifellos ein wichtiger Schritt in Richtung einer tatsächlichen Gleichstellung von Frau und Mann im Arbeitsleben getan. Dennoch bleibt das Gesetz in wesentlichen Punkten weit hinter dem zurück, was heute als Standard europäischer Antidiskriminierungsgesetzgebung angesehen werden kann. So erstreckt sich etwa in der BRD das gesetzliche Gleichbehandlungsgebot in Erfüllung der Richtlinien der Europäischen Gemeinschaften (24) auch auf die Begründung des Arbeitsverhältnisses, den beruflichen Aufstieg, Weisungen und Kündigung durch den Arbeitnehmer. Dieser wird auch schadenersatzpflichtig (Ersatz des Vertrauensschadens), wenn ein Arbeitsverhältnis bzw. ein beruflicher Aufstieg nur deshalb nicht zustandegekommen ist, weil gegen das Gleichbehandlungsgebot verstoßen wurde. (25)

Ebenso ist z.B. im italienischen Antidiskriminierungsgesetz über die Entgeltfestsetzung hinaus der Zugang zur Beschäftigung und der berufliche Aufstieg dem Gleichbehandlungsgebot unterworfen. (26)

Was den chancengleichen Zugang zur Beschäftigung betrifft, so gibt sich der österreichische Gesetzgeber mit der geschlechtsneutralen Stellenausschreibung als ultima ratio zufrieden. In den Erläuterungen zur Regierungsvorlage für die Novelle 1985 heißt es dazu: (27)

> „Kann damit auch der Arbeitgeber nicht gezwungen werden, eine Frau anstelle eines Mannes für den betreffenden Arbeitsplatz einzustellen, so soll dadurch einerseits den Frauen nicht von vornherein die Möglichkeit zur Bewerbung genommen werden, bzw. andererseits der Arbeitgeber dazu veranlaßt werden, immer öfter auch Frauen in seine Überlegungen bei der Auswahl der bestgeeigneten Person miteinzubeziehen."

Angesichts der vorurteilsbehafteten Einstellungspraxis der Unternehmen und der zunehmenden Verschärfung am Arbeitsmarkt entbehren diese Sätze nicht eines gewissen Zynismus. Die Zurückhaltung des Gesetzgebers geht konform mit den Vorstellungen der Sozialpartner über den Umfang der Erweiterung des Gleichbehandlungsgesetzes. Diese entsprechen den nunmehr Gesetz gewordenen Regelungsinhalten. (27) Rechtliche Gründe stehen einer Mediatisierung des Gleichheitsgrundsatzes für die Begründung von Beschäftigungsverhältnissen jedenfalls nicht entgegen. So würde die Eingriffsintensität von Regelungen zur Durchsetzung der Chancengleichheit bei der Begründung eines Arbeitsverhältnisses keinesfalls den Wesensgehalt der Eigentumsgarantie verletzen, wenn das Auswahlermessen des Arbeitgebers nur dahingehend eingeschränkt wird, daß eine benachteiligende Differenzierung aus dem alleinigen Grund der Geschlechtszugehörigkeit nicht mehr vorgenommen werden darf. Anzustreben wäre auf Grund der personenbezogenen Besonderheiten von Arbeitsverhältnissen ohnedies kein rechtlicher Anspruch auf Abschluß eines Arbeitsvertrages, der ein zukünftiges Arbeitsverhältnis mit unzumutbaren Ressentiments belasten würde, sondern eine schadenersatzrechtliche Lösung. Eine besserqualifizierte Frau, die gegenüber schlechterqualifizierten Bewerbern z.B. mit dem alleinigen Argument des Frauseins und der „Gefahr" einer allfälligen Schwangerschaft abgelehnt wird, ohne daß es hiefür objektivierbare Gründe gibt, sollte zumindest Anspruch auf Ersatz jener Aufwendungen haben, welche sie im Vertrauen auf die Begründung dieses Arbeitsverhältnisses gemacht hat. Die geschlechtsneutrale Stellenausschreibung würde diesfalls einen vertrauensbegründenden Tatbestand schaffen, auf den die Frau ihre schadenersatzrechtliche Forderung stützen könnte. Eine derartige Regelung würde in der Praxis vor allem jenen Frauen nützen, die sich um höherqualifizierte Arbeitsplätze bemühen.

Ein zweiter wesentlicher Reformaspekt ist die Gleichbehandlung bei der Kündigung. Ein zwingendes Gleichbehandlungsgebot sollte den Arbeitgeber dazu verpflichten, Kündigungen gegenüber kündigungsrechtlich in gleicher Lage befindlichen männlichen und weiblichen Arbeitnehmern auszusprechen oder die Kündigung zu unterlassen. Verbotswidrige Kündigungen im Sinne dieses Gleichbehandlungstatbestandes wären als nichtig anzusehen. Damit könnte der Umsetzung der verbreiteten Vorstellung entgegengewirkt werden, daß Frauen der Verlust eines Arbeitsplatzes eher zuzumuten ist, weil sie ohnedies in der Alternativrolle als Hausfrau und Mutter untergebracht werden können. Darüber hinaus müßte das Verbot der diskriminierenden Stellenausschreibung einen verwaltungsstrafrechtlichen Tatbestand bilden und der Arbeitgeber verpflichtet werden, die Bestimmungen des Gleichbehandlungsgesetzes im Betrieb zu veröffentlichen, um eine möglichst breite Kenntnis der bestehenden Rechtslage sicherzustellen. Die Realisierung dieser Reformpunkte könnte wesentlich zu einem Abbau diskriminierender Arbeitsmarktstrategien beitragen und wäre ein weiterer Schritt zur Herstellung der faktischen Chancengleichheit im Sinne der oben genannten völkerrechtlichen Garantien.

Damit scheinen jedoch die Grenzen rechtlicher Einwirkungsmöglichkeiten erreicht. Zum einen, weil schärfer gefaßte Regelungen (z.B. Kontrahierungszwang (28) gekoppelt mit einer Quotenregelung) durch die fehlende soziale Akzeptanz paralysiert würden, zum anderen, weil auch bei zunehmender Regelungsdichte nicht alle Phänomene geschlechtsspezifischer Diskriminierung in den Griff zu bekommen wären.

Der Bezugsrahmen, in dem z.B. geprüft wird, ob eine sachlich gerechtfertigte Differenzierung bei der Entgeltfestsetzung vorliegt oder nicht, kann nur der Betrieb oder die Betriebsabteilung sein bzw. in seltenen Fällen das Unternehmen dann, wenn eine starke Ähnlichkeit der Verhältnisse in den verschiedenen Betrieben eines Unternehmens gegeben ist. Es gibt jedoch ganze Branchen, in denen nur weibliche Arbeitskräfte eingesetzt werden und wo die Entlohnung im Vergleich zu anderen Arbeitsbereichen extrem niedrig liegt. Hier fehlt jede Vergleichsmöglichkeit zu allenfalls besserverdienenden männlichen Arbeitnehmern, sodaß das niedrige Lohnniveau nicht über das Sachlichkeitsgebot des Gleichbehandlungsgesetzes korrigiert werden kann. Darüber hinaus sind Frauen von Rationalisierung und Konjunkturschwankungen ungleich stärker betroffen als Männer, da es in vielen Betrieben üblich ist, Arbeitskräfte in Stamm- und Randbelegschaften zu gliedern, wobei sich letztere in der Regel aus ungelernten weiblichen Arbeitskräften zusammensetzen, die je nach Konjunkturverlauf eingestellt oder entlassen werden. Der Zusammenhang zwischen Beschäftigungsrisiko und geringer beruflicher Qualifikation wird hier besonders deutlich. Verschärfend wirken ein nach wie vor rollenfixiertes Bildungsangebot und die rollenspezifische Inanspruchnahme dieses Angebotes, insbesondere die Entscheidung für eine kurze Ausbildungsdauer und für Schultypen und Schulzweige, die der sogenannten Mädchenbildung dienen. (29) Neben diesen faktischen Ungleichheiten sind vor allem die Vorurteile über den Wert der weiblichen Arbeitskraft und die „biologische Bestimmung" der Frau als Hausfrau und Mutter nur zum Teil durch rechtliche Maßnahmen steuer- und abbaubar. Dagmar Coester-Waltjen hat in diesem Zusammenhang zutreffend darauf hingewiesen, daß neben die autoritative Normsetzung umfassende konsenswerbende Aktivitäten des Staates treten müssen, die vor allem auf drei Informationskomponenten zielen: Aufklärung „über die ethische und soziale Bedeutung der Gleichberechtigung, die realen Konsequenzen der Frauendiskriminierung und die illegitimen Motivationen hinter vorhandenen Diskriminierungen." (30)

Diese Aktivitäten, gekoppelt mit legistischen Maßnahmen, welche die stereotypen Deutungsmuster von männlich und weiblich, von Männer- und Frauenberufen und die daranhängenden ökonomischen und sozialen Machtgefälle auflösen, scheinen langfristig der geeignete Weg, um einen gesellschaftlichen Zustand zu erreichen, in dem nicht die Zugehörigkeit zu einem bestimmten Geschlecht, sondern das persönliche Engagement, die persönliche Begabung und Leistungsfähigkeit entscheidend für die Entfaltungsmöglichkeiten des einzelnen sind. Was die gesetzlichen Maßnahmen betrifft, ist abgesehen von der Schaffung des Gleichbehandlungsgesetzes und seinem schrittweisen Ausbau doch einiges in Bewegung geraten.

Eine Zäsur stellt ohne Zweifel die 1975 eingeleitete Familienrechtsreform dar. (31) Sie hat die rechtliche Gleichstellung von Frau und Mann in Ehe und Familie im wesentlichen verwirklicht, auch wenn noch patriarchalische Einschlüsse gegeben sind, die reformbedürftig sind. (32) Dieses Reformwerk war auch entscheidend für eine gleichheitssatzkonforme Ausgestaltung anderer Rechtsmaterien. So wurde z.B. im Sozialversicherungsrecht auch für den haushaltsführenden Ehegatten („Hausmann") die Krankenversicherung als Angehöriger möglich, indem die Gleichstellung von Ehemann und Ehefrau im Hinblick auf die Angehörigeneigenschaft vollzogen wurde. (33) Die Ausdehnung des Versicherungsschutzes soll eine tatsächliche Entscheidungsfreiheit der Ehepartner hinsichtlich der Haushaltsführung und Kindererziehung gewährleisten. Ebenso wurde die Möglichkeit der freiwilligen Selbstversicherung in der Pensionsversicherung auch für den männlichen Elternteil geschaffen, wenn er sich der Pflege und Erziehung eines im gemeinsamen Haushalt lebenden Kindes widmet. (34) Parallel dazu ist für den männlichen Elternteil auch die begünstigte Berücksichtigung von Zeiten der Kindererziehung durch die freiwillige Weiterversicherung in der Pensionsversicherung gegeben. (35) Weiters wurden auf Grund des Verfassungsgerichtshoferkenntnisses vom 26. Juni 1980, G 6, 25, 54/79 (VfSlg 8871/80) die sozialversicherungsrechtlichen Bestimmungen über die Witwerpension als gleichheitswidrig aufgehoben, wonach dem Ehemann zum Unterschied von der Ehefrau eine Witwerpension nur zustand, wenn sie seinen Lebensunterhalt überwiegend bestritten hat und er zum Zeitpunkt ihres Todes dauernd erwerbsunfähig oder bedürftig war. Nach der neuen Rechtslage kann die Ehefrau nunmehr auch dem Ehemann in jedem Fall eine Hinterbliebenenversorgung vermitteln. (36)

Mit der Beseitigung geschlechtsspezifischer Regelungen im Staatsbürgerschaftsrecht (37), der Lockerung des Nachtarbeitsverbotes für Frauen (38) und der geplanten Einführung des wahlweisen Karenzurlaubes (39) für die Kinderbetreuung sind weitere Meilensteine frauenfreundlicher Gesetzgebung erreicht.

Diese Entwicklung auf Gesetzesebene zeigt, daß in den letzten Jahren ein Prozeß in Gang gekommen ist, der doch die Hoffnung aufkommen läßt, daß auch die noch vorhandenen frauenfeindlichen Relikte der österreichischen Rechtsordnung in absehbarer Zeit der Rechtsgeschichte übergeben werden können. Es sei aber auch wieder der Bogen zur verfassungsrechtlichen Gleichheitsgarantie gespannt. Der Gleichheitsgrundsatz kann durch die zurückhaltende Rechtsprechung des VfGH zwar keine spektakulären Impulse zum weiteren Fortschreiten dieser Entwicklung beisteuern, aber im Rahmen der nachprüfenden Normenkontrolle doch einiges an Wirksamkeit entfalten, wenn Rechtsvorschriften auf Grund gesellschaftlicher Entwicklungen in Widerspruch zum Gleichheitsgrundsatz geraten. In solchen Fällen gestatten es die Auslegungskonventionen des VfGH, eine „Bereinigung“ der Rechtsordnung vorzunehmen, indem die gleichheitswidrigen Bestimmungen aus dem Rechtsgefüge entfernt werden. (40)

Gesetzgebung und Gerichtsbarkeit sind also – neben Aufklärung und Verhaltensänderung – wichtige Schlüssel für die Realisierung einer umfassenden Gleichstellung der Geschlechter. Beide Staatsfunktionen sind aufgerufen, dieser Aufgabe im Wechselspiel ihrer verfassungsmäßigen Kompetenzen mit noch größerer Blickschärfe als bisher nachzukommen.

Anmerkungen

(1) Staatsgrundgesetz über die allgemeinen Rechte der Staatsbürger, RGBl 142/1867. Durch Art 149 B-VG Bestandteil des geltenden Verfassungsrechts.

(2) Art 2 StGG lautet: „Vor dem Gesetze sind alle Staatsbürger gleich".

(3) Vgl. BERGER, Maria: Die Gleichheit von Frau und Mann in Österreich. In: EuGRZ 10 (1983), H. 23/24, S. 615, und die dort zitierte weiterführende Literatur. Zur Verdeutlichung des Ausmaßes der Frauenfeindlichkeit mag ein Zitat aus einem Gutachten der Akademischen Senate aus dem Jahre 1895 genügen, in welchem die Zulassung von Frauen zum Universitätsstudium u.a. mit folgender Begründung abgelehnt wurde:
„Eine Änderung des scientifischen und disciplinarischen Charakters der Universitäten aber zu Ungunsten der Männer und zu Gunsten der Frauen, namentlich einiger, im besten Falle lediglich neugieriger und solcher, welche, den ihnen durch Natur und Sitte angewiesenen Wirkungskreis verkennend, darüber hinaus in den Kreis der Männer störend einzutreten beabsichtigen, kann weder im Interesse der Wissenschaft noch einer selbst fortschrittlichen sozialen Ordnung liegen. Die Universität ist heute noch und wohl für lange hinaus wesentlich eine Vorschule für die verschiedenen Berufszweige des männlichen Geschlechts, und so lange die Gesellschaft, was ein günstiges Geschick verhüten möge, die Frauen nicht als Priester, Richter, Advokaten, Ärzte, Lehrer, Feldherrn, Krieger aufzunehmen das Bedürfnis hat, das heißt, so lange der Schwerpunkt der Leitung der sozialen Ordnung noch in dem männlichen Geschlechte ruht, liegt auch keinerlei Nötigung vor, den Frauen an der Universität ein Terrain einzuräumen, welches in den weiteren Folgen unmöglich zu begrenzen wäre."
Abgedruckt bei MERKL, Adolf: Grundzüge des Österreichischen Hochschulrechts. In: ZÖR 12 (1962/63), S. 285.

(4) Vgl. Art 7 B-VG, Art 66 StV v. St. Germain, Art 14 MRK als allgemeine Gleichheitsverbürgungen. Einen vollständigen Überblick über die einschlägigen Rechtsquellen bietet der Aufsatz von RACK, Reinhard/WIMMER, Norbert: Das Gleichheitsrecht in Österreich. In: EuGRZ 10 (1983), H. 23/24, S. 597–600.

(5) Vgl. VfSlg 1226/1929.

(6) Vgl. VfSlg 1451/1932.

(7) Zu den Grundzügen der verfassungsgerichtlichen Normenkontrolle vgl. ADAMOVICH, Ludwig/FUNK, Bernd-Christian: Österreichisches Verfassungsrecht. Wien-New York 1985, S. 338 ff.

(8) Vgl. VfSlg 9219/1970 und 8147/1977.

(9) Vgl. BERGER, Gleichheit, S. 620.

(10) Vgl. zum Problem der Drittwirkung mit umfassender Berücksichtigung der einschlägigen Literatur NOVAK, Richard: Zur Drittwirkung der Grundrechte. Die österreichische Lage aus rechtsvergleichender Sicht. In: EuGRZ 11 (1984), H. 5, S. 133–142.

(11) Nur der Sonderschutz für berufstätige Frauen wurde besonders stark ausgebaut. Vgl. z.B. das Bundesgesetz über die Nachtarbeit von Frauen. BGBl 237/1969 idgF, und die Verordnung vom 29. Nov. 1976 über Beschäftigungsverbote und -beschränkungen für weibliche Arbeitnehmer, BGBl 696/1976. Insbesondere das Nachtarbeitsverbot für Frauen ist in letzter Zeit vielfach als überzogener Sonderschutz kritisiert worden, da er sich im Arbeitsleben für die Frauen vielfach als Bumerang erwiesen hat. In vielen Branchen gilt die Frau nicht zuletzt wegen dieses Sonderschutzes als nicht gern gesehene Arbeitskraft. Eine Lockerung der Nacht-

arbeitsverbote wurde mit der Novelle zum Nachtarbeitsgesetz vom 20. März 1986, BGBl 209/1986, verwirklicht.

(12) Übereinkommen Nr. 100 der Internationalen Arbeitsorganisation (ILO) über die Gleichheit des Entgelts männlicher und weiblicher Arbeitskräfte für gleichwertige Arbeit, BGBl 39/1954.

(13) Übereinkommen Nr. 111 der Internationalen Arbeitsorganisation über die Diskriminierung in Beschäftigung und Beruf, BGBl 111/1973.

(14) BGBl 460/1969 idF 284/1970.

(15) BGBl 590/1978.

(16) BGBl 443/1982.

(17) BGBl 108/1979.

(18) Die Arbeitnehmerin konnte sich – was die inhaltliche Gestaltung des Arbeitsverhältnisses betrifft – allenfalls auf den von Lehre und Rechtssprechung entwickelten arbeitsrechtlichen Gleichbehandlungsgrundsatz berufen. Dieser gehört jedoch nach hA dem nachgiebigen Recht an, d.h. daß die richterliche Anwendung des Grundsatzes durch anderslautende Vereinbarungen ausgeschlossen werden kann.

(19) BGBl 290/1985.

(20) Vgl. zu diesem Problem MAYER-MALY, Theo: Gleichbehandlungsgesetz. Wien 1981, S. 34 ff. Daß es nicht gelungen ist, durch aufeinander abgestimmte bundes- und landesrechtliche Bestimmungen die kompetenzrechtlichen Hindernisse verfassungskonform zu überwinden und auch für den öffentlichen Dienst ein zwingendes Diskriminierungsverbot vorzusehen, ist insbesondere vor dem Hintergrund der neu eingeführten Gleichbehandlungstatbestände bedauerlich, da sich die Arbeitsgerichte in Anwendung des arbeitsrechtlichen Gleichbehandlungsgrundsatzes immer wieder mit geschlechtsspezifischer Diskriminierung im öffentlichen Dienst auseinanderzusetzen haben. Vgl. z.B. OGH Arb 7570 und 8595.

(21) Gem. § 3 GleichbehandlungsG. gehören der Kommission neben dem Bundesminister für soziale Verwaltung je ein Vertreter des Ministeriums für soziale Verwaltung und des Bundeskanzleramtes an. Die übrigen acht Mitglieder werden auf Grund von Zweiervorschlägen der vier großen Interessenvertretungen bestellt: Bundeskammer der gewerblichen Wirtschaft, Österreichischer Arbeiterkammertag, Vereinigung österreichischer Industrieller, Österreichischer Gewerkschaftsbund.

(22) Vgl. § 5 GleichbehandlungsG. iVm § 8 Gleichbehandlungskommissions-Geschäftsordnung, BGBl 278/1979 idF 440/1985.

(23) Vgl. § 6 GleichbehandlungsG. iVm § 12 Gleichbehandlungskommissions-Geschäftsordnung.

(24) Vgl. die beiden Richtlinien des Rates der Europäischen Gemeinschaften 75/117 vom 10. 2. 1975, ABI EG L 45, S. 19 und 76/207 vom 9. 2. 1976, ABI EG L 39, S. 40.

(25) Gesetz über die Gleichbehandlung von Männern und Frauen am Arbeitsplatz und über die Erhaltung von Ansprüchen bei Betriebsübergang (Arbeitsrechtliches EG-Anpassungsgesetz), dBGBl I, S. 1308. Dazu ausführlich EICH, Rolf-Achim: Das Gesetz über die Gleichbehandlung von Männern und Frauen am Arbeitsplatz. In: Neue Juristische Wochenschrift (1980), H. 43, S. 2329–2336.

(26) Gesetz über die Gleichbehandlung von Männern und Frauen im Arbeitsleben vom 9. 12. 1977, Nr. 343. Vgl. dazu RUNGGALDIER, Ulrich/WACHTER, Gustav: Das italienische Gesetz über die Gleichbehandlung von Männern und Frauen im Arbeitsleben. In: Das Recht der Arbeit 28 (1978), H. 147, S. 379–382.

(27) EB zur RV 664 BlgNR XVI. GP, S. 5.

(28) Gesetzliche Einschränkung der Entscheidungsfreiheit des einzelnen, mit welcher Person er ein Rechtsgeschäft abschließen will.

(29) Für diesen Begriff stehen Schultypen wie z.B. Fachschulen für wirtschaftliche Frauenberufe und Schulen für landwirtschaftliche Frauenberufe und eigene Schulzweige wie z.B. das wirtschaftskundliche Realgymnasium für Mädchen an der AHS. Nach Beendigung der Ausbildung stehen den Mädchen idR nur Arbeitsbereiche offen, die traditionell niedrig entlohnt werden. Vgl. zu diesem Problem HORNYIK, Brigitte: Mädchen(ver)bildung – Anmerkungen zum österreichischen Schulrecht. In: BUNDESKANZLERAMT (Hrsg.): Frau und Recht. Wien 1982, S. 26–35.

(30) Vgl. COESTER-WALTJEN, Dagmar: Zielsetzung und Effektivität eines Antidiskriminierungsgesetzes. In: Zeitschrift für Rechtspolitik 15 (1982), H. 9, S. 221.

(31) BG vom 1. 7. 1975 über die Neuordnung der persönlichen Rechtswirkungen der Ehe, BGBl 412; BG vom 30. 6. 1977 über die Neuordnung des Kindschaftsrechts, BGBl 403; BG vom 15. 6. 1978 über die Änderung des Ehegattenerbrechts, des Ehegüterrechts und des Ehescheidungsrechts, BGBl 280, und Ehegesetznovelle vom 30. 6. 1976, BGBl 303.

(32) Vgl. dazu den Beitrag von Monika GIMPEL-HINTEREGGER in diesem Band.

(33) Vgl. z.B. § 123 Abs 2 ASVG, neugefaßt durch die 36. Novelle zum Allgemeinen Sozialversicherungsrecht, BGBl 282/1981.

(34) Vgl. z.B. § 18 ASVG.

(35) Vgl. z.B. § 76a ASVG.

(36) Vgl. z.B. § 258 ASVG. Alle bisher erwähnten Reformpunkte wurden auch in den übrigen Sozialversicherungsgesetzen verwirklicht. Vgl. die 4. Novelle zum Gewerblichen Sozialversicherungsgesetz BGBl 283/1981; 4. Novelle zum Bauern-Sozialversicherungsgesetz BGBl 284/1981 und die 10. Novelle zum Beamten-Kranken- und Unfallversicherungsgesetz, BGBl 285/1981.

(37) BGBl 170/1983.

(38) BGBl 209/1986. Vgl. Anm. 11.

(39) Gesetzesbeschluß des Nationalrates vom 1. Oktober 1986 betreffend ein Bundesgesetz über den Karenzurlaub für Väter. Das Gesetz steht derzeit noch nicht in Geltung, da der Bundesrat gegen diesen Gesetzesbeschluß Einspruch erhoben hat, und zwar mit der Begründung, daß es sich hiebei um ein „klassenkämpferisches Gesetz" handle, das in einer Reihe von Bestimmungen den Keim des Mißbrauchs in sich trage. 1110 BlgNR XVI. GP, S. 1.

(40) Pars pro toto sei hier nochmals an das Erkenntnis zum Gehaltsgesetz VfSlg 8147/1977 und an das Witwerpensionserkenntnis VfSlg 8871/1980 erinnert.

Monika Gimpel-Hinteregger

Arbeitsplatz Haushalt – Kann die Ehe als materielle Existenzgrundlage dienen?

Im Jahr 1983 waren in ganz Österreich 46,9 % – etwas weniger als die Hälfte – aller Frauen zwischen 15 und 60 Jahren nicht erwerbstätig. Das waren 16,7 % aller 20- bis 24jährigen, 34,7 % aller 25- bis 29jährigen und 54,3 % aller verheirateten Frauen mit Kindern. (1) Die Tendenz ist abnehmend, doch Schlagworte wie „neue Mütterlichkeit“ und Arbeitsplatzprobleme durch das Vordringen neuer Technologien in den Büros deuten durchaus auf die Möglichkeit einer Wende hin. Als soziales Auffangnetz für jene Frauen, die sich auf ihre Hausfrauen- und Mutterrolle besinnen, soll nach althergebrachter Gewohnheit die Institution der Ehe als Versorgungseinrichtung dienen.

I. Wie sieht die Rechtsordnung das Institut der Ehe?

§ 44 des Allgemeinen Bürgerlichen Gesetzbuches definiert die Ehe als Vertrag, in dem zwei Personen verschiedenen Geschlechts gesetzmäßig ihren Willen erklären, in unzertrennlicher Gemeinschaft zu leben, Kinder zu zeugen, sie zu erziehen und sich gegenseitigen Beistand zu leisten.

Die *Ehemündigkeit* erreicht ein Mann mit der Vollendung des 19. Lebensjahres, eine Frau mit der Vollendung des 16. Lebensjahres (2) – üblicherweise erklärt durch biologische Gegebenheiten, historisch durch die unterschiedliche Aufgabenverteilung von Mann und Frau innerhalb der Ehe: abgeschlossene Berufsausbildung beim Mann als Voraussetzung für die Beschaffung des gemeinsamen Unterhalts, biologische Reife der Frau, um die Nachkommenschaft zu sichern.

Im Jahre 1983 betrug das durchschnittliche Heiratsalter bei Frauen 22,6 Jahre, bei Männern 25,1 Jahre. (3)

Nach außen hin sichtbares Zeichen des Ehebandes ist die Verpflichtung zur Führung eines gemeinsamen *Ehenamens*. Dies kann der Name des Mannes oder der der Frau sein. Können sich die zukünftigen Ehegatten nicht einigen, so wird automatisch mit der Eheschließung der Name des Mannes auch der Ehename (§ 93 ABGB).

Mit der Familienrechtsreform 1970–1978 wurde dem Grundsatz der Gleichberechtigung der Geschlechter auch im Eherecht weitgehend Rechnung getragen (dazu im folgenden). Nicht ganz durchgesetzt hat sich der Gedanke der Gleichberechtigung der Ehegatten im *Ehegüterrecht*. Hier sind weiterhin Bestimmungen in Geltung, die den sozialen Verhältnissen des vorigen Jahrhunderts angepaßt waren: Noch immer können die Braut selbst oder die dazu verpflichteten Eltern dem Manne „zur Erleichterung des mit der ehelichen Gesellschaft verbundenen Aufwandes" ein *Heiratsgut* übergeben. Während der Ehe gebührt die Nutzung des Heiratsgutes dem Manne. Besteht es aber in Geld, so gebührt ihm das vollständige Eigentum. (4) Der Mann kann das Heiratsgut seiner Braut durch die sogenannte „Widerlage" vermehren, (5) er kann ihr auch noch immer die „Morgengabe" als Geschenk am ersten Morgen versprechen. (6)

Diese Bestimmungen sind weitgehend obsolet und können ihren ursprünglichen Zweck, die Existenz der Frau durch „Reservierung" von eigenem Vermögen für den Fall der Auflösung der Ehe zu sichern, nicht mehr erfüllen.

Ein Überrest der patriarchalischen Auffassung der Ehe findet sich auch in der sogenannten *Ehelichkeitsbestreitung:* Wird ein Kind nach der Eheschließung und vor Ablauf des 302. Tages nach Auflösung oder Nichtigerklärung der Ehe geboren, so wird vermutet, daß es ehelich ist. (7) Kommen dem Ehemann der Mutter aber Bedenken, ob das Kind wirklich von ihm abstammt, kann er die Ehelichkeit des Kindes durch gerichtliche Klage bestreiten. (8) Dieses Recht steht nur dem Ehemann der Mutter, in besonderen Fällen dem Staatsanwalt zu. *Nicht aber der Mutter selbst, nicht dem wirklichen Vater und auch nicht dem Kind.* (9)

Kommt der Ehemann der Mutter mit der Ehelichkeitsbestreitungsklage durch, so gilt das Kind als unehelich. Bei *unehelichen Kindern* darf die Mutter das Kind zwar pflegen und erziehen (§ 170 ABGB); die gesetzliche Vertretung kommt aber von Gesetzes wegen nicht ihr, sondern der Bezirksverwaltungsbehörde als *Amtsvormund* zu. (10) Der unehelichen Mutter kann von der Bezirksverwaltungsbehörde das Recht zur gesetzlichen Vertretung des Kindes übertragen werden, wenn sie dazu geeignet erscheint. (11)

Der ehelichen Mutter werden solche Bedenken nicht entgegengebracht. Ihr steht die gesetzliche Vertretung ihres Kindes ohne behördliche Vorauskontrolle zu.

Der außereheliche Vater wiederum erhält die Pflege und Erziehung seines Kindes nur, wenn der außerehelichen Mutter das Recht zur Pflege und Erziehung entzogen ist oder sie gestorben, unbekannten Aufenthalts oder unerreichbar ist. (12) Hat „er sich in der Pflege und Erziehung seines Kindes bewährt", kann er Vormund seines Kindes werden. (13)

Die Auffassung des Obersten Gerichtshofes von der Ehe läßt sich an Hand seiner Rechtsprechung zum § 1326 ABGB, zur *Verunstaltungsentschädigung*, veranschaulichen.

§ 1326 ABGB: „Ist die verletzte Person durch die Mißhandlung verunstaltet worden; so muß zumal, wenn sie weiblichen Geschlechtes ist, insofern auf diesen Umstand Rücksicht genommen werden, als ihr besseres Fortkommen dadurch verhindert werden kann."

Eine solche Beeinträchtigung kann jemand möglicherweise in seinem Beruf erleiden, aber laut OGH: „Bei einer weiblichen Person ist die Möglichkeit, durch eine Heirat ihre Gesamtlage zu verbessern, als „besseres Fortkommen" zu beurteilen." (14) Zwar gewährt der OGH in jüngerer Zeit auch Männern eine Verunstaltungsentschädigung wegen verminderter Heiratschancen, doch steht er anscheinend noch immer – trotz Scheidungsreform – auf dem Standpunkt der Unauflösbarkeit der Ehe: Eine Verunstaltungsentschädigung wegen verminderter Heiratschancen steht nur Personen zu, die zum Zeitpunkt der Schädigung unverheiratet waren. (15) Eine Verhinderung eines besseren beruflichen Fortkommens ist bei Hausfrauen „praktisch ausgeschlossen". (16)

Als geradezu frauenfeindlich in Inhalt und Formulierung ist der § 1328 ABGB anzusehen, der auch so schwere Eingriffe in das Selbstbestimmungsrecht der Frau wie die Vergewaltigung mit einschließt und überdies nur für „*außereheliche Beiwohnung*" Anwendung findet.

§ 1328 ABGB: „Wer eine Frauensperson durch eine strafbare Handlung oder sonst durch Hinterlist, Drohungen oder Mißbrauch eines Abhängigkeitsverhältnisses zur Gestattung der außerehelichen Beiwohnung bestimmt, hat ihr den erlittenen Schaden und entgangenen Gewinn zu ersetzen."

Was die Begriffe „erlittener Schaden" und „entgangener Gewinn" in diesem Zusammenhang bedeuten sollen, darauf kann hier nicht weiter eingegangen werden. (17)

II. Die „Versorgung" der Hausfrau bei aufrechter Ehe

1. Der Unterhaltsanspruch bei aufrechter Ehe:

Während der Ehe sind die persönlichen Rechte und Pflichten der Ehegatten gleich. Sie sind zur umfassenden ehelichen Lebensgemeinschaft, besonders zum gemeinsamen Wohnen, zur Treue, zur anständigen Begegnung und zum Beistand verpflichtet (§ 90 ABGB).

Es bleibt aber den Ehegatten überlassen, wie sie ihre eheliche Lebensgemeinschaft konkret ausgestalten wollen (§ 91 ABGB). Grundsätzlich haben sie zur Deckung ihrer Bedürfnisse gemeinsam beizutragen, und zwar proportional zu ihrem Einkommen (§ 94 ABGB). Sind beide berufstätig, so sind auch beide verpflichtet, an der Führung des gemeinsamen Haushaltes mitzuwirken (§ 95 ABGB). Entscheiden sie sich aber für den Typ der *Hausfrauenehe*, so obliegt der Frau die Haushaltsführung. Sie leistet damit ihren Beitrag und hat dafür gegenüber dem Mann einen Anspruch auf Unterhalt (§ 94 Abs. 2 ABGB). Dieser umfaßt Nahrung, Kleidung, Wohnung und neben den übrigen Lebensbedürfnissen auch ein Taschengeld zur freien Verfügbarkeit. (18) (All dies und das folgende gilt natürlich auch für den umgekehrten Fall einer Hausmannehe.)

Wurde einmal die Führung einer Hausfrauenehe vereinbart, kann davon nur mehr einvernehmlich oder bei Vorliegen wichtiger Gründe abgegangen werden.

Verläßt z.B. der Mann den gemeinsamen Haushalt, so kann die Hausfrau nicht verpflichtet werden, auch wenn es ihr zumutbar wäre, eine eigene Erwerbstätigkeit aufzunehmen. Ihr Unterhaltsanspruch wird üblicherweise in der Höhe von 33 % bis 40 % des Einkommens ihres Mannes berechnet. Bei einem Durchschnittseinkommen von S 12.000,– sind das zwischen S 4.000,– und S 5.000,–, allerdings unter der Voraussetzung, daß der Mann nicht andere Sorgepflichten hat. Für jedes unterhaltsberechtigte Kind vermindert sich der Anspruch um 4 % (Rechtsprechung des OLG Wien).

Macht sich aber die Frau einer „besonders schweren Eheverfehlung" schuldig, so hat sie ihren Unterhaltsanspruch für alle Zeiten *verwirkt*. Insbesondere wenn sie ohne Rechtfertigung die eheliche Gemeinschaft verläßt. Als Rechtfertigung wird grundsätzlich eine Gefährdung ihrer körperlichen oder seelischen Integrität durch den Ehemann angesehen. Ein Verwirkungstatbestand ist es z.B. auch, wenn sie einen Ehebruch begeht. (19)

2. Die sozialversicherungsrechtliche Stellung der Hausfrau:

Die Ehefrau, die nicht selbst berufstätig ist, ist in der *Krankenversicherung* als Angehörige mit dem erwerbstätigen Ehemann mitversichert, ohne selbst Beiträge leisten zu müssen. (20) Sie ist aber nicht *arbeitslosenversichert*, deshalb erhält sie auch bei der Geburt eines Kindes kein Karenzurlaubsgeld.

Die haushaltsführende Ehefrau kommt – im Gegensatz zu Schülern und Studenten – auch nicht in den Genuß der gesetzlichen *Unfallversicherung*. Ein Unfall im Haushalt ist kein Arbeitsunfall, außer es handelt sich um einen bäuerlichen Haushalt. (21)

Verliert z.B. eine Hausfrau auf Grund eines Unfalles im Haushalt ein Auge, so erhält sie dafür keine Entschädigung. Passiert aber einer berufstätigen Frau im Rahmen ihrer beruflichen Tätigkeit das gleiche Unglück, bekommt sie von der Unfallversicherung 30 % ihres letzten Bruttogehaltes als Versehrtenrente.

Erleidet der versicherte Ehemann einen tödlichen Arbeitsunfall oder stirbt er an einer Berufskrankheit, erhält die Witwe aus der gesetzlichen Unfallversicherung eine *Witwenrente*. (22) Diese beträgt 20 % des ehemaligen Jahresgehaltes des Verstorbenen und erhöht sich mit Vollendung ihres 60. Lebensjahres auf 50 %. Diese Ansprüche stehen ihr unabhängig von einem zusätzlich vorhandenen Pensionsanspruch zu.

Nach dem Tode des Ehemannes erhält die Hausfrau als Hinterbliebene aus der gesetzlichen Pensionsversicherung ihres Mannes 60 % seines *Pensionsanspruches*. Liegt dieser Anspruch unter dem Existenzminimum, bekommt sie eine Ausgleichszulage, sodaß sie über ein Mindesteinkommen von derzeit S 4.678,– verfügen kann.

Dazu als Vergleich die *pensionsrechtliche Stellung der erwerbstätigen Frau:* Diese hat mit Vollendung des 55. Lebensjahres Anspruch auf die vorzeitige Alterspension, wenn sie 35 Versicherungsjahre angesammelt hat. Das heißt aber, daß sie ab dem 20. Lebensjahr ohne Unterbrechung berufstätig gewesen sein muß (§ 253 b ASVG).

Kann sie diese lange Versicherungsdauer nicht vorweisen, muß sie ihren 60. Geburtstag abwarten. War sie zu diesem Zeitpunkt mindestens 15 Jahre pensionsversichert, so bekommt sie eine eigene Alterspension (§ 253 ASVG).

Für die *Höhe der Pension* wird das Durchschnittseinkommen der letzten 9 Jahre ermittelt. Davon gebührt ihr ein bestimmter Prozentsatz als Alterspension. Bei der Variante eins – 55 Jahre und 35 Versicherungsjahre – wären das etwa 64,5 % dieses Durchschnittseinkommens. Bei der Variante zwei – 60 Jahre und 15 Versicherungsjahre – beträgt ihre Alterspension 28,5 %.

Hat die berufstätige Frau *Kinder* geboren, wird dies pensionsmathematisch folgendermaßen berücksichtigt: Hat sie weniger als 30 Versicherungsjahre, so erhöht sich ihre Alterspension um bis zu 3 % der Bemessungsgrundlage pro Kind (§ 261 a ASVG). Außerdem wird ihr ein Jahr pro Kind als sogenannte „Ersatzzeit" angerechnet. Sie erhält also für jedes lebendgeborene Kind ein voll anrechenbares Versicherungsjahr. Das steht nur der Frau zu (§ 227 Z 4 ASVG).

Unterbricht sie ihre Berufstätigkeit nach der Geburt ihres Kindes für 3 Jahre, dann kann sie, aber auch der Vater, sich für die restlichen zwei Jahre freiwillig weiterversichern (§ 18 ASVG). Das kostet im Moment je nach bisherigem Einkommen zwischen S 800,– und S 6.000,– monatlich.

Hat eine Frau einen eigenen Anspruch auf Alterspension erworben und stirbt ihr Ehegatte, dann erhält sie ebenfalls 60 % seiner Pension als Hinterbliebenenpension. Dies gilt auch für den überlebenden Ehemann. (23)

Einen *Sonderanspruch* gewährt § 254 Abs. 2 ASVG: Hat eine Ehefrau, die mindestens 5 Versicherungsjahre in den letzten 10 Jahren erworben hat, das 55. Lebensjahr vollendet und mindestens 4 Kinder geboren, dann hat sie nach dem Tod ihres Ehemannes Anspruch auf eine eigene Invaliditätspension zusätzlich zur Witwenpension. Sozusagen ein Pensionsanspruch als Lotteriegewinn! Denn die Erfüllung dieser durchaus kritikwürdigen Voraussetzungen hängt ja wohl weitgehend vom Zufall ab. Überdies ist der Gesetzgeber anscheinend der Auffassung, daß die Geburt von 4 Kindern jedenfalls die Invalidität der Mutter zur Folge haben muß.

Zusammenfassend ist zu sagen: Die Benachteiligung der Frau in der Pensionsversicherung ist evident. Die pensionsversicherungsrechtliche Absicherung der Hausfrau ist völlig unzureichend. Sie erhält nach dem Tode ihres versicherten Ehegatten nur die 60 %ige Hinterbliebenenpension, die sich weitgehend am Rande des Existenzminimums bewegt. (24) Die gesellschaftlich wertvolle Aufgabe der Kinderbetreuung wird bei den Hausfrauen pensionsversicherungsrechtlich überhaupt nicht berücksichtigt. Sie erhalten nicht einmal den 3 %igen Kinderzuschlag.

Auch bei der berufstätigen Frau schlägt sich die Erfüllung ihrer Mutterrolle nur sehr eingeschränkt in der Höhe ihrer Pension nieder. Möchte sie sich drei Jahre selbst um ihr Kind kümmern, so muß sie, um keine pensionsrechtlichen Nachteile zu erleiden, für 2 Jahre freiwillig Pensionsbeiträge von insgesamt S 19.200,– bis S 144.000,– bezahlen. Unterbricht sie ihren Beruf bei der Geburt eines Kindes nicht länger als ein Jahr, nimmt sie die damit verbundene Belastung auf sich und erreicht sie auf diese Weise 30 Versicherungsjahre, dann verliert sie ihren Anspruch auf den 3 %igen Kinderzuschlag.

Doch 3 von 10 Ehen werden geschieden.

III. Die „Versorgung“ der geschiedenen Hausfrau

1. Der Unterhaltsanspruch nach Scheidung der Ehe:

78,5 % der Scheidungen erfolgen einvernehmlich. (25) Dazu ist es notwendig, daß sich die Ehegatten über die Scheidungsfolgen – Sorgerecht für die Kinder, Aufteilung des gemeinsam erworbenen Vermögens und Regelung etwaiger Unterhaltsansprüche – schriftlich einigen können (§ 55 a Ehegesetz).

Im übrigen ist der Unterhaltsanspruch nach der Scheidung vom Verschulden an der Ehescheidung abhängig.

Der *allein oder überwiegend schuldige Ehegatte* hat dem anderen angemessenen Unterhalt zu leisten, wenn diesem keine Erwerbstätigkeit zumutbar ist. Dies wird vor allem dann der Fall sein, wenn der Unterhaltsberechtigte ein vorschulpflichtiges Kind selbst pflegt und erzieht oder wenn für ihn – etwa wegen fortgeschrittenen Alters – keine konkrete Arbeitsmöglichkeit besteht. (26) Die Höhe des Unterhaltsanspruchs entspricht in etwa dem bei aufrechter Ehe. Doch besteht für die schuldlos geschiedene Ehegattin nun die konkrete Gefahr, daß ihr geschiedener Mann neue Sorgepflichten, meist durch eine neuerliche Eheschließung, eingeht. Dann reduziert sich ihr Unterhaltsanspruch entsprechend.

Sind *beide schuld* an der Scheidung, dann kann dem Ehegatten, der sich „nicht selbst unterhalten kann“, ein Unterhaltsbeitrag zugesprochen werden. Dieser Unterhaltsbeitrag ist kein echter Unterhaltsanspruch und soll nur einen Teil der Lebensbedürfnisse abdecken. Die Unterhaltspflichten von Verwandten, insbesondere der Eltern und der Kinder, gehen vor. Erst wenn diese nichts leisten können, kann der geschiedene Ehegatte zur Beitragsleistung herangezogen werden (§ 68 Ehegesetz).

Als Ausnahme in diesem System ist der Unterhaltsanspruch nach § 69 Abs. 2 Ehegesetz anzusehen. Ist die häusliche Gemeinschaft der Ehegatten seit 3 Jahren aufgehoben und die Ehe unheilbar zerrüttet (§ 55 Ehegesetz), so muß der Ehegatte, der die Scheidung verlangt, wenn er die Zerrüttung allein oder überwiegend verschuldet hat, dem anderen Unterhalt wie bei aufrechter Ehe leisten. Ausgangspunkt für diese Regelung war der Fall der „verlassenen Hausfrau“, die nach langen Jahren der Haushaltsführung und Kinderbetreuung gegen ihren Willen geschieden wird. In diesem Fall ist sie auch pensionsversicherungsrechtlich besser abgesichert.

Enthält das Urteil nach § 55 Ehegesetz *keinen Schuldausspruch*, kann dem Ehegatten, der die Scheidung verlangt hat, nach Billigkeit eine Unterhaltspflicht gegenüber dem anderen Ehegatten auferlegt werden (§ 69 Abs. 3 EheG).

Das österreichische Eherecht kennt folgende Scheidungsgründe, die eine Scheidung aus Verschulden rechtfertigen:

1) Ehebruch (§ 47 Ehegesetz)
2) Verweigerung der Fortpflanzung (§ 48 Ehegesetz): wenn sich ein Ehegatte ohne triftigen Grund weigert, Nachkommenschaft zu produzieren. Interessant ist, daß dieser Scheidungsgrund aus dem Jahre 1938 stammt und in Deutschland 1946 im Zuge der Eliminierung von nationalsozialistischem Gedankengut aus dem Eherecht beseitigt wurde. In Österreich ist er noch immer geltendes Recht.
3) Andere Eheverfehlungen (§ 49 Ehegesetz): Das sind etwa neben Angriffen auf die körperliche Integrität
   - ungerechtfertigtes Verlassen der ehelichen Gemeinschaft
   - Versperren des Schlafzimmers
   - beharrliche, grundlose Verweigerung des Geschlechtsverkehrs
   - das Verschweigen des Einkommens durch den Ehemann, aber auch
   - die Nichtmitwirkung im bäuerlichen Betrieb als Verletzung der Beistandspflicht oder
   - fortgesetzter Umgang mit Personen des anderen Geschlechtes gegen den Willen des anderen Ehegatten.

Die Verbindung zwischen Unterhaltsanspruch und Verschulden bedeutet für die auf den Unterhaltsanspruch angewiesene, nicht berufstätige Ehefrau, daß sie aus dem einmal eingegangenen Ehevertrag sich aus eigenem Antrieb nicht mehr lösen kann, ohne ihre Existenzgrundlage zu gefährden. Denn, will sie aus der Ehe ausbrechen, dann verliert sie jedenfalls auch den Unterhaltsanspruch.

Will der berufstätige Ehemann aus der Ehe ausbrechen, so muß er – auch bei Setzung schwerer Verschuldenstatbestände – lediglich damit rechnen, zu Unterhaltsleistungen für seine Frau verpflichtet zu werden, wenn ihr eine Erwerbstätigkeit nicht zugemutet werden kann.

Das erklärt auch die statistische Tatsache, daß doppelt soviele berufstätige Ehefrauen die Scheidung begehren wie nicht berufstätige. (27)

Nicht berufstätige Ehefrauen müssen außerdem auf ehezerstörende Handlungen ihrer Ehemänner viel vorsichtiger reagieren, da sie darauf angewiesen sind, daß die Ehe aus dem Verschulden des Mannes geschieden wird. Bei fortgeschrittenem Alter werden sie gut daran tun, auch an einer vollkommen zerrütteten Ehe festzuhalten und sich dem Scheidungsbegehren des Ehemannes solange zu widersetzen, bis die Voraussetzungen des § 55 Ehegesetz, Stichwort „verlassene Hausfrau", eingetreten sind, sodaß sie auch weiterhin als „Lohn der Angst" oder „Preis für die besseren Nerven", wie das Rechtswissenschafter (28) einmal formuliert haben, einen Unterhaltsanspruch wie bei aufrechter Ehe haben.

2. Die sozialversicherungsrechtliche Situation der geschiedenen Frau:

Krankenversicherung:

Nach der Scheidung der Ehe verliert die Frau die Angehörigeneigenschaft. Nimmt sie keine eigene Erwerbstätigkeit auf, muß sie sich nun *freiwillig selbst versichern* (§ 16 ASVG). Die Beiträge betragen 5 % der Höchstbeitragsgrundlage, das sind im Moment S 1.230,– im Monat. Bei sozialer Bedürftigkeit kann dieser Beitrag auf Antrag gemindert werden. Der Mindestbeitrag beträgt S 240,–.

Anders ist dies bei der Krankenversicherung der Beamten. Hier gilt die *schuldlos* geschiedene Ehegattin weiterhin als Angehörige und ist mit ihrem geschiedenen Mann mitversichert (§ 56 Abs. 7 BKUVG).

Pensionsversicherung:

Stirbt der geschiedene unterhaltspflichtige Ehegatte, dann hat die geschiedene Frau einen Anspruch auf Witwenpension. Allerdings nur in Höhe ihres bisherigen Unterhaltsanspruches (§ 256 ASVG). Dieser fortgesetzte Unterhaltsanspruch darf aber den Anspruch der „echten Witwe", falls der geschiedene Mann wieder geheiratet hat, nicht übersteigen (§ 264 Abs. 4 ASVG).

Wurde die Ehe aber nach § 55 EheG aus dem Verschulden des Mannes geschieden, Stichwort „verlassene Hausfrau", so bekommt die Frau einen Pensionsanspruch wie eine „echte Witwe". Dazu muß die Ehe 15 Jahre gedauert haben, und die Frau muß bei Rechtskraft des Scheidungsurteils das 40. Lebensjahr vollendet gehabt haben. Diese Altersgrenze entfällt, wenn sie erwerbsunfähig ist oder mit einem aus der Ehe stammenden Kind im gemeinsamen Haushalt lebt (§ 264 Abs. 4 ABGB).

Die Pensionen aller Hinterbliebenen, zu denen die Pension der geschiedenen Ehegattin nicht hinzugerechnet wird, dürfen zusammen nicht höher als 110 % der Eigenpension des Versicherten sein. Verkürzt sich dadurch die Pension der „echten Witwe“, so vermindert sich auch entsprechend der Anspruch der geschiedenen Witwe.

IV. Zusammenfassung:

Die Institution der Ehe kann die von ihr geforderte Versorgungsfunktion nur unzureichend erfüllen. Gibt die Ehefrau zugunsten der Familie ihre Selbständigkeit auf, so erhält sie dafür einen Unterhaltsanspruch gegen ihren Ehemann. Dessen Höhe wird aber nur bei Bestehen eines gemeinsamen Haushaltes oder bei überdurchschnittlichem Einkommen des Ehemannes ausreichen, um ihre Lebensbedürfnisse angemessen zu decken.

Nach faktischer Trennung oder rechtlicher Auflösung der Ehe ist das Fortbestehen des Unterhaltsanspruches keineswegs gesichert, da dies vom Verschulden des unterhaltsverpflichteten Mannes bzw. von der Schuldlosigkeit der unterhaltsberechtigten Frau abhängt.

Die sozialversicherungsrechtliche Absicherung der Hausfrau ist äußerst dürftig. Sie ist als Angehörige in der Krankenversicherung ihres Mannes mitversichert. Nach seinem Tod erhält sie 60 % seines Pensionsanspruches als Witwenpension. Im Fall der Scheidung fallen auch diese Ansprüche grundsätzlich weg.

Haushaltsführung und Kindererziehung sind für die Hausfrau wie für die berufstätige Frau „Privatsache“. Die Erfüllung dieser Aufgaben wird nicht als volkswirtschaftlich relevant anerkannt und kann niemals eigene sozialversicherungsrechtliche Ansprüche begründen.

Kann die Ehe als materielle Existenzgrundlage dienen? Wohl nur für unverbesserliche Optimistinnen.

Anmerkungen

(1) Die statistischen Daten wurden dem Bericht über die Situation der Frau in Österreich – 1985. Hrsg. vom Bundeskanzleramt. Heft 3, S. 12, S. 17 entnommen.

(2) § 1 Abs. 1 Ehegesetz
Daß diese Differenzierung aber keineswegs zwingend ist, zeigt der Vergleich mit der deutschen Rechtslage: Dort erlangen Mann und Frau mit der Volljährigkeit (18 Jahre) auch die Ehemündigkeit (§ 1 dt. Ehegesetz).

(3) FEIGL, Susanne: Frauen in Österreich 1975–1985. Wien o.J., S. 13.

(4) § 1218 ABGB; § 1227 ABGB.

(5) § 1230 ABGB.

(6) § 1232 ABGB.

(7) § 138 Abs. 1 ABGB.

(8) § 156 ABGB.

(9) Dazu STEININGER, Viktor: Verfassungswidrigkeiten im Bereich der Familienrechtsreform. In: Reformen des Rechts. Festschrift zur 200-Jahr-Feier der Rechtswissenschaftlichen Fakultät der Universität Graz. Graz 1979, S. 457 ff.

(10) § 17 Jugendwohlfahrtsgesetz, BGBl 1954/99 iVm § 187 ABGB.

(11) § 198 Abs. 2 ABGB.

(12) § 170 ABGB iVm § 145 Abs. 1 ABGB.

(13) § 198 Abs. 2 ABGB. Diese unterschiedliche rechtliche Behandlung der ehelichen und der außerehelichen Eltern einerseits und des außerehelichen Vaters und der außerehelichen Mutter andererseits wird vielfach als nicht mehr zeitgemäß betrachtet. Sie steht überdies im Verdacht der Verfassungswidrigkeit wegen Widerspruchs zu Art. 8 EMRK (Schutz der Privat- und Familiensphäre) und zum verfassungsgesetzlich gewährleisteten Recht auf Gleichheit.
Reformbestrebungen sind seit geraumer Zeit im Gange: Regierungsvorlagen zu einem neuen Jugendwohlfahrtsgesetz (357 BlgNR XVI. GP) und „über zivilrechtliche Bestimmungen zur Förderung der Jugendwohlfahrt" (677 BlgNR XVI. GP) sehen bereits die Abschaffung der Amtsvormundschaft vor. Die außereheliche Mutter soll der ehelichen Mutter gleichgestellt werden. Überdies ist vorgesehen, daß beiden außerehelichen Elternteilen unter bestimmten Voraussetzungen (vor allem gemeinsamer Haushalt) die gesetzliche Vertretung ihres Kindes zukommen soll (§ 167 neu).

(14) OGH 12.12.1969 ZVR 1970/138; 17.1.1974 ZVR 1974/142 = EFSlg 22.589. Daran hat auch die Neufassung des § 94 ABGB (wechselseitige Unterhaltspflicht der Ehegatten) nichts geändert: OGH 11.1.1983 ZVR 1984/90.

(15) OGH 4.9.1975 ZVR 1976/174; 15.4.1982 ZVR 1983/16; 27.10.1983 ZVR 1984/322.

(16) OGH 18.9.1975 ZVR 1976/231; 16.6.1976 ZVR 1977/17. Vgl. dazu die Kritik von HOLZER, Wolfgang: Bemerkungen zu § 1326 ABGB. In: JBl (1981), S. 239 ff.

(17) Eingehend kritisiert wurde diese Bestimmung von STRASSER, Rudolf: Der immaterielle Schaden im österreichischen Recht. Wien 1964; ders.: Zum schadensrechtlichen Schutz der Geschlechtssphäre. In: JBl (1965), S. 573 ff. und BYDLINKSI, Franz: Der Ersatz ideelen Schadens als sachliches und methodisches Problem. In: JBl (1965), S. 245. Der Oberste Gerichtshof hat sich der Meinung der beiden Autoren angeschlossen und spricht der Frau „im Falle einer echten Notzucht" auch einen Ersatz für erlittene seelische Schmerzen zu (OGH 9.5.1985, 7 Ob 566/85 JBl 1986, S. 114). Eine Änderung des § 1328 erscheint dringend geboten!

(18) OGH 22.5.1974 EFSlg 21.473; OLG Wien 23.4.1979 EFSlg 32.712.

(19) Vgl. dazu die Rechtssprechung zu § 94 Abs. 2 ABGB: z.B. OGH 15.2.1978 EFSlg 30.647; 7.11.1978 EFSlg 30.647 = EvBl 1979/83; 16.1.1979 EFSlg 32.738 = EvBl 1979/156; 25.11.1980 EFSlg 35.195 (grundloses Imstichlassen des Mannes und der Kinder); 20.9.1977 EFSlg 28.590; 16.1.1979 SZ 52/6; 14.9.1983 EFSlg 42.556 (grundloses Verlassen des anderen Ehegatten).

(20) § 123 ASVG.

(21) § 175 Abs. 3 Z 1 ASVG.

(22) Vgl. dazu und zum folgenden TOMANDL, Theodor (Hrsg.): System des österreichischen Sozialversicherungsrechts. Wien 1980. (Loseblattsammlung).

(23) Die Witwerpension gebührt in voller Höhe erst ab dem 1.1.1989. Näheres bei TESCHNER, Hellmut, in: TOMANDL, Theodor (Hrsg.): a.a.O., 2.4.5.1.2.

(24) Statistisches Handbuch für die Republik Österreich 1984. Hrsg. v. Österreichischen Statistischen Zentralamt. Wien 1985, Tafel 9.11: Durchschnittliche Höhe der Pensionsleistung. Im Jahr 1983 betrug die durchschnittliche Alterspension

- der Arbeiter	S 5.530,–	(Witwenpension S 3.661,–)
- der Angestellten	S 8.571,–	(Witwenpension S 4.814,–)
- der Selbständigen	S 6.303,–	(Witwenpension S 3.829,–)
- der Bauern	S 3.956,–	(Witwenpension S 2.944,–)

Eine Ausgleichszulage zur Alterspension bezogen 12,2 % der Arbeiter, aber 27,3 % der Empfängerinnen von Witwenpension. Bei den Angestellten waren es 1,2 % der Empfänger von Alterspension, aber 5,9 % der Empfängerinnen von Witwenpension. In dieser Gesamtzahl sind aber jene Frauen enthalten, die zusätzlich zur Witwenpension noch eine eigene Pension beziehen (Tafel 9.14.).

(25) Bericht über die Situation der Frau in Österreich – 1985. Hrsg. vom Bundeskanzleramt. Heft 1, S. 26. Von insgesamt 14.692 Scheidungen im Jahre 1983 gingen insgesamt 11.530 einvernehmlich über die Bühne.

(26) § 66 Ehegesetz. Vgl. z.B. OGH 19.12.1958 RZ 1959, 56 = EFSlg 2.503; OLG Wien 21.4.1965 EFSlg 5.230; LGZ Wien 13.2.1981 EFSlg 28.821.

(27) Bericht über die Situation der Frau in Österreich 1985. Hrsg. vom Bundeskanzleramt. Heft 1, S. 28.

(28) KREJCI, Heinz: Neues Scheidungsrecht und soziale Sicherung. In: JBl (1979), S. 169 ff.; AICHER, Josef: Die Scheidung wegen Auflösung der häuslichen Gemeinschaft (§ 55 Ehegesetz) und ihre unterhaltsrechtlichen Folgen. In: OSTHEIM, Rolf (Hrsg.): Schwerpunkte der Familienrechtsreform 1977/1978. Wien 1979, S. 101.

Roswith Roth

Der Zusammenhang zwischen Geschlechtsrollenanpassung, Lebensbedingungen und Depressivität bei Frauen (1)

1. Die depressive Symptomatik

Die Depression wird als universelles Phänomen beschrieben, die als „normale“ emotionale Befindlichkeit jeder Mensch kennt. Die Depression umfaßt ein Spektrum von Stimmungen und Verhaltensweisen, die von Enttäuschung, Melancholie, Pessimismus und Gleichgültigkeit, Schlafstörungen, Appetitverlust und Sexualstörungen bis hin zu völligem Rückzug, Apathie, Selbstaufgabe und bizarr anmutenden Selbstmordhandlungen reichen. Als Leitsymptome lassen sich Traurigkeit, motorische Gehemmtheit, innere Leere, Versagensideen, Schuldvorwürfe, Wertlosigkeitsphantasien, Selbsttötungsabsichten und vegetative Störungen des Schlafes und des Appetites beschreiben. (2)

Nach Cox (3) sind Depressionen als affektive Störungen vom Gefühl der Wertlosigkeit, Schuld, Hoffnungslosigkeit, von Weinen, Suicidtendenzen, Interesselosigkeit für verschiedene Aktivitäten und Hypochondrie oder von körperlichen Veränderungen und psychomotorischen Retardationen gekennzeichnet.

Depressionssymptome in objektiven Diagnoseverfahren umfassen: (4)

Emotionale Manifestationen: Stimmungsveränderungen, depressive Stimmung, Traurigkeit, Einsamkeitsgefühl, Angst, unbegründete Ängstlichkeit, Apathie;

Kognitive Manifestationen: Gefühl der eigenen Unfähigkeit, negative Sicht der Zukunft, Pessimismus, Unzufriedenheit mit der Umwelt, Grübelei, Konzentrationsschwierigkeiten, Selbstunsicherheit, Sorge um die eigene Gesundheit, Selbstvorwürfe, Schuldgefühle, veränderte Körperwahrnehmung, Gedächtnisschwäche, Wunsch und Erwartung von Strafe;

Motivationale Manifestationen: Interessenverlust, Antriebslosigkeit, Ermüdbarkeit, Selbstmordgedanken, Selbstmordversuch, Entschlußunfähigkeit, sozialer Rückzug, Isolierung;

Vegetative Manifestationen: Erregbarkeit, Spannung, spezifische somatische Beschwerden, Weinen, Weinneigung, Schlafstörungen, Tagesschwankungen, Anorexia, Libidoverlust;

Motorische Manifestationen: Retardierung, Agitation.

2. Psychologische Erklärungsansätze zur Entstehung und Aufrechterhaltung von depressiven Zuständen. (5)

Im Bereich psychologischer Hypothesen zur Entstehung depressiver Störungen (auf die genetischen und biologischen Vorstellungen wird im Rahmen dieser Arbeit nicht eingegangen) lassen sich drei Kategorien unterscheiden: psychoanalytisch-psychodynamisch orientierte Ansätze, kognitiv-psychologische Ansätze und verstärkungspsychologisch-behaviorale Ansätze.

Die psychoanalytisch-psychodynamischen Ansätze nehmen ihren Ausgang vor allem von den Arbeiten von Abraham (6) und Freud (7). Der Verlust eines Liebesobjektes in der frühen Kindheit wird als grundlegender Faktor in der Entstehung der Depression aufgefaßt. Solche Verluste können zu einer Fixierung oraler und analer Tendenzen und damit zur Prädisposition für das Auftreten von Depression nach oft nur geringfügigen Verlusten im Erwachsenenalter führen. Im Verlauf von normalen Trauerprozessen kommt es nach einiger Zeit zur Lösung vom Gegenstand der Trauer durch die sogenannte „Trauerarbeit" (8). Während der Trauer lassen das Interesse an den Ereignissen der äußeren Welt und die Fähigkeit zu lieben vorübergehend nach, die Aktivität ist gehemmt. Mißglückt die Trauerarbeit, kommt es durch Identifikation des Ich mit dem verlorenen Objekt zu massiver Selbstaggression in Form von Selbstabwertung und suizidalen Tendenzen, die eigentlich die Aggression gegen das verlorene Objekt repräsentiert.

Die Vertreter kognitiv-psychologischer Ansätze sehen die Basis depressiver Zustandsbilder in bestimmten kognitiven Konstellationen, die durch negative Einstellungen des Individuums zu sich selbst, zu seiner Umwelt und zu seiner Zukunft gekennzeichnet sind. Beck (9) meint, daß sich diese negativen Konzepte unter dem Einfluß von ungünstigen frühen Erfahrungen entwickeln. Negative Gedanken, die weitgehend automatisch ablaufen (z.B. ‚Ich werde versagen'. ‚Alles ist hoffnungslos' etc.), führen zu ständigen Fehlinterpretationen von Handlungen und Ereignissen und zu den entsprechenden „inadäquaten" Verhaltensweisen.

Im Modell der gelernten Hilflosigkeit von Seligman (10) erwirbt das Individuum als Folge von Erfahrungen mit unkontrollierbaren Reizbedingungen und unlösbaren Problemen die Einstellung, daß zwischen den eigenen Handlungen und wichtigen Ereignissen in seiner unmittelbaren Umwelt kein Zusammenhang besteht. Es entsteht ein Gefühl der generellen Hilflosigkeit, das sich auch auf prinzipiell kontrollierbare Umweltbedingungen ausdehnt.

In den verstärkungspsychologisch-behavioralen Ansätzen zum Depressionsproblem wird die Rolle spezifischer psychosozialer Streßsituationen in der Entstehung depressiver Störungen besonders unterstrichen. (10a) In verstärkungstheoretischer Sicht wird das Verhalten des Individuums zu einem wesentlichen Teil von den positiven Rückmeldungen, die es von seiner Umwelt erfährt, gesteuert und aufrechterhalten. Eine massive Verringerung dieser positiven Verhaltenskonsequenzen durch entsprechende Veränderungen in der Lebenssituation (Verlust einer wichtigen Kontaktperson durch Tod oder Trennung, Berufswechsel etc.) kann dazu führen, daß situationsadäquate umweltgerichtete Verhaltensweisen immer seltener werden. Neben den aktuell ungünstigen Umweltbedingungen kann das Fehlen sozialer Fertigkeiten der betroffenen Person das Verstärkerdefizit erhöhen und damit zur Herabsetzung positiver Verhaltensweisen und -konsequenzen beitragen.

3. Der Doppelstandard des Begriffes „Gesundheit"

Die Weltgesundheitsorganisation (WHO) definiert den Begriff „Gesundheit" als Zustand völligen körperlichen, seelischen und sozialen Wohlbefindens und nicht bloß als die Abwesenheit von Krankheit und Gebrechen. (11)

Diese Definition der Gesundheit ist der Prototyp einer Idealnorm:

„Die ideale Norm definiert einen Zustand der Vollkommenheit, dessen Erreichung manchmal – aber nicht immer – als möglich, stets aber als wünschenswert betrachtet wird." (12) Störungen oder Abweichungen von dem Zustand der Gesundheit können als Abweichungen von einem Vergleichswert verstanden werden, auf den in medizinischen, psychologischen wie auch in sozialen Urteilsprozessen Bezug genommen wird. Diese Urteile können sich einerseits an Erwartungswerten orientieren, die auf subjektiven oder objektiven statistischen Informationen basieren, oder aber bzw. und auch an Sollwerten, die unter bestimmten Wert- und Interessensgesichtspunkten formuliert wurden.

Zu den Standards aus Erwartungswerten werden statistische Normen gezählt, die ausgehend von der empirischen Verteilung eines Merkmals, d.h. der Auftretenswahrscheinlichkeit einer Verhaltensweise in einer bestimmten Population, die Abweichung vom Durchschnitt definieren und bestimmten statistischen Abweichungen Krankheitswert zuschreiben.

Weiters zählen zu dieser Kategorie Normen aus individuellen Erwartungen, die z.B. das individuelle Selbstbild oder den individuellen Orientierungsrahmen betreffen. Irrationale Ideen und Vorstellungen können etwa über selektive Akzentuierung der Wahrnehmung zu Verhaltensweisen mit Krankheitswert führen.

Zu den Standards oder Normen als Sollwerten zählen vor allem soziale Normen. Diese sind formelle oder informelle Regeln, die das Denken, Erleben und die Wertvorstellungen eines Menschen innerhalb einer Gruppe bestimmen. Sie haben regulative Funktionen, und Abweichungen bedeuten schwere Belastungen und Konflikte. Psychische Auffälligkeiten werden oft als soziale Normendevianz bezeichnet, wobei diese Standards als „kulturrelativ" bezeichnet werden können und auch innerhalb von Kulturkreisen Schwankungen und Wandlungen unterworfen sind (z.B. Homosexualität). Auch werden die Verhaltensweisen in Abhängigkeit von Alter, Geschlecht und situativem Kontext bewertet.

Zu den Normen als Sollwerten werden noch funktionale Normen gezählt. Diese definieren als normal „den einem Einzelwesen hinsichtlich seiner Zielsetzung und Leistung gemäßen Zustand". Es wird versucht, mit diesem Kriterium Verhaltensweisen abzugrenzen, die den physischen und/oder psychischen Funktionsablauf beeinträchtigen, einschränken oder qualitativ verändern (z.B. Überforderung durch Umweltbedingungen, Verlustereignisse). (13)

Es gibt eine Reihe von Definitionen von Gesundheit (und Krankheit), die jeweils unterschiedliche Perspektiven enthalten: naturwissenschaftlich-somatische, psychologische, soziologische und juristische. Aus der Sicht der Psychologie rückt der Gesichtspunkt des Verhaltens und Erlebens bzw. der psychischen Funktionstüchtigkeit in den Vordergrund, aus der soziologischen Sicht das Erfüllen von Rollenanforderungen bzw. nur unwesentliches Abweichen von sozialen Normen. (14) Auf die somatischen und juristischen Perspektiven wird in diesem Rahmen nur marginal eingegangen.

Eine Reihe von Arbeiten weisen auf einen Doppelstandard „psychischer Gesundheit" bei Medizinern und Psychologen hin. Die Vorstellung vom gesunden erwachsenen Mann unterscheidet sich nicht von der des gesunden erwachsenen Menschen, die von der gesunden Frau hingegen signifikant von beiden. Gesund ist eine Frau nur dann, wenn sie abhängig, passiv, nachgiebig ist sowie leichter erregbar und weniger aktiv als der Mann. Für Frauen bleibt die Wahl, den für einen gesunden Menschen gültigen Gesundheitsnormen zu entsprechen und dabei als unweibliche Frau zu erscheinen oder auf Selbständigkeit, Erfolg und Autonomie zu verzichten und dem Ideal der gesunden Frau zu entsprechen. (15)

Diese unterschiedlichen Standards werden durch die Tatsache zementiert, daß Diagnoseanleitungen wie das DSM III (16) Frauen aufgrund von typisch weiblichen Eigenschaften (d.h. im Sinne der Geschlechtsrollenerwartung normale Frauen) als abhängige und hysterische Persönlichkeiten einstufen, während typisch männliche Eigenschaften zu keiner Diagnose führen. (17) Diese Abwertung weiblicher Eigenschaften wird hergeleitet von „naturgewollten Minderwertigkeiten" und legitimiert durch „physiologische Schwächen" der Frau. Einige, vielleicht etwas polemische Beispiele:

Möbius, ein anerkannter Leipziger Nervenarzt, schreibt um die Jahrhundertwende, daß der physiologische Schwachsinn des Weibes naturgewollt und naturnotwendig sei. Den „Willen der Natur" belegt er mit physiologischen Untersuchungsergebnissen. Danach haben Frauen kleinere Köpfe, leichtere Gehirne und mangelhafter entwickelte Gehirnwindungen als Männer. Sie können nicht selbständig denken und richten sich unüberlegt nach der Meinung der Leute, wobei sie vielfach den Männern bei ihren schöpferischen Tätigkeiten als Klotz am Bein hängen. Laut Möbius ist es gerade die Unfähigkeit zu denken, die das Weib so geeignet macht für Liebesangelegenheiten und Kinderaufzucht. Erst die Mischung aus Kindähnlichkeit, Instinktgeleitetheit, Blödheit und Stumpfsinnigkeit schafft die günstigen Voraussetzungen für die Aufgaben als Mutter. Möbius meint sogar, daß die Ausbildung der Frauen „Landes- oder Standesverrat" sei, denn „. . . in dem Grade, in dem die Zivilisation wächst, sinkt die Fruchtbarkeit, je besser die Schulen werden, umso schlechter werden die Wochenbetten, umso geringer wird die Milchabsonderung, umso untauglicher werden die Weiber". (18)

Neben der Intelligenz fehlt den Frauen noch etwas Wesentliches zur Ebenbürtigkeit mit dem Mann: der Penis. Wenn das Mädchen nach Freud seine Penislosigkeit entdeckt, glaubt es vorerst an ein individuelles Schicksal. Erst im Laufe der Zeit merkt es, daß es dieses Schicksal mit allen Frauen teilt.

„Das Weib anerkennt die Tatsache seiner Kastration und damit auch die Überlegenheit des Mannes und seine eigene Minderwertigkeit, aber es sträubt sich auch gegen diesen unliebsamen Sachverhalt." (19)

Ein Sachverhalt, der auch in der gegenwärtigen Rechtslage in der BRD seinen Ausdruck findet: „Manneskraft zählt noch immer mehr: Was ist mehr wert – ein Penis oder eine Gebärmutter? Das Behindertenrecht läßt da keinen Zweifel: Der Verlust des Penis hat eine Minderung der Erwerbsfähigkeit von 50 % zur Folge; der betroffene Mann gilt daher als Schwerbehinderter und kann die gesetzlich vorgesehenen Vergünstigungen in Anspruch nehmen. Selbst bei einer jungen Frau, die gern noch Kinder gehabt hätte, wird hingegen die Entfernung der Gebärmutter nur mit 20 % Minderung der Erwerbsfähigkeit verbucht, eine beidseitige Brustamputation mit 40 %." (20)

4. Erklärungsansätze zum Überwiegen von Frauen in der depressiven Population

Zwei Drittel der an Depression erkrankten Menschen sind Frauen. Nach Durchsicht von über 80 Studien aus aller Welt, die versuchen, geschlechtsspezifische Unterschiede bei psychischen Erkrankungen aufzuzeigen, kommen Dohrenwend & Dohrenwend (21) zu dem Schluß, daß es keinen Unterschied bezüglich der Häufigkeit von psychischen Erkrankungen zwischen den Geschlechtern gibt, wohl aber bezüglich der Diagnose: Für Frauen wird wesentlich häufiger die Diagnose Depression und Neurose gestellt als für

Männer, bei Männern überwiegt die Diagnose Alkoholismus, Persönlichkeitsstörung und deviantes Verhalten.

Es soll im Rahmen dieser Arbeit auf Faktoren im Leben von Frauen eingegangen werden, die basierend auf den psychologischen Erklärungsansätzen zur Entstehung und Aufrechterhaltung von Depressionen und den spezifischen normativen Anforderungen an die „gesunde Frau" die Bildung depressiver Strukturen fördern.

4.1. Die soziale Geschlechtsrolle

Der Begriff der sozialen Geschlechtsrolle beinhaltet all die Erwartungen, Normen, Anforderungen und Einschränkungen, die ein Individuum aufgrund seiner Zugehörigkeit zum männlichen oder weiblichen Geschlecht übernehmen soll. Durch die Gebärfähigkeit der Frau und ihre Festlegung auf den Reproduktionsbereich entstehen gewisse Vorstellungen, welche Eigenschaften eine Frau „besitzen" muß. Diese „Zielvorstellungen" bestimmen die Sozialisation und die Lebensperspektive der Frauen. Der Katalog geschlechtsspezifischer Stereotypien enthält als weibliche Eigenschaften: gefühlvoll, warm, passiv, schwach, von Personen abhängig; männliche Eigenschaften sind: aktiv, zielstrebig, leistungsorientiert, stark, nüchtern. Das Weiblichkeitsstereotyp enthält weniger positive Eigenschaften als das der Männer – die Frau gilt als „unvollkommener Mann" (22); damit sie sich durchsetzen kann, muß sie Eigenschaften entwickeln, die als männlich gelten. (23)

In unserem Kulturkreis existieren relativ übereinstimmende geschlechtsspezifische implizite Persönlichkeitstheorien, die in abgeschwächter Form das Selbstbild beeinflussen. (24) Bei Frauen ist die Diskrepanz zwischen dem realen Selbst (so wie die Person sich selbst real sieht), dem Idealselbst (so wie die Person sein möchte) und der Meinung, was „das andere Geschlecht" von ihnen erwartet, weitaus größer als bei Männern; wobei Frauen sich selbst nicht so weiblich sehen, wie sie meinen, daß sie sein müßten, um vom anderen Geschlecht akzeptiert zu werden. (25)

Der Erwerb der Geschlechtsrolle erfolgt im Zuge der Sozialisation. Der Sozialisationsprozeß ist die Vorbereitung auf die gesellschaftlich definierte Geschlechtsrolle. Im wesentlichen werden bereits in dieser Zeit Merkmale, Verhaltensweisen und Einstellungen von Frauen geprägt. (26)

Eltern haben, meist schon bevor das Kind auf die Welt kommt, Vorstellungen bezüglich spezifischer Eigenschaften und Verhaltensweisen in Abhängigkeit vom Geschlecht. Unterschiede in taktiler und kinästhetischer Stimulation setzen gleich nach der Geburt ein. (27) Tätigkeiten von Buben haben öfter Konsequenzen als die von Mädchen. Buben werden zwar auch öfter bestraft, aber in Übereinstimmung mit ihrem Verhalten. Mädchen werden eher unterstützt (indem eine Tätigkeit für sie durchgeführt wird), während

Buben gezeigt wird, wie sie selbst etwas tun können. (28)

Bei der Erziehung der Mädchen wird Aggressivität, Aktivität und Selbständigkeit eher unterbunden, bei Buben eher gefördert. Bei Mädchen werden insgesamt mehr liebesorientierte Erziehungspraktiken angewendet, die sie von der Zuwendung der Eltern abhängiger und ängstlicher vor Liebesverlust machen, was die Gefahr der Überanpassung mit sich bringt. Die Leistungsorientierung der Mädchenerziehung richtet sich auf die Beliebtheit bei anderen, vor allem dem männlichen Geschlecht, während sich die Erziehung der Buben auf schulische und berufliche Leistung konzentriert. (29)

Im Sozialisationsprozeß werden auch unterschiedliche kognitive Stile und emotionale Orientierungen vermittelt: bei Buben ein sachbezogener, nüchterner, unabhängiger Denkstil, bei Mädchen ein gefühlsmäßiges, personenbezogenes und personenabhängiges Denken. (30)

Die Sozialisation der Frau kann somit insgesamt als Einweisung in ein beschränktes und abhängiges Handlungsfeld und als Einübung in Selbstbeschränkung und Abhängigkeit verstanden werden. (31) Als Folge der Sozialisation entwickeln Frauen die typisch weiblichen Eigenschaften wie Einfühlsamkeit, Geduld, Personenbezogenheit, Emotionalität und Spontaneität, aber ebenso Merkmale wie Minderwertigkeitsgefühl, Identitätsverunsicherung, Abhängigkeit, Aggressionshemmung sowie Schwäche und Hilflosigkeit. Bei Betrachtung von solchen typisch weiblichen Eigenschaften fällt auf, daß mit ähnlichen Begriffen depressive Personen beschrieben werden. Die depressive Symptomatik beinhaltet demnach Verhaltensweisen, die in geringer Ausprägung fast allen Frauen beigebracht werden. (32)

4.2. Die soziale Situation der Frau

Zu Lebensraum und Lebensbedingungen von Frauen werden übereinstimmend eine Reihe von ungünstigen Ursachen und Lebensstressoren aufgeführt, die für die Entwicklung von psychischen Störungen bei Frauen, vor allem solchen mit depressiver Symptomatik, bedeutsam sind. Es sollen exemplarisch einige Beispiele angeführt werden:

Durch das geringe Qualifikationsniveau, niedere Berufspositionen, wenig freie Zeit und geringes Einkommen haben Frauen eingeschränkte Handlungs- und Entscheidungsspielräume. Die Frau kann sich meist nur innerhalb der abgegrenzten Rolle als Hausfrau und Mutter Kontrollmöglichkeiten verschaffen. (33)

Oft muß sich die Frau für eine Über- oder Unterforderung entscheiden. Das Hausfrauendasein stellt, bezogen auf die Ausbildung und Intelligenz vieler Frauen, eine qualitative Unterforderung dar. Eine zusätzliche Berufstätigkeit führt durch die Beschaffenheit der meisten Frauenarbeitsplätze zu einer weiteren qualitativen Unterforderung, aber durch die zusätzliche Verantwortung für den Haushalt zu einer quantitativen Überforderung.

Die Anforderungen an Frauen sind auch oft unklar und miteinander unvereinbar, d.h. an Frauen werden im Produktionsbereich Anforderungen gestellt, die jenen der Rolle als Hausfrau und Mutter widersprechen.

Frauen sind weiters einer Reihe von realen und drohenden Verlustereignissen ausgesetzt. Die Aufgabe der eigenen Berufstätigkeit zugunsten der Familie etwa bringt einen Verlust von Qualifikation und Handlungsspielraum mit sich; bei beruflichen Veränderungen des Mannes wird nicht nur das eigene berufliche Interesse untergeordnet, sondern bei räumlicher Veränderung auch eine Verlust der sozialen Umgebung erfahren. Der Verlust der gepriesenen weiblichen Schönheit im Alter wird als gravierend erlebt, da dies oft auch den Verlust des Partners bedeutet und kaum andere Kontaktmöglichkeiten vorhanden sind. Das Erwachsenwerden und der Auszug der Kinder wird als Funktionsverlust und Identitätsverlust empfunden. Diese Verlustereignisse werden meistens als nicht kontrollierbar erlebt. Insgesamt weist die schlechtere Stellung der Frau in der Gesellschaft auch auf eine fehlende kollektive Unterstützung hin. (34)

4. 3. Die Situation der berufstätigen Frau

Die Berufstätigkeit der Frau wird in der Literatur meist unter zwei Gesichtspunkten betrachtet. Einerseits wird sie als wichtiger Beitrag zur Gewinnung von Identität und als Voraussetzung für Emanzipation gesehen, andererseits wird aber auch auf die Probleme, die sie für Frauen mit sich bringt, hingewiesen. In einer Gesellschaft, in der nur verobjektivierbare Leistung zählt, in der Kinder und Wohnung etc. nur schwer zur quantifizierbaren Leistung erhoben werden können, in einer Gesellschaft, in der das Ergebnis der Hausarbeit „nichts wert“ ist, ist der Beruf für Frauen eine Chance, sich selbst als handelnd, leistend, wirklich zu erfahren. (35)

In einer Umfrage von Pross (36) findet nur jede vierte Frau die Situation der Voll-Hausfrau attraktiver als die der berufstätigen Frau. Als Vorteile der Berufstätigkeit werden ökonomische Gründe, soziale Kontaktmöglichkeiten, Unabhängigkeit und gesellschaftliche Anerkennung genannt. Eine Reihe von Untersuchungen kommen zu dem Ergebnis, daß berufstätige Ehefrauen einen Autoritätszuwachs innerhalb der Ehe erfahren. (37)

Zu den Problemen, die die Berufstätigkeit für Frauen mit sich bringt, zählt die Beschaffenheit der Arbeitsplätze, die Frauen zugewiesen werden. So haben Frauen mit untergeordneter oder einfacher Tätigkeit in allen Berufsgruppen ein Übergewicht, während die Männer bei Facharbeitertätigkeiten und bei leitenden Tätigkeiten eindeutig, in Angestelltenberufen um ein Vielfaches, bei qualifizierten Tätigkeiten in Angestelltenberufen um nahezu das Doppelte, bei Lehrlings- und Selbständigentätigkeiten deutlich überrepräsentiert sind. (38) Fast die Hälfte aller berufstätigen Frauen hatte 1978 keine über die Pflichtschule hinausgehende Ausbildung, und von 100 Frauen verdienten 49 weniger als 5.025 Schilling. (39) Bei einem überwiegenden Anteil der Frauenarbeitsplätze wird auch keine formale schulische Ausbildung verlangt. (40)

So entstehen viele Belastungsfaktoren für Frauen in der Arbeitssituation selbst. Frauenarbeitsplätze zeichnen sich durch qualitative Unterforderung und Monotonie aus. Meist werden eher sensumotorische Fertigkeiten als kognitive Kompetenzen verlangt. Arbeitstätigkeiten mit geringer Komplexität sind schädlich, weil durch Unterforderung Streß entsteht. Sie sind auch mit weniger Handlungs- und Entscheidungsspielraum verbunden und schränken die Möglichkeit der Person ein, verändernd in die Situation einzugreifen. Durch die mangelnde Inanspruchnahme intellektueller Fähigkeiten führen sie zu Verlerneffekten und negativen Auswirkungen auf das Selbstwertgefühl. (41)

Trotz aller Probleme scheint die Berufstätigkeit bei Frauen aber ein Schutzfaktor gegen schwere und behandlungsresistente Depressionen zu sein. (42) Diese Ergebnisse belegen die Theorie, daß die Berufstätigkeit trotz schlechter Arbeitsbedingungen, welchen Frauen meist ausgesetzt sind, einen wichtigen Beitrag zur Erhaltung der psychischen Stabilität und Gesundheit leistet. So meinen auch Schmidt, Hieber, Mohr & Rummel (43), daß, obwohl die meisten Frauenarbeitsplätze nach arbeitswissenschaftlichen Kriterien der psychischen und physischen Gesundheit eher abträglich sind, nicht übersehen werden darf, daß die Berufstätigkeit ein persönlichkeitsförderliches Element hat. Sie ist die soziale Voraussetzung für Emanzipation, und zwar durch:

- die Schaffung der ökonomischen Voraussetzungen für Selbständigkeit
- die Chance zur Erweiterung der eigenen Kompetenzen
- das Heraustreten aus der gesellschaftlichen Isolation und Privatheit.

5. Das Konzept der Androgynität

Ausgehend von der traditionellen Rollenteilung in der Gesellschaft (der Mann ist verantwortlich für den Unterhalt der Familie, er nimmt Ämter in sozialen, ökonomischen und politischen Institutionen ein, während die Frau für den Haushalt sowie das physische und psychische Wohlergehen der Familie zu sorgen hat) bezeichnet Parson die männliche Rolle als „instrumentell" und die weibliche Rolle als „expressiv" (44). Von Männern werden in der

Regel instrumentelle, zielgerichtete Eigenschaften wie Unabhängigkeit, Führungsqualitäten, Entschlossenheit erwartet, von Frauen expressive, zwischenmenschlich orientierte wie Freundlichkeit, Sensibilität und Feingefühl. (45)

Traditionelle Konzepte zur Erfassung von Männlichkeit und Weiblichkeit in der Psychologie gehen davon aus, daß diese jeweils das Ende eines Kontinuums bilden. So sind auch traditionelle Maße zur Erfassung von Männlichkeit und Weiblichkeit eindimensional konzipiert, d.h. sie schließen einander aus. Hohe Maskulinität bedeutet zugleich niedrige Femininität und umgekehrt. Bei mittlerer Ausprägung von männlichen und weiblichen Eigenschaften befinden sich die Individuen nach diesem Konzept in einer unklaren Geschlechtsrollensituation.

Anfang der 70er Jahre, u.a. auch angeregt durch die Frauenemanzipationsbewegung, wurde dieses eindimensionale Konzept von einer Reihe von Autor/inn/en kritisiert. (46) Neuere Modelle nehmen Maskulinität und Femininität als zwei voneinander unabhängige Dimensionen an. Sie tragen damit der Tatsache Rechnung, daß sich Individuen beiderlei Geschlechts selbst sowohl als *weiblich* (starke Ausprägung von weiblichen Eigenschaften bei gleichzeitig schwacher Ausprägung von männlichen Eigenschaften) als auch als *männlich* (starke Ausprägung von männlichen bei gleichzeitig schwacher Ausprägung von weiblichen Eigenschaften), als *androgyn* (starke Ausprägung von männlichen und weiblichen Eigenschaften) oder als *indifferent* (schwache Ausprägung von sowohl männlichen als auch weiblichen Eigenschaften) beschreiben und erleben können. (47)

Die Geschlechtstypisierung hat entsprechende Auswirkungen auf das Verhalten. Weibliche Frauen und männliche Männer zeigen häufiger geschlechtstypisches Verhalten als androgyne oder cross-sexed (weibliche Männer, männliche Frauen) Personen. (48) Androgyne Personen sollten daher mehr, d.h. männliche und weibliche, Verhaltensweisen und Strategien haben, um Verstärkung zu erhalten, Konflikte zu lösen und ihre Selbstwertgefühle zu erhöhen, während ein rigides geschlechtstypisches Verhalten ein eingeschränktes Verhaltensrepertoire darstellt. Dies läßt weiters vermuten, daß männliche Männer und weibliche Frauen eher depressiv werden als androgyne – eine Hypothese, die Kelley (49) aufbauend auf den verstärkungsorientierten-behavioralen Ansätzen zur Entstehung der Depression untersucht hat. Als Ergebnis stellte sich heraus, daß dies nur für weibliche Frauen zutrifft. In der Arbeit von Franthal (50), die auch die Gruppe der Indifferenten in ihre Untersuchung einbezogen hat, wurde dieses Ergebnis repliziert: weibliche und indifferente Frauen beschreiben sich überzufällig depressiver als androgyne und männliche, d.h. eine Anpassung an eine stereotype weibliche Geschlechtsrolle ohne männliche Anteile und ein möglicherweise konflikthaftes Nicht-Annehmen jeglicher Geschlechtsidentität erhöhen die Depressivität. (51).

Ähnliche Unterschiede finden sich auch hinsichtlich der Selbstachtung. (52) Übereinstimmend finden sich in einer Reihe von Untersuchungen Hinweise, daß sich androgyne Personen flexibler und psychisch gesünder beschreiben als Personen mit anderer Geschlechtsrollenorientierung. Diese Unterschiede finden sich meist ganz eindeutig im Vergleich zu Personen mit weiblicher oder indifferenter Selbstbeschreibung, aber nicht zu den Personen, die sich männlich darstellen. (53) Die instrumentellen (männlichen) Eigenschaften werden insgesamt als erstrebenswerter dargestellt als die expressiven (weiblichen). Je weniger männlich eine Person sich erlebt, desto größere Wünsche hat sie nach Veränderung in Richtung Maskulinität. (54) Und frau könnte resigniert meinen, daß sich damit der Bewertungskreis schließt, der aus einer Reihe von Elementen besteht, die aufeinander einwirken, einander bedingen und ihr Bedingungsgefüge immer wieder replizieren. Und doch hat das Zulassen von männlichen und weiblichen Anteilen in jedem Menschen, *und zwar in wissenschaftlichen Konzepten*, und das Abgehen von der Vorstellung der Gegensätzlichkeit, d.h. der Unvereinbarkeit von männlichen und weiblichen Eigenschaften, viel Veränderungspotential in sich. Wir Frauen werden es aktivieren.

Anmerkungen

(1) Wesentliche Teile dieser Arbeit basieren auf einer Dissertation, die am Institut für Psychologie, Abteilung für Klinische Psychologie, betreut wurde: FRANTHAL, Ingrid: Zusammenhang zwischen Geschlechtsrollenanpassung, Lebensbedingungen und Depressivität bei berufstätigen Frauen. Graz 1985.

(2) Vgl. HAUTZINGER, Martin: Depressive Reaktionen aus psychologischer Sicht. In: HAUTZINGER, Martin & HOFFMANN, Nicolas (Eds.): Depression und Umwelt: Neue Beiträge zur Analyse depressionsfördernder Lebensbedingungen. Salzburg 1979, S. 15–94.
HEIMANN, Peter: Zur Diagnose und Theorie depressiver Syndrome. In: PFLUG, Burkhard (Ed.): Depressive Syndrome, Klinik, Forschung und Praxis. Stuttgart 1981. (= Aktuelle Psychiatrie. 4.).

(3) Vgl. COX, Sue: Female Psychology: The emerging self. New York 1981.

(4) Vgl. HOFFMANN, Nicolas & SCHILLER, Ursula: Depressives Verhalten und Umweltbedingungen. In: HOFFMANN, Nicolas (Ed.): Depressives Verhalten. Psychologische Modelle der Ätiologie und der Therapie. Salzburg 1976, S. 7–24.

(5) Ausführliche Darstellungen psychologischer Erklärungsansätze zur Entstehung und Aufrechterhaltung der Depression geben u.a.:
BLÖSCHL, Lilian: Psychosoziale Aspekte der Depression. Ein lerntheoretisch-verhaltenstherapeutischer Ansatz. Bern 1978.
HOFFMANN (Ed.), Depressives Verhalten.
DÖRNER, Klaus & PLOG, Ursula: Irren ist menschlich. Lehrbuch der Psychia-

trie/Psychotherapie. 2. Aufl. Bonn 1984. KIELHOLZ, P.: Diagnose und Therapie der Depressionen für den Praktiker. 3. Aufl. München 1971.
(6) Vgl. ABRAHAM, K.: Ansätze zur psychoanalytischen Erforschung und Behandlung des manisch-depressiven Irreseins und verwandter Zustände. In: Zentralblatt für Psychoanalyse 2 (1912), S. 302–315.
(7) Vgl. FREUD, Sigmund: Trauer und Melancholie. In: FREUD, Sigmund: Gesammelte Werke. Frankfurt/M. 1967, S. 428–446.
(8) Vgl. PETERS, U.H.: Wörterbuch der Tiefenpsychologie. Auswahlband. München 1978.
LAPLANCHE, J., & PONTALIS, J.-P.: Das Vokabular der Psychoanalyse. 3. Aufl. Frankfurt/M. 1977.
(9) BECK, A.T.: Wahrnehmung und Wirklichkeit der Neurose. Kognitive Psychotherapie emotionaler Störungen. München 1979.
(10) SELIGMAN, M.E.P.: Erlernte Hilflosigkeit. München 1979.
(10a) Vgl. FERSTER, C.B.: A functional analysis of depression. In: American Psychologist 28 (1973), S. 857–870.
Vgl. LEWINSOHN, P.M.: Clinical and theoretical aspects of depression. In: CALHOUN, Karen S./ADAMS, H.E./MITCHELL, K.M. (Eds.): Innovative treatment methods in psychopathology. New York 1974, S. 63–120.
(11) Zitiert nach: BECKER, Peter: Psychologie der seelischen Gesundheit. Bd. 1: Theorien, Modelle, Diagnostik. Göttingen, Toronto, Zürich 1982, S. 2.
(12) HOFSTÄTTER, P.R. (Hrsg.): Psychologie. Das Fischer Lexikon (Neuausgabe). Frankfurt/M. 1972.
(13) Vgl. BRANDSTÄDTER, Jochen: Normen. In: HERRMANN, Theo/HOFSTÄTTER, Peter R./HUBER, Helmuth P./WEINERT, Franz E. (Hrsg.): Handbuch psychologischer Grundbegriffe. München 1977, S. 327–334.
(14) Vgl. BECKER, Psychologie.
(15) Vgl. BROVERMANN, Inge K./BROVERMANN, Donald M./CLARKSON, F. E./ ROSENKRANTZ, Paul S./VOGEL, Susan R.: Sex role stereotypes and clinical judgements of mental health. In: Journal of Consulting and Clinical Psychology 34 (1970), S. 1–7.
Vgl. ROTHBLUM, Esther D. & FRANKS, Violet: Warning: Sex-role stereotypes may be hazardous to your health. In: FRANKS, Violet & ROTHBLUM, Esther (Eds.): The stereotyping of women: Its effects on mental health. New York 1983 (= Springer Series Focus on Women. 5.)
Vgl. HAUNERT, Peter: Geschlechtsspezifische Idealvorstellung von Medizinern und Diplompsychologen über psychische Gesundheit. Diplomarbeit, Gießen 1980.
(16) Vgl. KOEHLER, K./SASS, H.: Diagnostisches und Statistisches Manual psychischer Störungen DSM III. Deutsche Bearbeitung. Weinheim 1984.
(17) Vgl. KAPLAN, Marcie: A woman's view of DSM III. In: American Psychologist 38 (1983), S. 782–792.
(18) MÖBIUS, P.J.: Über den physiologischen Schwachsinn des Weibes. München 1977 (Faksimiledruck der 8., veränd. Aufl. Halle 1905).
(19) FREUD, Sigmund: Sexualleben. Fischer Studienausgabe. Bd. 5. Frankfurt/M. 1972.
(20) BRIGITTE 3 vom 22. 1. 1986.
(21) Vgl. DOHRENWEND, Bruce P. & DOHRENWEND, Barbara S.: Sex differences and psychiatric disorders. In: American Journal of Sociology 6 (1981), S. 1147–1453.
(22) Vgl. KIEFER, Liesbeth: Kritische Untersuchung der Theorien zur Genese depres-

siver und psychosomatischer Erkrankungen unter besonderer Berücksichtigung der gesellschaftlichen Situation der Frau. Diplomarbeit, PH Bielefeld 1978.
Vgl. PSYCHOLOGINNENGRUPPE München: Spezifische Probleme von Frauen und ein Selbsthilfe-Ansatz. In: KEUPP, Heinrich/ZAUMSEIN, M. (Eds.): Die gesellschaftliche Organisierung psychischen Leidens. Frankfurt/M. 1978, S. 221–265.
(23) Vgl. ECKERT, Roland: Geschlechtsrollen im Wandel gesellschaftlicher Arbeitsteilung. In: ECKERT, Roland (Ed.): Geschlechtsrollen und Arbeitsteilung: Mann und Frau in soziologischer Sicht. München 1979.
(24) Vgl. BIERHOF-ALFERMANN, Dorothee: Psychologie der Geschlechtsunterschiede. Köln 1977.
(25) Vgl. DEUTSCH, C.J. & GILBERT, L.A.: Sex-role stereotypes: Effect on perception of self and others and on personal adjustment. In: Journal of Counseling Psychology 23 (1976), S. 373–379.
(26) Vgl. BECK-GERNSHEIM, Elisabeth: Männerrolle, Frauenrolle – aber was steht dahinter? Soziologische Perspektiven zur Arbeitsteilung und Fähigkeitsdifferenzierung zwischen den Geschlechtern. In: ECKERT (Ed.), Geschlechtsrollen.
(27) Vgl. SCHEU, Ursula: Wir werden nicht als Mädchen geboren – wir werden dazu gemacht: Zur frühkindlichen Erziehung in unserer Gesellschaft. Frankfurt/M. 1977.
(28) Vgl. MACCOBY, E.E./JACKLIN, C.N.: The psychology of sex differences. Stanford, California 1974.
(29) Vgl. GIPSER, Dietlinde & STEIN-HILBERS, Marlene: Soziale Grundlagen weiblicher Konflikte und Konfliktbewältigungen. In: GIPSER, Dietlinde/STEIN-HILBERS, Marlene (Eds.): Wenn Frauen aus der Rolle fallen. Basel 1980, S. 11–43.
(30) Vgl. BECK-GERNSHEIM, Männerrolle, Frauenrolle.
(31) Vgl. KIEFER, Kritische Untersuchung.
Vgl. PSYCHOLOGINNENGRUPPE München.
(32) Vgl. BECKER-SCHMIDT, Regine: Überforderung durch Doppelbelastung – Unterforderung durch Segregation. In: SCHNEIDER, Ursula (Ed.): Was macht Frauen krank? Frankfurt/M. 1981, S. 33–40.
(33) Vgl. FRESE, Michael/SEMMER, Norbert: Arbeit und Depression: Zum Zusammenhang von Arbeitsbedingungen und Depressivität unter Berücksichtigung der Arbeitslosigkeit. In: HAUTZINGER/HOFFMANN (Eds.), Depression und Umwelt.
(34) Vgl. KOLLING, Rita/MOHR, Gisela: Psychische Störungen bei Frauen: Hinweise für Prävention und Therapie. In: MOHR, Gisela/RUMMEL, Martina/RÜCKERT, Dorothee (Hrsg.): Frauen. Psychologische Beiträge zur Arbeits- und Lebenssituation. München, Wien, Baltimore 1982, S. 123–148.
Vgl. GOVE, Walter R./TUDOR, Jeanette F.: Adult sex roles and mental illness. In: American Journal of Sociology 78 (1973), S. 812–835.
(35) Vgl. BECK-GERNSHEIM, Männerrolle, Frauenrolle.
Vgl. BECKER-SCHMIDT, Überforderung – Unterforderung.
Vgl. BELSER, Karin/HAGMAN, B.: Frauen zwischen Beruf und Hausarbeit. Diplomarbeit. Berlin 1979.
Vgl. BRINKER-GABLER, Gisela: Frauenarbeit und Beruf: Die Frau in der Gesellschaft – Frühe Texte. Frankfurt/M. 1979.
Vgl. ECKERT, Geschlechtsrollen im Wandel.
Vgl. EGGERS, Brigitte/MÜLLER, Verena: Bewältigungshandeln berufstätiger Frauen. In: SCHNEIDER (Ed.), Was macht Frauen krank?, S. 121–124.

Vgl. FURNHAM, Adrian: Mental health and employment status: A preliminary study. In: British Journal of Guidance and Counseling 11 (1983), S. 197–201.
Vgl. SCHMIDT-HIEBER, Eva/MOHR, Gisela/RUMMEL, Martina: Frauenarbeit und Frauenarbeitslosigkeit: Die psychischen Folgen. In: SCHNEIDER (Ed.), Was macht Frauen krank?, S. 113–120.
Vgl. STEFAN, Renate: Hausfrauen und Mütter: Die vergessenen Sklavinnen. Berlin 1975.
Vgl. TATSCHMURAT, Carmen: Arbeit und Identität: Zum Zusammenhang zwischen gesellschaftlichen Lebens- und Arbeitsbedingungen und weiblicher Identitätsfindung. Frankfurt/M. 1980.
Vgl. WELTZ, Friedrich/DIEZINGER, Angelika/LULLIES, Veronika/MARQUARD, Regine: Aufbruch und Desillusionierung: Junge Frauen zwischen Beruf und Familie. Soziologisches Forschungsinstitut Göttingen. München 1978.
Vgl. ZAHLMANN-WILLENBACHER, Barbara: Kritik des funktionalistischen Konzepts geschlechtstypischer Arbeitsteilung. In: ECKERT (Ed.), Geschlechtsrollen.
Vgl. OSTNER, Ilona: Beruf und Hausarbeit: Die Arbeit der Frau in unserer Gesellschaft. Frankfurt/M. 1978.
(36) Vgl. PROSS, Helge: Geschlechtsrollen. In: Familiendynamik 3 (1979), S. 269–281.
(37) Vgl. STEFAN, Hausfrauen und Mütter.
(38) Vgl. FRAUENBERICHT 1975: Die gesundheitliche Situation der Frau. Wien 1975.
(39) Vgl. BRANDSTALLER, Trautl: Frauen in Österreich: Bilanz und Ausblick. Wien 1981.
(40) Vgl. ROHMERT, Walter/LUCZAK, Holger/KUGLER, Hans: Geschlechtstypische Unterschiede aus der Sicht der Arbeitswissenschaft. In: ECKERT (Ed.), Geschlechtsrollen.
(41) Vgl. RUMMEL, Martina: Frauenarbeit – Merkmale, Auswirkungen. In: MOHR/RUMMEL/RÜCKERT (Eds.), Frauen, S. 55–77.
(42) Vgl. BROWN, Georg/HARRIS, T.: Social origins of depression: A study of psychiatric disorder in women. London 1978.
Vgl. PAYKEL, E.S./KLERMAN, G./PRUSOFF, B.: Personality and symptom pattern in depression. In: British Journal of Psychiatry 129 (1976), S. 27–34.
(43) SCHMIDT-HIEBER/MOHR/RUMMEL, Frauenarbeit und Frauenarbeitslosigkeit.
(44) Vgl. PARSONS, T.: Definition von Gesundheit und Krankheit im Lichte der Wertbegriffe und der sozialen Struktur Amerikas. In: MITSCHERLICH, A./BROCHER, T./von MEHRING, O./HORN, K.: Der Kranke in der modernen Gesellschaft. Köln 1967, S. 57–87.
(45) Vgl. RUNGE, Thomas/FREY, Dieter/GOLLWITZ, Peter/HELMREICH, Robert/SPENCE, Janet: Cross-cultural stability of masculine (instrumental) and feminine (expressive) traits. In: Journal of Cross-Cultural Psychology 12 (1981), S. 142–162.
(46) Vgl. CARLSON, R.: Sex differences in ego functioning. In: Journal of Consulting and Clinical Psychology 37 (1971), S. 267–277.
Vgl. CONSTANTINOPLE, A.: Masculinity-Femininity: An exception to a famous dictum? In: Psychological Bulletin 80 (1973), S. 389–497.
Vgl. BLOCK, J.H.: Conceptions of sex roles: Some cross-cultural and longitudinal perspectives. In: American Psychologist 28 (1973), S. 512–526.
Vgl. BEM, Sandra: The measurement of psychological androgyny. In: Journal of

Consulting and Clinical Psychology 42 (1974), S. 155–162.
(47) Vgl. BEM, The measurement.
Vgl. SPENCE, Janet T./HELMREICH, Robert/HOLAHAN, Carola: Negative and positive components of psychological masculinity and femininity and their relationships of self-reports to neurotic and acting out behaviors. In: Journal of Personality and Social Psychology 37 (1979), S. 1673–1682.
Vgl. BERZINS, Juris/WELLING, Martha, A. & WETTER, Robert E.: A new measure of psychological androgyny based on the personality research form. In: Journal of Consulting and Clinical Psychology 46 (1978), S. 126–138.
Vgl. HEILBRUN, Alfred B.: Measurement of masculine and feminine sex role identities as independent dimensions. In: Journal of Consulting and Clinical Psychology 44 (1976), S. 183–190.
Vgl. SPENCE, Janet T./HELMREICH, Robert/STAPP, Joy: Ratings of self and peers on sex role attributes and their relation of self-esteem and conceptions of masculinity and femininity. In: Journal of Personality and Social Psychology 32 (1975), S. 29–39.
(48) Vgl. BEM, Sandra/LENNEY, Ellen: Sex typing and the avoidance of cross-sex behavior. In: Journal of Personality and Social Psychology 33 (1976), S. 48–54.
(49) Vgl. KELLEY, Jeffrey: Sex-role stereotypes and mental health: Conceptual models in the 1970s and issues for the 1980s. In: FRANKS/ROTHBLUM (Eds.), The stereotyping.
(50) Vgl. FRANTHAL, Zusammenhang.
(51) GRUBER, Hiltrud: Vortrag im Rahmen dieser Lehrveranstaltung: Therapie einer Depression: Integration männlicher und weiblicher Geschlechtsrollenanteile.
(52) Vgl. JONES, Warren H./CHERNOVETZ, Mary E./HANNSON, Robert C.: The enigma of androgyny: Differential implications for males and females? In: Journal of Consulting and Clinical Psychology 46 (1978), S. 298–313.
(53) Vgl. PYKE, S.W.: Androgyny: An integration. In: International Journal of Women's Studies 8 (1985), S. 529–539.
(54) Vgl. JONES/CHERNOVETZ/HANNSON, The enigma of androgyny.

Ringvorlesung
SS 86

„Weiblicher Lebenszusammenhang und Wissenschaft"

Programm:

12.3.: Elisabeth LIST (Philosophie): Patriarchen und Pioniere: Helden im Wissenschaftsspiel. Geschlechtsspezifische Implikationen des Wissenschaftsbetriebes.

9.4.: Elisabeth KATSCHNIG-FASCH (Volkskunde): Frau und Kulturforschung – ein marginales Problem?
Adelheid SCHRUTKA-RECHTENSTAMM (Volkskunde): Familie. Geschlechtsspezifische Untersuchungen zu traditionellen Modellen des Alltags.

16.4.: Gertrude PAURITSCH (Germanistik): Frau-schaft durch Sprache. Sprachwandel aus feministischer Sicht.

23.4.: Daniela MICHAELIS (Erziehungswissenschaften)/Marlies RAFFLER (Geschichte): Frau und Frieden.

30.4.: Renata COPONY (Klassische Philologie): Die Frau in der griechischen und römischen Literatur.

7.5.: Käthe SONNLEITNER (Geschichte): Die Frau im Mittelalter.

14.5.: Eva-Maria FLUCH/Sissy KRAUS (Amerikanistik): Die amerikanische *pioneer woman* aus kulturhistorischer und literarischer Sicht.

21.5.: Roswith ROTH (Psychologie): Zusammenhang zwischen Geschlechtsrollenanpassung, Lebensbedingungen und Depressivität bei berufstätigen Frauen.
Hiltrud GRUBER (Erziehungswissenschaften): Beispiele aus dem therapeutischen Prozeß einer Frau.

28.5.: Erna PFEIFFER (Romanistik): La condición femenina: Weiblicher Lebenszusammenhang unter den Bedingungen des lateinamerikanischen Machismo.

4.6.: Ingrid SPÖRK (Germanistik): Das Bild der Frau im Märchen.

11.6.: Beate FRAKELE (Germanistik): „Deine gehorsame Tochter Nette". Leben und Lyrik der Annette Droste-Hülshoff.
Hanna SCHNEDL-BUBENIČEK (Germanistik): Christine Touaillon geb. Auspitz (1878–1928). Eine österreichische Literaturwissenschaftlerin.

18.6.: Karin LIENHART-SCHMIDLECHNER (Geschichte): Frauen in Österreich nach 1945.

25.6.: Monika GIMPEL/Silvia ULRICH (Öffentliches Recht): Frau und Rechtsordnung.

Die Autorinnen

Hanna BUBENIČEK, Dr. phil., studierte Literaturwissenschaft, Musik und Philosophie; zur Zeit Universitäts-Lektorin in Wien und Graz. Publikationen zu literarischen, kultur- und wissenschaftsgeschichtlichen Themen des 19. und 20. Jahrhunderts.

Renata COPONY konnte erst 1974, nach der Matura des ältesten von vier Kindern, das gewünschte Studium (Klassische Philologie) aufnehmen; seit 1976 am Institut für Klassische Philologie der Universität Graz tätig: zuerst als Studien-, dann als Vertragsassistentin und seit 1982 als ganztägige Universitätsassistentin. Beschäftigung hauptsächlich mit der griechischen Tragödie und Homer.

Eva Maria FLUCH, Mag. phil., geb. 1959; Lehramtsstudium aus Germanistik und Anglistik/Amerikanistik; mehrere Studienaufenthalte in den USA; AHS-Lehrerin in Graz und Vertragsassistentin am Institut für Amerikanistik. Forschungsschwerpunkte: Dialogstrukturen im amerikanischen Drama, Literaturdidaktik. Ledig, keine Kinder.

Beate FRAKELE, 32 Jahre alt, Klosterschule, Studium der Deutschen, Englischen, Französischen und Klassischen Philologie (Lehramt) in Graz und Paris. Ab 1978 Studienassistentin, seit 1981 halbtägig beschäftigte Assistentin am Institut für Germanistik, Graz. Arbeit mit Ausländerprogrammen (Afrika, China), Forschung und Lehre im Bereich der Frauenliteratur. Dissertation über „Kassandra" – Stoff und Figur.

Monika GIMPEL-HINTEREGGER, Dr. iur., geb. am 5. 2. 1958, verheiratet, zwei Kinder. Universitätsassistentin am Institut für Bürgerliches Recht der Universität Graz.

Elisabeth KATSCHNIG-FASCH: Nach einigen Jahren als Lehrerin für blinde und schwerbehinderte Kinder Studium der Volkskunde (Europäische Ethnologie) und Psychologie an der Universität Graz; seit 1976 Universitätsassistentin am Institut für Volkskunde. Schwerpunkte der Forschung: Großstadtkulturen, geschlechtsspezifische Kulturforschung (Mode, Kleidung), Frauenkultur; Habilitationsbereich: Großstädtische Lebens- und Wohnweisen. Zwischen vielfältiger Arbeit an der Institution Universität (Lehre und Bürokratie) bleibt doch noch ein bißchen Zeit für Begegnungen und Erfahrungen „draußen", mit der kulturellen Wirklichkeit.

Elisabeth KRAUS, Mag. phil., geb. 1946, verheiratet, zwei Kinder (Mädchen 14 Jahre, Bub 11 Jahre alt). Lehramtsstudium aus Klassischer Philologie und Englisch; 1970/71 Studium an der Claremont Graduate School, California, abgeschlossen mit dem „Master of Arts". Seit 1971 Assistentin (halbtägig) am Institut für Amerikanistik der Universität Graz. Oktober 1986: Abschluß der Dissertation über John Hawkes.

Elisabeth LIST, geb. 1946, Studium der Philosophie, Geschichte und Soziologie in Graz, Konstanz und Berlin. Promotion in Graz 1971, seither Universitätsassistentin am Institut für Philosophie der Universität Graz. 1981 Habilitation für Philosophie. Hauptarbeitsgebiete: Philosophie der Geistes- und Sozialwissenschaften, Gesellschaftstheorien der Neuzeit, feministische Wissenschaftskritik. Publikationen: „Alltagsrationalität und soziologischer Diskurs", Frankfurt 1983; gemeinsam mit Herlinde Studer (Hrsg.): „Denkverhältnisse. Feminismus als Kritik", Frankfurt 1987.

Gertrude PAURITSCH, (noch) Mag. phil., geb. 1956 in Eibiswald und auf dem Lande aufgewachsen. Studium der Fächer Deutsche Philologie und Italienisch (Lehramt) in Graz; seit 1976 am Institut für Germanistik, zunächst als Studienassistentin, seit 1979 als Universitätsassistentin. Hauptarbeitsgebiete: Verwaltung auf Instituts- und Fakultätsebene (in Erfüllung der gesetzlichen Pflicht); Lehr- und Forschungstätigkeit im Bereich der germanistischen Linguistik, besonders Dialektologie/Soziolinguistik, Phonetik und historische Sprachwissenschaft.

Erna PFEIFFER, geb. am 10.5.1953 in Graz, verheiratet, zwei Kinder. Studium: Romanische Philologie und Slawistik; 1977 Forschungsstipendium in Bogotá (Kolumbien); Dissertation über den kolumbianischen Violencia-Roman. Arbeitsschwerpunkte: Spanische Literaturwissenschaft mit besonderer Berücksichtigung sozialpsychologischer und entwicklungspolitischer Probleme (Machismo, Violencia, Utopie, Familienstruktur); literarische Übersetzung; Didaktik des Spanischunterrichts (Lehrbuchanalyse, Geschichte des Fremdsprachenunterrichts); Sprachausbildung. Seit 1983 Assistentin am Institut für Romanistik der Universität Graz.

Marlies RAFFLER, geb. 1959; Studium der Germanistik und Geschichte, seit 1983 Mag. phil., Vertragsassistentin am Institut für Geschichte der Universität Graz, Abteilung Neuzeit. Beschäftigung mit Leser- und Vereinsgeschichte sowie mit Fragen der Friedensforschung und Friedenserziehung.

Roswith ROTH, geb. 1944 in Pürgg (Ennstal/Stmk.); nach der Matura einige Semester Studium der Architektur, 1969 Heirat, in den folgenden Jahren Geburt von zwei Kindern. Als die Kinder 3 und 5 Jahre alt sind: Beginn des Studiums der Psychologie, Promotion zum Dr. phil. am 15. 2. 1980. 1976–1980 Studienassistentin am Institut für Psychologie, seit Juni 1980 Universitätsassistentin an der Abteilung für Klinische Psychologie der Universität Graz. Ausbildung in Verhaltens- und Gesprächstherapie; Forschungsschwerpunkte: Therapiegrundlagenforschung und Angewandte Klinische Psychologie.

Karin Maria SCHMIDLECHNER, geb. 1954 in Graz, Universitätsassistentin an der Abteilung für Zeitgeschichte des Instituts für Geschichte der Universität Graz. Forschungsschwerpunkt: Frauen.

Adelheid (Heidi) SCHRUTKA-RECHTENSTAMM, promoviert im Fach Volkskunde (= Europäische Ethnologie bzw. Kulturanthropologie bzw. „Alltagskulturforschung"). Beruflich noch „flexibel": Lehraufträge, Forschungsstipendien, Vertragsassistentin, Mitbegründerin und -herausgeberin der Zeitschrift „Kuckuck. Notizen zu Alltagskultur und Volkskunde". In Planung: Forschungsaufenthalt im Ausland (Italien oder Frankreich). Forschungsschwerpunkte: Wohnen, Familie, Tourismus, Methodik der Feldforschung, Photographie, und auf der Suche . . .

Käthe SONNLEITNER, geb. am 20.4.1950, Studium der Geschichte und Germanistik in Graz; 1976 Doktorat in Geschichte (Mittelalter). Bis 1978 am Ludwig-Boltzmann-Institut für Stadtgeschichtsforschung in Linz, zunächst im Werkvertrag, dann als Assistentin tätig; 1978–1980 freie Mitarbeiterin der Historischen Landeskommission für Steiermark; 1981 halbtagsbeschäftigte Vertragsassistentin am Forschungsinstitut für Historische Grundwissenschaften der Universität Graz; seit 1986 am Institut für Geschichte, Abteilung Mittelalter. Arbeiten über Siedlungs- und Stadtgeschichte, Frauen, Kinder, Herrschaftsideologie, Frömmigkeit.

Ingrid SPÖRK, geb. 1956; Dr. phil. mit „Studien zu ausgewählten Märchen der Brüder Grimm. Frauenproblematik – Struktur – Rollentheorie – Psychoanalyse – Überlieferung – Rezeption", Königstein/Ts.: Hain/Athenäum 1985. Forschungsprojekt: Theorien der Ästhetik, besonders J. Kristeva.

Silvia ULRICH, geb. am 4.10.1957, Matura am musisch-pädagogischen Realgymnasium Radkersburg. Studium der Rechtswissenschaften an der Universität Graz; 1984 Promotion zum Dr. iur.; seit 1984 Universitätsassistentin am Institut für Öffentliches Recht, Politikwissenschaft und Verwaltungslehre der Universität Graz. Bis 1985 Mitherausgeberin der feministischen Kulturzeitschrift „Eva & Co".

Erna Appelt

Von Ladenmädchen, Schreibfräulein und Gouvernanten

Die weiblichen Angestellten Wiens 1900–1934

Wien 1985. ISBN 3-900351-41-4. 250 Seiten, öS 168,–/DM 24,–

Der soziale und ökonomische Hintergrund von Bubikopf und Tango in den „tollen zwanziger Jahren" ist auch in der rapiden Zunahme der Angestellten, und da vor allem des Anteils der Frauen, zu suchen. An Hand von schriftlichen Quellen und lebensgeschichtlichen Interviews fragt die Autorin nach den Antworten, die Frauen auf veränderte und schwierige Bedingungen gefunden haben.

Mali Fritz/Hermine Jursa

Es lebe das Leben!

Tage nach Ravensbrück

Wien 1984. ISBN 3-900351-35-X. 128 Seiten, öS 148,–/DM 22,–

Es gibt viele Wege in die Hölle. Mali und Hermi erzählen von ihrem Weg aus der Hölle. Sechs Wochen, von Ende April bis Mitte Juni 1945 waren sie von Ravensbrück nach Wien unterwegs. Von Landschaften, in denen sie bleiben möchten ist die Rede und von solchen, deren Zerstörtheit sie zum Weitergehen treibt. Erzählt wird von den Begegnungen mit den meist namenlos bleibenden Menschen, viele unterwegs wie Hermi und Mali, unterwegs in alle Richtungen. Immer wieder müssen sie erfahren, daß der Nationalsozialismus zwar auf den Schlachtfeldern besiegt ist, aber noch nicht im Denken vieler Menschen.
Fast keiner traut den beiden Frauen zu, es „in solchen Zeiten" zu schaffen, bis nach Wien zu kommen. „In solchen Zeiten" heißt für Mali und Hermi: nach Auschwitz, nach Ravensbrück.

Karin Berger

Zwischen Eintopf und Fließband

Frauenarbeit und faschistisches Frauenbild

Wien 1984. ISBN 3-900351-36-2. 240 Seiten, öS 168,–/DM 26,–

Frauenideologie und Frauenpolitik des NS-Regimes in Österreich liegen bisher weitgehend im Dunkeln. Wie aber verändert sich das faschistische Frauenbild während der Kriegsjahre? Welche Frauen zwang man an die Fließbänder der Rüstungsindustrie? Spielten auch damals schon die „geschickten Hände" der Frauen eine Rolle?

Aurelia Weikert, Johanna Riegler, Lisbeth N. Trallori (Hg.)

Schöne neue Männerwelt

Beiträge zu Gen- und Fortpflanzungstechnologien

Aufrisse-Buch 7

Wien 1987. ISBN 3-900351-70-8. ca. 180 Seiten, öS 168,–/DM 24,–

Von der Zeugung über Schwangerschaft bis zur Geburt wollen Technopatriarchen dabei sein, alles planen, überwachen und perfektionieren. Erwünscht ist die Reproduktion der weißen, gesunden Mittelschichtsfrau – befruchtet mit dem Supersperma eines leistungsfähigen Mannes. Unerwünscht ist hingegen die Reproduktion der Frau aus der Dritten Welt, deren Fruchtbarkeit als Anomalie gilt. Die neuen Technologien werden als Heilsbringer und Emanzipations-Apparaturen vorgestellt, mit denen uns die Experten zwangsbeglücken wollen. Aber deren Devise lautet vielmehr: Vernichten, um zu reparieren. Menschen und Tiere sollen resistent gegen die zerstörte Umwelt, genmanipulierte Pflanzen gegen den Hunger in der Welt gezüchtet werden. Der einzige Hunger, der dabei gestillt wird, ist jedoch der Hunger der Mächtigen.

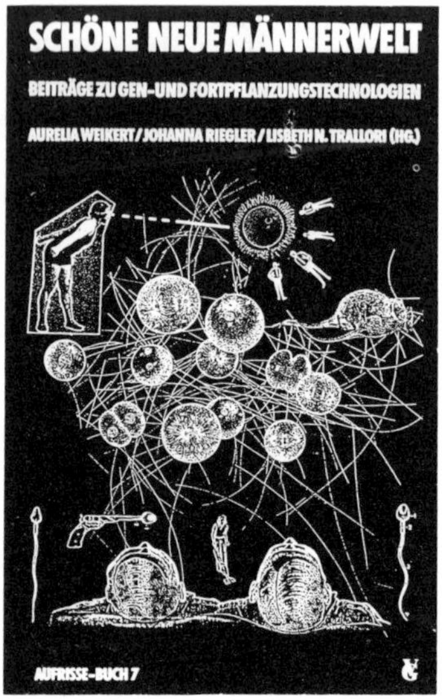

Helmut Kramer (Hg.)

Überleben an der Uni

Hochschuldidaktische Erfahrungen an der Massenuniversität

Wien 1986. ISBN 3-900351-68-6. 166 Seiten, öS 218,–/DM 32,–

Die Massenuniversität funktioniert nur durch massenhafte Abwesenheit der Studierenden. Aber funktioniert sie überhaupt noch angesichts der sich ständig verschlechternden materiellen und personellen Ausstattung? Die Ausbildungssituation der Studenten wird immer frustrierender – nicht zuletzt bedingt durch das traditionelle Selbstverständnis der Hochschullehrer –, was dazu führt, daß die lebendigsten Geister die Uni verlassen.

In diesem Kontext ist „Hochschuldidaktik", sind hochschuldidaktische Initiativen, wie Fachtutorials, dialogisches und forschendes Lehren sowie Hochschullehrerfortbildung die Sache weniger „Einzelkämpfer".

Die in dieser Publikation gesammelten hochschuldidaktischen Erfahrungsberichte an einer österreichischen Fakultät vermitteln neben der Einsicht in die strukturellen Gründe der Unbeweglichkeit der Großinstitution Universität auch Erfahrungen und Modellansätze, die einen hochschuldidaktischen „Und es geht trotzdem"-Optimismus vertretbar machen.

Marina Fischer-Kowalski, Peter Seidl u.a.

Von den Tugenden der Weiblichkeit

Mädchen und Frauen im österreichischen Bildungssystem

Wien 1986. ISBN 3-900351-59-6, 290 Seiten, öS 228,–/DM 33,–

Dieses Buch beschreibt einen Wendepunkt der Bildungspolitik, die immer zugleich Gesellschaftspolitik war: zuerst Ausgrenzung (und abgesonderte „Pflege") des Weiblichen, dann Chancengleichheitspolitik als Eroberung weiterhin männlich bestimmter Bereiche durch Frauen, und nun: Ansätze zu einer Veränderung gesellschaftlich institutionalisierter Lernprozesse durch weibliche Verkehrsformen?

Ein Nachschlagwerk und zugleich ein Buch zum Nachdenken, als Anregung und Orientierung für alle, die Gleichberechtigung der Geschlechter im Bildungssystem nicht als Ende, sondern als Anfang einer Entwicklung sehen.

Susanne Dermutz, Peter Gstettner, Peter Seidl (Hrsg.)

Schulreform – Die Kritik geht weiter

Wien 1986. ISBN 3-900351-54-6. 188 Seiten, öS 168,–/DM 24,–

Es hat fast den Anschein, als ob auch die Ära der Schulreform in diesen trendwenderischen achtziger Jahren zu Ende gegangen ist. Die Gesamtschule ist begraben, Politische Bildung nie ein eigenes Fach geworden, und die Schüler sind wieder braver.

Aber die Probleme sind geblieben. Das wird ganz deutlich, wenn man sich die Analysen und Forderungskataloge von vor zehn Jahren durchliest: Was hat sich denn wirklich am Leistungsdruck geändert? Was am Zugang zu höherer Bildung? Was an den geschlechtsspezifischen Selektionsmaßnahmen? In diesem Buch werden erstmals wichtige Beiträge zur Schulreformdebatte von 1975 bis 1985 in einem Band zusammengefaßt und die Kritik am herrschenden Schulsystem neu akzentuiert. Damit die Ära der Schulreform nicht völlig zum Stillstand kommt.

VERLAG FÜR GESELLSCHAFTSKRITIK
A-1070 Wien, Kaiserstraße 91, Tel. 0222/96 35 82

Grenzfeste Deutscher Wissenschaft

Über Faschismus und Vergangenheitsbewältigung an der Universität Graz

Wien 1985. ISBN 3-900351-45-7. 162 Seiten, öS 138,–/DM 20,–

„Im Selbstverständnis des Nationalsozialismus nahm die Grazer Uni einen besonderen Platz ein: man verstand sich als südöstlicher Vorposten der neuen deutschen Wissenschaftsauffassung; manchmal aggressiv als Wegbereiter des deutschen Imperialismus, manchmal defensiv als Bollwerk gegen die Gefahr aus dem Osten."

Am Beispiel der Universität Graz, jener Stadt, die während der Nazizeit den schmückenden Beinamen „Stadt der Volkserhebung" tragen durfte, zeigen die Autoren dieses Buches auf, was vier Jahrzehnte lang unter den Teppich gekehrt wurde.

Kulturjahrbuch 6

Gramsci, Pasolini. Ein imaginärer Dialog

Wien 1987. ISBN 3-900351-72-4. 142 Seiten, öS 172,–/DM 25,–

Das Kulturjahrbuch 6 enthält eine Reihe von Essays, die sich an zwei italienischen Intellektuellen unseres Jahrhunderts inspirieren. Der Philosoph und Revolutionär Antonio Gramsci und der Schriftsteller und Filmregisseur Pier Paolo Pasolini sind zugleich Gesprächspartner und Diskussionspunkt in diesen Arbeiten. Ihr imaginärer Dialog bzw. der Dialog der Autoren mit ihnen betrifft zentrale Fragen der Kultur und Politik wie jene nach dem Verhältnis von Rationalität und Irrationalität im Leben des Individuums und des Kollektivs, die ihrer Darstellbarkeit, oder die Frage nach der Funktion des Mythos als aufklärerischer Erzählung. In der Auseinandersetzung mit Gramsci und Pasolini wird ferner eine gesellschaftliche und politische Ortung moderner Intellektueller versucht, deren Geschäft der Kritik zwischen den Grenzen oder außerhalb der Institutionen im Sande zu verlaufen droht. Als letzter Problemkreis wird die Rezeption Gramscis in Österreich untersucht, die in zwei unterschiedlichen Strängen verlief, doch beide Male der Erneuerung versteinerter Postitionen – zunächst der KPÖ, dann der SPÖ – dienen sollte.

Die Beiträge stammen von Johanna Borek, Sonja Puntscher Riekmann, Birgit Wagner.